KB074147

소학질서

주자학자 성호 이익의 실학적 소학 읽기

이 책은 李瀷의 『小學疾書』(서울대학교 규장각소장 규장각본(가)[古1344-17])를 완역한 것이다.

원전총서

소학질서 – 주자학자 성호 이익의 실학적 소학 읽기

지은이 이익
역주자 김경남
펴낸이 오정혜
펴낸곳 예문서원

편집 유미희
인쇄 및 제책 주) 상지사 P&B

초판 1쇄 2020년 12월 28일

출판등록 1993년 1월 7일(제307-2010-51호)
주소 서울시 성북구 안암로 9길 13, 4층
전화 925-5913~4 ㅣ 팩스 929-2285
전자우편 yemoonsw@empas.com

ISBN 978-89-7646-414-9 93150
YEMOONSEOWON 13, Anam-ro 9-gil, Seongbuk-Gu, Seoul, KOREA 02857
Tel) 02-925-5913~4 ㅣ Fax) 02-929-2285

값 35,000원

원전총서

소학질서

주자학자 성호 이익의 실학적 소학 읽기

이익 지음
김경남 역주

예문서원

책머리에

남편과 결혼을 할 때 작고하신 청명 선생님께서는 주례사에서 '좋은 아내, 좋은 며느리가 되려고 하지 말고, 열심히 공부하라'는 말씀을 하셨다. 그 후 나는 20년 가까운 세월을 두 아이를 키우면서 밥하고 빨래하며 정신없이 보냈다. 그러나 전업주부가 하는 일은 늘 똑같은 일이어서 열심히 노력해도 다시 원위치로 돌아올 뿐 성취감을 얻지 못하는 데다, 사회는 물론이고 가정에서조차 인정받기 어려웠다. 나는 한때 전업주부 노조를 만들어야겠다는 생각을 한 적도 있었다. 그러다 둘째 아이가 초등학교 5학년이 될 무렵 나는 우울증으로 힘들어하고 있었고, 남편의 권유로 다시 공부를 시작하게 되었다. 머리는 이미 녹슬어 있었고, 몸도 많이 허약한 편이라 쉽지만은 않았다. 그러나 마음은 늘 날아가는 것 같았다. 공부보다도 나 자신을 위해 어딘가 갈 곳이 있다는 것은 행복이었다.

그렇게 세월이 지나 박사논문 주제를 고민하던 중, 청명 선생님께서 생전에 번역사업을 시작하신 『성호질서』 가운데 『소학질서』를 선택하여 번역하게 되었다. 하지만 재주가 없어 위대한 학자 성호 이익 선생님은 물론이고, 존경하는 청명 선생님, 그리고 이전에 『성호질서』를 번역하신 선배님들께 누가 되지나 않을까 걱정이 앞선다. 앞으로 계획하고 있는 『가례질서』 번역은 좀 더 열심히 공부해서 보다 나은 결과를 낼 수 있도록 노력하기로 다짐해 본다.

  공부하는 동안 열정으로 지도해 주신 정우봉 선생님과 심경호 선생님, 양원석 선생님, 이봉규 선생님, 정호훈 선생님, 그리고 여러모로 도움을 주신 김언종 선생님과 이재령 교수님, 친구이자 선생님인 김용천 교수, 부족한 논문의 출판을 흔쾌히 허락해 주신 예문서원 오정혜 사장님 및 편집부 여러분들께 감사의 인사를 드린다. 늘 기도해 주시는 언약교회 식구들과 양가 부모님, 힘든 대입과 로스쿨 입시를 준비하면서도 공부하는 엄마를 많이 응원해 준 사랑하는 우리 아들 성렬이, 검정고시와 대입을 치르는 동안에도 엄마 일을 도와준 예쁜 우리 딸 성은이, 때론 밉지만 늘 든든한 후원자가 되어 주는 사랑하는 남편 석윤 씨에게도 감사의 마음을 전하고 싶다.

2020. 12. 16
김경남 삼가 쓰다.

책머리에   4

『소학질서』 해제   9
　　1. 조선시대『소학』수용 역사와『소학질서』   9
　　2.『소학질서』의 저술 시기와 배경   26
　　3.『소학질서』의 이본들   32
　　4.『소학질서』의 특징   33

『소학질서』 역주   47

　　소학질서서小學疾書序   49
　　소학도서小學圖序   51

〈내편內篇〉   1. 입교立敎   54

　　　　2. 명륜明倫   78
　　　　　1) 명부자지친明父子之親   82
　　　　　2) 명군신지의明君臣之義   106
　　　　　3) 명부부지별明夫婦之別   111
　　　　　4) 명장유지서明長幼之序   126
　　　　　5) 명붕우지교明朋友之交   132
　　　　　6) 통론通論   135

　　　　3. 경신敬身   140
　　　　소주자소서朱子小序   142
　　　　　1) 명심술지요明心術之要   143
　　　　　2) 명위의지칙明威儀之則   147
　　　　　3) 명의복지제明衣服之制   160
　　　　　4) 명음식지절明飮食之節   164

4. 계고稽古　169

　　성호소서星湖小序　172

　　주자소서朱子小序　173

　　1) 실입교實立敎　175

　　2) 실명륜實明倫　179

　　3) 실경신實敬身　199

　　4) 통론通論　203

〈외편外篇〉　성호소서星湖小序　208

　　　　　　주자소서朱子小序　210

5. 가언嘉言　211

　　1) 광입교廣立敎　216

　　2) 광명륜廣明倫　232

　　3) 광경신廣敬身　267

6. 선행善行　289

　　1) (광)실입교(廣)實立敎　294

　　2) (광)실명륜(廣)實明倫　303

　　3) (광)실경신(廣)實敬身　357

소학질서발小學疾書跋　376

참고문헌　377

1. 이 역주본에서는 『정본 소학질서定本小學疾書』(이하 정본이라 약칭함)를 대본으로 사용하였다. 따라서 정본의 표점과 교감 내용을 대체로 수용하였다. 다만 정본에서 사용한 일련번호는 사용하지 않고 아래에 밝혀둔 대로 별도의 원칙에 따라 원문과 번역문에 자체의 일련번호를 부여하였다. 또한 정본이 명백히 오류를 범했다고 판단되는 경우 내용을 수정하고 그 사항을 별도의 교감주를 통해 밝혀 두었다. 다만 사소한 표점 사항의 경우는 별도의 표시를 하지 않고 수정하였다.

2. 주석은 교감주와 번역주가 있다. 정본의 원 교감주와 번역주는 해당 부분에 1), 2), 3)과 같이 번호를 붙이고 각주脚注 형태로 달았으며, 역주자가 추가로 교감한 교감 내용은 별도의 교감주를 달되 혼란을 피하기 위해 해당 원문에 1, 2, 3과 같이 번호를 붙이고, 해당 원문 바로 아래에 간주間注로 제시하였다.

3. 각 편의 앞머리에 【개요】를 적어서 『소학질서』 각 편의 내용과 구성에 대해 간략하게 설명을 하였다. 성호의 『소학질서』는 정유程愈의 『소학집설小學集說』과 율곡栗谷 이이李珥의 『소학제가집주小學諸家集註』를 염두에 두고 저작되었다. 따라서 『소학질서』의 독자성을 알기 위해서는 그들 기존의 주석과의 비교가 필요하다. 따라서 각 편별로 『소학질서』의 각 주석항목(주제어)들에 대한 『소학집설』과 『소학제가집주』의 주석 내용을 『소학질서』의 그것과 비교하는 표를 작성하여 성호 주석의 독자성을 일목요연하게 파악할 수 있도록 하였다.

4. 『소학』 원문은 원래 『소학질서』에는 없는 부분이지만, 『소학질서』는 『소학』에 대한 주석서의 성격을 지닌 것이므로 편의상 각 장의 첫머리(상자 안)에 두었으며, 주석항목에는 번호(①, ②, ③…)를 붙여 표시하였다.

5. 원문과 번역문에는 【1-1-①】과 같이 일련번호를 붙였는데, 첫 번째 1은 『소학』의 편篇의 순서를 가리키는 것으로 1은 제1편 「입교」를 의미한다. 두 번째 1은 장章의 순서를 가리키는 것으로 1-1은 「입교」의 제1장이라는 것을 의미한다. 이들 편장의 순서는 『소학』의 그것과 일치한다. 중간에 번호가 빠진 것은 해당하는 편장에 대한 주석이 없다는 것을 의미한다. 마지막의 ①은 해당 장에 대한 첫 번째 주석항목을 가리키는 것으로 【1-1-①】은 「입교」 제1장에 대한 첫 번째 주석항목에 해당한다는 것을 의미한다.

6. 번역문에 따라 별도의 설명이 필요하다고 생각되는 부분에는 문단의 맨 아래에 '■ 해설'이라고 표시하고 설명을 덧붙였다.

『소학질서』해제

1. 조선시대 『소학』 수용 역사와 『소학질서』

고려 말 주자학의 전래와 함께 우리나라에 들어온 『소학』은 유교를 건국이념으로 내세운 조선에 들어오면서 국가의 전폭적인 지원을 받아 유교사상이 조선사회에 뿌리내리는 데 지대한 역할을 하였고, 그 가르침은 조선인의 생활저변에 깊숙이 파고들었으며 오늘날까지도 한국인의 생활양식 속에 일정한 영향을 미치고 있다.

『소학』은 문자 그대로 쇄소灑掃 · 응대應對 · 진퇴進退와 같은 기본 예절을 배우는 어린 학습자들을 위한 수신서修身書라고 할 수 있지만, 실제로는 주자학적 세계관을 바탕으로『예기禮記』등의 경서나 역사서의 내용을 인용하고 한漢 · 당唐 · 북송北宋시대 인물들의 일화를 통해 그 내용을 실증하고 있기 때문에 결코 쉽게 접근할 수 없는 내용을 담고 있다.[1] 이러한 어려움으로 인해 『소학』이 편찬된 이후 중국에서도 30여 종의 주석서들이 나왔고,[2] 조선에서는 한편으로 하사신何士信[3]의 『소학집성小學集成』[4]이

---

[1] 『小學』은 통상 주자가 편찬한 것이라 전해져 왔으나 실제로는 그의 제자 劉子澄이 주자의 지시에 따라 1187년에 편찬한 것이다. 주자는 고대의 이상적인 교육체제로서 小學에서 大學으로 이어지는 학제를 상정하고, 그것을 자신의 居敬涵養과 格物窮理의 수양론 체계로 연결시켰으며, 더 나아가 전래의 『大學』이 大學의 교육이념을 표방한 것이라고 한다면 小學에 부응하는 가르침으로서 『小學』이 또한 있었을 것으로 가설하고 그 편찬을 구상한 것이다. 따라서 『소학』을 주자 자신의 저작이라고 해도 크게 틀린 말은 아니라고 할 수 있다. 주자의 「大學章句序」와 「小學提辭」 참조.

[2] 陳嫒의 박사학위논문 「朱子의 小學論과 한국 · 중국에서의 변용」(2012)에 따르면, 중국은 송말원초에 夏相의 『文公先生小學明說便覽』, 許衡의 『小學大義』, 熊禾의 『小學句解』 · 『文公先生小學集注大成』, 劉因의 『小學語錄』, 李成己의 『小學書纂疏』, 熊朋來의 『小學標注』,

나 진선陳選[5])의 『소학증주小學增註』[6]), 정유程愈[7])의 『소학집설小學集說』[8]), 왕

오王鏊[9])의 『소학집주대전小學集註大全』[10]), 오눌吳訥[11])의 『소학집해小學集解』[12])

何士信의 『諸儒標題注疏小學集成』, 于景龍의 『注朱氏小學書』, 夏煦의 『小學資講』, 王裳의
『小學訓解』 등 16종, 明代에 朱升의 『小學旁注』, 吳從敬의 『小學訓義』, 蔣明의 『文公小學注』,
陳祚의 『小學集解正誤』, 仰瞻의 『小學講義』, 吳訥의 『小學集解』, 陳選의 『小學句讀』(『小學
集注』 혹은 『小學增註』라고도 함), 程愈의 『小學集說』, 王鏊의 『小學集註大全』 등 30여
종, 淸代에 高熊徵의 『小學分節』, 魏裔介의 『小學集注』, 張伯行의 『小學集解』, 李果의 『小學
摘義』, 張伯行의 『小學衍義』, 黃澄의 『小學集解』 등 14종 정도의 『小學』 관련서들이 있었
다. 103~108쪽 참조.

3) 何士信의 생몰연대는 명확히 알 수 없다. 검색기관 baidu에서는 『四庫全書叢目提要』의
고증에 근거하여, 그의 저작 『草堂詩餘』의 저작 시기를 南宋 慶元(1195~1200) 이전으
로 추정하고, 따라서 그를 南宋시기 인물로 보았다.(https://baike.baidu.com/item/)
하지만 여기에 언급된 그의 저작 『小學集成』에서 熊朋來(1246~1323)의 『小學標註』를
많이 인용하고 있는 것으로 볼 때 그를 南宋시기의 인물로 보기는 것은 무리가 있다.
그의 저작 『草堂詩餘』가 명대에 이르러 많이 읽히게 되었고, 『小學集成』 현행본에
楊士奇(1365~1444)의 발문이 있는 것 등으로 미루어 보면 그는 明代에 이르러 유명
하게 된 것으로 추정되며, 많은 연구서들에서 그를 명대 인물로 추정하고 있는 것은
그에 따른 것으로 보인다. 하지만 전후의 사정을 고려해 볼 때, 그는 元代의 인물인
것으로 추정하는 것이 적합할 듯하다.

4) 이 책의 원제는 『諸儒標題注疏 小學集成』이며, 何士信이 編纂한 책이다. 이 책이 편찬된
정확한 연대는 알 수 없지만, 楊士奇(1365~1444)의 발문이 있는 것으로 미루어 보면
明나라에 이르러 출판된 것으로 추정된다. 현재 서울대 규장각에는 世宗이 1429년에
許誠으로 하여금 출판하게 한 [古3915-2], [古181.1-H11s], [一簑古 181.1-So25s-v.9/10]
등 3권이 보관되어 있다. 또 고종 1년(1864)에 출판한 목판본이 한국학중앙연구원 장
서각에 보관되어 있다.

5) 陳選(1429~1486). 臨海 城關 사람으로 자는 士賢이고, 호는 克庵이다.

6) 이 책은 『小學集注』 또는 『小學句讀』라고도 한다. 이 책은 서울대 규장각에 『小學集註』
라는 이름으로(奎中 2953-v.1-2]) 보관되어 있다.

7) 程愈는 1471년 전후 明代 인물로, 자는 節之이고, 호는 昧道이다. 주요 저서로 『小學集
說』과 『鄕約政訓』이 있다.

8) 이 책은 현재 국립중앙도서관을 비롯하여 서울대학교 규장각, 한국학중앙연구원 장
서각 등에 다수 소장되어 있다. 이 가운데 연대를 알 수 있는 것은 1629년 인조 때
간인된 것이 있다.

9) 王鏊(1450~1524). 吳縣 사람으로 字는 濟之・守溪이고, 號는 拙叟・震澤先生이다. 저
서로 『姑蘇志』・『震澤集』・『震澤長語』 등이 있다.

10) 국립중앙도서관 웹 정보자료에 『小學集註大全』이 있는데, 武村市兵衛 소장본이다. 이
책은 '海虞 吳訥 集解, 姑蘇 陳祚 正誤, 天台 陳選 增註'라고 기록되어 있고, 각 章마다
이들의 주를 삽입시켜 놓았다. 만약 이 책이 중종 이전에 조선에 유입되었다면, 栗谷

등의 중국 주석서들을 수입·간행하였으며, 또 한편으로는 직접 언해서나 주석서 및 번역서를 찬술하기도 하였다.[13]

주요 역사서들을 통해서 조선시대『소학』관련 저술을 살펴보면, 건국 초기에 사역원司譯院 제조提調 설장수偰長壽가『직해소학直解小學』을 찬술하였는데, 이 책은『소학』을 중국어로 해석한 책이다. 태조 3년인 1394년에 사역원의 시험 응시 자격요건 가운데 포함된 이 책은『소학』공부에 도움을 주는 것은 물론이고 역관들의 중국어 공부에도 도움을 주기 위해 찬술한 것으로 보인다.

이후 세종조에 들어오면, 중국과 요동에 관리를 파견하여『직해소학』의 번역의 정확성을 확인함과 동시에 경연에서 진강하게 하고, 세자에게도 읽도록 하였으며, 세종 23년에는 인쇄하여 각 지방 향교와 문신들에게 하사하기도 하였다. 또 예조禮曹의 계청에 따라 중국에서 하사신의『소학집성』(『諸儒標題注疏 小學集成』) 10질을 수입하고,[14] 수입된『소학집성』을 주자소鑄字所에 내려보내서 인쇄·간행하였으며,[15] 제주도를 포함한 각 고을로

李珥(1536~1584)의『小學諸家集註』는 곧 何士信의『小學集成』과 王鏊의『小學集註大全』에다가 程愈의『小學集說』의 註를 참고하여 편집된 책이 된다.

11) 吳訥(1372~1457). 江蘇 常熟 雙溪 사람으로, 字는 敏德, 號는 思庵이다. 시호는 文恪이다. 저서로『小學集解』·『文章辨體』·『思庵集』등이 있다.

12) 이 책은『小學書集解』乙亥字란 제목으로 고려대학교 도서관([만송貴67/1]), 성암고서박물관에 소장되어 있다. 이 책은 明宗 때인 1554년에 간사된 금속활자본이다.

13) 조선에서의『소학』주석서들의 수입, 간행 상황 등에 대해서는 陳媛,「朱子의 小學論과 한국·중국에서의 변용」(2012), 201~205쪽에 상세히 기록되어 있다.

14)『세종실록』30권, 세종 7년(1425) 12월 23일 기사, "禮曹啓: '四部學堂, 職專『小學』之敎. 其入學生徒, 先授『小學』, 乃授他書. 但『小學』之書, 蒐輯經史子集要語, 多有難解處. 本朝刊本『小學』, 音訓註解未備, 唯『集成小學』, 音訓註疏, 名物圖象, 極爲明備, 童蒙之輩, 可以易知. 請以濟用監苧麻布, 授入朝使臣, 買來『集成小學』一百件.' 從之."

15)『세종실록』41권, 세종 10년(1428) 9월 8일 기사, "判府事許稠啓: '『小學』乃格致誠正之本, 學者之先務也. 今板刓字缺, 未得印看, 學者病焉. 請下臣所曾進『集成小學』于鑄字所印之.' 從之."

내려보내는 등 『소학』 교육에 많은 노력을 기울였다.

이후 『소학』과 관련된 기사가 보이지 않다가, 성종成宗조에 이르러 제
도諸道 관찰사에게 『소학』공부를 철저히 시키도록 하유하고, 경중京中에
있는 유생儒生들에게도 『소학』공부를 권면하였으며, 성종 자신도 경연에
서 『소학』을 강講하였다. 성종 22년(1491)에는 김일손金馹孫이 북경 사행길
에서 정유의 『소학집설』을 얻어서 들어왔고, 들어오자마자 이 책을 간인
하여 나라 안에 보급하기도 하였는데, 이 책은 조선의 『소학』 주석사에
있어서 가장 많은 영향을 끼친 책이라고 할 수 있다. 후일 정조正祖는 다
음과 같이 말하고 있다.

『소학』의 주석을 낸 자로는 황상黃裳, 하사신, 유실劉實, 진선, 정유 등이
있는데, 그중에서 진선의 해석이 가장 낮고 정유는 일컬을 것이 없다.
성화成化 연간에 김일손이 연경燕京에 들어가서 정유에게 학문을 배우고
『소학집설』을 얻어 돌아와서 판각板刻하였는데, 그 책이 우리나라에 가
장 먼저 들어왔기 때문에 점차 높이 신봉하게 되었다. 그러므로 목릉穆
陵(宣祖) 이전에 『소학』을 말한 자들은 대부분 이 책에 귀결시켰고, 언해
를 개찬할 때도 정유의 설을 따르기에 이르렀다. 그 후로 진선, 하사신
등의 주석이 차츰차츰 우리나라로 들어왔는데, 선정先正 이이李珥가 채집
採輯하고 회통會通하여 『소학집주小學集註』[16] 6권을 만들었고, 선조先朝에
또 유신儒臣 등에게 명하여 선정의 『소학집주』를 토대로 해서 『소학훈의
小學訓義』를 찬수纂修하게 하였는바, 이에 이르러서 『소학』의 훈고訓詁와
주석이 비로소 크게 갖추어졌다.[17]

16) 여기에서 말하는 『小學集註』는 『小學諸家集註』를 가리킨다.
17) 『弘齋全書』, 제165권, 「日得錄」, "註小學者, 有黃裳·何士信·劉實·陳選·程愈 諸家, 陳
解最優, 程則無稱. 成化中, 金馹孫入燕, 從程問學, 得『小學集說』歸, 付剞劂, 以其最先東來,
轉相崇信. 穆陵以前, 言『小學』者, 率以此爲歸, 至於改撰『諺解』, 以從程說, 是後陳·何諸註,

정조는 『소학집설』을 낮게 평가하고 있지만, 이 책은 이후 『소학언해』
나 율곡 이이의 『소학제가집주小學諸家集註』 저술에도 영향을 주었으며, 이
논문의 역주본인 성호 이익이 『소학질서小學疾書』를 저술할 때에도 참고
서적으로 사용되었다.

중종 13년조에는 원자元子에게 『소학초략小學抄略』18)을 읽히도록 한 기
사가 있다.19) 이 책은 아마도 이미 1518년 이전에 편집된 것으로 보이며,
『소학』에서 중요한 부분만 간추려 만든 책으로, 현행본에는 서문이나 발
문이 없어 간행 연도와 편찬자를 알 수 없다. 다만 10권으로 구성된 것을
보면, 『소학집성』을 기본 틀로 해서 만들어진 것으로 보인다. 내편 1책(11
장), 외편 1책(14장)으로 구성되어 있으며, 『소학』의 중요한 본문이 먼저 나
오고 관련된 주석을 담고 있는 『소학집설』이나 『소학집해』의 주석이 병

稍稍東來, 先正李珥採輯會通, 爲『小學集註』六卷, 先朝又命儒臣等, 因先正『集註』而纂修『訓
義』, 至是而『小學』之訓詁文釋, 始大備矣." 여기에서 정조가 『小學集說』 이후에 하사신
의 『小學集成』이 조선에 들어온 것으로 말하고 있는데, 이것은 정조의 착오인 듯하
다. 앞에서 언급되었듯이 『小學集成』은 세종조에 수입되었고, 『小學集說』은 성종조
金馹孫에 의해 조선에 전해지게 되었다.

18) 서울대 규장각에 『小學抄略內篇』 戊申字(顯宗 9, 1668) 활자본과 필사본, 『小學抄略外篇』
戊申字 활자본과 필사본이, 국립중앙도서관에 『小學抄略內篇』 丁酉字(正祖 1, 1777) 활
자본이 소장되어 있고, 『小學抄略諺解內篇』 필사본과 『小學抄略諺解外篇』 필사본도 두
곳에 모두 소장되어 있다. 그러나 이 책은 1518년 이전에 편집된 『小學抄略』과 동일한
내용인지는 확인할 수 없다. 다만, 이 책들은 모두 『소학』의 일부를 발췌하여 편집한
동일한 내용이다.

19) 『中宗實錄』 중종 13년(1518) 1월 20일 기사에 따르면, "좌찬성 金詮, 이조판서 南袞, 호조
판서 安瑭이 아뢰기를, '신 등은 모두 보잘것없고 또 덕망도 없는데, 이처럼 중요한
직임을 제수하시니, 항시 보양의 방법을 잘못할까 염려하여 매우 공구하옵니다. 신 등
은 원자의 천품이 비범함을 보았습니다. 다만 지금 나이가 어리므로 신 등이 자주 가면
싫증을 낼까 염려되오니, 3일 만에 한 번씩 가서 모시려 합니다. 가르치는 방법은 지금
『小學抄略』을 읽으니, 그 '초략'을 다 읽어서 文理가 나면 비로소 全書【『小學大全』을
말한다.】를 가르치려 합니다'(左贊成金詮, 吏曹判書南袞, 戶曹判書安瑭啓曰: "臣等皆無狀,
且無德望, 而授此重任, 常慮輔養失方, 至恐且懼. 臣等見元子, 天資超凡, 但今最幼稚. 臣等若
數往, 則恐見厭倦, 欲於三日一往侍坐. 若教之之方, 則時讀『小學抄略』, 欲俟其畢讀『抄略』, 文
理漸至於該通, 則方可教之以『全書』也.【卽『小學大全』也】)라고 하였다."

기되어 있다.

또 같은 날 기사에 "『초략』을 읽고 문리가 나면 『소학대전小學大全』[20]을 읽게 하겠다"고 하였고, 중종 13년에는 또 『번역소학飜譯小學』이 편찬되는데, 이 책은 김전金詮·최숙생崔淑生 등이 언해한 것으로 기존의 번역방법과는 다르게 의역체로 번역되었다는 것이 특징이며, 책 말미에 남곤南袞의 발문이 있다. 『종종실록中宗實錄』에는 이 책이 1518년 7월에 간행되어 1,300질이 널리 배포되었다고 기록(권34, 13년 7월 기해)하고 있다. 다만 이 책은 조광조趙光祖 등 기묘사림들을 몰아낸 남곤의 일파인 김전, 최숙생 등에 의해 편찬되었다는 것에 주목할 필요가 있다. 또한 1537년(중종 32)에는 최세진崔世珍이 중국어 교과서인 『소학편몽小學便蒙』을 지어서 중종에게 진상하고 청하여 간행되었다고도 하는데, 현전하지 않는다.

이러한 중종대의 편찬 사업이 있었음에도 불구하고 1519년 기묘사화를 기점으로 『소학』에 대한 열기는 줄어들었던 것으로 보인다. 선조 즉위년(1567)에 퇴계 이황은 선조에게 다음과 같이 아뢰었다.

옛날 사람들은 먼저 『소학』을 읽어서 본바탕을 함양했기 때문에 『대학』에서는 먼저 격물치지格物致知를 말한 것입니다. 후세 사람들은 『소학』을 읽지 않기 때문에 학문에 근본이 없어 격물치지의 공효를 알지 못합니다. 『소학』은 비단 연소한 사람들뿐만 아니라 장성한 사람들도 읽어야

---

20) 제목으로 보면, 王鏊의 『小學集註大全』이 이미 우리나라에 1518년 이전에 유입되어 있었을 수도 있다. 그러나 국립중앙도서관에서 『小學集說』을 검색하면, 표제가 『小學大全』인 춘호재 소장본이 나오는데, 이 책은 『小學集說』이 아니라 『소학』 원문만을 기재한 필사본이다. 이것으로 보면 『小學大全』은 王鏊의 『小學集註大全』이 아니라 『소학』 원문을 가리키는 것이라는 가능성도 있다. 참고로 魚叔權이 지은 類書로 1576년에 乙亥字로 간인된 『攷事撮要』에는 『小學大全』과 『大全小學』이 각각 수록되어 있다. (신정엽, 「朝鮮時代 小學의 刊行과 版本」, 2008 참조)

할 책입니다. 『소학』이 우리나라에 유포된 지 오래도록 대의大義를 아는 사람이 없었는데 김굉필金宏弼이 학도들을 모아 놓고 해석해 밝힘으로써 그 책이 세상에 크게 유행하게 되었습니다. 그리하여 기묘년에 이르러서는 사람들이 모두들 『소학』을 근본으로 여겼었는데 불행하게도 현인군자들이 죄의 그물에 빠지게 되었기 때문에 지금 민간에서는 『소학』을 읽는 사람이 없으니, 이것은 교화가 밝지 못해서 그렇게 된 것입니다. 상께서는 지금 『대학』을 진강하고 계시지만 『소학』 역시 유념해서 보셔야 합니다.…… 조광조는 온 나라 사람들이 중하게 의지하여 공경하고 추앙했기 때문에 더욱 참혹한 죄를 받았는데, 그 뒤 중종과 인종께서도 그가 무죄임을 알았습니다. 그 당시 선비된 이들은 모두들 『소학』을 읽었기 때문에 지금까지 조정에서나 민간에서 그나마 흥기할 생각을 가지고 있는데 이는 모두 그 남은 교화 때문입니다. 지난날 소인들이 어진 선비들을 해치려고 하면서 이름 붙일 죄목이 없자 "이들은 『소학』의 무리들이다"라고 했습니다. 『소학』은 바로 성현의 법언法言이니, 그간에 비록 한두 사람이 『소학』을 읽고도 마음이 바르지 못한 자가 있었다 할지라도 이것이 어찌 『소학』의 죄이겠습니까.[21]

이로 미루어 볼 때, 기묘사화 이후 '소학의 무리'에 들었다는 혐의를 두려워하여 민간에서 『소학』에 대한 공부가 현저하게 줄어들었음을 알 수 있다.[22] 어쨌든 퇴계 등의 위와 같은 노력으로 『소학』의 중요성에 대

---

21) 『선조실록』, 선조 즉위년(1567) 11월 4일 기사, "古人先讀『小學』, 涵養本源, 故『大學』先言格物致知. 後人不讀『小學』, 故學無根本, 不能知格致之功. 『小學』非但年少所讀, 長成之人, 亦可讀也. 小學之書, 流布東土已久, 而人無能知其大義. 有金宏弼, 聚徒講明, 其書大行於世. 至於己卯年, 人皆以『小學』爲本. 不幸, 賢人君子陷於罪網, 至今閭巷之間, 無讀『小學』之人, 此敎化不明之致也. 自上雖進講『大學』, 而『小學』亦可留覽也.……光祖, 則以一國之人欽倚仰重, 故被罪尤酷. 厥後中廟仁廟, 亦知其無罪矣. 其時爲士者, 皆讀『小學』, 故至今朝廷之上 · 閭巷之間, 猶有興起之心, 皆其餘化也. 頃日, 小人欲害賢士, 而無可名之罪, 則曰此乃『小學』之徒. 『小學』乃聖賢之法言, 其間雖有一二人讀『小學』, 而心不正者, 豈『小學』之罪哉?"
22) 당시 趙光祖는 도학정치를 주장하며 조선시대의 풍습과 사상을 유교식으로 바꾸고

한 인식이 다시 회복된 결과, 1579년(선조 12)에는 율곡 이이가『소학제가집주』23)를 편찬하는 데 이르렀다. 이 책의 편찬은 조선의『소학』주석사에 새로운 장이 열었다고 할 수 있다. 다만 율곡이『소학제가집주』에서 자신의 견해를 밝힌 곳은 10여 곳에 불과하고, 전체적으로 중국 하사신의『소학집성』과 정유의『소학집설』(1486), 오눌의『소학집해』(1433), 진선의『소학증주』(1473), 왕오의『소학집주대전』을 참고하여 저술하였는데, 특히 체제와 내용상에 있어서 많은 부분『소학집설』을 따르면서 '오씨왈吳氏曰', '진씨왈陳氏曰', '진씨(호)왈陳氏(澔)曰' 등으로 표기된『소학집설』의 내용의 근거를 찾아서『집해』,『증주』,『정오正誤』,『집설』등으로 옮겨 정리하고,『소학집성』의 내용을 추가하였다. 그 자세한 내용은 아래「경신敬身」편의 일부를 정리한〈표1〉을 통해 엿볼 수 있다. 그러나 그 구성으로 볼 때 율곡 이이가 정확하게 어떤 책을 근거로 어떤 기준으로 이 책을 편집하였는지는 명확하게 알 수가 없다.

〈표1〉『소학집설』과『소학제가집주』「경신」편 주석 비교

장, 절	『소학집설』	『소학제가집주』
小序	方氏曰; 陳氏曰	『集說』, 左同
1-1	吳氏曰; 眞氏曰	『集解』, 左同
2-1	陳氏(澔)曰; 眞氏曰	『集解』, 左同
2-2	應氏曰; 馬氏曰	『集解』, 左同
2-3	朱子曰; 應氏曰	『集解』, 左同
2-4	陳氏曰; 陳氏(澔)曰	『集說』, 左同

자 하였는데, 이 과정에서『朱子家禮』나『小學』등이 중요한 역할을 하였기 때문에 己卯士禍를 기점으로『小學』공부를 꺼리게 되었던 것으로 보인다.
23) 조선에서 국가사업으로 인해 반포되어 오늘날에도 가장 많이 남아 있는 일명『小學集註』가 이『小學諸家集註』이다. 한편『小學集註』는 陳選의『小學增註』의 이칭으로 쓰이기도 하였다.

2-5	朱子曰	『集解』, 左同
4-1	朱子曰	『集說』, 左同
5-1	吳氏曰; 朱子曰	『集解』, 左同
6-1	陳氏曰	『集說』, 左同
9-1	陳氏(澔)曰; 吳氏曰	『集說』, 左同
10-1	陳氏曰; 眞氏曰	『集解』, 左의 '眞氏曰'과 同
12-1	吳氏曰	『集說』, 左同
14-1	陳氏(澔)曰	『集說』, 左同 『集解』, 免, 去冠也. 袒, 露臂也. 褰, 揭也. 以暑熱褰裳, 亦爲不敬也.
15-2	戴氏曰	『集解』, 左同
15-3	陳氏(澔)曰	『集解』, 左同; 『集成』
15-4	陳氏(澔)曰	『集解』, 視下者, 不擧目也. 局, 門關之木. 入戶之時, 兩手捧戶置局之處, 不敢放手排闥也. 『集說』
15-5	陳氏(澔)曰	『集解』, 踐屨, 謂踏他人之屨也, 踖席, 謂躐他人之席也. 摳衣, 謂兩手提衣, 與攝齊同義 (이하 左同)
16-1	陳氏(澔)曰	『集解』, 左同
16-2	陳氏(澔)曰	『集解』, 左同, 단 뒤에 '朱子曰, 足容重以下, 皆敬之目, 卽此是涵養本原也.'라는 구절이 있다.
17-1	孔氏曰	『集說』, 左同
18-1	陳氏(澔)曰	『集解』
18-2	朱子曰	『集說』, 左同; 『集成』
18-4	陳氏(澔)曰	『集說』, 左同
20-1	呂氏曰	『集說』, 左同
24-1	謝氏曰	『集說』, 左同
25-1	呂氏曰; 范氏曰	『集解』, 左同
25-2	朱子曰	『集說』, 左同
26-1	陳氏曰	『集說』, 左同
27-1	朱子曰; 范氏曰	『集說』, 左同
28-1	朱子曰; 楊氏曰	『集說』, 左同
30-1	陳氏(澔)曰	『集說』, 左同; 『集成』
31-1	陳氏曰	『集說』, 左同
32-1	陳氏(澔)曰	『集說』, 左同
32-2	吳氏曰; 陳氏(澔)曰; 方氏曰	『集解』, 左同

34-1	吳氏曰	『集解』, 左同
35-1	孔氏曰; 呂氏曰	『集說』, 左同
38-1	陳氏曰; 朱子曰	『集說』, 左同
40-1	朱子曰	『集解』, 左同, 단 뒤에 吳訥의 '愚謂……'가 있음.
41-1	吳氏曰	『集解』;『集成』, 張子曰, 不澤手, 必有物以取之, 不使濡其手.
41-2	孔氏曰; 朱氏曰	『集解』, 左의 '孔氏曰'과 同, '朱子曰'은 없음.
41-5	陳氏(澔)曰	『集解』, 左同
41-6	陳氏(澔)曰	『集說』, 左同
42-1	吳氏曰; 陳氏(澔)曰	『增註』;『集說』, 左同
43-4	朱子曰	『集說』, 左同
43-6	朱子曰	『集解』, 左同
44-1	陳氏曰	『集說』, 左同
45-1	吳氏曰	『集說』, 左同
46-1	吳氏曰	『集解』, 左同

이후 우리나라에서 나온『소학』 주석서들은 기본적으로 이이의『소학제가집주』를 기본 텍스트로 하여 편성되었으며, 주로 율곡 계열의 학자들에 의해 집필되었다.『소학집주부록小學集註附錄』,『소학훈의小學訓義』,『소학제가집주증해小學諸家集註增解』 등이 모두 그러하다. 이러한 측면은『소학』에 대한 언해서들의 편찬에서도 마찬가지였다.

1587년(선조 20)에는 중종 때에 간행된『번역소학』의 번역이 의역意譯임을 비판하면서 직역直譯을 원칙으로 표방하여『소학언해』[24]를 교정청校正廳에서 간행하였다. 이 책은『소학집설』을 저본으로 삼았고, 조광조의 비문을 쓴 이산해李山海의 발문이 있는 것이 특징이다.

이어서 이『소학언해』의 문제점을 제기하면서 1693년에 출간된 책이

---

24) 현재 內賜本 완질이 陶山書院에 보관되어 있다.

『찬정소학언해纂定小學諺解』이다. 1666년 홍명하洪命夏는 직전의 『소학언해』
가 지닌 언해상의 문제를 지적하고, 그것이 정유의 『소학집설』을 저본으
로 한 데 대해 율곡의 『소학제가집주』를 새롭게 저본으로 채택할 필요성
이 있음을 건의하였으며, 이를 현종이 윤허함으로써 편찬에 들어갔던 것
이다. 그 후 현종은 송시열宋時烈 · 송준길宋浚吉 · 이유태李惟泰 · 윤선거尹宣擧
등과 같은 서인西人 계열의 유신들에게 의견을 수렴을 하는 절차를 거쳤고,
이에 송준길과 이유태가 헌의獻議에 응하였다. 송시열과 송준길은 새 언해
본 출간 사업을 실질적으로 주도해 나갔고, 특히 송시열은 열성적으로 교
감 작업에 임했다. 그런데 송시열이 최종적인 감수 과정에서 박세당의 개
역작업을 하게 되는데, 여기에서 많은 부분이 수용되었다. 이러한 점에서
이 책이 송시열의 저작목록에 포함되어 있지만 박세당의 저작으로 보아야
한다는 설이 힘을 얻고 있다.25) 하지만 이 책은 현전하지 않는다.

또 국가에서 출판한 것은 아니지만, 『찬정소학언해』와 거의 같은 시기
인 1694년경(숙종 20)에 박세채朴世采는 『소학고증小學攷證』, 『소학집주부록』,
『소학독서기小學讀書記』를 지어 왕에게 진상하였으며,26) 1726년(영조 2)에는
김간金榦27)이 『소학차기小學箚記』를 지어 세자의 『소학小學』공부에 도움을
주기 위해 진상하기도 하였다. 1744년(영조 20)에는 『소학제가집주』의 내용
에 훈의訓義를 더한 『소학훈의』가 편찬되기도 하였다. 이 책의 원래 서명은

---

25) 『纂定小學諺解』의 간행 경위에 대해서는 金鍾秀, 「尤菴 宋時烈의 『纂定小學諺解』編纂 ·
   刊行 경위」(2016) 참조.
26) 『英祖實錄』 영조 16년 1월 11일 기사에는 司書 李挺郁이 세자의 공부를 위해서 朴世采
   의 『小學讀書記』를 가까이 두고 훈도하기를 청한 상소가 보인다.
27) 金榦(1646~1732). 字가 直卿, 號가 厚齋로, 朴世采 · 宋時烈의 문인이다. 禮學에 조예가
   깊어 각 문집에 흩어져 있는 선인들의 禮說을 뽑아, 12편의 『東儒禮說』을 편찬 간행
   한 바 있다. 저서로는 『厚齋集』 · 『小學箚記』 · 『童蒙學規』 등이 있다.

『소학제가집주선정전훈의小學諸家集註宣政殿訓義』이다. 또 같은 해 기존『소학
언해』의 방점과 표기점을 수정한『어제소학언해御製小學諺解』도 영조의 명
에 따라 간행되었다. 그리고 영조는 또 그의 나이 73세(1776, 영조 52) 때에
세 번째로『소학』을 강론한 후,『소학』의 제사題辭와 내內·외편外篇에 훈
의한 것을 적어 간행하였는데, 이 책이『어제소학지남御製小學指南』이다. 유
척기兪拓基 등이 교정을 담당하였고, 책의 앞에 「어제서御製序」와 「어제소
지御製小識」에서 영조는『소학』을 배운 지 61년 만에 세 번째『소학』을 강
론하고 그 내용을 엮어 간행하게 한 경위와 목적을 밝히고 있다. 곧 그는
"73세의 나이로 주자가 제사題辭에서 간절한 뜻으로 동몽童蒙을 권장한 뜻
에 따라 이 글의 지남指南을 강한다"는 말을 하고 있다. 상권은 주자의
「소학제사」의 전문을 10절로 나누어 설명을 붙이고 제사의 내용을 찬양
하였다. 하권은『소학』의 내편과 외편의 각 편마다 그 전체적인 취지와
의의를 설명하고 끝에 외편의 편제篇題와 서차序次에 대한 종합적인 견해
를 밝히고 있으며, 책 끝에는 교정에 참여한 14명의 명단과 관직이 부기
되어 있다. 아동교육을 위한 영조의 뜻과『소학』의 의의를 수신의 기초로
생각한 영조의 견해가 잘 표현되어 있다. 2권 1책으로 된 무신자본戊申字本
이 장서각에 소장되어 있다. 후일 정조는 또 1797년(정조 21)에『소학훈의』
를 바탕으로『신간소학집주新刊小學集註』를 편찬하였다. 이것이 조선 정부
가 편찬한 마지막 소학교재라 할 수 있다.[28]

　이 외에도 정조 때, 박준원朴準源이 세자(훗날의 순조)에게『소학』을 강의
할 때 문답한 내용을 모은『소학문답小學問答』이라는 책도 있는데, 이것은
순조 2년에 활자본으로 간행되었다. 현재 서울대 규장각에 소장되어 있다.

---

28) 정호훈, 『조선의「소학」』(2014), 335쪽 참조.

그런데 지금까지 기술한 역사서에 나타난 『소학』 관련 서적은 대체로 서인 노론계 학자들에 의해서 저술되었다는 것을 알 수가 있다. 이것은 어떤 면에서는 국가적 차원의 『소학』진흥책의 영향도 있었겠지만, 주자 도통주의에 입각하여 주자학의 절대성을 강화하려 했던 당시의 집권세력 인 서인 노론계 학자들의 체계적인 학문 노력의 산물이었다고도 볼 수 있을 것이다.[29]

율곡 이이의 『소학제가집주』가 중국 주석서에서 발췌·편집한 것이 고 율곡 계열에서 나온 『소학』 주석서들 또한 그러한 범주에서 크게 벗어 나지 않는 형식과 내용을 취하고 있는 반면, 조선 후기에 들어오면서 이 밖에 개인적으로 저술된 소학 관련 서적들이 많이 나오게 되는데, 그 대 표적인 책이 1734년에 완성된 바로 본고의 역주 대상인 성호星湖 이익李瀷 의 『소학질서小學疾書』이다. 또 성호 이익의 『소학질서』 이후에 신후담愼後 聃의 『소학차의小學箚疑』, 정약용丁若鏞의 『소학지언小學枝言』 등 성호 계열에 서 나온 『소학』 주석서들은 단지 중국의 주석서들을 답습하는 데 그치지 않고 기존의 주석을 바탕으로 하되 그것을 비판하면서 새로운 해석과 주 석을 붙였다는 점에서 율곡 계열의 『소학』 주석서들과 구별된다.[30] 1725 년에 완성된 성호의 제자 신후담의 『소학차의』가 『소학질서』보다 앞서 지어진 것이기는 하지만 이 책은 성호와의 질의를 통해 이루어진 책으로

---

29) 원재린, 『조선후기 星湖學派의 학풍연구』(2003), 12쪽 참조.
30) 『소학』 내용에 대한 주석서 외에, 우리나라의 실정에 맞게 내용을 변용하거나 확장한 사례들이 있다. 예를 들어 『大東嘉言先行』·『下學指南』·『東賢學則』·『海東續小學』 등은 인물 일화를 제시한 外篇만을 다루고 있으며, 더 나아가 우리나라의 인물 일화 들을 인용하고 있다. 흥미로운 부분은 송시열 계열의 『大東嘉言善行』에서는 宋時烈 계열 인물이 주로 인용된 반면, 퇴계 계열에서 나온 『東賢學則』에서는 퇴계 계열의 인물들이 주로 인용되고 있다는 점이다. 어쨌든 이런 사례들은 『小學』의 실천 수행서 로서의 성격을 보여 주는 것이라고 할 수 있다.

성호의 영향을 많이 받았다고 볼 수 있다.[31)

　그런데 특이한 점은 둘 사이에 어떤 관련성이 있는지 속단할 수 없지만, 1725년 신후담의 『소학차의』가 완성된 다음 해인 1726년에 김간金幹의 『소학차기小學箚記』가 저술되었다는 점이다. 앞에서 지적한 언해에서 『번역소학』에서 『소학언해』로, 『소학언해』에서 『찬정소학언해』로 나아가는 과정이나, 여기에서 『소학차의』에서 『소학차기』로, 그리고 아래에서 볼 수 있는 바와 같이 후에 다시 『대동가언선행大東嘉言善行』에서 『동현학칙東賢學則』으로 전개되는 과정은 퇴계 학파와 율곡 학파 간의 경쟁의 모습을 노정하고 있는 것으로 볼 수 있다. 이러한 흐름에 대해서는 앞으로 더욱 연구해 볼 필요가 있으리라 생각된다.

　이 밖에도 다음의 〈표3〉에서 볼 수 있듯이 1746년 유직기兪直基의 『대동가언선행』에 이어 성호의 제자 안정복安鼎福은 1784년에 『하학지남下學指南』을 지었고, 2년 뒤인 1786년에는 안정복의 제자인 황덕길黃德吉이 『동현학칙』을, 비슷한 시기에 송환기宋煥箕(송시열 5대손)의 제자인 이수호李遂浩가 『소학제가집주증해』를 찬술하였다. 또한 이어서 성호의 사숙제자인 정약용이 1801년과 1815년경에 『소학보전小學補箋』과 『소학지언』을 저술하였다. 또 1882년에는 우암 송시열 계열 한원진韓元震의 제자인 이상수李象秀에게서 수학한 박문호朴文鎬[32)가 『여소학女小學』을 지었고, 영남 퇴계학파의

---

31) 박순남은 「신후담의 『小學箚疑』연구─분절체계를 중심으로」(2018)라는 논문에서, "신후담의 『소학차의』는 그의 연보에 따르면 성호 이익을 배알한 그해(1724)에 쓰기 시작하여 이듬해 그의 나이 24세(1725)에 완성한 것이다. 이때에 스승인 성호와 주고받은 편지 속에 소학문목에 대한 논의가 있는 것으로 보아 『소학차의』의 저술은 성호의 일정한 영향 아래 이루어진 것으로 볼 수 있다"라고 하였다.

32) 朴文鎬(1846~1918). 본관은 寧海. 字는 景模, 號는 壺山·楓山·老樵이다. 南塘 韓元震의 학통을 계승한 岾堂 李象秀에게서 수학하였다. 저서로는 『大學章句詳說』·『論語集註詳說』·『孟子集註詳說』·『詩集傳詳說』·『書集傳詳說』·『周易本義詳說』·『楓山記聞錄』·

적전嫡傳인 이상정李象靖의 학통을 이은 유치명柳致明과 순암 안정복의 제자 황덕길黃德吉을 계승한 허전許傳에게서 수학한 박재형朴在馨이 1884년에『해동속소학海東續小學』을 저술하였다. 또 고종 때 최창락崔昌洛(1832~1886)이 허전의 설을 모아『소학췌언小學贅言』을 저술하기도 하였다.

이러한 흐름을 종합해 보면, 조선의『소학』관련 저술 및 간행본은 다음의 〈표2〉와 같이 크게 중국으로부터 수입된『소학』관련 서적과 국가에서『소학』교재로 사용할 목적으로 편찬한『소학』관련 서적, 그리고 마지막으로 학자들이 개인적으로 저술한『소학』관련 서적으로 나누어 볼 수 있다.

〈표2〉 조선의『소학』관련 저술 및 간행본

	도서명
㉠ 수입서	(『小學』33)),『小學集成』,『小學集解』,『小學增註』,『小學集註大全』,『小學集說』
㉡ 중국어 학습서	『直解小學』,『小學便蒙』: 국가 간행
㉢ 국가 간행 학습서	(『小學』),『小學抄略』,『飜譯小學』,『小學諸家集註』,『小學諺解』,『(纂定)小學諺解』,『御製小學諺解』,『小學訓義』,『御製小學指南』,『新刊小學集註』,『小學諸家集註增解』,『下學指南』
㉣ 개인 연구서 및 주석서	『小學攷訂』34),『小學攷證』,『小學集註附錄』,『小學讀書記』,『小學箚疑』,『小學箚記』,『小學疾書』,『大東嘉言善行』,『大東小學』,『東賢學則』,『小學問答』,『小學贅言』,『女小學』,『海東續小學』

『中東古今人家希有錄』·『女小學』·『壺山集』·『人物性考』등이 있다.

33) '한국고전적종합목록'에서 '소학', '소학지서', '소학서', '소학대문' 등을 검색해 보면 1,000여 건이 검색되지만, 이 책들은 모두 간인연대를 알 수 없기 때문에 초기의『소학』교재는 어떤 형태였는지 원문 검색이 불가능하여 분명하게 말할 수는 없다. 하지만『조선왕조실록』에 따르면 태종 4년(1404)에 인재등용에 대한 상소문에서『사서』,『효경』과 함께『소학』이 거론되고 있다. 즉 이미 그 이전에『소학』이 수입, 간인되었을 것으로 짐작된다. 따라서 이 책은 ㉢항목에도 해당된다. 이 목록에 대해서는 앞으로 더 조사할 필요가 있다.

34) 이 책은『沙溪全書』에 실려 있고, 또 율곡의『小學諸家集註』에 삽입되어 있기 때문에

이러한 저작은 초기에는 대부분 순수 교재의 성격을 띠고 있지만, 율곡 이이의『소학제가집주』가 편찬되면서부터 학맥 간 경쟁의 성격을 띠게 된 것으로 보인다. 즉 ㉢과 ㉣의 저술들은 주로 우암 송시열을 중심으로 한 이이를 추종하는 노론계열과 퇴계의 학맥을 이은 성호 이익을 중심으로 한 그의 제자들에게서 나왔다는 것을 알 수 있다. 두 계열의『소학』관련 저술들이 어떤 차이를 보이고 있는지에 대해서도 앞으로의 연구가 필요하며, 또 이 외에도 아직 찾아내지 못한 많은『소학』관련 저작들이 있을 것으로 짐작되는데, 이에 대해서도 좀 더 깊이 있는 연구가 필요하리라 생각된다.

다만 앞에서 이미 언급한 바와 같이 율곡 이이의『소학제가집주』이래 율곡 계열에서 나온『소학』주석서들이 대체로 중국의 주석서들을 답습하면서 원래의 주자학의 학술 취지를 실천적으로 강화하여 가는 방향을 취하고 있다고 한다면, 18세기에 이르러 성호 계열의『소학』관련 저작들은 단지 중국의 주석서들을 답습하는 데 그치지 않고 기존의 주석을 바탕으로 하되 그것을 비판하면서 새로운 해석과 주석을 가하였다는 점에서 율곡 계열의『소학』주석서들과 구별된다.

〈표3〉 조선에서 찬술된『소학』관련 저작

서명	저작시기	저자
『直解小學』	1394년경	偰長壽
『小學抄略』	1518년 이전	미상
『飜譯小學』35)	1518년	金詮 · 崔淑生 譯
『小學便蒙』	1537년	崔世珍

㉢과 ㉣에 모두 해당된다고 할 수도 있다.
35) 中宗 13년(1518)에 간인된 목판본이 고려대도서관에, 그 후 宣祖연간에 간인된 목판

『小學諸家集註』	1579년	李珥
『小學諺解』[36]	1587년(선조)	교정청
『纂定小學諺解』[37]	1693년(숙종)	朴世堂(宋時烈)
『小學攷證』 『小學集註附錄』 『小學讀書記』[38]	1694년경	朴世采
『小學箚疑』[39]	1725년	愼後聃
『小學箚記』[40]	1726년	金榦
『小學疾書』	1715~1734년	李瀷
『御製小學諺解』[41]	1744년(영조)	英祖 命
『小學訓義』[42]	1744년	宣政殿
『大東嘉言善行』[43]	1746년	兪直基
『大東小學』[44]	1746년	兪彦鏴
『御製小學指南』[45]	1766년	英祖(兪拓基)
『下學指南』[46]	1784년	安鼎福
『東賢學則』[47]	1786년경	黃德吉
『新刊小學集註』	1797년	正祖 命
『小學諸家集註增解』[48]	1800년	李遂浩
『小學問答』	1802년	朴準源
『小學贅言』	1880년 이전	崔昌洛
『女小學』	1882년	朴文鎬
『海東續小學』[49]	1884년	朴在馨

본이 서울대학교 규장각도서관에 소장되어 있다. 모두 金詮·崔淑生 等 譯으로 되어 있다.

36) 국립중앙도서관을 비롯한 다수의 도서관에 소장되어 있다.

37) 역사서 번역본과 앞의 金鍾秀의 논문(2016)에서 『纂定小學諺解』라고 되어 있지만 원 제는 『小學諺解』이었을 가능성도 있다. 그러나 3종의 『小學諺解』를 구분하는 의미에 서 '『纂定小學諺解』'로 표기하였다. 정호훈의 논문 「규장각 소장 『小學』의 系統과 특 징」(2016) 159쪽에서는 『(수정)小學諺解』라고 호칭하고 있다.

38) 이 책은 『讀書記』란 제목으로 되어 있고, 『소학』·『근사록』·『대학』·『중용』을 주로 하여 엮은 것인데, 1668년(현종 9)에 초를 잡아 1677년(숙종 3)에 완성하였다. 책머 리에 범례가 있고, 1677년에 지은 자서와 1683년에 지은 자서가 있다. 4권 4책으로 구성된 필사본([刊寫地未詳], [刊寫者未詳], [肅宗 3(1677)])이 서울대학교 규장각도서관 에 소장되어 있다.

39) 愼後聃의 『河濱先生文集』에 수록되어 있다.

2. 『소학질서』의 저술 시기와 배경

성호 이익(1681~1763)의 『소학질서』의 발문에 따르면, 『소학질서』는 1734년 성호의 나이 53세 때에 정유의 『소학집설』을 저본으로 하고, 율곡 이이의 『소학제가집주』를 참고하여 완성되었을 것으로 추정된다. 그러나

---

40) 『厚齋集』 권17~20에 수록되어 있다.
41) 국립중앙도서관, 전남대도서관 등에 다수 소장되어 있다.
42) 현재 한국국학진흥원 도서관에 소장되어 있다. 또 국립중앙도서관, 충남대, 단국대, 경기대 도서관에는 『小學訓義講譜』도 소장되어 있고, 계명대 도서관에는 『小學訓義諺解』도 소장되어 있는데, 이들은 모두 목판본이며, 간인연대는 미상이다.
43) 이 책은 현재 고려대, 연세대, 서울대, 단국대, 충남대, 성균관대, 한국학중앙연구원 도서관 등에 소장되어 있다. 필사본이다.
44) 국립중앙도서관에 석판본이 소장되어 있다.
45) 국립중앙도서관, 성균관대학교 존경각, 한국학중앙연구원 장서각에 1766년 金屬活字本(戊申字)이 소장되어 있다.
46) 黃泌秀가 1879년 筆寫한 책이 국립중앙도서관에 소장되어 있다.
47) 경상대, 동아대, 충남대, 성균관대, 고려대, 남평문씨 인수문고, 국립중앙도서관 등에 다수 소장되어 있다. 다만, 필사본도 있고, 1873년·1917년·1918년·1920년 등 간인연도가 너무 짧은 기간에 여러 차례인 것으로 보아 아마도 착오가 있었을 가능성도 있어 보인다.
48) 이 책에 대해서는 성창훈의 「進菴 李逢浩의 『小學集註增解』 연구」(2015)에서 자세히 살펴볼 수 있다. 목판본으로 각 주요 대학 도서관에 다수 소장되어 있다. 규장각 소장본([古 3915-1-v. 1-5])에 대한 해제에, "본서는 19세기에 李逢浩(?~?)가 편찬한 책으로, 李珥가 편찬한 『小學諸家集註』의 미진한 곳을 보충한 것이다. 宋煥箕(1728~1807)가 1800년에 쓴 序文이 鄭土喬(進菴, 1739~1819)의 집에 소장되었던 사실로 미루어 간행은 1800년 이후인 것으로 보인다. 본서의 구성은 책머리에 御製小學序, 御製小學後序, 御製小學小識, 小學集註增解序(宋煥箕 書), 小學集註總論增解, 小學集註總目增解, 小學篇目, 小學集註攷訂, 小學書題, 小學題辭 등이 실려 있어 송환기의 서문을 제외하고는 [奎 11009]본의 『小學諸家集註』와 큰 차이가 없다. 본문은 『近思錄』, 『朱子語類』를 비롯한 다양한 서적에서 관계 기사를 인용하고, 본인의 의견을 세주로 처리한 것이 특징이다. 책의 말미에는 成渾과 李恒福의 跋을 실었다. 17세기 후반 이후 다양하게 편찬되는 소학에 대한 주해서의 일종이다"(이경구)라고 되어 있다.
49) 新活字本, 鉛印本, 筆寫本 등의 형태로 1882년, 1884년, 1912년에 간인된 본이 국립중앙도서관, 조선대 도서관, 한국학중앙연구원 등 많은 도서관에 소장되어 있다. 1912년본은 崔南善이 編修하였다.

그의 조카인 이병휴李秉休가 쓴 「가장家狀」 50)에는 다음과 같은 기록이 있다.

그는 경학經學에서는 학문에 뜻을 둔 처음에 먼저 『맹자』를 읽었다. 그
해(1713)에 아들 정랑正郎이 태어났으므로 이름을 맹휴孟休로 지어 기쁨을
표현하였고, 이어 『맹자질서孟子疾書』를 지었다. 그 다음에 『대학大學』을
읽고, 다음에 『소학小學』을 읽고, 다음에 『논어論語』를 읽고, 다음에 『중
용中庸』을 읽고, 다음에 『근사록近思錄』 및 『심경心經』을 읽고, 다음에 『역
경易經』을 읽고, 다음에 『서경書經』을 읽고, 다음에 『시경詩經』을 읽었는
데, (읽을 때) 각각의 『질서疾書』를 찬술했다. 그런데 『역경』과 『시경』(의
『질서』)은 만년에 이전 본本을 버리고 개찬하였으며, 『가례질서家禮疾書』는
볼 때마다 그때그때 기록하여 십수 년 만에 완성하였다.

이것을 근거로 추론해 보면, 성호는 1713년 『맹자질서』를 찬술한 것에
서 시작하여51) 그 후에 순차적으로 『대학질서』, 『소학질서』, 『논어질서』
를 저술했다.52) 그렇다면 이전 연구에서 『소학질서』의 저작 시기를 1763
년 성호가 별세한 해로 추정한 것은 잘못된 것이다.53) 또한 단순히 서序의
내용을 근거로 아들 이맹휴李盟休(1713~1751)가 3세 정도 된 성호의 나이 35
세 때인 1715년으로 추정하는 것 또한 정확하다고 보기에는 어려움이 있

---

50) 『星湖全書』, 권2, 「家狀」, "其於經學則志學之初, 先讀孟子. 是歲子正郎生, 命名曰孟休, 以志
喜, 因撰孟子疾書. 次讀大學, 次讀小學, 次讀論語, 次讀中庸, 次讀近思錄及心經, 次讀易, 次讀
書, 次讀詩, 各撰疾書. 而易與詩, 晚年棄其前本而改撰, 家禮疾書, 隨閱輒錄, 積十數年而成."
51) 권문봉은 「家狀」의 내용과 『孟子疾書』의 서문에 "戊戌 星湖撰"·"今歲五周矣"라고 한
것을 근거로 성호 나이 33세였던 1713년에 집필을 시작하여 1718년에 이르러 완성
하였다고 하였다. 권문봉, 「星湖의 『孟子疾書』考察」(1996) 참조. 이후 이에 대해서는
별다른 이견이 제출되지 않았다.
52) 『小學疾書』 가운데 '詳著孟子疾書'라는 내용이 있는데, 이 또한 『小學疾書』가 『孟子疾
書』 다음에 편찬되었음을 확인해 주고 있다.
53) 최경훈은 「조선시대 간행 주자저술과 주석서의 편찬」(2008)이라는 논문에서 『소학
질서』의 편찬시기를 1763년으로 추정하였다.

다.[54] 왜냐하면 성호의 수고본으로 판단되는 규장각본(가)의 맨 끝부분에 '갑인맹동지甲寅孟冬識'라고 기록한 부분이 있는데, 이것이 앞 발문의 필적과 같고 이 발문의 내용으로 보아 성호가 직접 기록한 것이 확실시된다는 점에서 갑인년甲寅年인 1734년으로 보는 것이 어느 정도 타당해 보이기 때문이다.[55] 그런데 성호의 제자 신후담이 1725년에『소학차의』를 저술하였는데, 여기에 내용을 보면『소학질서』의 내용을 "질서"라는 표기 아래『소학』의 마지막 장인「선행善行」 6-6까지 그대로 인용하고 있다.[56] 이것은 곧『소학질서』가 이미 1725년 이전에 집필되기 시작하여 대부분이 완성되었다는 것을 증명하는 것이다. 그리고 성호의 연구 성과를 보면, 쉬지 않고 공부하였을 가능성이 있으므로『소학질서』는『맹자질서』가 완성된 1718년[57]에 집필을 시작하여 1725년경에는 대부분 완성하였고,『소학차의』가 완성된 이후에 나머지 부분을 집필 또는 수정·보완하여 1734년에 이르러 완성하고 발문을 지었다고 보는 것이 타당하리라 생각된다.

성호가『소학질서』를 저술한 배경에 대해서는 그가 쓴「소학질서발小學疾書跋」에 나오는 다음과 같은 내용을 참고할 수 있다.

『소학』이라는 책이 세간에 전해진 것은 정유가 주석한 것이다. 내가 읽어 보니, 그 주석과 해석에서 의심스럽고 명백하지 못하여 통하지 않은

---

54) 陳媛은「朱子의 小學論과 한국·중국에서의 변용」(2012)에서『소학질서』가 성호의 나이 35세 전후인 1715년경에 편찬되었을 것으로 추정하였다.
55) 김새미오는「성호 이익의『소학질서』판본에 대한 소고」(2012)에서, 문대인은「성호 이익의『소학질서』연구」(2018)에서 1734년을 저작시기로 보고 있다.
56)『河濱先生文集』內篇, 권3,『小學箚疑』, 89~302쪽 참조.
57) 이동욱은 1713년에 시작했다는『家狀』의 기록과 2종의 필사본의 서문에 1718년에 기록한다는 내용이 있는 것에 근거해 볼 때 1713년에 집필을 시작하여 1718에 완성되었다고 하였다. 이동욱,「星湖의 필사본 疾書 11종 異本 연구」(2013), 4쪽 참조.

것이 있어 이 편을 저술하여 여기에 스스로 기록하게 되었다. 후에 또 이율곡이 여러 사람들의 주석을 모아 놓은 책(『소학제가집주』를 가리킨다.)을 얻어 보게 되었는데, 이전의 주석서들의 잘못이 상당 부분 수정되어 있었다. 이전의 해석과 비교해서 완전한 이해를 할 수 있었다면 이 책(『소학질서』를 가리킨다.)은 찢어서 버려야 마땅할 것이다. 그러나 아직 의미를 완전하게 파악하지 못한 곳이 상당히 많고 새로 추가한 것 또한 혹 소략하고 빠져 있다고 말하지 않을 수 없다. 이 때문에 이 책을 일단 남겨 두었다가 시간이 날 때 고치려고 하였으나, 아직 그렇게 하지 못하였다. 갑인년 맹동에 쓰다.[58]

즉, 성호는 1718년경 『소학』을 읽을 때 당시 통행하고 있던 정유의 『소학집설』을 참고하면서 읽었던 것으로 보인다. 그런데 거기에는 상당한 주석상의 오류가 있었으며, 그것을 수정하고자 하는 의도에서 『소학질서』를 저술하였다는 것이다. 하지만 성호는 『소학질서』를 저술하고 있던 중 율곡 이이의 『소학제가집주』를 접하게 되었으며 거기에 그 오류들이 상당 부분 수정되어 있음을 알게 되었다. 하지만 또한 『소학제가집주』에도 여전히 미진한 점들이 다수 있었으므로 자신의 저작을 남겨두고 추후 보완하려 하였으나 그렇게 하지 못했다는 것이다.

그렇게 하지 못했다고 했지만 현존하는 『소학질서』의 내용을 검토해 보면 성호는 『소학제가집주』의 내용에 대해서도 상당 부분 검토를 하여 의견을 남겼다.[59] 예를 들어 『소학질서』 「입교」편 【1-7-④】에 다음과 같

---

58) 『小學疾書』, 「小學疾書跋」, "『小學』之書, 世所傳, 程氏愈所註也. 余讀之, 其於箋釋之間, 疑晦不通, 遂著此編, 以自識焉. 後又得見李栗谷取集諸家註, 向之錯謬者, 間多訂正, 比諸舊解, 煞覺開敏, 則此書宜毁而棄之. 然其未及勘破處尙多, 而新增者又或疎脫, 不可不言也. 是以姑留此, 將待暇而當校之. 顧末及焉耳. 甲寅孟冬識."

59) 陳媛은 "성호는 何士信의 『小學集成』이나 程愈의 『小學集說』을 참조하였을 가능성이

은 내용이 있다.

　가규가 말하길, "육행六行에서 말한 우友는 형제에게 전적으로 시행한 것
이고, 팔형八刑에서 말한 부제不弟는 사장師長을 겸하여 말한 것이다. 그
러므로 목睦·연婣의 아래에 물려 둔 것이다"라고 하였다.[60]

　그런데 가규의 이러한 주석은 『소학제가집주』에는 인용되어 있지만
『소학집설』에는 인용되어 있지 않다. 즉, 확실히 단언할 수는 없지만 『소
학제가집주』의 내용을 차용한 것일 가능성이 있는 것이다. 이 번역본에
서는 각 편마다 『소학질서』의 내용이 『소학집설』과 『소학제가집주』의 그
것과 어떻게 차이가 나는지를 일목요연하게 파악할 수 있도록 비교하는
표를 제시하여 두었다.

　또 「소학질서발」에서 언급되진 않았지만, 『소학질서』 집필의 주된 참
고본으로는 『예기집설』[61]이 있다. 『소학질서』 「가언」 【5-23-⑤】에 다음
과 같은 내용이 있다.

　"일鎰"은 옛 주석에 "1과 24분의 1승升(되)"이다. "일"은 본래 권명權名(무게)

있다. 그러므로 성호는 이이의 『小學諸家集註』를 저본으로 삼으면서 또한 다른 여러
주석서를 참고하여 『小學疾書』를 완성하였다'고 하였는데, 이것은 다소 지나친 서술
이라고 하겠다. 陳媛, 「朱子의 小學論과 한국·중국에서의 변용」(2012), 158쪽 참조.

60) 賈逵曰: 六行之友, 專施於兄弟, 八刑之不弟, 兼師長言, 故退在於睦婣之下.

61) 이 책은 元나라 至治 2년(1322)에 陳澔에 의해 저술된 『禮記』의 주석서로 天曆 원년
(1328)에 建安의 鄭明德家에서 初刊된 바 있으며, 그 후 고려로 전파되어 공양왕 3년
(1391)에 安翊이 경상도관찰사로 부임할 때 金子粹와 閔安仁으로부터 간행을 부탁받
아 尙州牧에서 목판으로 간행하였으며, 鄭明德家의 초간 목판본을 底本으로 覆刻하였
다. 이후 우리나라의 『예기』 주석서는 이 『禮記集說』을 바탕으로 하고 있다. 朴文烈,
「尙州牧 刊行의 고려판 『禮記集說』에 관한 연구」(2018) 참조.

이고 양명量名(무피)이 아니니, 20량兩이 1일이 된다. 옛 주석에 오권五權(무게)의 제도로 해석하였으니 그러므로 사람들이 알기 어려워했다. 지금 당시에 행해지던 전냥錢兩의 수로 그것을 해석해 보자. 살펴보건대 (『의례』) 「상복喪服」의 소疏에 "쌀 한 곡斛은 120근斤이 된다"라고 하니, 1승升은 곧 1근 3냥 2전이다. 1근은 16냥이 되니 합하여 19냥 2전이 된다. 1일에 8전이 모자란다. 8전은 곧 19냥 2전의 24분의 1이니, 그러므로 쌀 8전의 중량은 1승의 24분의 1이 되니, 실로 4작勺과 나머지이다. 그렇다면 1일은 1승 4작과 나머지가 있는 정도인데, 『예기』에 이르기를 "상중에 있는 사람은 아침에 쌀 1일을 먹고 저녁에 쌀 1일을 먹는다"라고 하니 그러므로 합하여 2일을 공급하는 것이다. 진씨陳氏가 고금의 권량權量의 변화에 완전히 어두워 너무 많다고 여기고 "일승"이라는 글자를 제거하여 24분의 1승이라고만 하였으니 얼마나 그릇되었는가?[62]

『소학집설』이나 『소학제가집주』 어디에도 이와 관련된 진호陳澔의 주석은 없다. 다만 두 책 다 오눌吳訥의 주註에 "吳氏曰, 一溢, 二十四分升之一也."라고 한 것만 인용하고 있다.[63] 그런데 동일한 주가 『예기집설』「상대기喪大記」 30에 진호의 주註로 기록되어 있다. 즉, 오눌이 『소학집해』에서 『예기집설』의 진호의 주를 따라 주석한 것을, 정유가 『소학집설』에 재차 '오눌의 주'로 인용하였고, 율곡도 『소학제가집주』에서 그것을 그대로

---

62) '溢', 古註'一升二十四分升之一也.' '溢', 本權名, 而非量名, 二十兩爲一溢也. 古註, 以五權之法解之, 故人患難. 看今以時行錢兩之數釋之. 按, 「喪服」疏米一斛爲百二十斤', 則一升者, 卽一斤三兩二錢也. 斤爲十六兩, 則合爲十九兩二錢也. 於一溢, 欠八錢. 八錢者, 乃於十九兩二錢內爲二十四分之一, 故米八錢之重者, 於一升內爲二十四分之一, 實四勺有零也. 然則一溢, 是一升四勺有零, 而『禮』云'居喪者, 朝一溢米, 暮一溢米', 故合進二溢也. 陳氏全昧古今量權之變, 而意其太多, 去'一升'字, 只稱'二十四分升之一', 何其謬乎?

63) 『소학집설』에서는 程愈가 吳訥의 註에 "吳氏曰, 一溢, 二十四分升之一也."라고 한 것을 채택하여 기록하고 있다. 陳澔의 설은 기록되어 있지 않다. 성호는 이 부분에서는 『小學集說』의 주석이 아닌 『禮記集說』의 주석을 참고한 것으로 보인다.

인용한 것임을 알 수 있다.

조선에서 가장 많이 읽힌『소학』의 참고서가 정유의『소학집설』이었다면, 가장 많이 읽힌『예기』의 참고서는『예기집설』이라고 할 수 있다. 어쩌면 성호는『소학질서』를 저술하는 과정에서『소학』의 글의 내용에 대한 문제를 제기한 것이 아니라, 기존에 많은 학자들의 텍스트로 읽히고 있는『소학집설』과『예기집설』에 있는 주석의 문제점을 제기하고 있는 것일 수도 있다. 이런 점에서 볼 때『소학질서』는 그의『심경질서』에 준하여 "소학부주질서小學附註疾書"라고 해도 잘못된 말은 아닌 듯하다.[64]『소학질서』에서 여러 차례 오눌과 진호의 주석의 문제점을 언급하고 있는 것이 그 예라고 할 수 있다. 이는 확장시켜 생각해 보면, 표면적으로는 중국으로부터 들어온 참고서의 문제점을 제기한 것이지만, 그 내면에는 기존의 학자들의 지침서인『소학언해』나『소학제가집주』가 정확한 고증 없이 그들의 주석을 수용하고 있는 점에 대해 비판적 시각을 드러낸 것이라 보인다. 이것이 곧 성호가『소학질서』를 저술한 내재된 배경일 것으로 짐작된다.

3.『소학질서』의 이본들

『소학질서』의 이본異本에 대해서는 김새미오의 「성호 이익의『소학질서』판본에 대한 소고」(2012)와 문대인의 「성호 이익의『소학질서』연구」

---

64)『심경질서』에 대한 해제에서 이봉규는 "『심경질서』는『심경부주』의 내용 가운데 문제되는 구절을 선별하여 고증 설명을 가함으로써 개념과 맥락을 분명히 하였다"고 하였다. 따라서『심경질서』는 실상은『심경부주질서』라고 하는 것이 더욱 적절하다는 것이다. 실시학사경학연구회 옮김,『성호 이익의 심경질서』(2016), 12쪽 참조.

(2018) 등에서 확인할 수 있다. 이 논문들을 참고하여 정리하면, 현재『소학질서』의 판본들은 규장각본(가), 규장각본(나), 화경당본, 국립중앙도서관본, 성호기념관본 등 총 5종으로 구분된다.

규장각본(가)[古1344-17]는 현재 서울대 규장각 한국학연구원에 소장되어 있다. 「소학도小學圖」를 비롯하여 각 장의 서문, 책 말미의 발문 등 가장 상세한 내용이 기재되어 있고, 덧쓰고 삭제한 흔적까지 그대로 남아 있는 성호의 친필수고본親筆手稿本으로 추정된다. 규장각본(나)[古1344-16]는 1984년 여강출판사에서 영인한『성호전서星湖全書』에 수록되어 많은 연구자들이 연구 기준본으로 삼았던 판본이다. 화경당본은 현재 한국국학진흥원에서 위탁관리 중인 판본으로, 책명이『질서疾書-소학小學』으로 되어 있는 것이 타 본과 다르다. 다른 판본들은 모두『소학질서小學疾書』로 되어 있다.

다만 기존의『소학질서』의 판본에 대한 연구에서는 「소학질서서小學疾書序」가 규장각본(가)에 없는 것으로 되어 있는데, 규장각본(가)[古1344-17]를 확인한 결과 「서序」가 「소학도」 뒷면에 기재되어 있었으므로 이 부분에 대한 수정이 필요하다.

본 역주 논문에서는『정본 소학질서』를 대본으로 이용하되, 정본의 기준본이기도 한 성호의 친필수고본인 규장각본(가)[古1344-17]를 다시 검토, 확인하면서 작업하였다.

4.『소학질서』의 특징

『소학질서』의 특징은 크게 두 가지로 나누어 볼 수 있다.

첫째, 학맥에 연연하지 않고 객관적이고 합리적인 시각을 취하였다는 점이다. 성호는 『소학질서』의 맨 첫머리에서 『소학』의 구성에 대한 전체적인 구성에 대한 해설과 함께 「소학도」를 그려 놓았다. 그리고 그 다음에 「소학질서서」가 있고 다음으로 「입교」, 「명륜」, 「경신」, 「계고」, 「가언」, 「선행」 순으로 주석을 하고 있다. 다만 「계고」와 「가언」 편에는 별도의 소서小序가 있다. 그리고 마지막으로 「소학질서발小學疾書跋」이 있다. 「소학도」와 그 해설이 있는 것, 그리고 「계고」와 「가언」 편에 별도의 소서가 있는 것을 제외하고는 전반적으로 주자朱子의 『소학』의 체제를 그대로 따르고 있다.

그러나 주자 그리고 퇴계는 「선행」 편을 「입교」, 「명륜」, 「경신」에 대해 실증한 것으로 보았다면, 성호는 「계고」 편을 넓힌 것으로 이해하고 있다는 차이가 있다. 성호는 『소학질서』의 맨 앞머리의 「소학도」 옆에 써 놓은 서序 혹은 해설에서 다음과 같이 말하고 있다.

내편內篇으로 논한다면 「입교」·「명륜」·「경신」이 「가언」에 해당하고, 「계고」가 「선행」에 해당한다. 그러므로 「가언」은 〈광입교〉·〈광명륜〉·〈광경신〉에 되는 만큼 「선행」이 〈광계고〉에 해당되는 것이 당연하지 않겠는가!

또 「가언」의 소서에서도 다음과 같이 말하였다.

『소학』이라는 책은 주나라 말기에 없어졌지만, 여전히 민멸되지 않고 그 지류가 남아 있는 것이 있었다. 그러므로 다시 채록하여 「입교」·「명륜」·「경신」 세 편을 만들어서 고대 『소학』의 글을 보존한 것이다. 또한 당시 궁행躬行의 사적을 채록하여 「계고」를 만들어서 그것으로 가르침이

밝아지고 화육化育이 이루어진 것이 그러하였음을 증명하였다. 이것들이
이른바 '내편'이라고 한다. 한나라 이래로 학교가 이미 무너져, 가끔 기
록할 만한 말과 행적이 있어도 병이秉彝(부여받은 본성의 선함)가 아직 그치지
않고 유운遺韻(물려받은 가르침)이 소멸하지 않는 것에 불과하니 이것을 '외
편'이라고 한다. 내편으로 말하면「경신」이상의 세 편은 (외편의)「가언」
에 해당하고, 「계고」는 (외편의)「선행」에 해당한다. 외편으로 말하면「가
언」은 (내편의)「입교」·「명륜」·「경신」의 남은 법이고, 「선행」은 또한
(내편의)「계고」의 뜻과 같다.[65]

즉, 「가언」이「입교」·「명륜」·「경신」편의 뜻을 넓힌 것이고, 「선행」
이 '내편'의「계고」의 뜻을 넓힌 것으로 보아「계고」편을 〈실입교〉·〈실명
륜〉·〈실경신〉으로 나누고, 「가언」을 〈광입교〉·〈광명륜〉·〈광경신〉으로
나누며, 「선행」편을 〈광계고〉로 설명하고 있다. 이것은「가언」은 〈광입
교〉·〈광명륜〉·〈광경신〉으로 이해하고, 「선행」은 〈실입교〉·〈실명륜〉·
〈실경신〉으로 이해한 퇴계의「소학도」나 주자의『소학』체계와는 그 이
해에 있어 차이를 보이고 있는 것이다.

성호 이익은 주자의 학통을 계승함은 물론이고 퇴계의 학통을 계승하
여 퇴계의 학문을 연구하고『이자수어李子粹語』, 『사칠신편四七新編』, 『이선
생예설유편李先生禮說類編』등을 저술하여 퇴계 학문을 체계화하는 데 결정
적인 기여를 한 근기近畿 퇴계학파의 종장이라고 할 수 있는 인물이다.[66]

---

65)『小學疾書』, 「嘉言」, 小序, "『小學』之書, 亡於周末, 所不泯者, 猶有其支流, 故復採拾爲「立教」·
「明倫」·「敬身」三篇, 以存古者『小學』之書. 又採當時躬行之蹟, 爲「稽古」, 以證敎明化成如此,
是謂內篇. 自漢以下, 學校已廢, 雖或往往有言行之可紀, 而不過秉彝之未息·遺韻之未滅, 是謂外
篇. 以內篇言, 則「敬身」以上三篇爲「嘉言」, 而「稽古」爲「善行」; 以外篇言, 則「嘉言」爲「立敎」·
「明倫」·「敬身」之餘法, 「善行」亦與「稽古」之義同."
66) 금장태, 「성호의 퇴계학 인식과 계승」(2012), 37쪽 참고.

그럼에도 불구하고 「소학도」에 있어서 퇴계의 「소학도」[67]와도 차이를 보이고 있는 것이다.

또한 퇴계는 「입교」편의 내용에 대해서 '입태육보양지교立胎育保養之敎', '입소대시종지교立小大始終之敎', '입삼물사술지교立三物四術之敎', '입사제수수지교立師弟授受之敎' 등 모두 '가르침'이란 입장에서 보고 있지만, 성호는 '태교胎敎', '유교幼敎', '학교지교學校之敎', '예악지교禮樂之敎', '정형지교政刑之敎'의 내용을 담은 앞의 8장은 '가르침'에 대해 말한 것이고, '유학幼學', '효자지학孝子之學', '예악지학禮樂之學'의 내용을 담은 뒤의 5장은 '배움'에 대해서 설명하고 있다고 보고 있다.

또한 「선행」 【6-15-①】에서 성호는 퇴계의 "고기古記에, '남두성南斗星은 생生을 맡고, 북두성北斗星은 사死를 맡았기 때문에 죽음에서 구하여 살려 주기를 빌 때는 모두 북두성에 빈다'[68]라고 하였는데, 이것은 술가術家의 사설邪說이다. 검루黔婁가 기도한 것은 특별히 절박하고 지극한 심정에서 우러나서 풍습을 따라한 것이므로 사정邪正을 거론할 필요가 없다. 그가 병을 낫게 된 것은 다만 효성의 감동에서 온 것이다"라고 한 말에 대해, "주자는 그것이 허황한 데로 흘렀기 때문에 산절하여 싣지 않았는데,

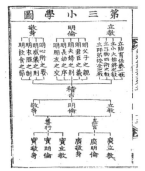

(67) 퇴계의 「소학도」.

(68) 南斗司生, 北斗司死, 故救死請命, 皆於北斗.

퇴계가 '병이 낫게 된 것'이라고 말한 것은 무엇을 근거로 한 것인지 알수가 없다. 주자가 그것을 산절한 의미는 후학들이 법식으로 삼아야 한다"라고 하여 주자의 뜻을 높이면서 퇴계의 말을 비판하기도 하였다.

이것은 주자朱子나 정자程子의 주석이나 견해에 대해서도 마찬가지였다. 「입교」편 【1-9-①】이나, 「경신」편 【3-27-①】에서는 주자의 주석에 차이를 보이고 있는데, 특히 【3-27-①】에서 주자는 『논어』의 '거불용居不容'에 대해 '거처할 때 용의를 꾸미지 않는다'로 보고 있는 데 반해, 성호는 '앉아 있을 때 몸을 움직이지 않는다'라고 풀이하고 있다. 그리고 「선행」편에서는 주자가 『소학』 본문에 모범이 되는 사례로 꼽은 인물인 왕상王祥, 고윤高允, 등백도鄧伯道, 양파楊播 등에 대해 절개나 행동에 있어서 다소 문제가 있는 인물임을 지적하고 있는데, 이것은 주자의 인물 선택에 대한 조심스러운 문제제기라고도 볼 수 있다. 또 【6-37-②】에서 성호는 '양춘楊椿의 조카들이 대청 계단 아래에 나열한 것'에 대해 문제점을 지적하였는데, 정자程子가 '며느리는 시부모와의 관계에서 귀천貴賤이 있으므로 당堂 아래에서 절하는 것이 예禮'라고 한 것을 함께 인용하면서, 『의례』의 "며느리는 계단 서쪽으로 올라가 절을 한다"고 한 것을 근거로 정자의 설이 옳지 않음을 지적하고 있다.[69]

이러한 성호의 태도는 자신이 존숭하는 인물에 대해서 무조건적으로 지지를 보내는 것이 아니라, 존숭하는 인물의 글이라고 할지라도 옳고 그름을 명확하게 하여 자득自得을 통해 지식을 확충시켜 나가려는 객관적인 학문태도에서 기인한 것으로 여겨진다.

---

69) 이러한 견해는 성호의 여성관과도 관계가 있는데, 성호의 여성관과 관련한 논문으로 김지은, 「朝鮮後期 星湖 李瀷의 女性觀」(2007)이 있다.

성호는 또 독서를 할 때, 스스로의 합리적이라 판단되는 상식에 기초
하여 문장을 이해하였다. 이전의 학자들의 생각이 아니라 자신만의 상식
에서 이해할 수 없는 해석에 대해서는 의문을 품고 이에 대해 깊이 생각
한 후 스스로 자득한 것으로 문장을 해석하였다. 예를 들어 「입교」 1장
첫 번째 주석에서 성호는 다음과 같이 말한다.

"침불측寢不側"이라고 하는 것은 침상의 가장자리에서 자지 않는다는 말
이다. (『史記』)「급암전汲黯傳」에 "임금이 침상 가에 걸터앉아 그를 보았
다"고 한 것에 대하여, 여순如淳[70]이 "'厠'은 음이 '측側'이다. 침상의 가장
자리에서 침상에 걸터앉아 본다는 것을 말한다"라고 하였다.[71] 오씨吳氏
의 주註에서는 "'측側'은 그 몸을 옆으로 한 것이다"라 하였다.[72] 그런데
"누울 때 시체처럼 하지 말라"고 했으니[73] 천정을 쳐다보면서 누울 수도
없고, "잠을 잘 때 엎드리지 말라"(寢無伏)고 했으니[74] 엎드릴 수도 없는데,
여기에 또 옆으로 누울 수도 없다면 잠을 자는 사람이 어떻게 해야 한단
말인가? 오씨의 설이 잘못이다. 혹자는 이것이 임신한 사람에 대한 예라
고 하는데, 만약 임신한 사람이 옆으로 누워 자는 것이 합당하지 않다면,
어찌 유독 평상시에 생활하는 예법은 그렇지 않은 것인가? 평상시에 생
활할 때 옆으로 눕는 것이 이미 바른 예법으로 되어 있는데, 유독 이것으
로 태교를 하는 것이 옳지 않다는 말인가? 게다가 임신한 사람은 천정을

---

70) 如淳의 생몰연대는 미상이다. 삼국시대 魏나라의 馮翊 사람으로, 陳郡丞을 지냈으며
『漢書』에 주석을 붙였다.
71) 『史記集解』, 권120,「汲鄭列傳」제60, "將軍靑侍中, 上踞厠而視之."의 세주에 "如淳曰,
厠音側, 謂牀邊踞牀視之."라고 하였다.
72) 『小學集說』에 인용된 주에 "吳氏曰: 列女, 猶言諸女. 漢劉向, 采其事, 以爲傳. 妊, 娠申也.
寢, 臥也. 側, 側其身也. 邊, 偏其身也. 蹕, 饒氏以爲當作跛庇, 謂偏任一足也."라고 하였다.
한편 『소학제가집주』에서 인용한 집해에는 "列女傳, 漢劉向所編. 妊娠也. 側側其身也.
邊偏其身也. 蹕當作跛, 謂偏任一足也."라고 하였다.
73) 『論語』「鄕黨」편에 "寢不尸"라고 한 것을 두고 하는 말이다.
74) 『禮記』「曲禮上」에 "遊毋倨, 立毋跛, 坐毋箕, 寢毋伏."이라 하였다.

38

처다보고 눕는 것을 감당하지 못하여 옆으로 누울 수밖에 없다.[75]

그는 임산부가 옆으로 누울 수밖에 없다는 상식에 기초하여 문제를 제기하고 이를 역사서의 주석을 인용하여 반박을 하고 있는 것이다. 또 「선행」편 【6-13-①】에서는 『소학』 본문의 황향黃香의 기사와 왕연王延의 기사가 너무나도 일치하고 있다는 것을 말하면서, 옛 기사들의 신빙성에 대해 의문을 제기하고 있는데, 이것은 성호의 상식에서 의심나는 것을 고민하고 해결하려고 노력한 성호의 학문태도와 무관하지 않다고 생각된다.

성호 『소학질서』의 두 번째 특징은 자서字書를 많이 활용하여 한자의 음과 뜻을 밝히고, 더 나아가 경서와 주석서를 두루 참고하여 실증적으로 확인하려는 작업을 하고 있다는 점이다. 〈표4〉에서와 같이 성호는 『소학질서』에서 많은 서적들을 참고하였다. 이것은 곧 앞에서 언급한 객관성을 증명하는 도구이기도 하다.

〈표4〉 『소학질서』 저술에 참고한 도서

	서명	형태	비고	횟수
1	『綱目』 (『資治通鑑綱目』)	按『綱目』(2); 按『綱目』云		3회
2	『經濟類編』	『經濟編』云		1회
3	『古樂府』	古詩云		1회
4	『孔子家語』	『家語』(3)		3회
5	『國語』	「楚語」曰; 『國語』云(2); 出於「魯語」		4회
6	『近思錄』(?)	程子嘗曰; 伊川云		2회

---

75) "寢不側", 謂不寢於床側. 「汲黯傳」"上踞厠而視之", 如淳曰"厠音側, 謂床邊踞床視之也." 吳註云"側, 側其身也". 夫"臥無屍", 則不得仰臥矣; "寢無伏", 則不得伏矣. 又不得側臥, 則寢者將如之何? 吳說非是. 或謂此妊娠之例, 若妊娠者, 不合側臥, 則居常之禮, 何獨不然? 居常既以側臥爲正禮, 則獨不可以此爲胎敎耶? 況妊娠者, 不堪仰臥, 則其勢側而已矣.

7	『近思錄釋疑』	沙溪曰	『沙溪全書』	1회
8	『論語』	『論語』(2); 『論語』云; 孔子曰		4회
9	『唐宋八家文』(?)	〈溫公神道碑〉		1회
10	『大戴禮記』	『禮』有; 按『大戴禮』(2)		3회
11	『大學』	『大學』; 故曰		2회
12	『東觀漢記』	出『東觀漢記』; 『東觀漢記』曰; 『東觀漢記』云	『고려사』에 나오는 서적	3회
13	『孟子』	『孟子』曰(6); 孟子曰; 如『孟子』所謂; 『孟子』書有		9회
14	『孟子集註』	『孟子』曰……註		1회
15	『文子』	『文子』曰(2)		2회
16	『文獻通考』	按『文獻通考』(3); 『文獻通考』云		4회
17	『范太史集』	出『范太史集』		2회
18	『白虎通義』	『白虎通』云; 班固謂		2회
19	『法言』	出『法言』		1회
20	『史記』	依史文……云云; 『史記』(3); 『史記』作; 本傳云(2); 「汲黯傳」; 汲黯……云云		9회
21	『史記索隱』	『索隱』曰		1회
22	『史記集解』	如淳曰		1회
23	『司馬法』	『司馬法』云	본문 확인 불가?	1회
24	『事文類聚』	『事文類聚』; 「漢書」인용문; 呂靜註; 『事文類聚』		3회
25	『尚書大傳』	按『書大傳』; 如云		2회
26	『尚書正義』	九族註		1회
27	『說文解字注』	徐鍇云, 인용문		1회
28	『說苑』	『說苑』云(3); 『說苑』(2); 按『說苑』		6회
29	『少室山房集』	胡應麟曰		1회
30	『小學諸家集註』	賈逵曰		1회
31	『宋名臣言行錄』	『名臣錄』云		1회
32	『荀子』	按『荀子』; 『荀子』曰; 如『荀子』; 與『荀子』; 子曰		5회
33	『詩經』	『詩』所謂; 「摽梅」則曰; 「雉鳴」則曰; 『詩』云(3); 「大雅」云; 『詩』「泂酌」云; 『詩』曰		9회
34	『詩經注疏』	『詩』云……朱子曰……孔疎云; 如「小雅」……鄭氏曰		2회

35	『詩集傳』	集註; 今註; 朱子謂		3회
36	『新唐書』	按「孫本傳」		1회
37	『心經附註』	『中庸解』……在『心經』		1회
38	『樂律管見』	『樂律管見』曰	『樂律全書』內의 내용	1회
39	『顔氏家訓』	『顔訓』云(2); 本書作(2)		4회
40	『呂氏春秋』	『呂氏春秋』云		1회
41	『禮記』	「內則」上文有云; 「樂記」云(3); 「經解」云; 「曲禮」云(2); 인용문; 『禮』(3); 「曾子問」云; 「檀弓」云; 「玉藻」云; 猶『禮』所謂; 「坊記」云(2); 按「玉藻」; 「祭義」; 「王制」; 「記」曰(2); 「曲禮」曰; 『禮』語; 蓋「間傳」; 「喪大記」亦云; 『禮』云(2); 「儒行」所謂; 按「曲禮」		30회
42	『禮記義疏』	庚氏曰		1회
43	『禮記注疏』	「少儀」曰……鄭註; 自鄭註竝言; 『禮』註; 註; 「雜記」云……疏云; 鄭註; 「曲禮」云……孔氏曰; 孔疏云; 「王制」; 鄭註云; 孔氏所謂		10회
44	『禮記集說』	『禮記』注云; 自鄭註竝言		2회
45	『列女傳』	『列女傳』亦作; 出…『列女傳』		2회
46	『列仙傳』	『列仙傳』序曰	『野客叢書』	1회
47	『元經』	按『元經』		1회
48	『魏書』	按崔浩		1회
49	『六書故』	戴侗云		1회
50	『儀禮』	『禮』云; 「昏禮」云; 「士冠禮」(2); 「士冠禮」云		5회
51	『儀禮注疏』	據禮經……(주에); 「少牢饋食禮」註云; 「士冠禮」注疏; 按「喪服」疏		4회
52	『儀禮集傳』	「喪服」傳曰		1회
53	『爾雅』	『爾雅』云		1회
54	『爾雅注疏』	郭璞云; 『爾雅』; 疏曰		2회
55	『二程粹言』	按『二程粹言』; 程子曰		2회
56	『二程遺書』	程子以爲; 據『二程遺書』; 程子曰		3회
57	『二程全書』	『二程全書』伊川云		1회
58	『伊川文集』	按『伊川文集』云		1회
59	『自警編』	元城先生……論; 『自警編』作		2회
60	『字彙』	인용문; 按『字彙』(2)		3회

61	『戰國策』	『戰國策』云		1회
62	『正字通』(?)	按『書字』	내용상	1회
63	『左編』	『左編』作 " "	『童蒙訓』? 『宋名臣言行錄』? or 『歷代史纂左編』?	1회
64	『朱子大全』	按『朱子大全』		1회
65	『朱子語類』	按『語類』(3); 朱子曰		4회
66	『周禮』	『周禮』「天官」有; 『周禮』; 故云; 『周禮』「司約」; 「㡡人」所謂; 「考工記」云		6회
67	『周禮注疏』	鄭註引「王制」文; 按『周禮』註……疏云; 「大司樂」……註云; 「㡡人」注疏; 『周禮』……疏云		5회
68	『周易』	「繫辭」曰; 『易』曰(3); 「小過」之象曰		5회
69	『中庸解』	『中庸解』……在『心經』		1회
70	『晉書』	「延傳」云; 按本傳		2회
71	『初學記』	老萊子		1회
72	『春秋穀梁傳注疏』	『公』『穀』皆云		1회
73	『春秋公羊傳注疏』	『公』『穀』皆云		1회
74	『春秋左氏傳』	『春秋傳』云; 『左傳』云(3); 『左傳』(2); 『左傳』…有曰; 『左傳』乃云		8회
75	『春秋左傳注疏』	『春秋傳』註 按…杜預曰; 杜預云; 『左傳』: 註; 杜預之言		4회
76	『通典』	按『通典』		1회
77	『通雅』	賈逵曰		1회
78	『退溪集』	退溪曰		1회
79	『漢武故事』	按『漢武故事』	『野客叢書』	1회
80	『韓非子』	『韓子』云, 出『韓非子』		1회
81	『漢書』	『漢書』; 「梅福傳」; 按『漢書』(2); 인용문; 「東方朔傳」云; 本傳作		7회
82	『鶡冠子』	인용문		1회
83	『孝經』	本經		1회
84	『孝經注疏』	『孝經』本註; 本註云		2회
85	『後漢書』	「孔融傳」; 「政論」; 繆肜……而歸	「政論」은 1555년에 우리나라에서 간인된 吳訥의 『文章辨體』일 가능성도 있음	3회

| 86 | 『淮南子』 | 『淮南子』曰(2); 『淮南子』; 見於『淮南子』 | | 4회 |
| 87 | 『晦菴集』 | 朱子曰; 朱子謂; 朱子作; 朱子云 | | 4회 |

성호는 『소학질서』에서 『이아주소爾雅注疏』, 『자휘字彙』, 『정자통正字通』[76], 『설원說苑』 등 다양한 자서字書를 통해 『소학』의 주석상의 문제점을 검증하려 하였다. 그 가운데 특히 『설문해자』나 『이아주소』의 경우는 이전에도 많이 사용된 용례가 있지만, 『자휘』의 경우에는 그다지 많지 않았다. 고전번역원DB를 통해 『한국문집총간』에서 『자휘』를 검색해 보면, 총 121건이 검색되는데, 이 중 성호보다 앞선 인물 가운데 언급된 것은 오도일吳道一(1645~1703)의 『서파집西坡集』에서 "휘자諱字"의 의미에 대한 상소문에서 한 차례 보이고, 이형상李衡祥(1653~1733)의 『병와집瓶窩集』의 편지글에서 두 차례, 이희조李喜朝(1655~1724)의 『지촌집芝村集』의 편지글에서 한 차례, 이의현李宜顯(1669~1745)의 『도곡집陶谷集』의 「임자연행잡지壬子燕行雜識」에서 연행을 갔다가 사온 물목 가운데 한 차례 언급되어 있다. 하지만 오도일 등이 『자휘』를 인용한 것이 『자휘』를 직접 보고 인용한 것인지, 아니면 다른 서적에서 재인용한 것인지는 명확하지 않다. 반면, 성호는 그의 문집 『성호전집星湖全集』에서 세 차례 인용하고 있는데, 그 가운데 하나는 "按『字彙』"라고 하여 직접 『자휘』를 찾아보고 인용을 하고 있다. 또 『소학질서』에서도 세 차례 인용하고 있는데, 그 가운데 두 차례는 "按『字彙』"라고 하여 직접인용을 하고 있음을 볼 수 있다. 이 외에도 『가례질서』에 3회, 『근사록질서』에 1회, 『대학질서』에 1회, 『맹자질서』에 4회, 『서경질서』에 2회, 『심경부주질서』에 1회 등, 『질서』에만 총 15차례 언급하고 있는 것을 확

---

76) 이 책은 1671년에 간행된 청나라본이 국립중앙도서관과 서울대학교 규장각에 소장되어 있다.

인할 수 있다.

또 『소학질서』 「명륜」편에는 다음과 같은 내용이 있다.

> "偪"은 본래 직운職韻에 있다. 속음俗音에서 '핍'으로 읽는 것은 잘못이다.[77]

> "적석躐席"에 대해 진호陳澔의 주석에서는 「옥조玉藻」의 "登席, 不由前, 爲躐席"이라는 글을 인용하여 "자리에 올라갈 적에는 앞쪽에서부터 가는 것이 마땅하다"고 풀이하고, 또 "구의추우摳衣趨隅"를 풀이하면서는 (趨隅를) "자리 귀퉁이로부터"라고 하였으니,[78] 앞뒤가 모순이 된다. 「옥조」편을 살펴보면, "위爲"자는 거성이니 그 "앞쪽부터 올라가지 않는 것"은 자리를 밟게 되기 때문인 것이다.[79] 유씨庾氏[80]는 "절도를 잃고 남의 자

77) '偪', 本在職韻. 俗音誤.

78) 『예기집설』 「곡례상」의 주석에서 陳澔는 "'躐'은 건너뛴다는 뜻이다. 『禮記』 「玉藻」에 '자리에 오를 때 앞쪽으로부터 오르지 않으면 자리를 건너뛰게 된다'고 하였다. 이것은 자리에 오를 때 앞쪽으로부터 올라야 함을 말하는 것이다. '摳'는 든다는 의미다. '옷을 살짝 든다'(摳衣)는 것은 『論語』의 '옷자락을 든다'(攝齊)는 말과 같다. 앉는 데 편하기 위하여 옷자락을 살짝 드는 것이다. '모서리 쪽으로부터 올라가 앉는다'(趨隅)는 것은 자리의 귀퉁이로부터 올라가서 앉는 것을 말한다"(躐猶躐也. 「玉藻」曰: '登席不由前爲躐席,' 是登席當由前也. 摳, 提也. 摳衣與『論語』'攝齊'同, 欲便於坐, 故摳之. '趨隅', 由席角而升坐也)라고 하였다.

79) '爲躐席'의 '爲'자를 去聲으로 읽어야 함을 말한 것이다. 『禮記大文諺讀』 권3 「玉藻」에 "登席호ᄃᆡ 不由前이 爲躐席이라"라고 현토되어 있는바, 이는 '爲'자를 平聲으로 본 것이다. '爲'자가 去聲이 되면 '不由前은'으로 현토해야 한다. 이 경문에 대한 정현의 注에 "올라갈 적에는 반드시 아래를 따라야 하는 것이다"(升必由下也)라고 하였고, 공영달의 疏 역시 '爲'자를 거성으로 보아 '앞을 따르지 않는 것'이 예에 맞는 것으로 설명하였다. 여기에 맞추어 경문을 해석하면 "자리에 올라갈 적에 앞을 따르지 않는 것은 자리를 밟음이 되기 때문이다"라고 해야 한다는 말이다. 주자는 『儀禮經傳通解』 권12 「學禮 · 臣禮 · 侍坐賜食」에 이 경문 및 注疏의 설을 그대로 기재하였으며, 또한 권10 「學禮 · 少儀 · 洒埽應對進退」에서 「曲禮上」의 '毋踖席'을 설명하면서 注疏의 설을 따라 「玉藻」의 이 경문과 그 뜻이 같음을 밝혔다. 이와 반대로 진호는 '爲'자를 平聲으로 보아 '앞을 따르지 않으면 자리를 건너뛰게 된다'로 설명하였다.

80) 이름은 庾蔚之이고 생몰년은 미상이다. 중국 南朝의 宋나라 사람이라는 설도 있고,

리를 밟는 것을 '엽躐'이라 하는데, 자리에 앉을 때는 당연히 아래에서부터 올라가야 한다. 만약 앞에서부터 올라간다면 자리를 밟게 된다"라고 하였다.81) 그렇다면 "추우趨隅"는 곧 앞쪽부터 올라가지 않는다는 말이다. 그러므로 자리의 모퉁이를 따라서 올라가는 것이다.82)

이들은 모두 여러 서적을 전거로 삼아 문자에 대한 음(聲韻)의 오류를 바로잡고 더 나아가 그 의미를 바로잡으려는 노력을 하고 있음을 볼 수 있다. 성호의 문자학文字學 또는 성운학聲韻學에 대한 관심과 지식을 엿볼 수 있는 부분이기도 하다. 이것은 매우 치밀하고 꼼꼼하게 글자와 구절의 음과 뜻을 밝히되, 고서古書를 두루 참고하여 확실한 실증적 귀납적 방법으로 종래의 경서를 연구하는 고증학적 학문 태도와도 아주 흡사하다 할 수 있다.

이상과 같이 성호는 공부에 있어서 학맥에 연연하지 않고 합리적으로 사유하고 증거에 기초하여 옳다고 생각되는 것은 받아들이고 잘못되었다고 생각되는 부분에 대해서는 수정과 보완을 하려는 태도를 보이고 있다. 이는 성호 이전의 『소학』 주석서 및 연구서를 저술한 서인 노론계 학자들이 공자를 비롯하여 주자, 정자 등으로 이어지는 선인들의 학설을 반박하는 것을 용납하지 않고 스승의 말에 대해서 그대로 수용만 하려는 자세를

隋나라 때 사람이라는 설도 있다. 杜佑의 『通典』에서는 南朝의 宋나라 사람으로 인정하고 있다. 元嘉(424~453) 연간에 사학이 설립되었는데, 朱膺之와 함께 儒學에서 제생을 교육했다. 문집 16권과 『喪服世要』・『禮問答』・『禮論鈔』・『禮記略解』 등의 저서가 있었으나, 모두 일실되었다.

81) 『禮記義疏』 권41에 "庾云, 失節而踐爲躐席, 應從下升, 若由前升, 是躐席也."라고 한 구절이 보인다.

82) "踏席", 陳註引 「玉藻」 "登席, 不由前, 爲躐席"之文, 謂 "登席, 當由前也", 又釋 "摳衣趨隅", 曰 "由席角也", 上下矛盾矣. 按 「玉藻」, "爲"字去聲, 其 "不由前"者, 爲躐席故也. 庾氏曰: "失節而踐爲躐, 席應從下升, 若由前升, 是躐席." 然則 "趨隅"者, 乃不由前, 故從席角升也.

보인 것과 대조된다.

사실, 이러한 태도는 성호뿐 아니라 그의 제자들에게 이어져서 모두 주자나 정자라 하더라도 반드시 옳을 수만은 없다는 입장을 취하였다.[83] 뿐만 아니라 성호의 제자들은 우파와 좌파로 구분될 정도로 서로 간의 학문에 있어서도 이견을 노정하는 데 주저하지 않았던 것이다. 물론 그럼에도 불구하고 이들은 서로 존중하는 문우文友 관계를 유지하고 있다는 점도 성호의 개방적인 태도와 무관하지 않다고 보인다.[84]

---

83) 『星湖僿說』 권18 「經史門·孟子受業」에서 星湖는 孔子의 생몰연대를 근거로 孟子와 子思가 동시대에 존재할 수 없었다는 것을 증명하면서, "程子의 이른바 '자사가 『中庸』을 지어 맹자에게 주었다는 것이나, 주자의 이른바 '맹자가 자사에게서 수업을 받았다' 한 것은 아마 고증이 부족한 것이리라"고 하여 정자와 주자의 부족함을 지적한 바 있다.

84) 원재린, 『조선후기 星湖學派의 학풍연구』(2003), 23~63쪽 참조.

『소학질서』 역주

소학질서서 小學疾書序

옛사람(王修)[1]의 말에 "아버지가 자식을 착하게 만들려고 함에, 자신을 죽이지 못할 뿐, 그 외에는 아끼는 것이 없다"라고 하였는데,[2] 아마도 이 것은 아버지의 지극한 사랑을 말한 것이리라. 이토록 지극히 사랑하면서 도 혹 가르칠 시기를 놓쳐 막히는 결과를 벗어나지 못하니, 어찌 자식을 착하게 하려는 마음에 원인이 있겠는가? 이는 사람들이 본래 마음은 가지 고 있지만 방법을 모르는 경우가 많기 때문이다.

『소학小學』이라는 책은 주부자朱夫子가 내 집의 어린이를 사랑하는 마 음을 미루어 널리 인仁을 베푼 것이니,[3] 자식을 착하게 하려고 하면서 이 책으로써 하지 않는다면 무엇으로 하겠는가.

나는 어려서 아버지를 여의었기에[4] 이 책을 배울 수 없었는데, 이미 반평생이 지났다. 평소에 비록 슬프고 애석한 마음이야 한이 없었으나, 본래 게으름에 익숙해진 터라 부족함을 별로 느끼지 못하였다. 그런데 자식이 생기고 나자 생각이 아주 달라졌다. 포대기에 싸여 있을 때부터 이미 어구語句를 조금 뽑아서 가르쳐 익히게 하였고, 혹시나 이에 미치지 못할까 두려워하였다. 이에 주부자가 사람들에게 베푼 공덕이 지대하다 는 것을 깨달았다. 나와 같은 사람이야 자식을 사랑할 줄만 알고 부모의

---

1) 옛사람: 王修를 가리킨다. 왕수는 後漢 말기 北海 營菱 사람으로, 字는 叔治이다.
2) 옛사람의…… 하였는데: 王修의 「誡子書」에 "人之居時, 忽去便過. 日月可愛也, 故禹不愛 尺壁而愛陰. 時過不可還, 若老大不可少也. 欲汝早之, 未必讀書, 並學作人……行止與人, 務 在饒之. 言思乃出, 行詳乃動. 皆用情實道理, 違斯敗矣. 父欲令子善, 惟不能殺身, 其餘無惜 也."라 하였다.
3) 내 집의…… 것이니: 『孟子』「梁惠王上」에 "내 집의 노인을 노인으로 잘 대접하여 남의 늙은이까지 잘 대접하고, 내 집의 어린이를 어린이로 사랑해서 남의 어린이까 지 사랑하게 된다면, 천하를 내 손바닥에 올려놓고 마음대로 할 수 있을 것이다"(老 吾老, 以及人之老, 幼吾幼, 以及人之幼, 天下可運於掌)라고 한 데서 나온 말이다.
4) 나는 어려서 아버지를 여의었기에: 星湖의 부친 李夏鎭(1628~1682)은 55세의 나이로 졸하였는데, 그때 星湖의 나이는 2세 밖에 되지 않았다.

가르침을 직접 체험하지 못하였으니 짐승과 무슨 다른 점이 있겠는가?

아, 나병癩病을 앓는 사람이 자식을 낳으면 자기를 닮았을까 두려워 한밤중에도 불을 비추고 살펴본다. 이 또한 천하고금의 인지상정人之常情이 아니겠는가? 책을 읽는 여가에 때때로 논변과 평론을 덧붙인 것은 장차 자식에게 유익하게 하려는 것이었으니, 또한 내가 직접 가르치는 것에 버금가는 것이다. 생각건대, 쇠똥구리의 지혜가 쇠똥을 굴리는 데서 벗어나지 못하여5) 깊은 이치를 밝히지는 못하였다. 이것이 내가 부끄럽고도 두려워하는 바이다.

昔人有言, "父欲令子善, 惟不能殺身, 其餘無惜." 蓋言其至愛也. 若是其至愛, 而或未免時過扞格, 則安在乎欲善? 人固多有心而不知方也. 『小學』書者, 朱夫子所以推幼幼廣施仁也, 苟欲子善, 不由此奚以哉? 予早失怙, 不能從事於此編, 已蹉過半世. 平居雖懷涔涔然悼惜, 而自是習於懶廢, 猶不覺其甚缺. 及夫有子, 大是異情. 自在提抱, 已稍拈言句, 敎而習之, 惟懼其或不能逮此. 於是, 知朱夫子功乎人許大也. 若予者, 知愛子而不體父母, 與禽獸奚擇哉? 噫! 厲人生子, 恐其似己, 夜半取火視之, 亦豈非天下古今之通情也? 然繙閱之餘, 時加辨評, 將以益於子, 則抑身親之次也. 惟其蛣蜣之智, 不離於轉丸, 顧無以闡發焉, 是予所愧懼也.[1]

> 1. 정본에는 "규장각본(가)에는 이 단락이 없다"라고 교감주가 붙어 있지만, 규장각 본(가)를 확인한 결과 「小學圖」 뒷면에 이 「序」가 있었다.

---

5) 쇠똥구리의…… 못하여: 쇠똥구리의 지혜가 똥 덩어리를 굴리는 데 지나지 않은 것처럼 자신의 지혜가 부족함을 겸손하게 표현한 것으로 생각된다. 『莊子』 「齊物論」의 "庸詎知吾所謂知之非不知邪."에 대한 晉나라 郭象의 注에 "夫蛣蜣之知, 在於轉丸, 而笑蛣蜣者, 乃以蘇合爲貴."라고 하였다. 『星湖僿說』 제4권 「萬物門·蛣蜣」에도 쇠똥구리에 대한 설이 있다.

소학도서 小學圖序

「입교立敎」 한 편에 대해, 주자는 "스승 된 자에게는 가르칠 바를 알게 하고, 제자 된 자에게는 배울 바를 알게 한다"라고 하였는데,[1] 대개 (「입교」 13장 중) 앞의 8장은 "가르침"(敎)에 대해, 뒤편 5장은 "배움"(學)에 대해 언급하고 있는 것이다. 「계고稽古」 한 편에 대해, 주자는 "지나간 행적을 뽑고 옛날 분들의 말씀을 모았다"라고 하였는데,[2] 이것은 곧 「입교立敎」·「명륜明倫」·「경신敬身」의 말을 실증한 것이다. 「가언嘉言」과 「선행善行」은 곧 외편外篇이다. 내편內篇으로 논한다면 「입교」·「명륜」·「경신」이 「가언」에 해당하고, 「계고」가 「선행」에 해당한다. 그러므로 「가언」은 〈광입교廣立敎〉·〈광명륜廣明倫〉·〈광경신廣敬身〉인 만큼 「선행」이 〈광계고廣稽古〉인 것이 어찌 당연하지 않겠는가![3]

「立敎」一篇, 朱子謂: "俾爲師者, 知所以敎, 而弟子, 知所以學." 蓋上八章, 言 "敎", 下五章, 言"學"也. 「稽古」一篇, 朱子謂: "撫往行, 實前言." 卽實「立敎」·「明倫」·「敬身」之言也. 「嘉言」·「善行」卽外篇也. 以內篇論, 則「立敎」·「明倫」·「敬身」, 爲「嘉言」, 「稽古」, 爲「善行」. 故「嘉言」, 爲〈廣立敎〉·〈廣明倫〉·〈廣敬身〉, 則「善行」者, 豈非爲〈廣稽古〉耶.[4]

---

1) 주자는…… 하였는데: 『소학집주』 권1, 주자의 「立敎小序」에 나오는 내용이다.
2) 주자는…… 하였는데: 『소학집주』 권4, 주자의 「稽古小序」에 나오는 내용이다.
3) 이것은 「小學圖」에 대한 序이다. 다음 페이지 그림 참조.
4) 규장각본(나)·국중본·성호기념관본·화경당본에는 이 단락이 없다.

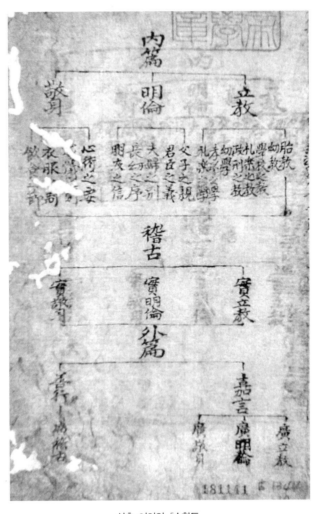

성호 이익의 「소학도」

※ 규장각본(나)·국중본·성호기념관본·화경당본에는 없다.

내편

內篇

1. 입교立敎

【개요】 「입교立敎」편은 모두 13장으로 구성되어 있다. 성호는 앞의 「소학도서小學圖序」에서 「입교」편에 대해 "(「입교」13장 중) 앞의 8장은 '가르침'에 대해, 뒤의 5장은 '배움'에 대해 언급하고 있다"라고 말하였다. 즉 '태교胎敎', '유교幼敎', '학교지교學校之敎', '예악지교禮樂之敎', '정형지교政刑之敎'의 내용을 담은 앞의 8장은 '가르침'에 대해 말한 것이고, '유학幼學', '효자지학孝子之學', '예악지학禮樂之學'의 내용을 담은 뒤편 5장은 '배움'에 대해 말한 것이라는 것이다. 성호는 이 가운데 1·2·5·6·7·8·9장에 대하여 21절로 나누어 주석하였으며, 다른 편과 달리 주석 본문을 내용별로 분류하지 않았다.

『소학질서』의 구체적인 내용을 『소학집설』과 『소학제가집주』(소학집주)의 주석 내용과 비교하면, 아래 표와 같다.

일련번호	집주 장절	주제어	소학집설	소학제가집주	소학질서
[1-1-①]	1-1	寢不側 坐不邊 蹕	吳氏曰: 옆으로 누워 자지 않는다. 吳氏曰: 비스듬하게 앉지 않는다. 音, 畢	『集解』左同 『集解』左同 『集解』左同	침상 가장자리에서 누워 자지 않는다. 마루에 걸터앉지 않는다. 音, 秘
[1-1-②]	1-2 1-3	邪味, 邪色	吳氏曰: 不正한 맛, 不正한 색	『集解』左同	섞여서 이루어진 맛과 색
[1-1-③]	1-3	瞽	陳氏曰: 無目者	『集解』左同	女瞽(여자 악사)
[1-2-①]	2-1	可	陳氏曰: 중첩이 아니더라도 자식의 스승이 될 만한 사람	『集說』左同	阿保(유모)
[1-2-②]	2-2	唯, 兪	吳氏曰: 唯는 빨리 대답(남), 兪는 느리게 대답(여)	『集解』左同	반드시 남녀를 구분하는 것이 아니라 주로 사용하는 것임
[1-2-③]	2-7	禮帥初 幼儀	陳氏曰: 예를 행하고 동작함을 모두 처음 가르치는 방법을 따라 익힌다. 陳氏曰: 어린아이가 어른을 섬기는 예	『集說』左同 『集說』左同	不同席共食, 必後長者와 같은 예를 모두 처음과 같이 한다. 어린아이가 나아가고 물러나고 절하고 무릎 꿇는 예
[1-2-④]	2-9	內而不出	안에 쌓아두고 스스로 그 재능을 표출하지 않는다.	『集解』左同	남의 스승이 되지 않는다.=博學不敎

[1-2-⑤]	2-11	方物出謀發慮	사물에 따라 계책을 내고 생각을 발하다.	『集說』左同	도모하고 생각할 때에 사물물마다 모두 다 법도가 되는 규칙이 있다.
[1-2-⑥]	2-13	執麻枲	陳氏曰: 삼과 숫삼을 잡는 것(길쌈을 하는 것)	『集說』左同	麻枲는 마에 씨앗이 있는 것으로 길쌈을 할 수 없다.—솜으로 만드는 것
		織絍組紃	陳氏曰: 絍: 비단의 종류, 組=織, 紃: 끈—絍을 짜고 紃을 짜다.	『集說』左同	紃=織, 組(원형)와 紃(납작한 것은 면류관의 끈.—組와 紃을 짜다.
[1-2-⑦]	2-14	有故, 二十三年而嫁	陳氏曰: 부모의 상이 있을 경우 23세에 시집간다.	『集說』左同	형편에 따라 더 일찍 갈 수도 있고 더 늦을 수도 있다.
[1-2-⑧]	2-15	妾	吳氏曰: 接한다는 뜻으로 남편을 접견할 수는 있지만 대등한 짝이 될 수는 없다.	『集解』左同 율곡: 예를 잃은 것이 아니라 단지 신분이 낮은 것	六禮를 갖추지 않고 시집간 경우에 첩이 된다.
[1-5-①]	5-1	夫婦有別	陳氏曰	『增註』 『集解』	보충설명
[1-6-①]	6-2	聲於永	吳氏曰: 노랫소리(聲)는 말을 길게 읊조리는 것(永)을 따른다.	『集解』左同	악기소리의 청탁고하(聲)가 노랫소리의 청탁고하(永)에 응한다.
[1-7-①]	7-2	知, 仁, 聖, 義, 忠, 和	朱氏曰	『集說』左同	보충설명
[1-7-②]	7-4	射, 御	陳氏曰: 射以觀德行, 御以正馳驅.	『增註』左同	御를 통해서도 德을 볼 수 있다.
[1-7-③]	7-4	書	六書	『集解』左同	보충설명—字學
[1-7-④]	7-5	문장구조			보충설명—賈達曰
[1-7-⑤]	7-5	亂民	朱氏曰: 亂民改作	『增註』 『集成』賈氏曰	亂名改作이 맞다. 傳寫 과정의 착오
[1-8-①]	8-1	禮樂, 詩書, 春秋	吳氏曰: 陳氏(澔)曰:	『集說』左同	보충설명
[1-9-①]	9-1	極	朱子曰: 盡處(지극한 곳, 지극함)	『集說』左同 율곡: 朱子註와 동일	표준, 본보기, 법칙 =太極·皇極之極
[1-9-②]	9-2	毋驕恃力	陳氏曰: 교만하여 힘을 믿지 말라.	『增註』左同	毋驕, 毋恃力—자만하지 말고, 힘을 믿지 말라.

【1-1】 입교 1장

> 『列女傳』曰: "古者婦人妊子, ①寢不側, ①坐不邊, 立①不蹕. 不食②邪
> 味, 割不正, 不食, 席不正, 不坐, 目不視邪色, 耳不聽淫聲, 夜則③令瞽誦
> 詩, 道正事. 如此, 則生子, 形容端正, 才過人矣."

【1-1-①】 "침불측寢不側"이라고 하는 것은 침상의 가장자리에서 자지 않는다는 말이다. (『史記』) 「급암전汲黯傳」에 "임금이 침상 가에 걸터앉아 그를 보았다"고 한 것에 대하여, 여순如淳1)이 "'厠'은 음音이 '측側'이다. 침상의 가장자리에서 침상에 걸터앉아 본다는 것을 말한다"라고 하였다.2) 오씨吳氏의 주에서는 "'측側'은 그 몸을 옆으로 한 것이다"라 하였다.3) 그런데 "누울 때 시체처럼 하지 말라"고 했으니4) 천정을 쳐다보면서 누울 수도 없고, "잠을 잘 때 엎드리지 말라"(寢無伏)고 했으니5) 엎드릴 수도 없는데, 여기에 또 옆으로 누울 수도 없다면 잠을 자는 사람이 어떻게 해야 한단 말인가? 오씨의 설이 잘못이다. 혹자는 이것은 임신한 사람에 대한 예라고 하는데, 만약 임신한 사람이 옆으로 누워 자는 것이 합당하지 않다면, 어찌 유독 평상시에 생활하는 예법은 그렇지 않은 것인가? 평상시에 생활할 때 옆으로 눕는 것이 이미 바른 예법으로 되어 있는데, 유독 이것으로 태교를 하는 것이 옳지 않다는 말인가? 게다가 임신한 사람은

---

1) 如淳: 생몰연대 미상. 삼국시대 魏나라의 馮翊 사람으로 陳郡丞을 지냈으며 『漢書』의 주석을 한 사람이다.

2) 「汲黯傳」에…… 하였다:『史記集解』권120 「汲鄭列傳」 제60에 "將軍靑侍中, 上踞厠而視之."의 세주에 "如淳曰: 厠音側, 謂牀邊踞牀視之."라고 하였다.

3) 오씨의…… 하였다:『小學集說』의 註에 "吳氏曰: 列女, 猶言諸女. 漢劉向, 采其事, 以爲傳. 妊, 娠姙也. 寢, 臥也. 側, 側其身也. 邊, 偏其身也. 蹕, 饒氏以爲當作跛庇, 謂偏任一足也."라고 하였다.『小學諸家集註』에서도 이 吳訥의 註를 그대로 인용하고 있다.

4) 그런데…… 했으니:『論語』「鄕黨」편에 "寢不尸"라고 한 것을 두고 하는 말이다.

5) 잠을 잘 때…… 했으니:『禮記』「曲禮上」87에 "遊毋倨, 立毋跛, 坐毋箕, 寢毋伏."이라 하였다.

천정을 쳐다보고 눕는 것을 감당하지 못하여 옆으로 누울 수밖에 없다. (또한) "좌불변坐不邊"은 "마루에 걸터앉지 않는다"6)는 말이니, 모두 위험하게 추락하는 것을 방지하기 위한 것이다. "踕"은 음이 '畢'(필)로 되어 있는데, 주에 (뜻이) "跛"(피)가 되어야 한다고 하였으니,7) 음과 뜻이 상응하지 않는다. 여기에서는 마땅히 '비秘'로 발음해야 한다. "불비不踕"는 넘어지는 것을 방지하는 것이다.

> ○ "寢不側", 謂不寢於床側. 「汲黯傳」"上踞廁而視之", 如淳曰"廁音側, 謂床邊踞床視之也." 吳註云"側, 側其身也". 夫"臥無屍", 則不得仰臥矣; "寢無伏", 則不得伏矣. 又不得側臥, 則寢者將如之何? 吳說非是. 或謂此妊娠之例, 若妊娠者, 不合側臥, 則居常之禮, 何獨不然? 居常旣以側臥爲正禮, 則獨不可以此爲胎敎耶? 況妊娠者, 不堪仰臥, 則其勢側而已矣. "坐不邊", 謂"不垂堂", 皆防危墜也. "踕"音作畢, 註作"跛". 音義不相應. 今當音'秘'. "不踕", 防顚踣也.

【1-1-②】 "사邪"는 정正과 반대되는 말이다. 정미正味는 곧 신맛, 짠맛, 단맛, 쓴맛, 매운맛이다. 청색, 적색, 황색, 백색, 흑색이 정색正色인 것과 같다. 맛에 사미邪味가 있는 것은 색에 간색奸色이 있는 것과 같다. 『예기禮記』의 주註에 "홍색은 남방의 간색이고 자색은 북방의 간색이다"라고 하였다.8) 대체로 정색 외에 서로 섞여서 이룬 색을 간색이라고 말하고, 정

---

6) 마루에 걸터앉지 않는다: 『史記』 卷101 「袁盎晁錯列傳」에 漢文帝가 말을 타고 험한 언덕을 치달리려 하자 袁盎이 '귀한 집 아들은 마루 끝에 앉지 않는 법'(千金之子, 坐不垂堂)이라고 하면서 만류한 고사가 있다.

7) "踕"은…… 하였으니: 『小學集說』에서는 "饒氏曰: 踕當作跛, 音庇."라고 하였고, 『小學諸家集註』에서 오늘의 註를 인용하여, 集解항에 "踕은 마땅히 跛가 되어야 한다"(踕, 當作跛)라고 하였으며, 『小學諺解』에서는 "立不踕" 아래에 "踕필은當당作작跛피"라고 하였다.

8) 『禮記』의 註에…… 하였다: 『禮記集說』 「玉藻」의 陳澔의 註에서도 "'正色'은 청색, 적색, 황색, 백색, 흑색 등 오방의 정색이다. 木靑은 土黃을 이긴다. 그러므로 녹색은 청색과 황색의 혼합색으로 동방의 간색이 된다. 火赤은 金白을 이긴다. 그러므로 홍색은 적색과 백색의 혼합색으로 남방의 간색이 된다. 金白은 木靑을 이긴다. 그러므

성正聲 외에 손을 빠르게 움직여서 연주하는 음란한 소리를 간성奸聲이라고 말하고, 정미 외에 잡다한 것을 섞어서 만든 것을 사미라고 하는데, 그 의미는 동일하다.

○ "邪"者, 正之反. 正味卽酸醶甘苦辛也. 如靑赤黃白黑之爲正色也. 味之有邪, 如色之有奸. 『禮記』注云: "紅, 南方之奸色; 紫, 北方之奸色." 蓋正色之外, 雜互而成者曰奸色; 正聲之外, 繁手而淫者曰奸聲; 正味之外, 骨董而成者曰邪味, 其義一也.

【1-1-③】 선왕의 예법은 안팎의 구별이 매우 엄격하였다. 『주례周禮』 「천관天官」편에 "여축女祝"과 "여사女史"가 있는데, 이들은 모두 '여종 가운데 글을 쓸 줄 아는 자가 이 직분을 담당하였다'고 하였으니,9) 여인들의 방중의 음악10)은 반드시 여자 맹인을 두어 관장하게 하였을 것이다. 하지

로 碧色은 청색과 백색의 혼합색으로 서방의 간색이 된다. 水黑은 火赤을 이긴다. 그러므로 자주색(紫色)은 적색과 흑색의 혼합색으로 북방의 간색이 된다. 土黃은 水黑을 이긴다. 그러므로 騂黃색은 황색과 흑색의 혼합색으로 중앙의 간색이 된다'('正色'者, 靑·赤·黃·白·黑五方之正色也. 木靑克土黃, 故綠色靑·黃, 爲東方之間色; 火赤克金白, 故紅色赤·白, 爲南方之間色; 金白克木靑, 故碧色靑·白, 爲西方之間色; 水黑克火赤, 故紫色赤·黑, 爲北方之間色; 土黃克水黑, 故騂黃之色黃·黑, 爲中央之間色也)라고 하였다. 또 『禮記注疏』「玉藻」편에서는 "衣正色, 裳間色. 非列采不入公門, 振絺·綌不入公門, 表裘不入公門, 襲裘不入公門."에 대한 공영달의 疏에 "正義曰: 玄是天色, 故爲正, 纁是地色, 赤黃之雜, 故爲間色. 皇氏云, 正, 謂靑·赤·黃·白·黑, 五方正色也. 不正, 謂五方間色也. 綠·紅·碧·紫·騂·黃, 是也. 靑, 是東方正, 綠色, 東方間. 東爲木, 木色靑木刻土, 土黃並以所刻爲間. 或綠也靑黃也. 朱是南方正, 紅是南方間. 南爲火, 火赤刻金, 金白, 故紅色赤白也. 白是西方正, 碧是西方間. 西爲金, 金白刻木, 故碧色靑白也. 黑是北方正, 紫是北方間. 北方水, 水色黑. 水刻火, 火赤, 故紫色, 赤黑也. 黃是中央正, 騂黃是中央間. 中央爲土, 土刻水, 水黑, 故騂黃之色, 黃黑也."라고 하였다.

9) 『周禮』「天官」편에…… 하였으니: 『周禮』「天官·女祝」에 "女祝, 掌王后之內祭祀凡內禱祠之事. 掌以時招梗禬禳之事以除疾殃."이라 하였고, 또 「女史」에 "女史, 掌王后之禮職掌內治之貳以詔后治內政. 逆內宮. 書內令. 凡后之事以禮從."이라 하였는데, 여사에 대한 정현의 註에 "여사는 여종 가운데 문헌에 밝은 자였다. 그러므로 왕후의 예에 관계되는 일을 관장하였다"(女史, 女奴曉書者, 是以掌王后禮之職事)라고 하였다.

10) 방중의 음악: 后·夫人들이 諷誦하여 그 군자를 섬기는 음악으로서, 鐘磬의 절주를 쓰지 않고 「周南」·「召南」의 시를 絃歌로 연주했다. 이는 선왕의 풍속의 훌륭함을 드러내어 밝힌 것이다.

만 고증할 근거는 없다.

○ 先王之禮, 內外之別, 極嚴. 『周禮』[1]「天官」有"女祝"·"女史", 皆'女奴之
曉識書文者爲之', 則婦女房中之樂, 必有女瞽掌之. 然無所考.

1. 極嚴. 『周禮』: 『정본 소학질서』(이후 정본이라 약칭함)에는 "極嚴聞禮"로 되어 있다.
   그러나 "周禮……"라는 삽입구가 옆에 작은 글씨로 있어서 정본작업과정에서
   "周禮"를 "聞禮"로 중복하여 읽고 삽입한 것으로 보인다. 수정하여 번역하였다.

【1-2】 입교 2장

「內則」曰: 凡生子, 擇於諸母與①可者, 必求其寬裕慈惠溫良恭敬愼而寡言
者, 使爲子師. 子能食食, 敎以右手, 能言, ②**男唯女兪**, 男鞶革, 女鞶絲.
六年, 敎之數與方名. 七年, 男女不同席, 不共食. 八年, 出入門戶及卽席飮
食, 必後長者, 始敎之讓. 九年, 敎之數日. 十年, 出就外傅, 居宿於外, 學
書計, 衣不帛襦袴, ③**禮帥初**, 朝夕, 學③**幼儀**, ③**請肄**③**簡諒**. 十有三年,
學樂誦詩, 舞勺, 成童, 舞象, 學射御. 二十而冠, 始學禮, 可以衣裘帛, 舞
大夏, 惇行孝悌, ④**博學不敎**, ④**內而不出**. 三十而有室, 始理男事, 博學
無方, 孫友視志. 四十, 始仕, ⑤**方物出謀發慮**, 道合則服從, 不可則去. 五
十, 命爲大夫, 服官政, 七十, 致事. 女子十年, 不出, 姆敎婉娩聽從, 執麻
⑥**枲**, 治絲繭, 織紝組紃, 學女事, 以共衣服, 觀於祭祀, 納酒漿籩豆菹醢,
禮相助奠. 十有五年而笄, 二十而嫁, 有故, ⑦**二十三而嫁**. 聘則爲妻, 奔
則爲⑧**妾**.

【1-2-①】 "가可"에 대해서는, 정현鄭玄의 주註에 "부어傅御[11]의 유속이
다"라고 하였고,[12] 『열녀전列女傳』에서는 또한 "아阿"로 되어 있으니, 곧
'아보阿保'를 말한다.

---

11) 傅御: 왕이나 제후를 보좌하는 사람으로 보통 家臣을 일컫는다.
12) 鄭玄의 註에…… 하였고 『禮記集說』 권72 「內則」에서 인용한 정현의 註에 "可者, 傅御
之屬也."라고 하였다.

○ "可"者, 鄭註, "傳御之屬也". 『列女傳』亦作"阿", 卽所謂'阿保'也.

　　■ 해설: 『소학제가집주小學諸家集註』에서는 『소학집설小學集說』에서 인용하고 있
　　는, "'가可'라고 하는 것은 중첩衆妾은 아니지만 아이의 스승으로 삼을 만한 자를
　　이른다"(可者, 謂雖非衆妾 而可爲子師者)라고 한 진호陳澔의 설을 따르고 있다. 하지
　　만 성호는 진호의 견해를 따르지 않고 아보 곧 유모를 의미하는 것으로 보았다.
　　그런데 성호의 이런 이해는 김장생金長生과 주자의 견해와 같은 것이다. 김장생
　　은 『고정攷訂』에서 이것에 대해, 『의례경전통해儀禮經傳通解』 권4 「가례家禮 4 · 내
　　치內治」에서 주희가 "지금 살피건대, 『열녀전』에는 '가可'가 '아阿'로 되어 있으니,
　　바로 이른바 '아보阿保'라는 것이다. 『후한서後漢書』에 '아모阿母'라는 말이 있다"
　　(朱子曰: '可'者, 『列女傳』作'阿', 卽所謂'阿保'也. 『後漢書』有'阿母')라고 한 것을 인용하고
　　있는 것이다.

【1-2-②】 "유唯"와 "유兪"는 모두 대답하는 말이다. 남자라고 해서 반
드시 "유兪"라고 해서 안 되는 것도 아니고, 여자라고 해서 반드시 "유唯"
라고 해서는 안 되는 것도 아니다. 다만 각기 주로 사용하는 말이 있을
뿐이다.

○ "唯"・"兪", 皆應辭. 男未必無"兪", 女未必無"唯". 但各有所主爾.

　　■ 해설: 『소학제가집주』에서는 "唯, 應之速, 兪, 應之緩."이라고 한 오눌吳訥의
　　『소학집해小學集解』의 설을 따르고 있다. 이에 대해 성호는 '유唯'와 '유兪' 모두를
　　단순히 대답하는 말이며 꼭 남자와 여자 사이에서 구분해서 쓰는 말도 아니라고
　　본 것이다.

【1-2-③】 "예솔초禮帥初"라고 하는 것은 "남녀가 자리를 같이하거나
함께 먹지 않는다"(不同席共食), "반드시 연장자 뒤에 선다"(必後長者)와 같은
예禮를 모두 처음과 같이 한다는 말이다. 외부의 스승을 찾아서 나간 후라
고 할지라도 이것은 바꾸지 않는다. (『예기』) 「내칙內則」에 이 본문의 앞부
분에 "자상하게 웃으며 아이의 이름을 지어 준다. 이러한 예법은 처음
세자에게 이름을 지어 줄 때의 예법대로 따르지만, 건네는 말은 없다"라
고 한 말13)이 증거가 될 수 있다. '어린아이의 예의'(幼儀)라는 것은 곧 어

────────────────

13) 「內則」에…… 한 말 『禮記』 「內則」에 "세자가 태어난 경우라면, 군주는 목욕을 하고

린아이의 나아가고 물러나고 절하고 무릎 꿇는 예禮를 말한다. "청請"이라고 하는 것은 어른이 직접 가르치시는 중에 있다 하더라도 아이에게 또한 과목에 따라 수업을 청하도록 하는 것이니, 그 법도가 이와 같은 것이다. "간簡"은 간략하고 쉽다는 말이다. "양諒"은 '양良'과 통한다. (『예기』) 「악기樂記」에서 "평이하고 정직하고 자애롭고 선량하다"(易直子諒)라고 한 것이 이것이다.[14] (『예기』) 「경해經解」에 "넓고 평이하면서 선량하다"(廣博易良)라고 하였는데,[15] 여기에서 말한 "선량하다"(易良)가 곧 "간량簡諒"이다.

○ "禮帥初", 謂如"不同席共食"·"必後長者"等禮, 皆如初也. 雖"出就外傅[1]" 之後, 此則不改也. 「內則」上文有云"咳而名之, 禮帥初, 無辭"[2]可以爲證. "幼儀", 卽小子進退拜跪之儀也. "請", 謂雖在長者之提撕, 而亦使童幼遵課請業, 其道如是也. "簡", 簡易也. "諒", 與良通, 「樂記」云"易直子諒", 是也. 「經解」云"廣博易良", "易良", 卽"簡諒"也.

1. 傅: 정본에는 '傳'으로 되어 있지만, 『小學疾書』 본문에 따라 '傅'로 수정하여 번역하였다.
2. 정본에는 '「內則」上文有云"咳而名之" "禮帥初" 無辭'라고 표점되어 있지만, 『禮記』「內則」의 내용에 근거하여 "咳而名之, 禮帥初, 無辭"로 수정하였다.

조복을 착용하며 부인 또한 이처럼 한다. 둘 모두는 동쪽 계단 위에 서서 서쪽을 바라보게 되고, 世婦는 세자를 안고서 서쪽 계단을 통해 올라간다. 군주가 세자의 이름을 지어 주게 되면 곧 내려간다. 세자의 동생과 첩의 자식들에 대해서는 외침에서 접견하고, 군주는 아이의 머리를 쓰다듬고 웃음을 머금고서 아이의 이름을 지어 준다. 이러한 예법은 처음 세자에게 이름을 지어 줄 때의 예법대로 따르지만, 교훈하는 말은 없다"(世子生, 則君沐浴朝服, 夫人亦如之, 皆立于阼階, 西鄕. 世婦抱子升自西階, 君名之, 乃降. 適子庶子見於外寢, 撫其首, 咳而名之, 禮帥初, 無辭)라고 하였다.

14) 「樂記」에서…… 이것이다: 『禮記』「樂記」에 "군자가 이르기를 '예악은 잠시도 몸에서 떠나게 해서는 안 되나니, 음악을 사용하여 마음을 다스리면 평이하고 정직하고 자애롭고 선량한 마음이 뭉클뭉클 생겨난다' 하였다"(君子曰: 禮樂不可斯須去身, 致樂以治心, 則易直子諒之心, 油然生矣)라고 하였다.

15) 「經解」에…… 하였는데: 『禮記』「經解」에 "그 사람됨이 온유하고 돈후함은 시의 가르침이고, 소통하여 멀리 아는 것은 글의 가르침이며, 넓고 간이하고 신실함은 음악의 가르침이며, 결정하고 정미함은 역의 가르침이고, 공검하고 장경함은 예의 가르침이며, 사실에 맞게 문사를 엮음은 춘추의 가르침이다"(其爲人也, 溫柔敦厚, 詩敎也; 疏通知遠 書敎也; 廣博易良 樂敎也; 絜靜精微 易敎也; 恭儉莊敬 禮敎也; 屬辭比事 春秋敎也)라고 하였다.

【1-2-④】 "內而不出"의 "內"는 입성(납)으로 읽는 것이 옳고16) '출出'과 반대되는 말이다. "납內"은 오로지 듣고 수용하는 것을 말하고, "불출不出" 은 남의 스승이 되지 않는다는 것을 말한다. 오로지 듣고 수용하면 그 더함이 끝이 없고, 남의 스승이 되지 않으면 그 교만해지는 것을 방지하고 또한 남을 그르칠까 두려워하는 것이니, 이것은 다만 앞글의 "널리 배우고 가르치지 않는다"(博學不敎)는 의미이다.

○ "內而不出", "內", 宜入聲讀, '出'之反也. "內", 謂專聽受; "不出", 謂不爲人師. 專聽受, 則其益無窮, 不爲人師, 則防其驕溢, 且懼誤人, 此只是上文"博學不敎"之意.

【1-2-⑤】 (『國語』) 「초어楚語」에 "소호씨少皞氏17)의 후기에 이르러 구려九黎가 덕정德政을 어지럽히자 사민司民과 사신司神의 관원이 서로 섞여 구별하기 어렵게 되었다"(少皞之衰也, 人神雜糅, 不可方物)고 하였는데,18) 일(事)에 일정한 방향이 없고 형形에 일정한 사물이 없었다는 것을 말한다. 『주역』 「계사繫辭」에서 "일의 방향19)에 따라 종류대로 모이고, 물색物色은 무리끼리 나뉜다"(方以類聚, 物以群分)라고 하였는데,20) 그 뜻도 이와 서로 비슷하다.

---

16) "內"는…… 옳고: 이가원·임창순 감수, 『漢韓中辭典』(1987)에 따르면, '內'는 입성과 거성 두 소리가 있는데, '안'이라는 뜻일 때는 去聲으로 읽고, '들이다'는 의미일 때는 입성으로 읽는다.

17) 少皞氏: 少昊, 少皓, 少顥라고도 하며, 黃帝의 長子이다. 상고시대 華夏部落聯盟의 수령이자, 동시에 東夷族의 수령이기도 하다. 기록에 따르면 그의 부족은 새를 토템으로 삼았는데, 원시 鳳文化를 탄생시켰다고 한다.

18) 「楚語」에…… 하였는데: 『國語』 「楚語」에 "소호씨의 후기에 이르러 九黎가 덕정을 어지럽히자 司民과 司神의 관원이 서로 섞여 구별하기 어렵게 되었습니다. 사람들은 모두 제사를 거행하면서 집집마다 모두 巫史를 두고 다시는 성신을 맹약지 않게 되었습니다"(及少昊之衰也, 九黎亂德, 民神雜糅, 不可方物. 夫人作享, 家爲巫史, 無有要質)라고 하였다. 이 문장은 신동준 역주, 『좌구명의 국어』(2005), 513쪽을 참고함.

19) 일의 방향: 『周易本義』 권3 「繫辭上傳」의 註에는 "方謂事情所向, 言事物善惡, 各以類分." 이라 하였다.

20) 『주역』 「繫辭」에서…… 하였는데: 『周易』 「繫辭上」에 "방향에 따라 종류대로 모이고, 만물은 무리에 따라 분류되니, 여기에서 길하고 흉함이 생긴다. 하늘에는 일월성신

'방물출모발려方物出謀發慮'라고 하는 것은 아마도 도모하고 생각할 때에 사사물물마다 모두 다 법도가 되는 규칙이 있다는 뜻인 것 같다. 주자가 이르기를 "그 비위를 맞추어 아부하여 스스로를 더럽히고 그럴듯하게 둘러대고 재빠르고 교활하여 사사물물마다 어디에도 비견할 수 없는 자(종잡을 수 없는 자)는 반드시 소인이다"(其依洟涊阿, 閃倏狡獪, 不可方物者, 必小人也)라고 하였는데21) 이 설이 또한 증거가 될 만하다.

○「楚語」曰"少皞之衰也, 人神雜糅, 不可方物", 謂事無定方, 形無定物也. 「繫辭」曰"方以類聚, 物以群分", 其義亦與此相似. "方物出謀發慮"者, 恐是謀慮之際, 事事物物, 皆有典則. 朱子曰"其依洟涊阿[1], 閃倏狡獪, 不可方物者, 必小人也", 此說亦可證.

1. 依洟涊阿: 『晦菴集』에는 "依阿洟涊"으로 되어 있다.

■ 해설: 『소학언해小學諺解』에는 본문에 대해 "마ᄋᆞᆷ에 비로소 벼슬ᄒᆞ야 일에 마초와 계교를 내며 ᄉᆞ려ᄅᆞᆯ 베퍼"라고 하였다. 또 '방물方物'에 대하여 『소학집설』과 『소학제가집주』에서 인용한 주에 주자는 "朱子曰: 方猶對也, 物猶事也, 隨事謀慮也."라고 하였다. 『주역본의周易本義』 권3 「계사상전繫辭上傳」의 주註에는 "方謂事情所向, 言事物善惡, 各以類分."이라 하였다. 이 주석은 『주자어류』 권105 「소학지서小學之書」에 "問小學擧內則篇'四十始仕, 方物出謀 · 發慮.' 先生注云: '方物出謀, 則謀不過物; 方物發慮, 則慮不過物.' 請問'不過物'之義? 曰: '方物謀慮, 大概只是隨事謀慮.'"라고 한 것과 다음 항목에서 "方物出謀 · 發慮. 方, 猶對也. 只是比並

등의 象이 이루어져 있고, 땅에는 산천초목 등의 形이 이루어져 있으니, 여기에 易理의 변화가 나타나 있다"(方以類聚, 物以群分, 吉凶生矣. 在天成象, 在地成形, 變化見矣)라는 말이 나온다.

21) 주자가…… 하였는데: 『晦庵集』 「王梅溪文集序」(代劉共父作)에서 "대개 그 광명정대하고 넓게 통달한 것이 푸른 하늘에 밝게 빛나는 해와 같고, 높은 산이나 큰 강물 같으며, 천둥같이 무섭지만 雨露처럼 윤택한 것 같고, 龍虎처럼 용맹하지만 麟鳳의 祥瑞와 같아서, 구애됨이 없이 추호도 의심스러운 것이 없는 이는 분명 군자이다. 그런데 비위를 맞추어 아부하여 스스로를 더럽히고, 그럴듯하게 둘러대고 몰래 숨기며, 뱀이나 지렁이처럼 서로 얽히고, 서캐나 이처럼 좀스럽고, 여우나 악귀처럼 험악하고 몰래 남을 상하게 하며, 도적처럼 저주하고, 재빠르고 교활하여 종잡을 수 없는 자는 분명 소인이다"(凡其光明正大, 疏暢洞達, 如靑天白日, 如高山大川, 如雷霆之爲威, 而雨露之爲澤, 如龍虎之爲猛, 而麟鳳之爲祥, 磊磊落落, 無纖芥可疑者, 必君子也. 而其依阿洟涊, 回互隱伏, 糾結如蛇蚓, 瑣細如蟣蝨, 如鬼蜮狐蠱, 如盜賊詛祝, 閃倏狡獪, 不可方物者, 必小人也)라고 한 것을 줄여서 인용한 것이다.

那物, 如窮理一般也."라고 한 내용을 축약해서 인용한 것으로 보인다. 즉 방물方物을 '일에 따라' 또는 '일에 견주어' 라는 뜻으로 풀이하고 있는 것이다. 또 『국어』「초어」와 『주역』「계사」 그리고 주자의 문집의 사례를 근거로 하여 '방물方物'을 '사물마다 질서를 지우다', '사사물물마다 법도가 되는 규칙에 따라 처리하다'라는 의미로 해석하고 있는 것으로 보인다. 이상의 주석들은 모두 이견이 없는 것 같은데, 성호는 무엇 때문에 이 주석을 쓴 것일까? 그것은 아마도 『예기집설禮記集說』의 진호陳澔의 주註에 대해 이견을 보이고 있는 것 같다. 『예기집설』「악기」 21에 "天尊地卑, 君臣定矣. 卑高以陳, 貴賤位矣. 動靜有常, 小大殊矣. 方以類聚, 物以羣分, 則性命不同矣. 在天成象, 在地成形, 如此, 則禮者, 天地之別也."라고 한 단락의 진호의 주에 "'방方'은 도道와 같다. '취聚'는 처處와 같다. 군신, 부자, 부부, 장유, 붕우 관계에는 각각 그 도가 있으므로 각각 그 부류에 따라서 처신하는 것을 '방이유취方以類聚'라고 한다. '물物'은 일이다. 예를 실행하는 일은 바로 천리天理의 절도와 문식이고 인사人事의 마땅함과 준칙이다. 실행하는 것이 일단에 그치지 않으므로 구분하는 것은 반드시 각자 그 일에 따르는 것을 '물이 군분物以羣分'이라고 한다"('方', 猶道也, '聚', 猶處也. 君臣·父子·夫婦·長幼·朋友, 各有其道, 則各以其類而處之, 所謂'方以類聚'也. '物', 事也. 行禮之事, 卽謂天理之節文, 人事之儀則. 行之不止一端, 分之必各從其事, 所謂'物以羣分'也)라고 하였다. 즉 '도道는 그 부류에 따라서 처신하고, 일은 법칙에 따라서 구분하여 종사한다'는 의미로 해석한 것이다.

【1-2-⑥】 "시枲"는 삼에 씨가 있는 것이므로 길쌈을 할 수 없는 것이다. 옛날 사람들이 그것으로 옷을 만들었는데 오늘날의 목화솜이 속에 있는 것과 같다. 『논어論語』에 "온포縕袍"라는 말에 대한 주에 "시저枲著"라고 하였는데[22] 이것이다. 삼에 씨앗이 있는 것은 생사에 누에고치가 있는 것과 같아서 그것으로 실을 만들 수 없기에 그것을 솜으로 만들어 온기를 취하려는 것이다.[23] '임紝'은 또한 짠다는 것이다. "조組"와 "순紃"[24]은 곧

---

22) 『論語』에…… 하였는데:『論語』「子罕」에 "해진 솜옷을 입고서 여우나 담비 가죽옷을 입은 자와 나란히 서서도 부끄러워하지 않을 자는 아마도 由일 것이다"(衣敝縕袍, 與衣狐貉者立, 而不恥者, 其由也與)라는 공자의 말이 나오는데, 주자의 집주에서 "縕은 삼으로 만든 솜이고, 袍는 옷에 솜을 넣은 것이니, 대개 옷 중에 천한 것이다"(縕, 枲著也. 袍, 衣有著者也, 蓋衣之賤者)라고 하였다.

23) 삼에…… 것이다:『禮記』「玉藻」에 "햇솜(纊)으로 만든 솜옷이 繭이고, 묵은 솜(縕)으로 만든 솜옷이 袍이다"(纊爲繭, 縕爲袍)라고 하였는데, 이에 대한 鄭玄의 註에 "纊은 오늘날의 新綿(햇솜)이다. '縕'은 오늘날의 纊 및 舊絮(묵은 솜)이다"라고 하였다.

24) "組"와 "紃":『星湖先生僿說』 권5 「萬物門·紃組」에 "『爾雅』에 '紃은 실끈과 같고 組는

굉연紘綖(면류관의 끈과 덮개)과 영수纓綬의 종류이며 여러 실을 합쳐서 만드는데, 원형인 것을 "조組"라고 하고, 납작한 것을 "순紃"이라고 한다. 혹은 "넓고 엉성한 것을 '조組'라고 하고 노끈과 같은 것을 '순紃'이라고 한다"고 하였다.25) 대개 상복(참최복)에 사용되는 것으로, 귀한 사람이나 천한 사람이나 모두 짜는 것이다. 그러므로 그것을 먼저 가르친다. 술과 장, 제기 등의 제사에 관련된 일은 여자가 시집가기 전에 종실에서 가르치는데,『시경詩經』에 "종실의 들창문 아래에서 차리는데"(宗室牖下)라고 한 것26)이 그것이다. 여자의 직분은 의복의 일과 음식을 드리는 일을 넘어서지 않기 때문에 이와 같이 일찍부터 그것을 가르치는 것이다.

○ "枲", 麻之有子, 不可爲績事者也. 古人用爲衣著, 如今綿著之在裏. 『論語』"縕袍", 註謂"枲著"者, 是也. 麻之有枲, 如絲之有繭, 其不可爲絲者, 亦用之爲纊, 以取溫也. "紝", 亦織也. "組"・"紃", 卽紘綖纓綬之屬, 合縷爲之, 圓曰"組", 扁曰"紃". 或曰: "闊薄者爲組, 似繩者爲紃". 蓋用於尊服, 而貴賤所同織, 故先敎之. 酒漿籩豆祭祀之事, 女子未嫁, 敎之宗室, 『詩』所謂

인끈과 같다' 했는데, 그 주에, '(윤과 조는) 바닷속에서 나는 풀로서 문채가 있기 때문에 이 문채를 상징하여 윤과 조라는 이름을 붙였다' 하였다. 상고컨대, 「緇衣」의 疏에는, '綸은 宛轉繩과 같다' 했고, 『說文』에는 '푸른 실로 만든 인끈이다'라고 했으며, 「內則」의 註에는, '느릿느릿하게 짜인 비단을 組라 하고 노끈처럼 튼튼하게 짜인 비단을 紃이라 한다'고 하였다. 또 상고하여 보니, 『通志』에는 '綸은 鹿角菜이고 組는 海中苔인데, 이것은 바로 지금의 紫菜라는 것이다'라고 하였다. 우리나라에는 속명 靑角菜라는 게 있어, 빛깔은 푸르고 생김새는 鹿角과 같은데, 바로 바닷속에서 난다. 이가 바로 綸이란 것이다. 또 속명 김(海衣)이란 것이 있는데, 이는 바로 바다 돌(石) 위에서 돋는 이끼(苔)로 빛깔은 붉다. 그것을 따서 마치 종이처럼 조각으로 만드니, 이가 역시 組라는 것인 듯하다(『爾雅』曰: '綸似綸, 組似組', 註云'海中草生, 彩理有象之者因以名', 按「緇衣」疏, '綸如宛轉繩也', 『說文』'靑絲綬也', 「內則」註, '濶薄者爲組, 似繩者爲紃', 又按『通志』'綸, 鹿角菜. 組, 海中苔. 今之紫菜也.' 我國有俗名靑角菜者, 色靑, 形如鹿角, 生海中. 卽綸也. 有俗名海衣者, 乃海中石上苔也. 色紫, 採者, 作片如紙. 恐亦是組也)라고 상세히 설명하고 있다.

25) 혹은…… 하였다:『禮記』「內則」의 "織紝組紃"에 대한 공영달의 소에 "濶薄者爲組, 似繩者爲紃."라고 하였다.

26) 『詩經』에…… 한 것:『詩經』「召南・采蘋」에 "맛 좋은 나물을 종실의 들창문 아래에 차리는데, 이 일을 누가 주관하는고. 공경스러운 계녀로다"(于以奠之, 宗室牖下, 誰其尸之, 有齊季女)라고 한 데서 온 말이다.

"宗室牖下", 是也. 女子之職, 不越於衣服饋食之間, 故其教之之早如此.

【1-2-⑦】 "이십삼년二十三年"에 관련해서 정현의 주석에서부터 나란히 "부모의 상"이라고 말하고 있는데,27) 그 의미는 아버지의 상이 끝나갈 무렵에 어머니가 돌아가셨다면 기년복을 입는 것으로 상례를 마친다는 것이며, 또 그렇게 일 년 상을 마친 다음에 스물세 살에 시집갈 수 있다는 말이다. 그러나 이 설은 매우 잘못된 것이다. 설령 어머니의 상을 기년으로 마쳤다 하더라도 심상心喪은 여전히 남아 있다. 『의례儀禮』에 이르기를 "아버지가 반드시 3년이 지난 후에 개가하는 것은 자식의 심정을 배려한 것이다"라고 하였는데,28) 자식의 심상心喪이 여전히 남아 있기 때문이다. 아버지가 오히려 그것을 위해 3년 동안 장가들지 않는데, 자식이 어떻게 기년期年을 지나 곧 시집갈 수 있겠는가? 주자는 "1년이 더 지체되어도 무방하다" 하였다.29) 그러나 스물두 살에 상을 마치고 곧 시집을 가는 것이 의義를 해치는 것은 아닌 것 같으니, 반드시 다시 1년을 지체하는 것을 법으로 여길 필요가 있겠는가? 내가 생각하기로는, 옛날에는 중춘仲春이 혼인하는 달이었다. 그러므로 『시경』「소남召南 · 표유매摽有梅」에서는 "좋은 시기를 놓치지 말라"(迨其吉兮)고 하였고,30) 『시경』「패풍邶風 ·

---

27) 정현의…… 있는데: 『禮記』「內則」의 "有故, 二十三年而嫁."에 대한 정현의 주에 "故, 謂父母之喪"이라고 하였다. 또 『小學集說』의 陳淳의 註에 "陳氏曰:…… 故, 謂父母之喪"이라 하였다.

28) 『儀禮』에…… 하였는데: 『儀禮』「喪服」의 傳에서 "부친의 입장에서는 반드시 삼년이 지난 뒤에야 재취를 하니, 이는 자식의 심정을 배려한 것이다"(父必三年然後娶, 達子之志也)라고 하였다.

29) 주자는…… 하였다: 『晦庵集』권63 「答郭子從叔雲」에서 朱子는 「內則」의 설에 대해 "이것 역시 대략적으로 말한 것일 뿐이다. 조금 늦더라도 1년에 지나지 않으니, 24세에 출가해도 늦은 것은 아니다"(亦大槩言之耳. 少遲不過一年, 二十四而嫁, 亦未爲晚)라고 하였다.

30) 「召南 · 摽有梅」에서는…… 하였고: 『詩經』「召南 · 摽有梅」에 의하면, 婚期가 늦어짐을 염려하는 처녀가 노래하기를 "떨어지는 매화여 그 열매가 일곱이로다 나를 구하는 서사는 좋은 시기를 놓치지 말라"(摽有梅, 其實七兮, 求我庶士, 迨其吉兮)고 한 데서 온 말이다.

과유고엽匏有苦葉(雉鳴)」에 "얼음이 녹기 전이라네"(迨氷未泮)라고 하였다.31)
대체로 그 기회를 붙잡지 않으면 혼인할 수 없다는 말이다. 여자 나이
스물 중춘仲春에 시집가려다 상을 당한 사람이 22세에 이르러 비로소 대상
과 담제를 지내고 상喪을 마쳤어도 결혼하는 달이 아니라서 그 사세가
부득이하게 23세에 이르게 되는 것이다. 옛사람들은 정해진 나이만 있는
것이 아니라 또한 반드시 정해진 달이 있었으니, 2월에 결혼하지 않는 것
은 또한 20세에 결혼하지 않는 것과 마찬가지이다. (23세에 결혼하는 것
은) 혹 사세로 인하여 마지못해 그러한 것으로, 정해진 법이 아니다. 예를
말하는 자가 사람들이 때를 어겨 어지러이 행하는 것을 두려워하였기에
반드시 23세를 규례로 정하여 2월에 결혼하는 제도를 어기는 것이 부당하
다고 말한 것이다. 혹자는 "15세에 계례를 행하면 시집갈 수 있지만 반드
시 20세라고 말하는 것은 이 나이를 넘겨서는 안 된다는 말이다. 스무
살에 상을 당한 자는 상을 마치면 곧 시집갈 수 있으나 반드시 23세라고
말한 것은 또한 이 나이를 넘겨서는 안 된다는 말이다"라고 하였다.32)

○ "二十三年", 自鄭註竝言"父母喪", 其意謂父喪將終而母死, 則以期爲斷,
又一年而畢, 可以二十三而嫁也, 此說甚謬. 借曰母喪終於期, 而心喪則猶
存. 『禮』云"父必三年而後娶者, 達子之志也", 爲子之心喪猶存故也. 父尙爲
之三年不娶, 子其可期而便嫁耶? 朱子謂"更遲一年無妨". 然二十二喪畢便
嫁, 似不害義, 豈必以更遲一年爲法乎? 妄謂, 古者, 仲春 是昏月, 故「摽梅」
則曰"迨其吉兮", 「雉鳴¹」則曰"迨氷未泮", 蓋不迨其期, 不可昏也. 女年二
十以仲春, 將嫁而遭喪者, 至二十二, 而始祥禫, 喪雖畢已, 非昏月矣, 其勢
不得已至於二十三也. 古人不但有定年, 亦必有定月, 其有不以二月而昏者,
亦猶不以二十而嫁. 是或因事勢, 不獲已而然, 非定制也. 說禮者, 恐人無時

---

31) 「匏有苦葉」에…… 하였다: 남녀의 혼인을 노래한 『詩經』 「邶風·匏有苦葉」에 "기러
    기 기러기는 해 돋는 아침에 쓰고, 신랑이 신부 데려오려면 얼음이 녹기 전이라네"
    (雝雝鳴雁, 旭日始旦, 士如歸妻, 迨氷未泮)라는 말이 나오는데, 그 주에 納采·請期·親迎
    등에 대한 설명이 나온다.
32) 혹자는…… 하였다: 출처를 찾지 못하였다.

亂行, 故必以二十三爲例, 言不當違二月之制也. 或曰: "十五而筓, 則可以嫁矣, 而必曰'二十', 謂無過乎此也. 二十遭喪者, 喪畢, 便可以嫁矣, 而必曰'二十三'者, 亦謂無過乎此也."

1. 雉鳴: 『시경』의 제목은 일반적으로 시의 맨 앞 구절을 따서 붙인다. 그러므로 「匏有苦葉」이라고 하는 것이 맞겠지만, 성호는 "雉鳴求其牡"라는 구절에 따라 「치명」이라고 하였다. 이 또한 틀린 것은 아니므로 원문은 그대로 두고 고쳐서 번역하되, 「치명」을 병기하였다.

■ 해설: 아버지의 상이나 어머니의 상이나 모두 삼년상을 지내는 것이 원칙이지만, 아버지의 상과 어머니의 상이 겹쳐서 연이어질 경우나, 아버지가 살아계신 상태에서 어머니상을 당했을 때는 기년복을 입는 것이 원칙이다. 여기에서는 전자의 경우를 말하고 있다. 여자의 나이가 스무 살인데 2월에 시집을 가기로 되었으나 정월에 부친상을 만나면 이듬해 정월이 소상小祥이고 또 그 이듬해 정월이 대상大祥이다. 장차 2월에 시집을 가려고 하는데 또 모친상을 만나게 되면 이듬해 정월에, 13개월 만에 대상大祥을 지내고 스물세 살에 시집갈 수 있다는 말이다. 성호는 세상에서 지나치게 23세에 반드시 결혼해야 한다고 주장하는 경우가 있는데, 이것은 옳지 않다고 보고 있다. 때로는 심상心喪에 의해 더 늦어질 수도 있지만, 때로는 형편에 따라서 더 빨리할 수도 있다고 보고 있다. 주자가 늦추더라도 예를 다할 것을 주장했다면, 성호는 지나치게 숫자에 얽매인 예법에 대해 융통성(權道) 있는 태도를 보이고 있다. 윤휴尹鑴의 『백호전서』 제42권 「독서기讀書記 · 독상복전讀喪服傳」이나 성호 이익의 『성호전집』 제16권 「답이중호별지 정미答李仲皓別紙 丁未」, 『성호전집』 권28 「답한진사서흠 문목 신해答韓進士敍欽 問目 辛亥」에 상세한 내용이 보인다. 윤휴尹鑴나 이익李瀷은 비슷한 견해를 보이고 있다.

【1-2-⑧】 『주례周禮』에 "흉년에는 중춘에 남녀가 중매 없이 개인적으로 짝을 이루는 것(奔)을 막지 않는다"라고 하였다.[33] 아마도 흉년이 들어 궁핍하여 폐백을 하는 예를 갖출 수 없기 때문에 빙례를 행하지 않고 중매 없이 짝을 이루는 것도 금하지 않은 것이다. 그러므로 육례六禮[34]를

---

33) 『周禮』에…… 하였다: 『周禮』 「地官 · 司徒」 媒氏에 "중춘의 달에 남녀가 서로 만나라고 영을 내린다. 이때는 奔하는 것을 부모가 금하지 않으니, 만약 喪禮 등의 특별한 일이 없이 영을 따르지 않는 자는 媒氏가 벌을 내린다"(中春之月, 令會男女. 於是時也, 奔者不禁. 若無故而不用令者, 罰之)라는 구절이 있다.

34) 六禮: 전통사회에서 행하던 혼인절차의 여섯 가지 儀式으로, 納采 · 問名 · 納吉 · 納徵 · 請期 · 親迎을 말한다. 納采는 첫 번째 절차로서, 신부 측에서 중매인을 통한 신랑 측의 혼인의사를 받아들임으로써 이루어진다. 그러나 이 納采의 채택은 다만 혼인을

갖추지 않고 가는 자는 첩妾이 된다.

○ 『周禮』: "荒年, 則仲春, 奔者不禁." 蓋年饑用乏, 不能具於禮幣, 故雖不
聘而奔者, 亦不禁也. 然則不以六禮而往者爲妾.[35]

【1-5】 입교 5장

> 孟子曰: 人之有道也, 飽食暖衣, 逸居而無教, 則近於禽獸, 聖人, 有憂之,
> 使契爲司徒, 敎以人倫, 父子有親, 君臣有義, ①**夫婦有別**, 長幼有序, 朋友
> 有信.

【1-5-①】 "부부유별夫婦有別"이라고 하는 것은 사람에게는 각기 정해
진 배필이 있으니 서로 더럽히고 문란하게 해서는 안 된다는 것이다. 그
렇게 하지 않으면 부자 사이가 정해지지 않게 되니, 그러므로 "부부 사이
에 분별이 있은 다음에 부자간에 친함이 있다"라고 말한 것이다.[36] 제2편

논의할 만한 상대의 채택에 그치고 실질적인 혼인의 절차는 納采 이후에 진행된다.
問名은 두 번째 절차로, 신랑 측에서 신부 어머니의 성명을 묻는 절차이다. 이는
신부 외가 쪽의 가계나 전통을 알기 위함이다. 納吉은 세 번째 절차로, 혼인의 길흉
을 점쳐서 길함을 얻으면 그 결과를 신부 측에 알리는 것이다. 納徵은 네 번째 절차
로, 혼인이 이루어짐을 표시하는 절차이다. 納徵의 徵은 이루어짐을 뜻한다. 納吉을
통하여 실질적인 혼인이 이루어졌기 때문에 幣物을 주게 된다. 징은 표시의 뜻이
있으며, 따라서 納徵은 혼인이 이루어진 표시로서 폐물을 주는 절차이다. 請期는 다
섯 번째 절차로, 신랑 측에서 신부 측에 혼인 날짜를 정해 줄 것을 요구하는 것을
말한다. 親迎은 신랑이 직접 신부 집에 가서 신부를 맞이하는 의식으로 오늘날 결혼
예식에 해당된다.

35) 성호기념관본에는 이 단락이 위 단락과 이어져 있다.

36) 그러므로…… 것이다: 『周易』 「序卦傳」에 "천지가 있은 뒤에 만물이 있고, 만물이
있은 뒤에 남녀가 있고, 남녀가 있은 뒤에 부부가 있고, 부부가 있은 뒤에 부자가
있고, 부자가 있은 뒤에 군신이 있고, 군신이 있은 뒤에 상하가 있고, 상하가 있은
뒤에 예의가 둘 곳이 있게 된다"(有天地然後有萬物, 有萬物然後有男女, 有男女然後有夫
婦, 有夫婦然後有父子, 有父子然後有君臣, 有君臣然後有上下, 有上下然後禮義有所錯)라고
한 말을 가리키는 듯하다.

(「명륜」편)의 "후별厚別"의 글37)과 함께 참고해서 보아야 한다.

○ "夫婦有別", 謂人各有定配無相瀆亂, 不然則父子靡定, 故曰"夫婦別而後
父子親"也. 當與第二篇"厚別"字參看.

【1-6】 입교 6장

> 舜命契曰: 百姓不親, 五品不遜, 汝作司徒, 敬敷五敎, 在寬. 命夔曰: 命汝
> 典樂, 敎胄子, 直而溫, 寬而栗, 剛而無虐, 簡而無傲, 詩言志, 歌永言, ①聲
> **依永, 律和聲, 八音克諧**, 無相奪倫, 神人以和.

【1-6-①】 하당(何瑭38)의 『악률관견樂律管見』에 "악기 소리의 맑고 탁하
고 높고 낮음은 반드시 노랫소리의 청탁고하와 상응한다. 이것이 '(『書經』
에서 말한) 소리가 길게 읊은 말에 의지한다'39)는 것이다. 만약 노랫소리

---

37) 제2편(「明倫」편)의 "厚別"의 글: 「明倫」【2-62】에 『예기』에 이르기를, 혼례는 자손
   만대의 시작이라. (배우자를) 다른 성에서 택하는 것은 먼 사이를 결합하고 (혈연관
   계의) 구별을 엄중히 함이요, 예물은 반드시 정성스럽게 하며 말을 후하지 않음이
   없게 하는 것은 정직하고 신실함을 알리기 위한 것이다. 신실함은 남을 섬기는 도리
   이며 신실함이 아내의 덕이다. 한번 더불어 (혼례를 올려) 가지런히 하면 몸이 마치
   도록 고치지 않는다. 그러므로 남편이 죽어도 개가하지 않는다. 남자가 친히 맞이하
   여 남자가 여자에게 먼저 함은 강함과 유순함의 뜻이니 하늘이 땅에 먼저 하며 임금
   이 신하에게 먼저 함이 그 뜻이 똑같다. 전안의 예를 행하고 서로 보는 것은 공경하
   여 분별 있음을 밝히는 것이니 남녀의 분별이 있는 다음에 아버지와 아들이 친하고
   아버지와 아들이 친한 다음에 (사람 사이의) 도리가 생기고 도리가 생긴 다음에 예
   절이 일어나고 예절이 일어난 다음에 만물이 편안하니 남녀의 분별이 없고 도리도
   없는 것은 금수의 길이다"(『禮記』曰: 夫昏禮, 萬世之始也. 取於異姓, 所以附遠厚別也, 幣
   必誠, 辭無不腆, 告之以直信, 信, 事人也, 信, 婦德也. 一與之齊, 終身不改, 故, 夫死不嫁.
   男女親迎, 男先於女, 剛柔之義也, 天先乎地, 君先乎臣, 其義一也. 執摯以相見, 敬章別也, 男
   女有別, 然後父子親, 父子親, 然後義生, 義生, 然後禮作, 禮作, 然後萬物安, 無別無義, 禽獸之
   道也)라고 하였다.

38) 何瑭: 1474~1543. 明代 武陟人으로, 字는 粹夫, 號는 栢齋이고, 『陰陽管見』, 『樂律管見』,
   『儒學管見』 등의 저서가 있다.

39) 소리가 길게 읊은 말에 의지한다: 『書經』 「虞書·舜典」에, 순임금이 夔를 典樂으로

가 노래와 서로 의지하는 것이라고 한다면 사리도 통하지 않는데 더구나 음률을 조화롭게 할 수 있을까? 노랫소리에만 그친다면 8음은 또 어떻게 저절로 조화롭게 될 수 있단 말인가?"라고 하였는데,[40] 이 설이 논리적이다.[41]

○ 何瑭[1]『樂律管見』曰: "以樂器之聲淸濁高下, 必與歌聲之淸濁高下相應, 是'聲依永.' 若謂歌聲與歌相依, 事理不通, 況律之所和? 止於歌聲, 則八音, 又何自而克諧乎?" 此說有理.

> 1. 何瑭: 규장각본(가)는 판본이 잘 보이지 않아 구분할 수 없고, 그 외의 규장각본 (나), 그리고 국립중앙도서관 소장본에서는 모두 "河瑭"으로 되어 있다. 그러나 『樂律全書』뿐만 아니라 『四庫全書』나 고전번역원 DB상의 자료 통해 보면 何瑭 이 분명하므로 수정하여 번역하였다. 아마도 규장각본(가)를 옮겨 적는 과정에서 착오가 있었을 것으로 보인다.
>
> ■ 해설: 『소학제가집주』와 『소학집설』에서는 채씨蔡氏의 주註를 취하였다. 성호

삼아 음악으로 胄子를 가르치기를 명하면서 "시는 뜻을 말한 것이고, 노래는 말을 길게 읊은 것이고, 소리는 길게 읊은 말에 의지하는 것이고, 음률은 소리를 조화롭게 하는 것이다. 팔음이 잘 어울려 서로 차례를 뺏음이 없어야 신과 사람이 화합할 것이다"(詩言志, 歌永言, 聲依永, 律和聲, 八音克諧, 無相奪倫, 神人以和)라고 하였다.

40) 『樂律管見』에…… 하였는데: 『樂律全書』 권5에 "河瑭曰: …… 當歌之時, 欲和之以樂器之聲. 其樂聲之淸濁高下, 必與歌聲之淸濁高下相應. 是之謂聲依永. …… 夫樂器之聲, 與歌聲相依, 乃事體文理之自然也. 若謂歌聲與歌聲相依, 則非惟事體不通, 且亦不成文理矣. 況歌聲隨口而出, 又安用以律而和之乎? 律之所和, 止於歌聲, 八音又何自而克諧乎?"라고 하였다. 이 글의 끝 부분에 "見樂律管見"으로 주가 되어 있다. 성호는 아마도 『樂律全書』를 참고한 것으로 보인다.

41) 何瑭의…… 논리적이다: 『星湖全集』 卷54 「樂律跋」에 "내가 하당의 『악률관견』을 보니 '『서경』에서 '시는 뜻을 말한 것이요, 노래는 말을 길게 한 것이요, 소리는 길게 한 말에 의지하는 것이고, 음률은 소리를 조화롭게 하는 것이다'라고 하였는데, 소리가 길게 한 말에 의지하는 것이란 곧 악기의 소리를 그 노래에 의지하여 조화롭게 한다는 의미이다. 만일 노랫소리가 노래와 서로 의지하는 것이라고 한다면 문리가 되지 않는다. 더구나 노랫소리는 입을 따라 나오는 것인데, 또한 어떻게 음률로 조화롭게 할 수 있단 말인가. 음률이 조화롭게 하는 바가 노랫소리에 그친다면 팔음은 또 어디를 따라 잘 어울릴 수 있단 말인가'라고 하였다. 이 설은 매우 명백한 듯하므로 아울러 기록해 놓는다"(余見何瑭樂律管見, 書云詩言志, 歌永言, 聲依永, 律和聲, 聲依永, 卽以樂器之聲, 依其歌而和之, 若謂歌聲與歌相依, 不成文理, 況歌聲隨口而出, 又安用以律而和之乎, 律之所和, 止於歌聲, 八音又何自而克諧乎, 此說甚似明白, 故並錄之)라는 내용이 보인다. 그러나 현재 우리나라 각 도서관에 『樂律管見』이란 책은 아직까지 발견되지 않았다.

는 이 채씨의 설에 대해 이견을 보인다. 채씨는 "마음이 가는 바를 지志라 한다. 마음이 가는 바가 있으면 반드시 말에 나타나므로 시는 뜻을 말한 것이라 하였고, 이미 말에 나타나면 반드시 장단의 절(리듬)이 있으므로 가는 말을 길게 읊조리는 것이라 하였고, 이미 장단의 리듬이 있으면 반드시 고하와 청탁의 차이가 있으므로 성을 길게 읊조림을 따르는 것이라 하였고, 이미 장단과 청탁이 있으면 또한 반드시 12율로 조화하여야 이에 문을 이루어 어지럽지 않으니, 이른바 율律은 소리를 조화한다는 것이다. 사람의 소리가 이미 화하였으면 이에 그 소리를 팔음에 입혀서 음악을 만들면 화합하지 않음이 없어 서로 침해하거나 어지럽게 되지 않는다"(心之所之, 謂之志. 心有所之, 必形於言, 故曰: '詩言志'; 旣形於言, 必有長短之節, 故曰: '歌永言'; 旣有長短, 則必有高下淸濁之殊, 故曰: '聲依永'; 旣有長短淸濁, 則又必以十二律和之, 乃能成文而不亂, 所謂律和聲也. 人聲旣和, 乃以其聲被之八音而爲樂, 則無不諧協, 而不相侵偏)고 하여 '성의영聲依永'의 '성聲'을 노랫소리의 청탁고하로 이해하였다. 반면 성호는 하당이 "악기의 청탁고하가 노랫소리의 청탁고하와 상응하는 것이 '성의영聲依永'이다"라고 한 것에 근거하여 '성의영聲依永'의 '성聲'을 악기소리라고 주장하고 있다.

【1-7】 입교 7장

『周禮』大司徒以鄕三物, 敎萬民而賓興之, 一曰 ①六德, ①知仁①聖義忠和, 二曰 ①六行. 孝④友④睦姻任恤, 三曰: 六藝, 禮樂②射御③書數. 以鄕八刑, 糾萬民, 一曰 不孝之刑, 二曰 不睦之刑, 三曰 不姻之刑, 四曰 ④不弟之刑, 五曰 不任之刑, 六曰 不恤之刑, 七曰 造言之刑, 八曰 ⑤亂民之刑.

【1-7-①】 "지知"와 "성聖"은 어떻게 다른가? 옳고 그름을 분변하는 것을 "지知"라고 하고, 깊이 헤아리고 궁구함이 깊고 원대한 것을 "성聖"이라고 한다. "육덕六德"에는 왜 예禮와 신信이 없는가? 예는 육예六藝에 포함되어 있고, 신은 육행六行에 포함되어 있다. '성신聖神'의 성聖이나 '사덕四德'42)의 예와 지와 같은 것은 곧 후에 와서 세밀함을 더해서 논한 것이다.

---

42) 四德: 元·亨·利·貞 곧 仁義禮智를 가리킨다.

이 몇 개념들은 자취 상에서 논한 것에 지나지 않는다. "육행"의 '임任'이
곧 '붕우유신朋友有信'의 의미이다.

○ "知"與"聖", 何別? 辨是辨非曰知, 推深究遠曰聖. "六德", 何無禮‧信?
禮在藝, 信在行. 如聖神之聖‧四德之禮智, 卽後來加密之論. 此數字, 不過
於跡上論. "六行"之任, 卽朋友有信之義.

【1-7-②】『설원說苑』에서 "수레를 모는 것은 사람을 공손하게 하고
활을 쏘는 것은 사람을 단정하게 한다"라고 하였다.[43] "수레를 모는 것"
을 통해서도 그 사람의 덕德을 관찰할 수 있다.

○『說苑』云: "御者, 使人恭; 射者, 使人端." "御"亦可以觀德.

■ 해설: 진선陳選이『증주增註』에서 "활쏘기로써 덕행을 보고, 말을 모는 것으로
써 치구를 바룬다"(射以觀行, 御以正馳驅)고 한 것에 대해 성호는『설원』의 말에
근거하여, 활쏘기뿐 아니라 수레를 모는 것을 통해서도 덕행을 볼 수 있다고 말
하고 있다.

【1-7-③】'서書'는 육서六書[44]로서, 오늘날의 '자학字學'을 말한다. 그러
므로 '(글씨를 통하여) 마음의 그림을 드러낸다'라고 (진선이 주에서) 말
한 것이다.[45] '심화心畵'라는 글자는『법언』에 나오는 말이다.[46]

---

43)『說苑』에서…… 하였다:『說苑』「談叢」에 나오는 말이다.

44) 六書:『周禮』「地官‧小司徒」에 "여덟 살이면 소학에 들어가, 保氏가 國子를 가르치되,
먼저 六書로써 한다"(八歲入小學, 保氏敎國子, 先以六書)고 하였고,『漢書』「藝文志」에
이에 대한 언급이 있으며, 許愼의「說文解字敍」에서도 역시 이를 인용하였다. 특히
허신은 한자의 자형을 바탕으로 한자의 '本義'를 도출하기 위하여 象形, 指事, 會意,
形聲, 轉注, 假借라는 6종류의 원칙, 즉 '六書'의 방법을 확립하였다.

45) 그러므로…… 것이다:『小學諸家集註』와『小學集說』에서 인용한 陳選의 增註에 "예로
써 마음을 제어하고, 악으로써 화함을 유도하고, 활쏘기로써 덕행을 보고, 말을 모는
것으로써 말달리기를 바르게 하고, 글씨로써 마음의 그림을 나타내고, 셈으로써 사
물의 변화를 극진히 하니, 모두 지극한 이치가 붙어 있는 바로서 일상생활에 없어서
는 안 되는 것들이다"(陳氏曰: 禮以制中, 樂以道和, 射以觀德行, 御以正馳驅, 書以見心畵,
數以盡物變, 皆至理所寓而日用不可缺者也)라고 하였다.

46) '心畵'라는…… 말이다: 漢나라 揚雄이 지은『法言』권5「問神」에 "말은 마음의 소리
요, 글씨는 마음의 그림이다. 따라서 소리와 그림으로 나타난 것만 보아도, 그 사람

○ ‘書’, 六書, 今之所謂‘字學’也, 故曰‘以見心畫.’ ‘心畫’字出¹『法言』.⁴⁷⁾

    1. ‘以見心畫.’ ‘心畫’字出: 정본에서는 ‘以見心畫心. “畫”字出’로 되어 있으나, 바로
    잡는다.

【1-7-④】 가규賈逵가 말하길 “육행六行에서 말한 ‘우友’는 오로지 형제
사이에서 시행하는 것이고, 팔형八刑에서 말한 ‘부제不弟’는 사장師長을 겸
하여 말한 것이다. 그러므로 뒤로 물려서 목睦·인婣의 아래에 둔 것이다”
라고 하였다.⁴⁸⁾

○ 賈逵曰: “六行之友” 專施於兄弟. “八刑”之“不弟” 兼師長言, 故退在於
“睦婣”之下.

    ■ 해설: 여기에서 인용된 가규의 설은 『소학집성小學集成』과 『소학제가집주』에
    만 나온다. 이것은 성호가 『소학제가집주』를 참고해서 보충했다는 명확한 근거
    가 된다. 가규의 주註의 전문은 다음과 같다. “가씨가 말하였다. 여기의 부제不悌
    는 곧 육행六行의 우友이니, 윗글에서는 우友를 말함이 목·인의 위에 있으니, 오
    로지 형제간에 시행하였고, 여기에서는 제弟로 바꾸어 말하여 목·인의 아래에
    있으니, 이는 겸하여 사장師長에게 시행한 것이다.”(賈氏曰: 此不悌, 卽六行之友, 上
    文, 言友, 在睦婣之上, 專施於兄弟, 此變言弟, 退在睦婣之下, 兼施於師長.)

【1-7-⑤】 “난민亂民”에 대해서는 정현이 (『周禮』「地官·司徒」의 주석
에서) 『예기』「왕제王制」에 나오는 글⁴⁹⁾을 인용하여 “명분을 문란케 하고
제도를 함부로 고치며 좌도를 주장하여 나라의 정사를 어지럽히는 것이
다”라고 하였다.⁵⁰⁾ 지금 주자朱子의 주註에 “난민개작亂民改作”이라고 한 것

───────────────

    이 군자인지 소인인지 알 수가 있다”(言, 心聲也; 書, 心畫也. 聲畫形, 君子小人見矣)라
    고 하였다.
47) 성호기념관본에는 이 단락이 위 단락과 이어져 있다.
48) 이 단락은 賈逵의 말을 그대로 옮긴 것이 아니라, 가규의 말을 성호가 이해하기 쉽게
    풀이한 것으로 보인다.
49) 『禮記』「王制」에 나오는 글: 『예기』「왕제」에 “명분을 문란케 하고 제도를 함부로
    고치며 좌도를 주장하여 나라의 정사를 어지럽히는 자는 죽인다”(亂名改作, 執左道以
    亂政, 殺)라고 하였다.
50) ‘亂民’에…… 하였다: 『周禮』「地官·司徒」의 “八曰亂民之刑”에 대한 鄭玄의 注에 “‘난
    민’은 명분을 문란케 하고 제도를 함부로 고치며 좌도를 주장하여 나라의 정사를

은 베껴서 전하는 과정에서 생긴 착오이다.

○ "亂民", 鄭註引「王制」文曰: "亂名改作, 執左道以亂政也." 今朱註作"亂民改作", 傳寫之誤也.

■ 해설:『소학집설』에서는 "주씨가 말하였다. 삼물三物(육덕, 육행, 육예)의 가르침을 따르지 않으면 팔형을 만들어 그것을 규합한다. 조언造言은 와언訛言을 말하고, 무리를 현혹시키고 백성을 어지럽게 하는 것을 '난민개작亂民改作'이라 한다"(朱氏曰: 不從三物之教, 則設刑以糾合之. 不弟卽不友也. 造言謂訛言, 惑衆亂民, 謂亂民改作)라는 주자주朱子註를 인용하고 있고,『소학제가집주』에서는 "『增註』, 亂民, 挾邪道以惑民也."를 인용하고 있다. 이에 대해 성호는 '亂名改作'이 베껴서 전하는 과정에서 착오가 생겨서 '亂民改作'이 되었다고 보고 있다. 퇴계의 문인인 조호익曺好益(1545~1609)도 그의 문집에서 성호와 동일한 주장을 하고 있다.

【1-8】 입교 8장

> 「王制」曰 樂正, 崇四術, 立四教, 順先王①詩書禮樂, 以造士, ①春秋, 教以禮樂, 冬夏, 教以詩書.

【1-8-①】 "예악禮樂"은 일(事)이고 "시서詩書"는 문文이다. 겨울은 춥고 여름은 더워서 일을 익히기에는 불편하다. 제사를 지내는 예법이나 춤추고 노래하는 음악을 가르치기에는 아마도 적당한 시기가 아니다. 그러므로 봄과 가을에 해야 된다고 한 것이다.

○ "禮樂", 事也; "詩書", 文也. 冬寒夏熱, 不便於習事. 俎豆之禮, 歌舞之樂, 恐非其時. 故必以"春秋"也.

■ 해설:『소학집설』에서 "진호가 말하였다. 옛사람의 가르침이 비록 사시四時에 각각 익히는 바가 있다고 하였으나 그 실제는 또한 반드시 자른 듯이 저것을 버리고 이것을 익혔던 것은 아니니, 아마도 또한 호언互言일 따름이다. 봄과 가을에는 시와 서를 가르칠 수 없다거나, 겨울과 여름에는 예와 악을 가르칠 수 없다는 것은 아니다"(陳澔曰: 古人之教, 雖曰四時各有所習, 其實亦未必截然棄彼而習此, 恐亦

어지럽히는 것이다"(亂民, 亂名改作, 執左道以亂政也)라고 하였다.

互言耳. 非春秋不可敎詩書, 冬夏不可敎禮樂也)라고 하여 시서詩書와 예악禮樂을 반드시 특정한 계절에만 가르칠 수 있는 것이 아니라고 하였는데(『소학제가집주』에서도 인용하고 있다.), 이에 대해 성호는 그 말에 수긍하면서도 「왕제」편에서 이와 같이 계절을 구분한 까닭을 설명하려 했던 것으로 보인다.

【1-9】 입교 9장

> 「弟子職」曰 先生①施敎, 弟子是則, ①溫恭自虛, 所受是①極. 見善從之, 聞義則服, 溫柔孝弟, ②毋驕恃力. 志毋虛邪, 行必正直, 游居有常, 必就有德. 顔色整齊, 中心必式, 夙興夜寐, 衣帶必飭. 朝益暮習, 小心翼翼, 一此不懈, 是謂學則.

【1-9-①】 "극極"은 태극太極·황극皇極의 극과 같다. 『시경』 「은무殷武」에 "상나라 도읍이 잘 정돈되어 있으니 사방의 표준(본보기)이로다"(商邑翼翼, 四方之極)라고 하였는데, 이것은 사방이 모두 왕도王都에서 법칙을 취하였다는 말이다. 온순하고 공경하므로 스스로를 비울 수 있고, 스스로를 비우므로 수용할 수가 있는 것이다. 그 가르침을 베푼 것에 대해서 들을 뿐만 아니라 곧바로 본받고 비워서 받아들여 이것을 본보기로 삼아 항상 자신을 표준에 맞게 하는 것이니, 갑자기 문득 소홀하게 하고 잊어서는 안 된다.

○ "極", 如太極·皇極之極. 『詩』云"商邑翼翼, 四方之極", 言四方, 皆取則於王都也. "溫恭", 故能"自虛", "自虛", 故能有受. 其所"施敎", 不但聞, 卽則效, 虛而受之, 以此作極, 常自標準, 不可遽至忽忘也.

■ 해설: 『소학제가집주』와 『소학집설』에 "주자가 말하였다. '소수시극'은 학업을 받음에 반드시 도리를 궁구하여 지극한 곳에 다다르는 것이다"(朱子曰: 所受是極, 謂受業, 須窮究道理, 到盡處也)라고 한 주자의 설을 인용하고 있는데, 주자는 '극極'을 '지극함'으로 이해하고 있지만, 성호는 '극'을 '본보기', '표준', '법칙'으로 이해하고 있다.

【1-9-②】 "무교毋驕"는 자만하지 않는 것이고, "무시력毋恃力"은 미치지 못할까 두려워하듯이 하는 것이다.

　○ "毋驕", 則不自滿也; "毋恃力", 則如恐不及也.

　　■ 해설: '무교시력毋驕恃力'을 기존의 주석에서는 '교만하게 자신의 능력을 믿지 않는다'로 보고 있지만, 성호는 '무교毋驕'와 '무시력毋恃力'으로 나누어서 이해하고 있다.

2. 명륜明倫

【개요】 「명륜」편은 모두 108장으로 구성되어 있다. "명부자지친明父子之親", "명군신지의明君臣之義", "명부부지별明夫婦之別", "명장유지서明長幼之序", "명붕우지교明朋友之交", "통론通論"의 6부분으로 나누어져 있고, 이렇게 나누는 데 대해서는 주자朱子나 성호星湖나 퇴계退溪나 이견이 없다. 다만 성호의 「소학도」에는 앞의 '명明'자字가 없다. 그러나 '명륜'이라는 제목이 앞에 있으므로 없다고 하더라도 동일한 의미로 여겨진다. 『소학질서』에서는 이 가운데 43장의 64항목에 대해 주석을 하고 있다. 그 주석 내용을 『소학집설』과 『소학제가집주』와 비교하면, 아래 표와 같다.

일련번호	집주 장절	주제어	소학집설	소학제가집주	소학질서
[2-1-①]	1-1	鷄初鳴	陳氏曰	『集解』左同	보충설명
[2-1-②]	1-1	髦	劉氏曰: 낳은 지 3개월에 배냇머리를 잘라 뿔상투를 만들어 머리에 차다가 관례와 계례 때에 채단으로 꾸며 관에 붙이다가 부모가 돌아가시면 제거. 剪(자르다)	『集解』左同 『集說』左同	태반이 떨어지는 것을 모아 鬌를 만든다. 여기에 장식을 더한 鬌을 髦라고 한다. 翦(모으다)
[2-1-③]	1-1	纚	陳氏曰: 冠의 끈	『集解』左同 『集說』左同	비녀를 고정시키는 물건
[2-1-④]	1-1	偪	陳氏曰	『集解』左同 『集說』左同	音 職韻(벽)
[2-1-⑤]	1-5	溫	陳氏(澔)曰: 承藉	『集解』左同	奉承之若燠溫
[2-1-⑥]	1-6	容臭	吳氏曰: 몸치장에 도움을 주는 향물 容: 몸치장	『集說』左同	주머니 속에 향이 나는 물건을 보관해 둔 것 容: 수용하다.
[2-3-①]	3-1	執牀與坐	陳氏(澔)曰: 상을 잡고 모시고 앉는다. 누울 때의 일	『集說』左同	牀과 座를 잡다. 아침에 일어났을 때의 일
[2-3-②]	3-2	莫敢用	陳氏(澔)曰	『集說』左同	보충설명
[2-4-①]	4-3	衣裳綻裂	陳氏(澔)曰: 의상이 터지고 찢어지거든 綻: 터지다.	『集解』左同	의상이 찢어진 것을 꿰매야 하거든 綻: 꿰매다.
[2-5-①]	5-2	所習有業	陳氏(澔)曰	『集說』左同	보충설명
[2-6-①]	6-1	본문	陳氏曰	『集說』左同 『集解』左同	보충설명

[2-6-②]	6-1	執玉, 奉盈	陳氏曰	『集說』左同 『集解』左同	보충설명
[2-7-①]	7-2	祭祀不爲尸	呂氏曰: 尸: 尸童 주인의 아들이 시동이 될 수 없다.	『集說』左同	尸: 주관하다. 손자가 조부의 시동이 되는 것이 예
[2-7-②]	7-4	苟	陳氏曰: 苟且	『集解』左同	보충설명: 그만둘 만한데 그만두지 않는 것
[2-9-①]	9-1	許友以死	陳氏(澔)曰: 친구를 위해 원수를 갚는 것	栗谷 註	죽음을 자신의 벗을 위해 허락하는 것(栗谷 註와 비슷)
[2-11-①]	11-3	姑與之而姑使之而後復之	陳氏(澔)曰: 과연 할 수 없게 된 후에 자신이 다시 한다.	『集解』左同	陳澔의 주는 衍文이다.
[2-14-①]	14-1	抱	陳氏曰: 가슴속에 품는 것	『集說』左同	結繪之中
[2-14-①]	14-2	본문			보충설명
[2-14-①]	14-3	본문			보충설명
[2-15-①]	15-1	走, 趨	方氏曰: 走는 趨보다 빠른 걸음	『集解』左同	走: 팔을 흔들며 빠르게 가는 걸음 趨: 어깨를 펴고 손을 맞잡고 가는 걸음. 走보다 조금 느림
[2-16-①]	16-2	由	陳氏(澔)曰: ~부터	『集說』左同	~와 같다.
[2-18-①]	18-1	樂其耳目	陳氏(澔)曰: 怡聲과 柔色	『集解』左同	聲音彩色之不背於義者
[2-19-①]	19-2	毋怠, 不友無禮於介婦	石梁王氏曰 友=敢	『集解』左同	毋怠+毋不友+毋無禮於介婦(문장구조)
[2-23-①]	23-1	號泣而隨之	陳氏曰: 감동해서 혹 들어주실까 봐	『增註』左同 栗谷 無可去之道	庶幾感回
[2-24-①]	24-1	變味	陳氏(澔)曰: 맛이 없어질 만큼 배불리 먹지 않는다.	『集解』左同	맛에 마음을 두지 않는다.
[2-29-①]	29-1	內, 外	陳氏曰	『集說』左同 『集成』	內: 正寢의 중앙 外: 中門 밖
[2-29-②]	29-1	制祭薦盎	陳氏曰, 方氏曰	『集說』左同	보충설명
[2-31-①]	31-2	容聲, 歎息	陳氏(澔)曰	『集解』左同	보충설명
[2-31-②]	31-3	愛, 存, 慤, 著	陳氏(澔)曰	『集解』左同 『正誤』	보충설명
[2-32-①]	32-1	丘木	吳氏曰: 무덤을 비호하는 것	『集解』左同	묘 앞에 심은 나무 보충설명
[2-34-①]	34-4	制節	陳氏(澔)曰: 스스로 예절에 맞게 함	『增註』左同	財用을 절제함
[2-34-①]	34-5	德行	陳氏曰	『增註』左同	마음에 얻은 것이 실천으로 드러나는 것
[2-35-①]	35-1	문장구조	眞氏曰; 范氏曰	『集說』左同	보충설명
[2-40-①]	40-1	笏	陳氏曰: =忽 잊는 것을 대비해 기록하기 위한 것	『集說』左同	笏의 재료에 대한 보충설명
[2-46-①]	46-1	瀆	陳氏(澔)曰: 陶器나 木器 같이 씻을 수 있는 그릇	『集成』 『集解』左同	물기 있는 음식이 그릇에 담겨진 것

[2-59-①]	59-1	不事二君 不更二夫	陳氏曰: 두 임금을 섬기지 않고, 두 지아비를 섬기지 않는다.	『集說』左同	관계가 끊어진 경우 다른 君을 섬길 수 있고, 改嫁도 할 수 있다.
[2-60-①]	60-1	婚姻禮	陳氏(澔)曰	『集說』左同	보충설명
[2-60-②]	60-2	夫婦有別	陳氏曰	『集說』左同	昵狎하지 말라는 말이 아니다.
[2-60-③]	60-3	卜	陳氏(澔)曰: 길흉을 점치는 것	『集解』左同 栗谷: 吉―異姓, 凶―同姓	陳澔와 栗谷의 설 종합 ―보충설명
[2-62-①]	62-1	誠, 腆, 直信	陳氏曰: 腆=善	『集解』左同 腆=善, 厚	보충설명
[2-63, 64-①]	63, 64-1	不擧樂 婚禮不賀	陳氏(澔)曰	『集說』左同	63장과 64장을 연결하여 설명
[2-65-①]	65-2	器	陳氏曰: 소중히 여긴다는 말	『集說』左同	篋襡(상자와 보자기)을 말한다.
[2-65-②]	65-4	當夕	吳氏曰: 처가 담당하는 저녁	『集解』左同	부인이 담당하는 날의 의식
[2-65-③]	65-4	當夕	吳氏曰	『集解』左同	보충설명
[2-66-①]	66-2	井	吳氏曰, 劉氏曰	『集解』劉氏曰과 同	보충설명
[2-66-②]	66-2	井, 男女	吳氏曰, 劉氏曰	『集解』劉氏曰과 同	보충설명
[2-66-③]	66-3	噏	陳氏曰	『集說』左同	보충설명
[2-66-④]	66-4	男子由右 女子由左	陳氏(澔)曰	『集成』	보충설명
[2-67-①]	67-1	본문	陳氏曰	『增註』左同	보충설명
[2-67-②]	67-2	及日, 不百里	陳氏曰: 及日―終日. 不百里―국경을 넘지 않는다.; 종일 규문 안에 있어야 한다.	『集說』左同	及日―達日. 不百里―하루에 백릿길을 갈 수 없다.; 해가 지기 전에는 규문 안에 있어야 한다.
[2-67-③]	67-3	喪父長子	吳氏曰: 아버지를 잃은 맏딸	『集解』左同	어린 시절에 아버지를 잃고 성장한 딸
[2-67-④]		五不娶			보충설명
[2-68-①]	68-1	寡婦之子	陳氏(澔)曰	『集說』左同	보충설명
[2-71-①]	71-1	父之執	陳氏(澔)曰: 아버지와 뜻을 같이하는 친구	『增註』左同	아버지와 서로 예로써 접대하는 친구
[2-72-①]	72-1	倍	陳氏(澔)曰	『集解』左同 『增註』: 20세	스무 살부터
[2-75-①]	75-1	負劍辟咡詔之, 則掩口而對.(문장구조)	吳氏曰: 어른이 칼을 차듯이 옆에 끼고 입가까지 몸을 기울여 말하면 입을 가리고 대답	『集解』左同 『集成』左同	칼을 차듯이 감싸 안으면 그 입 언저리를 돌리고, 물어 보시면 입을 가리고 대답; 負劍辟咡+詔之則掩口而對.
[2-76-①]	76-1	糞	陳氏(澔)曰	『集解』左同	보충설명

[2-77-①]	77-1	作	劉氏曰	『集成』부끄러워 불안한 모양. 『集解』, 『增註』	위축되어 법도에 맞지 않는 것—추가설명
[2-78-①]	78-1	終則對	陳氏(澔)曰	『集解』左同	보충설명
[2-81-①]	81-1	左右屛而待	鄭氏曰; 陳氏(澔)曰; 呂氏曰	『集說』左同	보충설명
[2-86-①]	86-1	約矢	陳氏(澔)曰: 화살을 한꺼번에 잡고	『集說』左同	화살을 허리춤에 묶고
[2-97-①]	97-2 97-3	主人入門而右, 客入門而左	陳氏(澔)曰: 주인은 동쪽 계단으로 향하기 위해, 객은 서쪽계단으로 향하기 위해	『集解』左同	서로 마주보기 위해—진호의 주와 비슷—보충설명
[2-98-①]	98-1	先拜	陳氏(澔)曰: 타국에 갔을 때 대부가 그 나라 경대부에 대해 취하는 예	『集說』左同 『集解』	=對拜
[2-102-①]	102-1	犯	陳氏曰: 얼굴을 범하여 간하는 것	『增註』左同 『集解』左同	쓴소리를 하면서 다투어 고집하여 고치게 하는 것
[2-102-②]	102-1	服勤致死	黃氏曰: 죽을 때까지 열심히 일한다.	『增註』左同 『集解』左同	죽을 만큼 열심히 일한다.
[2-102-③]	102-2	方喪	陳氏曰	『增註』左同 『集解』左同	보충설명
[2-103-①]	103-1	民生於三, 報生以死	吳氏曰	『集說』左同 『增註』	生: 보충설명
[2-105-①]	105-2	疾病, 老幼	吳氏曰	『集說』左同	보충설명
[2-106-①]	106-1	官怠 이하	吳氏曰	『集說』左同	보충설명

1) 명부자지친明父子之親

【2-1】 명륜 1장

> 「內則」曰: 子事父母, ①鷄初鳴, 咸盥漱, 櫛縰笄總, ②拂髦, 冠緌③纓, 端
> 韠紳, 搢笏, 左右佩用, ④偪屨著綦. 婦事舅姑, 如事父母, 鷄初鳴, 咸盥漱,
> 櫛縰笄總, 衣紳, 左右佩用, 衿纓綦屨. 以適父母舅姑之所, 及所, 下氣怡
> 聲, 問衣燠寒, 疾痛苛癢, 而敬抑搔之, 出入則或先或後, 而敬扶持之. 進
> 盥, 少者奉槃, 長者奉水, 請沃盥, 盥卒授巾. 問所欲而敬進之, ⑤柔色以
> ⑤溫之, 父母舅姑, 必嘗之而後退. ②男女未冠笄者, 鷄初鳴, 咸盥漱, 櫛
> 縰, ②拂髦, 總角, 衿③纓, 皆佩⑥容臭, 昧爽而朝, 問何食飲矣, 若己食則
> 退, 若未食則佐長者視具.

【2-1-①】 "원성선생元城先生[1]이 마영경馬永卿[2]과 함께 『예기』 「내칙」
의 '닭이 울면 일어난다'는 내용에 대해 토론하였다. '내(마영경)가 말하기
를 '역시 너무 이른 것이 아닙니까?' 하니, 선생이 정색을 하면서 '그렇지
않다. 예법에서는 부모를 섬기는 것과 군왕을 섬기는 것을 동일하게 여겼
다. 오늘날 조정에서 군왕을 알현하는 자는 반드시 닭이 울면 일어나는
것을 힘들다고 생각하지 않는다. 대개 형벌로써 몰기 때문일 것이다. 세
상의 풍속이 각박하고 험악해지면서 부모를 섬기는 예법이 그만둘 수 있
으면 그만둘 뿐이다. 만약 세상 사람들이 의를 두려워하기를 형벌과 같이
한다면, 지금 사람이 옛사람이 될 수 있을 것이다' 하였다.'"[3]

---

1) 元城先生: 劉安世(1048~1125)를 가리킨다. 宋나라 神宗·哲宗·徽宗 때 사람으로 자는
   器之이다. 보통 元城先生이라 불렸다. 시호는 忠定으로 司馬光의 문인이다. 諫議大夫로
   있었는데, 강직하여 '殿上虎'라는 별칭을 얻었다. 저서에는 『盡言集』이 있다. 『宋史』
   卷345에 「劉安世列傳」이 전하고 있다.
2) 馬永卿: ?~1136, 宋나라 徽宗 때 사람으로, 『宋元學案』에는 이름이 大年, 자가 永卿으
   로 되어 있다. 호는 懶眞子이며, 劉元城의 제자이다. 벼슬은 永城縣主簿를 지냈으며,
   저서에는 『元城語錄』 3권과 『懶眞子』 5권이 있다.

○ "元城先生與馬永卿論「內則」‘鷄鳴而起’. 僕曰: ‘不亦太早乎?’ 先生正色
曰: ‘不然. 禮, 事父與事君一等. 今朝謁者, 必以鷄鳴而起, 不以爲勞, 蓋以
刑驅之也. 世俗薄惡, 故事父母之禮, 得已而已爾. 若世人畏義如刑, 則今人
可爲古人矣.’"

【2-1-②】 (『예기』) 「곡례曲禮」에서는 ‘전발위추鬋髮爲鬋’라고 하였는
데,4) 『字彙』에서는5) 깃과 털이 빠지는 것(羽毛摧落)을 ‘전鬋’이라 한다고 하
였으니, 태발胎髮이 빠져서 떨어지는 것을 모아서 추鬋를 만든다는 말이다.
(나중에) 추鬋에 꾸밈을 더하게 되면 그것을 ‘모髦’라고 한다. 아랫부분에
"未冠笄者, 拂髦"라고 하였으니 ‘모髦’라는 명칭이 이미 관례冠禮와 계례笄禮
를 한 뒤에 있을 필요는 없다. 별도로 상세하게 적어 둔 곳이 있어서 다시
논하지 않는다.6)

○ 「曲禮」云"鬋髮爲鬋", 羽毛摧落曰鬋, 謂胎髮之遺落者, 聚以爲鬋. 及笄
而加之謂之‘髦’. 下云"未冠笄者, 拂髦", 則髦之稱, 不必在於已冠笄之後也.
別有詳著, 不復論.

> ■ 해설: 성호는 이 부분에 대해서 ‘전鬋’자는 깃털이 떨어지는 것을 가리키는데,
> 후인들이 정현의 주와 공영달의 소를 번역함에 있어서 ‘전鬋’을 ‘전鬋’과 같이 ‘자
> 르다’라는 의미로 해석하면서 해석에 오류가 생겼다고 보고 있다. 즉 태어난 지
> 3개월도 되지 않은 아이의 머리에 칼을 댄다는 것은 매우 잘못되었다고 보고,
> 『자휘字彙』의 설명을 근거로 ‘떨어지다’로 해석하는 것이 옳다고 하였다.

---

3) 元城先生이…… 하였다: 宋나라 때 趙善璙가 편찬한 『自警編』 권3 「孝友」편에 나오는
   내용으로 그 원문은 다음과 같다. "元城先生與馬永卿論『禮記』「內則」雞鳴而起, 適父母之
   所. 僕曰不亦太蚤乎? 先生正色曰‘不然. 禮事父與君二等一體, 父召無諾, 君命召無諾, 父前子
   名, 君前臣名. 今朝謁者, 必以雞鳴而起, 適君之所, 而人以以爲勞. 蓋以刑驅其後也. 世俗薄惡
   故事父母之禮得已而已爾. 若士人畏義如刑, 則今人可爲古人矣.’ 僕聞其言至今愧之."
4) 「曲禮」에서는…… 하였는데: 『禮記』 「內則」에 "三月之末, 擇日鬋髮爲鬋, 男角女羈, 否則
   男左女右."라고 하였고, 鄭玄의 注에 "鬋, 所遺髮也."라고 하였으며, 孔穎達의 疏에 "三
   月鬋髮, 所留不鬋者, 謂之鬋."라 하였다. 여기에서 「曲禮」라고 한 것은 착오인 듯하다.
5) (『字彙』에서는): 아래 주의 『星湖全集』의 내용에 근거하여 붙였다.
6) 별도로…… 않는다: 『星湖全集』 권18 「答尹幼章別紙 癸卯」에서 상세하게 설명하고 있다.

【2-1-③】 (『예기』「곡례」에서) "여자가 혼인을 허락하였으면 계례笄禮를 행하고 끈(纓)을 한다"고 하였는데,[7] "영纓"은 아마도 비녀를 견고하게 고정시키는 물건으로 마치 남자의 관에 갓끈이 있는 것과 같다. 그러므로「혼례」에서 "부인의 '영纓'을 벗긴다"라고 한 것[8]은 벗고서 침소에 드는 것을 이른다. 관을 쓰거나 비녀를 꽂지 않은 사람에게도 영纓이 있었는데, 머리카락을 묶어서 각을 만드는 데 또한 영纓으로 고정시키는 것이 반드시 필요했던 것이다. 그 용도가 관이나 비녀의 영纓과 같았기에 비슷한 부류로 이름 붙인 것이다. 또한 별도로 상세하게 적어 둔 곳이 있다.[9]

○ "女子許嫁, 笄而纓", "纓", 恐是固笄之物, 如男子之冠而有纓也. 故「昏禮」云"脫婦之纓", 謂脫而就寢也. 其未冠笄者, 亦有纓, 總而爲角, 又必須纓以固之. 其用如冠笄之纓, 故比類而名之. 亦別有詳著.

【2-1-④】 "偪"은 본래 직운職韻에 있다. 속음俗音에서 '핍'으로 읽는 것은 잘못이다.

○ "偪", 本在職韻. 俗音誤.

■ 해설: 『소학언해小學諺解』에 '偪'의 음이 '핍'으로 되어 있는데, 『예기』「내칙」의 "偪, 屨, 著綦."에 대한 정현鄭玄의 주註에는 "偪, 行縢."이라 하였고 육덕명陸德明의 『경전석문經典釋文』에는 "本又作幅, 彼力反."이라 하여 '彼力反'(벽)으로 발음하였고, 『광운廣韻』에서도 '彼側切'로 되어 있으며, 이가원·임창순 감수, 『한한중사전』(1987)에도 본음이 '벽'으로 되어 있다.

【2-1-⑤】 "온溫"은 심온燖溫[10]의 온溫과 같다. 부드러운 낯빛으로 받

---

7) 여자가…… 하였는데: 『禮記』「曲禮上」에서 "여자가 혼인을 허락하였으면 영을 한다"(女子許嫁, 纓)라고 하고, 또 "여자가 혼인을 허락하였으면 계례를 행하고 자를 지어 준다"(女子許嫁, 笄而字)라고 하였다.

8) 그러므로…… 한 것: 『儀禮』「士昏禮」에 "부인의 영을 벗긴다"(說婦之纓)라고 하였다.

9) 별도로…… 있다: 『星湖全集』권18권「答尹幼章別紙 癸卯」에서 상세하게 설명하고 있다.

10) 燖溫: 공부를 할 때 마음에 익숙하게 되도록 반복적으로 익히는 것을 비유적으로 말한다. 『中庸章句』제27장의 "군자는 덕성을 높이고 학문을 말미암으니, 광대함을 지극히 하고 정미함을 다하며, 고명함을 다하고 중용을 따르며, 옛것을 잊지 않고

드는 것이 마치 삶아서 푹 익히는 것과 같은 것이다. 만약 문득문득 잊어
버리고 성실하지 않다면 푹 익히는 것이 아니다.

○ "溫", 如燖溫之溫. 以"柔色"奉承之, 若燖溫然. 若忽忘不誠, 則非溫之也.

【2-1-⑥】 "용취容臭"는 주머니 속에 채란苣蘭과 같은 향기 나는 물건
을 보관해 둔 것을 말하며, 몸치장(容飾)의 '용容'이 아니다. 『시경』「대아」
의 "비봉용도鞞琫容刀"라는 문장에 대해 『집주』에서는 "용도容刀는 '용식지
도容飾之刀'이다. 혹자가 말하기를 ('용도'는) '용취容臭'라고 하는 것과 같으
니, 장식한 칼집 안에 이 칼을 넣는 것을 말한다"라고 하였다.[11] 그렇다면
주자의 뜻은 분명히 (용취를 가리켜) 용물容物의 용容으로 생각하고, 용식
容飾(의 용)과는 구별한 것이다.

○ "容臭", 謂容藏苣蘭香臭之物於囊中者, 非容飾之容也. 「大雅」云"鞞琫
容刀", 『集註』"容刀, 容飾之刀. 或曰: 如言容臭, 謂鞞琫之中容此刀耳."[1]
然則, 朱子之意, 分明指以爲容物之容, 與容飾有別.

  1. 『集註』"容刀, 容飾之刀. 或曰: 如言容臭, 謂鞞琫之中容此刀耳.": 정본에서는 『集
     註』"容刀, 容飾之刀." 或曰: "如言容臭, 謂鞞琫之中容此刀耳."라고 표점하였지
     만 『集註』를 확인하여 수정하였다.

새로운 것을 알며, 厚함을 돈독히 하고 禮를 높이는 것이다"(君子, 尊德性而道問學,
致廣大而盡精微, 極高明而道中庸, 溫故而知新, 敦厚以崇禮)라고 한 구절의 주자의 註에
"'溫'은 '燖溫'의 '溫'과 같으니, 예전에 배운 것을 다시 때때로 익힘을 이른다"(溫,
猶燖溫之溫, 謂故學之矣, 復時習之也)라고 하였다.

11) 『시경』「대아」의…… 하였다: 『시경』「公劉」에 "후덕하신 공유께서 이 언덕을 보시
    니, 이미 많은 이들이 살고 있으며, 이미 편안하고 두루 펴져 있어 길이 탄식함이
    없도다. 올라가 산마루에 계시며, 다시 내려와 언덕에 계시니 무엇을 허리에 찼는고,
    옥과 구슬과 칼집과 장식한 칼이로다"(篤公劉, 于胥斯原, 旣庶旣繁, 旣順迺宣, 而無永嘆.
    陟則在巘, 復降在原. 何以舟之, 維玉及瑤, 鞞琫容刀)라고 한 것에 대한 주자의 집주에
    "容刀, 容飾之刀也. 或曰 容刀, 如言容臭, 謂鞞琫之中, 容此刀耳."라고 하였다.

【2-3】 명륜 3장

> 父母舅姑, 將①坐, 奉席請何鄉, ①將衽, 長者, 奉席請何趾. ①少者, ①執
> 牀與坐, 御者, ①擧几, ①斂席與簟, ①縣衾篋枕, 斂簟而襡之. 父母舅姑
> 之衣衾簟席枕几, 不傳, 杖屨, 祗敬之, 勿敢近, ②敦牟卮匜, 非餕, 莫敢用,
> 與恒飮食, 非餕, 莫之敢飮食.

【2-3-①】 "좌坐"는 '좌座'와 통한다. 『한서』「매복전梅福傳」에 "당호유
지법좌當戶牖之法坐"라고 하였고,[12] 『후한서』「공융열전孔融列傳」에서는 "좌
상객장만坐上客長滿"이라고 한 것[13]이 이것이다. "소자少者" 다음에 나오는
내용은 곧 아침에 일어났을 때의 절차이므로 "상을 잡음"·"자리를 잡
음"·"궤를 듦" 등의 일이 있는 것이다. 만약 "(자기 위해) 자리에 누우려"
한 때에 붙여 놓는다면, "자리를 거두고"·"이불을 매달고" 할 리가 있겠
는가?

○ "坐", 與'座'通. 「梅福傳」"當戶牖¹之法坐", 「孔融傳」"坐上客長滿", 是
也. 自"少者"以下, 乃朝起時節次, 故有"執床"·"執坐"·"擧几"等事. 若帖
在"將衽"時, 則豈有"斂席"·"懸衾"之理?

> 1. 牖: 정본에는 '牖'로 되어 있다. 착오이다. 『소학질서』 원본에 근거하여 수정하여
>   번역하였다.
>
>   ■ 해설: 『소학집설』에서 진호陳澔는 '집상여좌執牀與坐'에 대해 '상을 잡고 함께
>   앉는다'라고 주석을 하고 있다. 이에 대해 성호는 '좌坐'를 '앉는다'로 보지 않고

---

12) 『한서』「梅福傳」에…… 하였고: 『漢書』, 「梅福傳」, "願壹登文石之陛, 涉赤墀之塗, 當戶牖
之法坐, 盡平生之愚慮."라 하였고, 顏師古의 注에서는 "法坐, 正坐也, 聽朝之處, 猶言法
宮·法駕也."라고 하였다.

13) 『후한서』「孔融列傳」에서는…… 한 것: 『後漢書』권70「孔融列傳」에 "약 1년 뒤에 다
시 태중대부가 되었다. 성품이 너그럽고 시기하지 않았으며, 사람을 반기고 후진을
이끌어 잘 도와주었다. 한직에 물러났을 때에도 빈객이 집안에 늘 가득하였는데,
항상 '손님이 많고 술독에 술이 비지 않으니 나는 걱정이 없다'라고 하였다"(歲餘,
復拜太中大夫. 性寬容少忌, 好士, 喜誘益後進. 及退閑職, 賓客日盈其門, 常歎曰'坐上客恒滿,
尊中酒不空, 吾無憂矣')라는 내용이 보인다.

'자리'로 보고 있다. 즉 '안석과 자리를 잡다'로 풀이한 것이다. 이것을 바탕으로 앞의 문장과 구분하여, '소자少者' 아래의 문장은 어른이 아침에 일어났을 때의 상황이라고 설명하고 있다. 이는 『집해』의 설과 그 맥을 같이하고 있다.

【2-3-②】 『예기』(「내칙」)에 "부모가 살아 계실 때 아침저녁으로 항상 식사를 함에, 아들과 며느리가 식사를 돕고 남긴 것을 먹는데, 부모가 식사를 다하면 남긴 음식을 남김없이 다 먹는다"고 하였으니,[14] 이것은 (부모님이) 남긴 음식을 먹을 때라면 부모님께서 음식을 드실 때 사용하던 그릇을 그대로 사용하지만 남긴 음식을 먹을 때가 아니라면 감히 부모님의 그릇을 사용해서는 안 된다는 것을 말한 것이다.

○『禮』: "父母在, 朝夕恒食, 子婦佐餕, 旣食恒餕." 此言若餕時, 則仍用父母所飮食之器, 非餕時, 不敢用.

【2-4】 명륜 4장

> 在父母舅姑之所, 有命之, 應唯敬對, 進退周旋, 愼齊, 升降出入, 揖遊, 不敢噦噫嚏咳欠伸跛倚睇視, 不敢唾洟. 寒不敢襲, 癢不敢搔, 不有敬事, 不敢袒裼, 不涉不撅, 褻衣衾, 不見裏. 父母唾洟, 不見, 冠帶垢, 和灰請漱, 衣裳垢, 和灰請澣, ①衣裳綻裂, 紉箴請補綴. 少事長, 賤事貴, 共帥時.

【2-4-①】 "의상탄렬衣裳綻裂"에 대해서 『예기』의 주註에서는 "옷의 기운 곳이 해어지다"라고 하였다.[15] (그러나) "탄綻"은 '기우다'(꿰매다)의 뜻

---

14) 『예기』(「내칙」)에…… 하였으니: 『禮記』「內則」에 "부모가 살아 계실 때 아침저녁으로 항상 식사를 함에, 아들과 며느리가 식사를 돕고 남긴 것을 먹는데, 부모가 식사를 다하면 남긴 음식을 남김없이 다 먹는다"(父母在, 朝夕恒食, 子婦佐餕, 旣食恒餕)라고 하였다.

15) 衣裳綻裂에…… 하였다: 자식은 부모의 신체와 의복을 깨끗하게 챙겨 드려야 한다는 것으로, 『예기』「내칙」에 보인다. "부모가 가래침을 뱉거나 코를 풀 때에는 다른 사람의 눈에 띄지 않게 자녀가 뒤처리를 한다. 부모의 갓과 띠에 때가 묻었으면 잿

이다. '의상탄衣裳綻'을 하나의 구로 보아야 한다. 최식崔寔16)의 「정론政論」
에 "헐리고 무너진 곳을 보수하고 기울어진 기둥을 바로 세운다"라고 하
였고,17) 고악부古樂府에서는 "헌 옷은 누가 나에게 수선해 주고 새 옷은
누가 지어 주나?"라고 하였으며,18) 한퇴지韓退之의 시에는 "나물 반찬에
함께 배부르고, 옷이 터지면 와서 꿰매 달라 하네"라는 구절이 있는데,19)
모두 증거로 삼을 만하다. 후대에 와서 시가詩家들이 이것을 '파열'의 의미
로 썼는데, 무엇에 근거하고 있는지 알 수 없다.

○ "衣裳綻裂", 『禮』註 "衣縫解也". "綻", 縫也, 當以衣裳綻爲句. 崔寔 「政
論」: "補綻決壞, 枝柱邪傾." 古樂府: "故衣誰當補, 新衣誰當綻."¹ 退之詩:
"蔬殽要同喫, 破襖請來綻." 皆可爲證. 後來詩家, 或作破裂之義, 未知何考.

> 1. "故衣誰當補, 新衣誰當綻.": 『소학질서』에는 모두 "新衣誰當補, 故衣誰當綻."으
> 로 되어 있지만, 『古樂府』 「艶歌行」에 근거하여 수정하여 번역하였다.

물을 타서 씻기를 청하고, 의복에 때가 끼었으면 잿물로 빨기를 청하며, 옷이 터지거
나 찢어졌으면 바늘에 실을 꿰어 꿰매기를 청한다. 5일마다 물을 끓여서 목욕을 청
하고 3일마다 머리 감기를 청하며, 그 사이에도 얼굴이 더러워지면 쌀뜨물을 데워서
세수할 것을 청하고, 발에 때가 끼었으면 물을 끓여서 발 씻기를 청한다. 젊은 사람
이 연장자를 섬기거나 천한 자가 귀한 자를 섬길 때에 모두 이 예를 따라야 한다."
(父母唾洟不見. 冠帶垢, 和灰請漱; 衣裳垢, 和灰請澣. 衣裳綻裂, 紉箴請補綴. 五日則燂湯請
浴, 三日具沐, 其間面垢, 燂潘請靧, 足垢, 燂湯請洗. 少事長·賤事貴, 共帥時) 『예기』의 정
현의 註에는 "탄은 풀어지다와 같다"(綻猶解也)라고 되어 있다.

16) 崔寔: 103~170?, 후한 涿郡 安平 사람으로 자는 子眞이고, 崔瑗의 아들이다. 議郎이
되어 여러 儒學博士들과 함께 『五經』을 정리했다. 『政論』을 지어 時政을 비판하고 국
가 통치 질서에 대한 입장을 제시했다. 또 『四民月令』을 지어 당시 地主田莊의 상황
과 각종 농작물의 파종 및 재배 방법을 기술하기도 했다.
17) 「政論」에…… 하였고: 『後漢書』 권82 「崔駰列傳」 안에 포함된 「崔寔傳」과 『文章辨體彙
選』 권411 論20(明 賀復徵)에 실린 한나라 최식의 「정론」에 "요임금과 순임금이 제위
에 오르고, 탕임금과 무왕이 즉위한 것은 모두 명철한 보좌와 박식한 신하들의 도움
이 있었기 때문이다.…… 터지거나 무너진 것을 보완하거나 기울어진 기둥을 바로
세우려 한다면 형상에 따라 재단하여 이 세상을 편안한 영역이 되도록 조치해야
한다"(自堯舜之帝, 湯武之王, 皆賴明哲之佐, 博物之臣.……期於補綻決壞, 枝柱邪傾, 隨形裁
割, 要措斯世於安寧之域而已)라고 한 내용이 보인다.
18) 古樂府에서는…… 하였으며: 漢代 樂府詩 「豔歌行」에 나오는 구절이다.
19) 韓退之의…… 있는데: 이 시는 韓愈의 시 「崔十六少府攝伊陽, 以詩及書見投, 因酬三十韻」
의 일부이다.

■ 해설: '의상탄렬'의 '탄綻'에 대해, 후대 시가들이 '파열'의 의미로 이해하고 있는 것에 대해, 성호는 '꿰매다'의 의미로 보는 것이 옳다는 것을 증명해 보이고 있다. 그러나 정현鄭玄의 주석에서 이미 '해解'라고 풀이한 것을 성호는 보지 못하였던 것일까? 또 『소학언해』에서도 이 부분을 "빠디며믜여디거든"으로 풀이하고 있는데, 이는 모두 정현의 주석에 근거한 것으로 여겨진다.

【2-5】 명륜 5장

『曲禮』曰: 凡爲人子之禮, 冬溫而夏凊, 昏定而晨省, 出必告, 反必面, 所遊, 必有常, ①所習, 必有業, 恒言, 不①稱老.

【2-5-①】 "소습유업所習有業"이라고 하는 것은 봉양하는 것에 힘을 다하여 감히 멋대로 놀러 다니지 않는다는 것이다. '노老'란 어른을 지칭하는 것이니, "칭로稱老"(늙었다고 하는 것)는 스스로를 높이는 것이 되므로 부모를 섬기는 도리가 아닌 것이다. 노래자老萊子가 항상 아이처럼 춤을 췄다는 것[20]에서 볼 수 있다.

○ "所習有業", 謂盡力奉養, 不敢爲慢遊也. 老, 則長者之稱, "稱老", 則涉於自尊, 非事父母之道也. 老萊子常爲嬰兒戲, 可以見矣.

【2-6】 명륜 6장

①『禮記』曰: 孝子之有深愛者, 必有和氣, 有和氣者, 必有愉色, 有愉色者, 必有婉容, 孝子, 如②執玉, 如②奉盈, 洞洞屬屬然, ②如弗勝, ②如將失之, 嚴威儼恪, 非所以事親也.

---

20) 老萊子가 …… 췄다는 것: 唐나라 때 徐堅이 찬한 『初學記』卷17에 "孝子傳曰: 老來子, 至孝奉二親, 行年七十, 著五綵褊襴衣, 弄鶵鳥於親側."이라 하였다. 춘추시대 초나라의 隱士인 老萊子가 칠십의 나이에도 부모님을 기쁘게 해 드리기 위하여 색동옷을 입고 재롱을 떨었다는 고사이다.

【2-6-①】(『예기』)「곡례曲禮」·「소의少儀」·「내칙內則」은 옛날 소학의
지류였기 때문에 반드시 그 편명을 적고, 그 나머지는 『예기』라고만 칭한
다. 「악기樂記」·「학기學記」·「왕제王制」·「제의祭義」·「제통祭統」과 같은 부
류는 스스로 하나의 책이 되므로 또한 편명을 기록한다.

○「曲禮」·「少儀」·「內則」, 卽古者小學之支流, 故必著其篇名, 其餘只稱
『禮記』. 如「樂記」·「學記」·「王制」·「祭義」·「祭統」之類. 自爲一書者, 亦
著篇名.

【2-6-②】"이기지 못하는 것같이 하는 것"을 "봉영奉盈"이라 하고,
"놓칠 것같이 하는 것"은 "집옥執玉"이라 한다.

○ "如不勝", 謂"奉盈"; "如將失", 謂"執玉".

【2-7】 명륜 7장

> 『曲禮』曰: 凡爲人子者, 居不主奧, 坐不中席, 行不中道, 立不中門, ①食
> 饗不爲概, ①祭祀不爲尸, 聽於無聲, 視於無形, 不登高, 不臨深, ②不苟
> 訾, 不苟笑.

【2-7-①】"제사불위시祭祀不爲尸"의 주註에 "아버지로 하여금 북면하
게 하여 아들을 섬기게 해서는 안 된다는 것이다"라고 하였는데,[21] 내 생
각에는 그렇지 않은 것 같다. 손자가 조부의 시동이 되는 것이 예이다.
만약 반드시 아버지가 없는 손자를 택해야 한다면 조부의 시동이 될 수

---

21) 주에…… 하였는데: 『소학집설』의 이 부분에 대한 주에 "오씨는 말한다. '尸는 주인
의 아들 항렬에서 택한다. 주인의 아들을 택하면 이는 아버지로 하여금 북면하게
하여 아들을 섬기게 하는 것이어서, 자식으로서 편안하지 못한 바이다. 따라서 아들
은 尸가 되지 않는다.'"(吳氏曰: 尸取主人之子行而已. 若主人之子, 是使父北面而事之, 人
子所不安, 故不爲也)라고 한 것을 성호가 축약해서 기술하였다.

있는 손자는 드물다. (『예기』) 「증자문曾子問」에 "손자가 어리면 다른 사람으로 하여금 손자를 안고 있게 한다. 손자가 없으면 동성同姓 가운데서 취한다"라고 하였고[22] 일찍이 아버지가 있으면 곧 다른 데에서 취한다고 말하지 않았다. 또 어려서 유아기에 있으면 아마도 반드시 부모가 이미 죽지는 않았을 것이다. (『예기』) 「학기學記」에 "군주가 자기의 신하에 대해서 신하로 대할 수 없는 경우가 있다. 그 신하가 제사의 시동이 되면 신하로 대우하지 못한다"라고 하였다.[23] 무릇 신하와 자식은 임금과 아버지에 대해서 존비尊卑가 같다. 신하가 시동이 되면 임금도 오히려 북면하게 하거늘 자식이 어찌 유독 시동이 되어 아버지를 북면하게 할 수 없겠는가? 그렇다면 '시尸'라는 것은 무엇인가? 다만 '주主'(주관하다)라고 훈訓할 수는 있다. 제사에서 주관하지 않는다는 것은 "음식을 차려 대접할 때 (양을) 제한하지 않는 것"과 같은 것이다. 존자尊者가 계시면 제수를 올리고 술을 드리는 예를 스스로 주관해서는 안 된다는 것이다. 음식을 차려 대접하는 것(食饗)과 제사에서 그 공급과 준비는 모두 자제의 임무이다. 그러나 음식을 차려 대접하는 것은 주관할 수는 있어도 감히 양을 제한할 수는 없다. 제사에 이르러서는 다만 공급만 할 뿐이고 또 감히 주관해서는 안 된다. 『시경』(「采蘋」)에 "누가 그 제사를 주관하는가, 정갈한 아가씨라네"라고 하였고, 『춘추좌씨전』 양공 28년조에서는 "매우 토박한 땅에서는 작은 개울가의 보잘것없는 나물이라도 그것을 종묘에 바칠 때에 깨끗한 아가씨가 이를 맡으면 경敬이다. 제택濟澤 변이나 행료行潦(길바

---

22) 「曾子問」에…… 하였고『禮記』「曾子問」에서 "成人이 되어 죽은 사람을 제사할 때는 반드시 尸를 두는데, 尸는 반드시 손자로 한다. 손자가 어리면 사람을 시켜 안고 있게 한다. 손자가 없으면 同姓 가운데서 취해도 된다"(祭成喪者必有尸, 尸必以孫. 孫幼則使人抱之. 無孫則取於同姓可也)라고 하였다.

23) 「學記」에…… 하였다『禮記』「學記」에 "그러므로 군주가 자기의 신하에 대해서 신하로 대할 수 없는 경우가 두 가지가 있으니, 제사의 시동이 된 자에 대해서 신하로 대우하지 못하며, 스승이 된 자에 대해서 신하로 대우하지 못한다"(是故君之所不臣於其臣者二. 當其爲尸, 則弗臣也. 當其爲師, 則弗臣也)라고 하였다.

닥에 고인 물)에서 나는 마름을 종실에 놓고 계란季蘭이 주主가 되어 공경한
다"라고 하였으니, 대개 여자가 종실에서 '시尸'(主)가 되는 것은 장차 시집
감에 가르치기 위한 것이다. 다른 곳에서는 모두 이러한 경우가 없다.

○ "祭祀不爲尸", 註謂"不可使父北面而事之也". 竊恐未然. 孫爲王父尸,
禮也. 若必擇其無父之孫, 則孫之得爲王父尸者, 稀矣. 「曾子問」云, "孫幼則
使人抱之, 無則取於同姓", 不曾言'有父則取於他'也. 且幼在孩提, 恐未必父
母旣亡者矣. 「學記」云"君有所不臣於其臣者, 當爲尸則不臣也."[1] 夫臣子之
於君父, 尊卑等也. 臣爲尸, 猶使君北面, 子何獨不得爲尸而使父北面乎? 然
則尸者, 何也? 只可訓主也, 祭祀之不爲主, 如"食饗之不爲槪". 尊者在, 則其
薦獻之禮, 不可自主之也. 食饗祭祀, 其供給辦需, 皆子弟之職. 然食饗, 則可
以主之, 而但不敢爲槪. 至於祭祀, 只供給而已, 又不敢爲主也. 『詩』云: "誰
其尸之, 有齊季女." 『春秋傳』襄公二十八年云: "濟澤之阿, 行潦之蘋藻, 寘
諸宗室, 季蘭尸之, 敬也." 蓋女子爲尸於宗室, 爲將嫁敎之, 他皆無此矣.

1. 「學記」云"君有所不臣於其臣者, 當爲尸則不臣也.": 정본에서는 '「學記」云"君有
所不臣", 於其臣者, 當爲尸, 則不臣也.'라고 표점하였지만, 「學記」 원문에 의거
하여 수정하였다.

■ 해설: 주석에서는 '시尸'를 시동尸童으로 풀이하고 있지만, 성호는 '주관하다'는
의미로 풀이하고 있다.

【2-7-②】 "구차히 꾸짖지 않고 구차하게 웃지 않는다"(不苟訾·笑)는 『순
자』의 "이름을 구차하게 전하는 것을 귀하게 여기지 않는다"(名不貴苟傳에서
의 '苟')와 서로 비슷하다.[24] 그만둘 수 있는데도 그만두지 않는 것을 "구苟"
라 한다.

────────────────

24) 『순자』의 …… 비슷하다: 『荀子』「不苟」편에 "군자는 행실을 거짓으로 어렵게 하는
것을 귀히 여기지 않고, 말을 거짓으로 정밀하게 하는 것을 귀히 여기지 않고, 이름
을 구차하게 전하는 것을 귀히 여기지 않으며, 오직 사리에 맞게 하는 것을 귀히
여긴다. 돌을 가슴에 품고 河水로 몸을 던지는 것은 행하기 어려운 일인데 申屠狄은
그것을 해냈다. 하지만 군자가 그것을 귀히 여기지 않는 이유는 禮의 중도가 아니기
때문이다"(君子行不貴苟難, 說不貴苟察, 名不貴苟傳, 惟其當之爲貴. 負石而投河, 是行之難
爲者, 而申屠狄能之, 然而君子不貴者, 非禮之中也)라고 하였다.

○ "不苟訾・笑", 與『荀子』"名不貴苟傳"相似. 謂可以已[1]而不已[1]者爲苟也.

1. 已: 정본에는 모두 '己'로 되어 있다. 『소학질서』에 근거하여 수정하여 번역하였다.

   ■ 해설:『소학언해』에서도 '구차히'로 풀이하고 있다.

【2-9】 명륜 9장

> 『曲禮』曰: 父母存, 不①許友以死.

【2-9-①】 두 사람이 동행할 때 곧 서로를 위해 죽는 의리가 있게 되는 것이니, 죽음을 자신의 벗을 위해 허락하는 그 일이 어찌 한계가 있겠는가? 그런데 주석에서는 반드시 '원수를 갚는 경우'로 해석하였다. 진씨陳氏[25])의 주석의 오류가 왕왕 이와 같다.[26)]

○ 二人同行, 便有相死之義, 以死許友, 其事何限, 而註說必以'報仇'釋之. 陳氏之謬, 往往如此.

   ■ 해설:『예기』「곡례」에 "자식은 부모가 생존해 계시면, 친구에게 죽음으로 맹세하지 않고, 사적인 재산을 소유하지 않는다"(父母存, 不許友以死, 不有私財)라고 하였는데, 이 부분에 대한 주注에서 정현鄭玄은 "'죽는다'는 것은 친구를 위해 원수를 갚는 것을 뜻한다"(死, 爲報仇讐)라고 하였고, 진호陳澔는(『禮記集說』) "'친구에게 죽음을 맹세하지 않는다'는 것은 친구를 위해 원수를 갚지 않는다는 것이다. 부모가 생존해 계신데 자신의 생명을 남에게 허락하는 것은 부모를 망각하는 마음이 있는 것이다"(不許友以死, 謂不爲其友報仇也. 親在而以身許人, 是有忘親之心)라고 하였다. 진호의 설은 정현의 설에 근거한 것이다. 하지만 성호는 벗을 위해 죽는 경우를 원수를 갚는 것에 한정하는 것은 옳지 않다고 보고, 지나치게 좁은

---

25) 陳氏: 陳澔(1260~1341)를 가리킨다. 원나라 유학자, 자는 可大, 호는 雲住이며, 經歸先生이라고도 한다. 程朱學을 계승하였으며, 그가 저술한『禮記集說』은 明나라와 淸나라의 禮學에 커다란 영향을 미쳤다.

26) 陳氏의…… 이와 같다: 이 부분에 대해『소학집설』에서 陳澔가 "'不許友以死'는 친구를 위해 원수를 갚지 않는다는 말이다. 부모가 생존해 계신데 자신의 생명을 남에게 허락하는 것은 부모를 망각하는 마음이 있는 것이다"(不許友以死, 謂不爲其友報仇也. 親在而以身許人, 是有忘親之心)라고 한 내용을 두고 한 말이다.

의미로 규정한 것이라고 비판한 것이다.

【2-11】 명륜 11장

「內則」曰: 子婦孝子敬者, 父母舅妻之命, 勿逆勿怠. 若飮食之, 雖不
嗜, 必嘗而待, 加之衣服, 雖不欲, 必服而待. 加之事, 人代之, 己雖不
欲, ①姑與之, 而①姑使之, 而①後復之.

【2-11-①】 "잠시 주다"(姑與), "잠시 하게끔 하다"(姑使)는 이미 '뒤에
다시 한다'는 의미를 띠고 있다. (진호의) 주에서 "그것을 과연 할 수 없게
된 이후에 다시 그것을 한다"라고 한 것27)은 연문(쓸데없는 군더더기)이다.

○ "姑與"·"姑使", 則已帶'後復'之意, 註以爲"彼果不能而復之", 則衍.

【2-14】 명륜 14장

「士相見禮」曰: 凡與大人言, 始視面, 中視①抱, 卒視面, 毋改, 衆皆若是.
若父則遊目, 毋上於面, 毋下於帶. 若不言, 立則視足, 坐則視膝.

【2-14-①】 "포(抱)"는 (저고리의) 동정이 만나는 곳과 혁대를 잠그는
쇠(結) 사이28)를 말한다. 앞의 두 절은 말할 때의 예의이고, 아래 한 절은

---

27) 주에서…… 한 갓: 陳澔의 주석에 "존자가 일을 맡겨서 자기가 이미 하고 있는데, 혹
그 수고로움을 염려하여 또다시 다른 사람으로 대신하게 하시거든, 자신은 비록 수고
롭게 여기지 아니하여 그 사람이 대신하기를 원치 않더라도 반드시 존자의 뜻을 순히
하여 우선 그에게 주며, 만약 그 하는 것이 자기의 뜻과 같지 못할까 염려되더라도
우선 시켰다가 그 과연 할 수 없게 된 뒤에 자신이 다시 그것을 한다"(尊者任之以事,
而己旣爲之矣, 或念其勞, 又使他人代之, 己雖不以爲勞而不欲其代, 然必順尊者之意而姑與之,
若慮其爲之不如己意, 姑敎使之, 及其果不能而後, 己復爲之也)라고 한 것을 말한다.

곧 말하지 않을 때의 예의이다. 일반적으로 대인을 섬기고 아버지를 섬기
는 것이 모두 이와 같다.

○ "抱", 謂結襘之中也. 上二節, 卽言時之儀; 下一節, 乃不言時之儀. 凡事
大人事父, 皆若是.

【2-15】 명륜 15장

『禮記』曰: 父命呼, 唯而不諾, 手執業則投之, 食在口則吐之, ①走而不趨.
親老, 出不易方, 復不過時. 親癠, 色容不盛, 此孝子之疏節也. 父沒而不能
讀父之書, 手澤存焉爾. 母沒而杯圈不能飮焉, 口澤之氣存焉爾.

【2-15-①】 "주走"와 "추趨"는 어떻게 구별되나? 정씨鄭氏는 "두 손을
맞잡은 팔을 펴고 가는 것이 '추趨'이다"라고 하였으니,[29] '주走'는 곧 팔을
흔들면서 빠르게 가는 것이다. 서개徐鍇[30]는 "달려가면 다리를 구부려야

---

28) (저고리의) 동정이…… 쇠(結) 사이: 襘는 양쪽의 동정이 모이는 곳이고, 結은 革帶를
잠그는 쇠(帶鉤)이다. 『춘추좌씨전』魯昭公 十一年條 傳에 "單子가 戚에서 韓宣子를
만났을 때, 視線을 아래에 두고 말을 느리게 하였다. 叔向이 말하기를 '單子는 아마도
머지않아 죽을 것이다. 朝廷에는 定해진 位置가 있고 會合에는 表識이 있으며 옷에는
깃이 있고 띠에는 帶鉤(結)가 있다. 朝見과 會見에는 말은 반드시 表著의 位置까지
들려야 하니 이는 일의 條理를 밝히기 위함이고, 視線은 옷깃과 帶鉤의 사이를 벗어
나지 않아야 하니 이는 容貌를 修飾하기 위함이다. 말로써 命令을 發表하고 容貌로써
態度를 表明하니, 이에 실수가 있으면 일이 잘못된다'라고 하였다"(單子會韓宣子于戚,
視下言徐. 叔向曰: 單子其將死乎? 朝有著定, 會有表, 衣有襘, 帶有結, 會朝之言, 必聞于表著
之位, 所以昭事序也. 視不過結襘之中, 所以道容貌也. 言以命之, 容貌以明之, 失則有闕)라고
한 구절의 주석을 참고하였다.
29) 鄭氏는…… 하였으니: 星湖는 '鄭氏云"行而張拱曰趨"'이라고 기록하고 있지만, 『禮記』
「曲禮上」의 鄭玄의 주석에서는 "다리를 크게 벌려서 가는 것을 추라고 한다"(行而張
足曰趨)라고 되어 있다. 성호의 착오이다.
30) 徐鍇: 920~974, 남북조시대 南唐의 훈고학자로, 字는 楚金·楚金이다. 徐鉉의 아우로
'小徐'라 불렸다. 집현전학사와 內史舍人을 지냈다. 『說文繫傳』, 『說文解字韻譜』 등을
저술하였다.

하므로 '요夭'를 따랐다"라고 하였다.31) 그렇다면 다리를 구부려서 어깨를 펴고 손을 맞잡을(張拱)32) 겨를이 없는 것, 이것이 '주走'이다. 그리고 '추趨'는 이것에 비해 조금 느린 것이다.

○ "走"與"趨", 何別? 鄭氏云"行而張拱曰趨", 則走 乃掉臂疾進者也. 徐鍇 云"走則屈足, 故從夭". 然則足屈而不暇張拱者是走, 而趨則比此稍徐也.

【2-16】 명륜 16장

> 「內則」曰: 父母有婢子若庶子庶孫, 甚愛之, 雖父母沒, 沒身敬之不衰. 子 有二妾, 父母愛一人焉, 子愛一人焉, ①由衣服飲食, ①由執事毋敢視父母 所愛, 雖父母沒不衰.

【2-16-①】 "유由"는 '여如'와 통한다. 『맹자』에서 "백 보 밖에서 활을 쏘는 것과 같다"라고 하였다.33)

○ "由", 與如通, 『孟子』曰"由射於百步之外".

---

31) 徐鍇는…… 하였다:『說文解字』에 "走, 趨也, 從夭止. 夭止者, 屈也. 凡走之屬皆從走."라 하였고 그 注에 "徐鍇曰: '走則足屈, 故從夭.'"라고 하였다.

32) 어깨를 펴고 손을 맞잡을(張拱): 張拱은 새가 날개를 펼치듯 팔을 벌리고 흔들어 대 면서 활기차게 걷는 것을 말한다.『論語』「鄉黨」의 "翼如也"에 대한 宋 邢昺疏에 "張 拱端好, 如鳥之舒翼也."라고 하였다.

33)『맹자』에서…… 하였다:『맹자』「만장하」에서 "지혜는 기교에 비유할 수 있고, 성은 힘에 비유할 수 있다. 백 보 밖에서 활을 쏠 때에 목표 지점까지 도달하는 것은 그대 의 힘 덕분이라고 하겠지만, 적중시키는 것은 그대의 힘이 아닌 것과 같다"(智譬則巧 也, 聖譬則力也. 由射於百步之外也, 其至爾力也, 其中非爾力也)라고 하였다. 여기에서 '由' 는 '如'의 의미로 쓰였다.

【2-18】 명륜 18장

> 曾子曰: 孝子之養老也, 樂其心, 不違其志, ①樂其耳目, 安其寢處, 以其飮食, 忠養之. 是故, 父母之所愛, 亦愛之, 父母之所敬, 亦敬之, 至於犬馬, 盡然而況於人乎.

　【2-18-①】 "낙기이목樂其耳目"은 음악과 채색 가운데 의리에 위배되지 않는 것은 모두 마땅히 드려야 한다는 것이다. 방씨方氏가 말한 "기쁜 음성"·"부드러운 안색"34), 유씨가 말한 "좋은 소문"·"선한 행실"35)은 반드시 그 본래의 뜻은 아니다.

○ "樂其耳目", 謂聲音彩色之不背於義者, 皆當供之. 方氏所謂"怡聲"·"柔色", 劉氏所謂"善言"·"善行", 未必其本意.

---

34) 方氏가 말한 기쁜 음성·부드러운 안색: 『소학집설』에서 다음과 같은 방씨의 주석이 있다. "方氏가 말하기를, '기쁜 음성으로 문안하는 것이 그 부모의 귀를 즐겁게 하는 것이고, 부드러운 안색으로 받드는 것이 그 부모의 눈을 즐겁게 하는 것이다. 저녁에 자리를 깔아드리는 것이 그 잠자리를 즐겁게 하는 것이며, 아침에 문안을 드리는 것이 그 거처를 즐겁게 하는 것이다.…… 부모를 봉양하는 데 물질로 봉양하면 그 입과 몸을 봉양할 뿐이지만, 정성으로써 봉양하면, 족히 그 뜻을 기를 수 있다' 하였다."(方氏曰: 怡聲而問, 所以樂其耳也; 柔色以溫, 所以樂其目也. 定於昏, 所以樂其寢也. 省於晨, 所以樂其處也.……養之以物, 止足以養其口體, 養之以忠, 則足以養其志矣) 여기서 방씨는 '嚴陵方氏'를 말한다. 이름은 '慤'이고 자는 性夫이며, 송나라 桐廬 사람이다. 진사로 출신하여 벼슬은 예부시랑을 지냈다. 저서로 『禮記集解』가 있다.

35) 劉氏가 말한 좋은 소문·착한 행실:『소학집설』에 劉氏는 "'樂其耳目'이라는 것은 반드시 자신을 바르게 하여 그 집안의 모범이 되고 힘써 행해서 그 풍속을 교화시킨다면, 좋은 소문이 항상 부모의 귀에 들어가게 되고, 착한 행실은 항상 부모의 눈을 기쁘게 한다는 것을 말한다"(長樂劉氏曰:……樂其耳目者, 謂必正身以範其家, 力行以化其俗, 則善言常入於親耳, 善行常悅於親目)라고 하였다. 여기서 유씨는 長樂劉氏를 가리키며, 송나라의 학자인 劉彝이다. 자는 執中이고, 胡瑗에게 從學하였으며, 저서로『七經中議』,『明善集』 등이 있다. 그러나 이 주석은 『사고전서』본 『소학집설』에 보이고, 본 논문에서 참고한 책에는 없는 내용이다.

【2-19】 명륜 19장

「內則」曰: 舅沒則姑老, 冢婦所祭祀賓客, 每事, 必請於姑, 介婦, 請於冢
婦. 舅姑使冢婦, ①毋怠, 不友無禮於介婦. 舅姑, 若事介婦, 毋敢敵耦於
冢婦, 不敢並行, 不敢並命, 不敢並坐. 凡婦不命適私室, 不敢退, 婦將有
事, 大小必請於舅姑.

【2-19-①】 "태怠"는 소홀하고 게으른 것이고, "불우不友"는 사랑하지
않는 것이고, "무례無禮"는 공경하지 않는 것이다. "무毋"자가 세 가지를
(다) 안고 있다.

○ "怠", 則忽慢也; "不友", 則不愛也; "無禮", 則不敬也. 一"毋"字包之矣.[36)

  ■ 해설: 『소학제가집주』에서는 "시부모가 맏며느리를 부리시거든 게을리하지
  말며, 맏며느리는 시어머니의 명을 믿고 작은 며느리에게 함부로 무례하게 행동
  해서는 안 된다"라는 의미로 해석하고 있다. 그러나 성호의 주석대로라면, "시부
  모가 맏며느리를 부리시거든 게을리하지 말고, 아랫동서를 사랑하고 무례하게
  대하지 말라"는 의미가 된다.

【2-23】 명륜 23장

「曲禮」曰: 子之事親也, 三諫而不聽, 則①號泣而隨之.

【2-23-①】 임금과 신하는 의義로써 맺은 관계이므로 세 번 간하여 듣
지 않으면 떠나갈 수 있다. 부모와 자식은 하늘이 맺어 준 피붙이이므로
떠나갈 수 있는 도리가 없다. 그러므로 "소리 내어 울면서 따른다"라고
하였으니, 정성으로 마음을 돌리기를 바라는 것과 같다. 제4편의 미자微子
의 말[37)]을 참고하여 보는 것이 마땅하다.

---

36) 성호기념관본에는 이 단락이 위 단락과 이어져 있다.

○ 君臣義合, 三諫不聽, 可以去矣. 父子天屬, 無可去之義. 故"號泣而隨之", 猶庶幾感回. 當與第四篇微子之言參看.

【2-24】 명륜 24장

父母有疾, 冠者不櫛, 行不翔, 言不惰, 琴瑟不御, 食肉不至①變味, 飲酒不至變貌, 笑不至矧, 怒不至詈, 疾止, 復故.

【2-24-①】 "변미變味"라고 하는 것은 음식의 맛있는 것을 바꾼다는 것이다. 맛있는 것을 바꾸지 않는다는 것은 맛에 마음을 두지 않는다는 말이다. "말유원末有原"[38]을 참고하여 보는 것이 마땅하다.

○ "變味", 改易食味. 不變味, 不志於味, 當與"末有原"參看.

- 해설: "改易食味"라는 구절로 보건대, '변變'을 '개역改易'의 의미로 보아서 '여러 가지 고기의 맛을 추구하지 않는다'는 뜻으로 성호는 이해하고 있는 듯하다. 그러므로 '여러 가지 고기의 맛을 추구하지 않는 것은 맛있는 음식에 마음을 두

---

37) 제4편의 微子의 말: 「稽古」편 22번 참조.

38) 末有原: 『禮記』「文王世子」 2에, "기거(節)에 편치 못함이 있어 內竪가 문왕에게 알리면, 문왕의 안색에 근심하는 기색이 들었고 다닐 때 발걸음을 제대로 디디지(履) 못하였다. 王季가 식사하는 것을 평상시처럼 회복하고 나서야 문왕도 평상시로 돌아왔다. 음식을 올릴 때에는 음식의 차고 더운 정도를 반드시 살펴보았고, 음식을 치울 때는 많이 드셨는지 여쭈었다. 조리사(膳宰)를 불러 '남은 음식을 다음에 또 올리지 말라'(동일한 맛의 음식을 다시 올리지 말라)고 이르고, 조리사가 '그러겠습니다'라고 한 뒤에 물러나왔다"(其有不安節, 則內竪以告文王, 文王色憂, 行不能正履. 王季復膳, 然後亦復初. 食上, 必在視寒煖之節, 食下, 問所膳. 命膳宰曰: '末有原.' 應曰: '諾.' 然後退)라고 한 것을 가리킨다. 여기에서 말하는 "末有原"에 대한 『예기집설』 주석을 살펴보면, 鄭玄은 "'末'은 '하지 말라'는 뜻과 같다. '原'은 재차의 뜻이다. 재차 올리지 말라는 것은 익힌 것의 알맞은 정도를 잃어서 냄새와 맛이 나쁘기 때문이다"('末', 猶勿也. '原', 再也. 勿有所再進, 爲其失飪, 臭味惡也)라고 하였고, 陳澔는 "'末'은 하지 말라는 뜻과 같다. '原'은 재차의 뜻으로, 드시고 남은 음식을 재차 올려서는 안 된다는 말이다"('末', 猶勿也. '原', 再也, 謂所食之餘不可再進也)라고 하여, 둘 다 거의 비슷한 견해를 보이고 있다.

지 않는다는 말이다'라고 하였는데, 이것은 "근심이 있으면 맛있는 음식에 마음을 두지 않는다"(憂不在味)고 한 정현鄭玄의 주註를 따르고 있다. 『예기집설』에서 "고기는 먹을 수 있지만, 고기를 질리도록 먹어서 입맛이 변할 정도에 이르지는 않는다"(猶可食肉, 但不至厭飫而口味變耳)고 한 진호陳澔와는 이견을 보이고 있는 것이다.

【2-29】 명륜 29장

「祭統」曰: 夫祭也者, 必②夫婦親之, 所以備①外內之官也, 官備則具備.

【2-29-①】 (『예기』)「단궁檀弓」에서 "재계齋戒를 하는 것도 아니고 질병도 아니라면 주야로 정침 안에 머물지 않는다"라고 하였는데, (鄭玄의) 주에 "내內란 정침正寢의 안이다"라고 하였다.[39] 그렇다면 "외外"는 중문 밖을 가리킨다.

○「檀弓」云"非致齋也, 非疾也, 不晝夜居於內", 註"內, 正寢之中", 然則 "外", 指中門外也.[40]

【2-29-②】 방씨方氏의 "제제천앙制祭薦盎"의 설[41]이 있는데, 예경禮經(『예

---

39) 「檀弓」에서…… 하였다: 『예기』「단궁」상 50에 "대낮에 정침 안에 있으면 질병이 있는지 물어도 되고, 저녁에 중문 밖에 머물면 조문해도 된다. 이 때문에 군자는 큰 일(大故)이 아니면 중문 밖에 머물지 않는다. 齋戒를 하는 것도 아니고 질병도 아니라면 주야로 정침 안에 머물지 않는다"(晝居於內, 問其疾可也, 夜居於外, 弔之可也. 是故君子非有大故, 不宿於外. 非致齊也非疾也, 不晝夜居於內)라고 하였고, 정현의 주에 "內, 正寢之中."이라 한 것이 보인다.

40) 성호기념관본에는 이 단락이 위 단락과 이어져 있다.

41) 방씨의 '制祭薦盎'의 설: 『禮記集說』권62 「禮器」에 "太廟 안에서는 공경한 태도를 견지한다. 군주가 직접 희생을 끌고 종묘로 들어가며, 대부 贊(보좌관)이 폐백을 들고 따른다. 군주는 직접 희생의 간을 잘라 방에서 제사하고, 부인은 盎齊를 바친다. 군주는 직접 희생의 몸체를 자르고, 부인은 술을 따라 바친다"(太廟之內敬矣. 君親奉牲, 大夫贊幣而從. 君親制祭, 夫人薦盎. 君親割牲, 夫人薦酒)라고 하였는데, 이에 대해 엄릉방씨가 "嚴陵方氏曰, 君子固無所不用其敬然於太廟之事, 必夫婦親之, 而且求之非一方, 祭之非

기』)을 고찰해 보니 합치되지 않는다. 다시 상고해야 한다.

○ 方氏有"制祭薦盎"之說, 考之禮經, 不合. 更詳之.

【2-31】 명륜 31장

「祭義」曰: 致齊於內, 散齊於外, 齊之日, ②**思其居處, 思其笑語**, 思其志意, 思其所樂, 思其所嗜, 齊三日, 乃②見其所爲齊者. 祭之日, 入室, ②**僾然**必有②見乎其位, 周還出戶, 肅然必有②聞乎其①**容聲**, 出戶而聽, ②**愾然**必有②聞乎其①**嘆息**之聲. 是故, 先王之孝也, 色不忘乎目, 聲不絶乎耳, 心志嗜欲, 不忘乎心, ②**致愛則存, 致慤則著, 著存, 不忘乎心**, 未安得不敬乎.

【2-31-①】 "용성容聲"과 "탄식嘆息"은 모름지기 삼가고 두려워할 때 체험하는 것으로, 예를 들면 밤에 신사神祠 안에 들어가면 마치 사람이 앞에 있는 것 같고 돌아서 나오려고 하면 움직이는 의복과 신발의 소리가 나는 것 같고, 나와서 조용히 들으면 마치 긴소리를 내며 탄식하는 것이 있는 것 같다. 참으로 귀물이 그 사이에 있는 것처럼 생각하기에 감동함이 그와 같은 것이다.

一日, 則其敬也尤見於此. 故曰: '大廟之內敬矣.' 下文所言, 皆其事也. 言制祭亦割之矣. 以方殺而多少未定, 故曰制, 及旣孰而多少已定, 故曰割也. 祭言其用也, 牲言其體也. 或言其用, 或言其體, 互相備也. 夫人薦酒者, 謂凡酒也. 牲雖以天産爲陽, 然對酒言之, 則養人之陰而已. 君親割牲以養其陰, 夫人薦酒以養其陽, 亦陰陽相濟之義也. 薦盎其義, 亦若是而已. 且制祭薦盎, 朝事之時也. 割牲薦酒, 饋食之時也. 朝事以事神之, 故制祭以腥, 而薦以齊, 蓋腥與齊, 神道故也. 饋食以人事之, 故制牲以孰而薦以酒, 蓋孰與酒人道故也. 然君以盎齊饋食, 而夫人用之於朝踐, 君以酒獻尸, 而夫人用之於饋食者, 蓋殺禮於君故也. 牲自外至而納之, 故納牲, 詔於庭以庭在室之外故也. 血毛幽全之物, 故詔於室以室比庭爲幽故也. 羹定則事以人道神明之也. 故詔於堂, 以堂比室爲明故也. 三詔求之, 固有可得之理, 而曰求而未之得特疑其如此而已. 故以蓋言之道猶言也. 與孟子所謂道性善之道同義. 設祭于堂, 言正祭之時也. 爲祊乎外, 言索祭之時也. 言堂以見外之爲門, 言外以見堂之爲內, 祭言其事也, 祊言其所也. 謂之祊者, 祝象求神以此求所在之方故也. 且神無方也, 祊特人爲之爾, 故言爲祭必有所陳焉. 故言設孝子不知神之所在, 或於彼或於此, 而祭之非一日, 求之非一處, 故曰於彼乎於此乎."라고 한 것이 보인다.

○ "容聲"·"歎息", 須於悚畏處驗之, 如夜入神祠中, 彷彿乎如有人在前, 及將出旋回, 如有擧止衣履之聲; 出而靜聽, 如有長聲而歎息者. 蓋誠以鬼物 爲存於其間, 故感動如此.[42]

【2-31-②】 "그분의 거처를 생각"하기에 "애연하게" 보게 되고, "그 웃음소리를 생각"하기에 "감개무량하게" 듣게 되는 것이다. "그분의 거처 를 생각"하는 등등은 내가 그분을 생각하는 것으로, 이른바 "사랑하기에 존재하는 것"(愛存)이고, "보고" "들음" 등등은 감동해서 나타남에 이르게 되는 것이니, 이른바 "정성이 지극하면 나타나는 것"(慤著)이다. 존재하므 로 나타나고, 나타나므로 잊지 못하는 것이지, 이 나타나고 존재하는 모 습을 잊지 않는 것이 아니다.

○ "思其居處", 故有"優然"之見; "思其笑語", 故有"愾然"之聞. "思其居 處", 等是自我思之, 所謂"愛存"也; "見""聞"等, 是感而至於顯, 所謂"慤[1] 著"也.[2] 存故著, 著故不忘, 非不忘此著存也.

1. 慤:『소학질서』에는 '穀'으로 되어 있지만, 소학 원문에 의거하여 '慤'으로 수정하 였다.
2. "思其居處", 等是自我思之, 所謂"愛存"也; "見""聞"等, 是感而至於顯, 所謂"慤 著"也.: 정본에는 "思其居處, 等是自我思之所謂愛存也; 見聞等, 是感而至於顯所 謂慤著也."로 표점하였지만, 수정하여 번역하였다.

【2-32】 명륜 32장

> 「曲禮」曰: 君子雖貧, 不粥祭器, 雖寒, 不衣祭服, 爲宮室, 不斬於①丘木.

【2-32-①】 "구목丘木"은 오늘날 사람들이 산 전체에 나무를 기르는 것과는 다른 것 같다. 옛날 사람들은 귀한 사람이나 천한 사람이나 같은

---

42) 국중본·성호기념관본에는 이 단락이 위 단락과 이어져 있다.

언덕에 장사를 지내고 총인이 그것을 관리하도록 하였는데 어떻게 그렇게 많은 나무가 있을 수 있었겠는가? 『주역』에서는 "옛날 장사 지내는 사람은 봉분을 하지 않고 나무를 심지 않았다"(古之葬者, 不封不樹)라고 하였는데,[43] "수樹"는 사당에 송松·백栢 등을 심는 것과 같은 것으로 나무를 심어서 표시로 삼는 것이다. 오늘날 돌을 세워서 기둥을 만드는 것이 곧 이것의 영향을 받은 것이다. 『백호통白虎通』[44]에서는 "천자는 소나무를 심고, 제후는 측백나무를 심으며, 대부는 난欒을 심으며, 사는 홰나무를 심고, 서인은 버들(楊柳)을 심는다"고 하였다.[45] 모두 묘 앞에 나무를 심은 것으로 이것을 구목丘木[46]이라 한다.

---

43) 『주역』에서는…… 하였는데: 『周易』 「繫辭傳下」에 "옛날 장사 지내는 사람은 섶을 두껍게 입혀서 들 가운데에 장사를 지내는데 봉분을 하지 않고 나무를 심지 않으며 장사 기간도 일정한 수가 없었다"(古之葬者, 厚衣之以薪, 葬之中野, 不封不樹, 喪期无數)라고 하였다.

44) 『白虎通』: 東漢 때 班固(32~92) 등이 편찬한 책으로, 일명 『白虎通義』·『白虎通德論』이라고도 한다. 後漢 建初 4년(79) 章帝가 博士와 유생들을 白虎觀에 불러 모아 五經을 논하게 한 후 장제가 친히 결론을 내린 내용을 기록한 것이다. 今文 경학파의 입장에서 董仲舒가 지은 『春秋繁露』의 사상을 계승한 후 한 걸음 더 나아가 유가 경전과 讖緯 신학을 융합시켰고, 봉건사회의 정치제도와 도덕관념을 광범위하게 해석하여 당시 통치 계급의 중요한 법전 구실을 하였다.

45) 『白虎通』에서는…… 하였다: 『白虎通義』 卷下 「崩薨」에, "봉분과 구목은 무덤을 식별하게 해 준다. 그러므로 「단궁」에는 '(공자가 말하길) 내 들으니 옛날에는 매장만 하고 봉분을 만들지 않았다고 한다. 이제 나는 이리 저리 떠도는 사람이라 표시를 하지 않으면 안 된다고 하고, 이에 封墳을 만들었는데 높이가 네 자였다'라고 하였다. 『春秋』 「含文嘉」에는 '천자의 봉분 높이는 3仞이고 소나무를 구목으로 심는다. 제후는 그것의 절반으로 하고 측백나무를 구목으로 심는다. 대부는 8척으로 하고 欒을 심으며, 士는 4척이고 홰나무를 구목으로 심는다. 서인은 봉분을 하지 않고 버드나무를 구목으로 심는다'라 하였다"(封樹者, 所以爲識. 故「檀弓」曰: 古也墓而不墳, 今丘也, 東西南北之人也. 不可以不識也. 於是封之崇四尺. 春秋含文嘉曰, 天子墳高三仞, 樹以松. 諸侯半之, 樹以栢. 大夫八尺, 樹以欒. 士四尺, 樹以槐. 庶人無墳, 樹以楊柳)고 하였다. ※ 『春秋』 「含文嘉」: 『주례주소』의 가공언의 소와 『백호통의』에서 『春秋·含文嘉』라고 하였는데, '含文嘉'는 '春秋緯'가 아니라 '禮緯'에 속한다. 『여유당전서』 「목민심서」에서 茶山조차도 『春秋』 「含文嘉」의 내용이라고 그대로 인용하고 있다. 이에 대해서는 앞으로 확인이 필요하다.

46) 丘木: 『星湖全集』 권18 「答尹幼章別紙 癸卯」에 이와 관련한 내용이 보인다.

○ "丘木", 恐不如今人養木遍山也. 古者, 貴賤同葬, 冢人掌之, 辨其兆域, 安得有木許多? 『易』曰: "古之葬者, 不封不樹." "樹", 如社樹松栢之類, 樹此而爲標. 今之立石爲柱, 乃其遺也. 『白虎通』云"天子樹以松, 諸侯樹以栢, 大夫樹以欒, 士樹以槐, 庶人樹以楊柳", 皆樹之墓前者, 是謂丘木.

【2-34】 명륜 34장

孔子謂曾子曰: 身體髮膚, 受之父母. 不敢毀傷, 孝之始也, 立身行道, 揚名於後世, 以顯父母, 孝之終也. 夫孝, 始於事親, 中於事君, 終於立身. 愛親者, 不敢惡於人, 敬親者, 不敢慢於人, 愛敬, 盡於事親, 而德敎加於百姓, 刑于四海. 此天子之孝也. 在上不驕, 高而不危, ①**制節**謹度, 滿而不溢, 然後能保其社稷, 而和其民人, 此諸侯之孝也. 非先王之法服, 不敢服, 非先王之法言, 不敢道, 非先王之①**德行**, 不敢行, 然後能保其宗廟, 此卿大夫之孝也.

【2-34-①】 『효경孝經』 본주本註에서 "'제절制節'은 재용의 절도를 제정하는 것이다"라고 하였고, "'덕행德行'은 마음에 실재로 얻은 것이 있어서 직접 실천하는 것으로 드러나는 것이다"라고 하였다.[47]

○ 『孝經』本註: "'制節', 制財用之節也."; "'德行', 心有實得而見之躬行也."[1]

    1. 정본에서는 "'制節, 制財用之節也.' '德行', 心有實得而見之躬行也.'로 표점하였지만, 『효경』 원문에 따라 수정하였다.

---

47) 『孝經』本註에서 …… 하였다: 『孝經大義』「諸侯章」의 註에 "制節, 制財用之節也."라 하였고, 「卿大夫章」의 註에 "德行, 心有實得而見之躬行也."라고 하였다.

【2-35】 명륜 35장

> 孔子曰 ①父母生之, ①續莫大焉, ①君親臨之, ①厚莫重焉. 是故, 不愛其
> 親, 而愛他人者, 謂之悖德, 不敬其親, 而敬他人者, 謂之悖禮.

【2-35-①】 본경本經인 『효경』에는 "부모생지父母生之" 위에 "부자지도
천성군신지의父子之道天性君臣之義" 10자가 있다.[48] "부모생지"는 '천성天性'에
붙는 것이고, "군친림지君親臨之"는 '군신지의君臣之義'에 붙는 것이다. 본경
의 주석에 "군신지의君臣之義는 엄한 것을 말한다. 『역경』에 '한 집안의 사
람들에게 엄한 군주가 있으니, 부모를 말한다'라고 하였다"고 하였다.[49]
"속續"이라고 하는 것은 몸으로써 말한 것이므로 "부모父母"라 하고, "후
厚"라고 하는 것은 마음으로써 말한 것이므로 "군친君親"이라고 하였다.
임금에게서 그 엄함을 취하고 부모에게서 그 자상함을 취하여, 자상함과
엄함이 상호 간에 도움을 주니 이것이 두텁게 되는 까닭이다.

○ 本經 "父母生之"之上, 有"父子之道天性君臣之義"十字. "父母生之"者,
帖"天性"; "君親臨之"者, 帖"君臣之義"也. 本註云: "君臣之義, 謂嚴也. 『易』
曰'家人有嚴君焉, 父母之謂也.'" "續", 則以身言, 故曰"父母"; "厚", 則以
心言, 故曰"君親". 君取其嚴, 親取其慈, 慈·嚴互濟, 所以爲厚.

이상은 부자父子의 친親을 밝힌 것이다.

右明父子之親.

---

48) 本經인 『효경』에는…… 있다: 『孝經大義』에 동일한 내용이 보인다. 다만 『효경』의 판
    본에 따라 '父子之道天性也君臣之義也' 12자로 되어 있는 곳도 있다.
49) 본경의 주석에…… 하였다: 『孝經大義』의 註에, "父子之道天性, 謂親也. 君臣之義, 謂嚴
    也. 『易』曰'家人有嚴君焉, 父母之謂也.' 以父之親言故曰續莫大焉, 以君之尊言故曰厚莫大焉."
    이라 하였다. 그러나 다른 『孝經』의 대부분의 注疏에는 이와 같은 주석이 빠져 있다.

2) 명군신지의明君臣之義

【2-40】 명륜 40장

> 『禮記』曰: 將適公所, 宿齊戒, 居外寢, 沐浴, 史進①象笏, 書思①對命, 既服, 習容觀玉聲, 及出.

【2-40-①】 『예기』「옥조玉藻」에 이르기를, "홀笏은 천자의 경우 구옥球玉으로 만들고, 제후는 상아로 만들고, 대부는 물고기의 수염으로 대나무를 장식하여 만든다. 사士는 대나무 바탕에 상아로 밑을 장식하여 만들어도 된다"고 하였다. 그러므로 "상홀象笏"이라고 하는 것은 당연히 대나무를 바탕으로 하고 상아로 그 주변을 꾸민 것이다. 여기에서 다만 상아만을 말하고 있으니 대부가 사용하는 물고기의 수염으로 장식한 것이 그 가운데 포함되어 있는 것이다. 오늘날 사람들이 전적으로 상아만을 사용하는 것은 옛 법이 아니다. 명나라 제도에서는 4품 이상은 상아를 사용하고 5품 이하는 나무에 색을 덧입혀 장식하였다. 【愼耳老50)는 "'對命'은 『서경』에 이른바 '임금의 아름다운 명을 받들어 널리 알리겠습니다'(對揚休命)라고 한 것51)과 같은 말인데, 그 생각한 것을 써서 분명하게 하여 임금의 명을 받들어 널리 알리는 것을 말한다. (書思對命의) 思는 혹은 어조사인 듯하다"라고 하였다.】 52)

---

50) 愼耳老: 愼後聃(1702~1761)을 가리킨다. 耳老는 신후담의 字이다. 성호의 문인으로 道·佛·兵家에 두루 통했고, 20세에 진사가 된 후에는 벼슬하지 않고 오직 학문에 정진하였다. 저서에는 『河濱集』이 있다.

51) 『서경』에…… 라고 한 것: 『書經集傳』 권5 「商書·說命下」에 "惟后非賢, 不乂, 惟賢非后, 不食, 其爾克紹乃辟于先王, 永綏民. 說, 拜稽首曰: 敢對揚天子之休命."이라고 하였다.

52) 【愼耳老는…… 하였다.】: 『星湖全集』 권22 「答愼耳老小學問目」에 "對命은 『서경』에 이른바 '임금의 아름다운 명을 對揚하겠습니다'라는 것과 같다는 이 설 또한 타당하다. 내 생각에는 '자기가 생각한 것을 써서 임금의 명에 대답하려는 것이다'라고 해야 할 듯합니다"(對命, 如『書』所謂對揚休命, 此說亦當, 恐當云書其所思, 將以對君之命)라고 하였다. 『河濱先生文集』, 137쪽에는 이 부분에 대해서 "아마도 '서사대명이라고 하는

○「玉藻」云: "笏, 天子以球玉, 諸侯以象, 大夫以魚須文竹, 士竹本象, 可也." 然則"象笏"者, 當是竹爲本質, 以象牙飾其邊也. 此但擧"象", 則大夫之魚須包在其中矣. 今人全用象者, 非古也. 明制, 四品以上用象牙, 五品以下用木以粉飾之.【愼耳老云: "'對命', 如云'對揚休命', 謂書其所思, 明以對君之命. '思', 或語辭."】53)

【2-46】 명륜 46장

御食於君, 君賜餘, 器之①漑者, 不寫, ①其餘皆寫.

【2-46-①】 "그 나머지는 모두 쏟는다"(其餘皆寫)에 대한 진씨陳氏의 주註에는 "구택口澤54)으로 더럽히지 않고자 함이다"라고 하였는데,55) 이 설은

것은 그 생각하는 것을 적어서 임금의 명에 대답하는 말이다"(愚謂書思對命, 謂書其所思擬, 對君命之辭也)라고 되어 있다. 『소학질서』의 내용과는 다소 차이를 보인다.

53) 【愼耳老云…… 或語辭】: 규장각본(나)·국중본·성호기념관본·화경당본에는 본문으로 되어 있다.

54) 口澤: 그릇 등의 늘 입이 닿은 자리의 매끄럽게 된 흔적이나 기운을 말한다. 『예기』「玉藻」에, "아버지가 돌아가시면 차마 아버지의 책을 읽지 못하는 것은 손으로 사용하여 매끄럽게 된 흔적이 여전히 남아 있기 때문이다. 어머니가 돌아가시면 차마 杯圈으로 마시지 못하는 것은 입으로 사용하여 매끄럽게 된 기운이 여전히 남아 있기 때문이다"(父沒而不能讀父之書, 手澤存焉爾, 母沒而杯圈不能飮焉, 口澤之氣存焉爾)라고 하였는데, 여기에 대해 『禮記集說』에서 진호는 "'입으로 사용하여 매끄럽게 된 기운'(口澤之氣)은 또한 항상 그것을 사용하여 마셨기 때문에 입으로 사용하여 매끄럽게 된 부분에 여전히 남은 기운이 있다는 뜻이다"('口澤之氣', 亦謂常用以飮, 故口所潤澤, 猶有餘氣)라고 하였다.

55) 陳氏의 註에는…… 하였는데: 『예기집설』「曲禮上」128에서 진호는 "군주가 먹고 남은 음식을 하사할 때 음식이 도자기나 나무그릇 등 세탁할 수 있는 그릇이면, 그대로 먹는다. 더러 그 그릇이 갈대나 대나무 등으로 엮어 만든 것으로 세척할 수 없는 종류면, 다른 그릇에 옮겨 담아서 먹는다. 구택으로 더럽히지 않으려는 것이다"(君以食之餘者賜之, 若陶器或木器, 可以洗滌者, 則卽食之. 或其器是萑葦所織, 不可洗滌者, 則傳寫於他器而食之, 不欲口澤之瀆也)라고 하였다. 또 이와 관련된 것으로는 『星湖先生全集』권31「答尹惺小學問目」에서 보다 자세히 설명하고 있다.

정확하지 않다. 그 구택으로 더럽히는 것을 염려한 것이라면 이것은 분명 입을 대고 먹어야 하는 마시는 것이나 물기가 있는 음식이어서 수저로 먹을 수 없는 것이다. 마시는 음식이나 물기가 많은 음식이 담겨진 그릇이 씻을 수 없는 것이 있는가? 내 생각에 "개漑"는 "탁濯"이다. 마시는 음료나 물기가 많은 음식을 그릇 안으로 부어 둔 것을 "개漑"라고 말한다. 임금이 내려 준 음식을 임금 앞에서 먹을 때 반드시 옮겨 담을 수 있는 다른 그릇이 있는 것은 아니어서 마른 고기와 같은 땅(바닥)에 쏟아 둘 수 있는 것들은 쏟아 두지만, 그 나머지 물기가 많은 음식이 그릇에 부어져 있는 것은 그 형세가 쏟아 둘 수가 없다. 『시경』「형작泂酌」에 "가이탁개可以濯漑"라고 하였는데, 이에 대한 금주에서는 "씻다"(滌)라고 훈을 하고 있지만, 그 위의 장에서 "가이탁뢰可以濯罍"라고 한 것[56]으로 미루어 보면, 그릇에 물기가 많은 음식을 부어 둔 것을 바로 지목하여 "개漑"라고 한 것인 듯하다.

○ "其餘皆寫", 陳註 "不欲口澤之瀆也", 此說未精. 夫慮其口澤之瀆, 則必是水漿濡物, 不可以匕著者也. 盛水漿濡物之器, 其有不可漑濯者耶? 愚謂, "漑", 濯也. 凡以水漿濡物, 灌在器中曰漑. 賜食君前, 未必有他器可傳寫者, 而乾肉等, 可以寫在地者寫之, 其餘, 濡物灌在器者, 其勢不可寫.[1] 『詩』「泂酌」云 "可以濯漑", 今註雖以"滌"爲訓, 以上章 "可以濯罍"者推之, 似是器之灌漑濡物者, 仍目之爲 "漑"也.

1. 乾肉等, 可以寫在地者寫之, 其餘, 濡物灌在器者, 其勢不可寫.: 정본은 "乾肉等 可以寫在地者, 寫之其餘, 濡物灌在器者, 其勢不可寫也."로 표점하였지만, 문맥상 수정하여 번역하였다.

56) 『시경』「泂酌」에…… 한 것: 『詩經』「大雅·生民之什·泂酌」에서 "멀리 저 길 위에 고여 있는 빗물을 떠와서 저기에서 퍼와 여기에 부어도 술잔은 씻을 수 있도다. 화락하신 군자여 백성의 귀의하는 바로다.(泂酌彼行潦, 挹彼注玆, 可以濯罍. 豈弟君子, 民之攸歸) 멀리 저 길 위에 고여 있는 빗물을 떠와서 저기에서 퍼와 여기에 부어도 그릇은 씻을 수 있도다. 화락하신 군자여 백성이 편안히 쉬는 바로다(泂酌彼行潦, 挹彼注玆, 可以濯漑. 豈弟君子, 民之攸墍)"라고 하였다. 또 「傳」에 "興也, 漑, 滌也."라고 하였다.

> 王蠋曰: 忠臣, ①**不事二君**, 烈女, ①**不更二夫**.

【2-59-①】 "불사이군不事二君"이라고 하는 것은 어떤 사람과의 관계가 끊어지기 전에는 다시 다른 이에게 두 마음을 품지 않는 것을 말한다. 만약 이미 단절되었다면 아마도 다른 임금을 섬기지 못할 이치가 없다. 공자와 맹자는 제후들을 차례로 찾아가 만났으며, 『예기』에서 옛 임금의 상복을 입은 것57)이 모두 이를 증명하는 것이다. 왕촉王蠋58)과 같은 사람은 등용되지 않아 물러났지만 절의는 여전히 끊지 않았는데, 나라가 망하고 임금이 죽음에 이르러 갑자기 인하여 연나라에 가서 신하가 되었다면 이것이 곧 두 임금을 섬기는 것이다. 이것으로 미루어 보건대, "두 남편을 바꾸지 않는다"(不更二夫)는 것도 그 뜻이 이와 같다. 혹자는 남편이 죽어도 개가하지 않는 것을 번거롭고 무거운(誘; 煩重) 것으로 여기지만, 그러나 남편과 관계가 단절되지 않고서 죽었다면 그는 죽어도 살아 있는 것과 같으니 어떻게 개가를 할 수 있겠는가? 그 절의가 임금이 죽어도 배반하지 않는 것과 같은 것이다. (그러나) 만약 남편에게서 소박을 맞았는데도 오

---

57) 『예기』에서 옛 임금의 상복을 입은 것: 『禮記』「檀弓下」 48에, "穆公이 子思에게 물었다. '옛 임금을 위하여 돌아와 상복을 입는 것이 古禮입니까? 자사가 대답하였다. '옛날의 군자는 예로써 사람을 등용하고 예로써 사람을 물러나게 하였습니다. 그러므로 옛 임금을 위해 돌아와 상복을 입는 예가 있었던 것입니다. 지금의 군자는 사람을 등용할 때는 마치 무릎 위에 올려놓듯이 하고, 사람을 퇴진시킬 때는 마치 연못에 던지듯이 합니다. 외적의 우두머리가 되어 처들어오지 않는 것만도 또한 다행이 아니겠습니까? 그런데 또 어찌 돌아와 상복을 입는 예가 있을 수 있겠습니까?'(穆公問於子思曰: '爲舊君反服, 古與?' 子思曰: '古之君子, 進人以禮, 退人以禮, 故有舊君反服之禮也. 今之君子, 進人若將加諸膝, 退人若將隊諸淵, 毋爲戎首, 不亦善乎? 又何反服之禮之有?')라고 하였다.

58) 王蠋: ?~B.C.284. 전국시대 齊나라 충신이다. 임금의 잘못을 간하다가 듣지 않으므로 농사짓고 있었는데, 燕나라가 제나라를 격파하고 왕촉을 불렀다. 왕촉은 "충신은 두 임금을 섬기지 않고 열녀는 두 지아비를 받들지 않는다"(忠臣不事二君, 烈女不更二夫) 하고 자살하였다. 이 내용이 『資治通鑑綱目』 권1에 보인다.

히려 개가하는 것이 마땅하지 않은 것이라면 성인은 아내를 내치는 조
문59)을 정립하지 않았을 것이다.

○ "不事二君", 謂未絶於此, 則不可復貳於他也. 如旣絶, 則恐無不事他君
之理. 孔·孟歷聘諸侯, 而『禮』著舊君之服, 皆可證也. 如蠋者, 雖不用而退,
義猶未絶. 至於國亡君死, 遂因而臣燕, 是乃爲事二也. 以此推之, "不更二
夫", 其義亦猶是也. 或者以夫死不嫁爲諉, 然60)夫未絶而死, 其死猶生, 何
可以嫁哉? 其義亦猶君死而不背也. 若見絶於夫, 猶不宜更嫁, 則聖人將不立
出妻之文矣.

이상은 군신君臣의 의義를 밝힌 것이다.

右明君臣之義.

---

59) 아내를 내치는 조문:『大戴禮』제39「本命」편에 "며느리는 쫓겨나는 경우가 일곱 가
   지가 있다. 부모에게 공순하지 못한 것이 첫 번째이다. 자식을 낳지 못하는 것이
   두 번째이다. 음란한 것이 세 번째이다. 질투하는 것이 네 번째이다. 몹쓸 병에 걸리
   는 것이 다섯 번째이다. 말이 많은 것이 여섯 번째이다. 절도하는 것이 일곱 번째이
   다. 쫓겨나지 않는 경우가 세 가지가 있다. 받는 바는 있지만 돌아갈 곳이 없는 경우
   쫓아내지 않는다. 일찍이 삼년상을 치른 경우 쫓아내지 않는다. 전에는 빈천했는데
   후에 부귀해졌을 경우 쫓아내지 않는다"(婦有七出. 不順父母一, 無子二, 淫三, 妬妒四,
   惡疾五, 多言六, 竊盜七. 三不去, 有所受無所歸不去, 曾經三年喪不去, 前貧賤後富貴不去)라
   고 하였다.

60) 然: 국중본·성호기념관본·화경당본에는 '則'으로 되어 있다.

3) 명부부지별明夫婦之別

【2-60】 명륜 60장

> 『曲禮』曰: 男女, 非有①行媒, 不相知名, 非①受幣, 不交不親. 故日月以
> 告君, 齊戒以告鬼神, 爲酒食以召鄕黨僚友, 以②厚其別也. 取妻, 不取同
> 姓, 故買妾, 不知其姓則③卜之.

【2-60-①】 혼인의 예법은 반드시 먼저 매파를 오가게 하여 통혼의 뜻을 전한 다음에 비로소 육례六禮를 하게 된다. 육례라고 하는 것은 먼저 납채納采를 행하고 다음으로 문명問名을, 다음으로 납길納吉을, 다음으로 납징納徵을, 다음으로 청기請期를 행하고, 다음으로 친영親迎을 한다. 채택采擇하여 들이는(納采) 예를 하고 나서 길흉을 점치니, 비록 매파가 오고 갔다고 해도 이름을 급하게 서로 알 수는 없는 것이다. 폐백幣帛을 드리고 나서 또 청기와 친영을 하여 예를 마치니, 비록 폐백을 받았다 해도 급하게 서로 친하게 사귈 수는 없는 것이다. 생각건대 "행매行媒"라고 하는 것은 무릇 매파가 오고 가는 예를 모두 들어서 말한 것이고, "수폐受幣"라고 하는 것은 일반적으로 남녀가 서로 사귀는 예를 모두 들어서 말하는 것이다.

○ 昏姻之禮, 必先使媒氏往來傳通, 然後始有六禮. 六禮者, 先納采·次問名·次納吉·次納徵·次請期·次親迎. 旣納采擇之禮, 又問名而加諸卜, 則雖有行媒, 名不可遽相知也. 旣納幣, 又請期親迎, 而禮畢, 則雖受幣, 不可遽相交親也. 意者, 言"行媒", 則凡媒价往來之禮皆擧之矣; 言"受幣", 則凡男女相交之禮皆擧之矣.

【2-60-②】 『맹자』에서 말한 "부부유별夫婦有別"[61]에서 "별別"이라고

---

61) 夫婦有別: 『孟子』「滕文公上」에 "人之有道也, 飽食煖衣, 逸居而無敎, 則近於禽獸. 聖人有憂之, 使契爲司徒, 敎以人倫, 父子有親, 君臣有義, 夫婦有別, 長幼有序, 朋友有信."라고 하였다.

하는 것은 남편에게는 각기 아내가 있고, 부인에게는 각기 남편이 있어서 서로 간에 혼탁하게 어지럽히지 않는 것을 말한다. 대개 상고시대에는 남녀의 구별이 없어서 앵무새나 성성이처럼 가까워[62] 인륜이 어지러웠다. 그러므로 성인이 이것을 걱정하여 부부 사이에 분별이 있어야 한다는 덕목을 가르치셨다. 이것이 정해지지 않으면 부자간의 친밀함도 명확하게 되지 않기 때문에 아래 장에서 "남녀의 분별이 있은 다음에 아버지와 아들이 친하고 아버지와 아들이 친한 다음에 (군신 사이의) 의리가 생겨난다.…… 구별이 없고, 의리가 없는 것은 금수의 도이다"라고 말한 것이다.[63] 그러므로 '유별有別'이라고 하는 것은 부부 사이에 서로 친밀하여 업신여기는 것을 말하는 것이 아님이 분명하다. 대저 (혼인 관계를) 위로는 임금에게 고하고, 개인적으로는 조상에게 고하고, 옆으로는 향당과 친구들에게 고하는 것은 모두 구별을 돈독하게 하기 위한 것이다. 다른 성에서 아내를 취하는 것도 또한 구별을 돈독하게 하는 것이다. 이에 비록 친밀하여 업신여기지 않는다는 의미로 보려고 해도 말이 되지 않는다. 옛 시에 "사또님은 아내가 있고, 나부는 지아비가 있네"(使君自有婦, 羅敷自有夫)라고 하였는데,[64] 이것이 곧 '유별有別'을 말한다.

---

62) 앵무새나 성성이처럼 가까워: 『禮記』 「曲禮上」에 "앵무새는 말을 할 수 있지만 새에서 벗어나지 못하고, 성성이는 말을 할 수 있지만 금수에서 벗어나지 못한다. 이제 사람으로서 예가 없다면, 비록 말을 할 수 있다고 해도 또한 짐승의 마음이 아니겠는가? 대체로 짐승은 예가 없기 때문에, 아비와 새끼가 함께 한 암컷과 교미한다"(鸚鵡能言, 不離飛鳥, 猩猩能言, 不離禽獸. 今人而無禮, 雖能言, 不亦禽獸之心乎? 夫唯禽獸無禮, 故父子聚麀)라고 한 것이 보인다.

63) 아래 장에서…… 말한 것이다: 「明倫」 62장에 나오는 말이다.

64) 옛 시에…… 하였는데: 『古樂府』, 『古詩紀』 등에 수록되어 있는 「陌上桑」에 나오는 부분이다. 나부는 전국시대 미녀 이름이고, 邯鄲 사람인 秦氏의 딸 나부가 같은 고을 사람으로 낮은 벼슬자리에 있는 王仁의 아내가 되었는데, 왕인이 뒤에 趙王의 家令이 되었다. 나부가 어느 날 밭두둑에 나가 뽕을 따고 있었는데, 조왕이 누대에 올라가 이를 바라보다가 나부의 미모에 혹하여 나부를 불러 술을 먹이고는 겁탈하려고 하였다. 그러자 나부가 箏을 뜯으면서 「陌上桑」을 불러 거절하였는데, 그 노래에 "사또님은 아내가 있고, 나부는 남편이 있습니다"(使君自有婦, 羅敷自有夫)라고 하였으므로, 조왕이 겁탈하지 못하였다고 한다.

○『孟子』曰“夫婦有別”, “別”者, 謂夫各有婦, 婦各有夫, 不相混亂之也. 蓋上古之時, 男女無別, 殆近鸚猩, 人倫亂矣. 故聖人有憂之, 敎之有別夫婦之倫. 未定, 則父子之親未明, 故下章曰: “男女有別, 然後父子親; 父子親, 然後義生. 無別·無義, 禽獸之道也.” 然則“有別”者, 非謂夫婦之不相昵狎, 明矣. 夫上告於君, 私告於祖, 旁告於鄕黨·僚友, 皆所以厚別也. 取於異姓, 亦所以厚別也. 於此, 雖欲看作不昵之意, 不成說矣. 古詩云: “使君自有婦, 羅敷¹自有夫.” 是則所謂“有別”也.

1. 敷: 정본에는 ‘數’로 잘못 입력되어 있으나,『소학질서』원문과 「陌上桑」의 원문에 의거하여 고쳐서 번역하였다.

【2-60-③】 “복卜”이라고 하는 것은 길흉을 점치는 것이다. 이치를 따르면 길하고, 이치에 어그러지면 흉하다. 첩을 살 때 (점을 쳐서) 길함을 얻었다면 (그것은 그녀가) 동성이 아니라는 의미이다.『춘추좌씨전』소공 원년조에 공손교가 말하기를, “‘내관은 동성同姓을 취取하지 않는다’고 하니 그것은 그 사이에서 태어난 자식은 생산生産이 번성蕃盛하지 못하고 애정愛情이 먼저 다 극도에 이르면 서로에게 병病이 생기기 때문입니다. 군자君子는 이런 이유로 동성혼同姓婚을 싫어하는 것입니다. 그러므로 옛 기록에 ‘첩妾을 살 때에 그 성姓을 모르면 점占을 친다’고 하였습니다”라고 하였다. 이에 대한 임씨林氏의 주註에 “점을 쳐서 길吉한 점괘占卦를 얻었다면 동성同姓이 아니다”라고 하였다.[65]

○ “卜”者, 卜其吉凶. 順理, 則吉; 悖理, 則凶. 買妾得吉, 則非同姓者也. 『左傳』昭公元年: 公孫僑曰: “內官不及同姓”, 其生不殖, 美先盡矣, 則相生

65)『춘추좌씨전』소공 원년조에 …… 하였다:『春秋左氏傳』昭公 元年條에 “僑가 또 듣건대, 內官(임금의 姬妾)은 같은 성에는 미치지 않는다 하니 그것은 그 사이에서 태어난 자식은 생산이 번성하지 못하고, 애정(美)이 먼저 한 사람에게 다 쏠리면 서로에게 병이 생기기 때문입니다. 군자는 그런 이유로 동성혼을 싫어하는 것입니다. 그러므로 옛 기록에 ‘첩을 사는데 그 성을 모른다면 점을 친다’라 하였습니다”(僑又聞之, 內官不及同姓, 其生不殖. 美先盡矣, 則相生疾, 君子是以惡之. 故志曰: ‘買妾, 不知其姓, 則卜之’)라고 하였다. 또 같은 조에 이와 동일한 林氏의 주가 보인다.

疾, 君子是以惡之. 故志曰: '買妾, 不知其姓, 則卜之.'" <u>林</u>註云: "卜而得吉,
非同姓矣."

【2-62】 명륜 62장

> 『禮記』曰: 夫昏禮, 萬世之始也. 取於異姓, 所以附遠厚別也, 幣必①<u>誠</u>,
> 辭無不①<u>腆</u>, 告之以①<u>直信</u>, 信事人也, 信婦德也. 一與之齊, 終身不改,
> 故夫死不嫁. 男女親迎, 男先於女, 剛柔之義也, 天先乎地, 君先乎臣, 其義
> 一也. 執摯以相見, 敬章別也, 男女有別, 然後父子親, 父子親, 然後義生,
> 義生, 然後禮作, 禮作, 然後萬物安, 無別無義, 禽獸之道也.

【2-62-①】 "성誠"은 "정직하다"라는 의미가 있고 "전腆"은 "신실하
다"라는 의미가 있다. "정직하다"는 것은 반드시 합당한 물건으로 폐백을
드려서 허례허식이 없는 것이고, "신실하다"는 것은 반드시 있는 그대로
를 말하여 속이는 것이 없는 것이다.

○ "誠"有"直"意, "腆"有"信"意. "直", 則幣必當物, 而無虛飾矣; "信", 則
辭必以實, 而無欺詐矣.

【2-63】 명륜 63장

> 取婦之家, 三日①<u>不擧樂</u>, 思嗣①<u>親</u>也.

【2-64】 명륜 64장

> ①<u>昏禮不賀</u>, ①<u>人</u>之序也.

【2-63, 64-①】 주인이 즐거워하지 않으므로 객이 축하하지 않는 것이다. 두 문장이 서로 이어 받으니, 위의 문장에서는 주인의 입장에서 말했으므로 "부모"(親)라고 했고, 아래 문장에서는 손님의 입장에서 말했기 때문에 "사람"(人)이라고 말했다. "사람"은 곧 계승하는 자(자식)를 함께 말한 것이다.

○ 主人不樂, 故客不宜賀. 兩節相承, 上以主人言, 故曰"親"; 下以客言, 故曰"人". "人", 則兼嗣者言也.

【2-65】 명륜 65장

「內則」曰: 禮始於謹夫婦, 爲宮室, 辨內外, 男子居外, 女子居內, 深宮固門, 閽寺守之, 男不入, 女不出. 男女不同椸枷, 不敢縣於夫之楎椸, 不敢藏於夫之篋笥, 不敢共湢浴, 夫不在, 斂枕①篋, 簟席①襡, ①器而藏之, 少事長, 賤事貴, 咸如之. 雖婢妾, 衣服飮食, 必後長者. ②妻不在, 妾御莫敢③當夕.

【2-65-①】 "기器"는 상자와 보자기(자루)를 말한다.

○ "器", 謂篋襡.

【2-65-②】 『시경』(「小星」)에 "이른 아침과 밤에 임금의 처소에 있으니, 이는 운명이 똑같지 않기 때문이네"라고 하였는데, 주자는 "대개 궁중의 첩들은 임금을 모시러 가는 데 감히 저녁부터 함께하지 못하고, 별을 보며 가서 별을 보며 돌아온다"라고 하였고, 공영달의 소에서는 "중첩들이 스스로 자신의 천함을 알아서 부인과 동일시하지 못하기 때문에 조심조심 밤에 가는 것이다. 이른 아침이나 밤에는 담당할 수 있지만 저녁은 감히 담당하지 못한다. 이것은 부인과 같을 수 없는 까닭이다"라고 하였

다. 『상서대전尚書大傳』을 보면, "후부인后夫人이 임금을 모시려 할 때에 앞에는 촛불을 끄고 뒤쪽에 촛불을 든다. 방 안에 이르러서는 조복을 벗고 연복을 입은 다음에 들어가 임금을 모신다. 태사가 계단 아래에서 날이 밝았다는 것을 아뢰면 부인은 방에서 패옥을 울리고 돌아가겠다고 고한다"라고 하였다.[66] 대개 부인의 왕래는 천천히 진행되고 법도가 있으니, 이것을 "당석當夕"이라고 한다. 여기에서 말하는 것은 부인이 없다 할지라도, 첩이 모시게 되는 경우는 또한 부인의 의례와 같은 "당석當夕"은 감히 행할 수 없다는 것이다.

○『詩』云: "夙夜在公, 寔命不同." 朱子曰: "衆妾進御於君, 不敢當夕, 見星而往, 見星而還." 孔「疏」云: "衆妾自知己賤, 不敢同於夫人, 故肅肅然夜行. 或早或夜, 不敢當夕, 是不得同於夫人故也." 按『書大傳』: "后夫人將侍君, 前息燭, 後擧燭. 至於房中, 釋朝服, 襲燕服, 然後入御於君. 太史奏鷄鳴於階下, 夫人鳴佩玉於房中, 告去." 蓋夫人往來, 舒而有儀, 是謂"當夕"也. 此云者, 妻雖不在, 妾御亦不敢當夕如夫人之儀.

■ 해설: 오눌吳訥의 집해에서는 "옛날에는 처와 첩이 시중을 드는데, 각각 그 맡은 저녁이 정해져 있었다. 당석이라고 말한 것은 처가 담당하는 저녁이다"(古者, 妻妾之御, 各有夕. 當夕者, 當妻之夕也)라고 하여 '처가 담당하는 저녁'을 "당석"이라 하였고, 성호는 이와는 달리 '본처가 시중드는 의식'을 "당석"으로 이해하고 있는 듯하다.

【2-65-③】 살펴보건대, 『주례』 「구빈九嬪」의 주註에, "달과 후비가 그 법상法象이 유사하다. 낮은 자가 마땅히 먼저 하고 높은 자가 마땅히 나중에 한다. 여어女御 81인이 9일의 저녁을 담당하고, 세부世婦 27인이 3일의 저녁을 담당하고, 구빈 9인이 하루 저녁을 담당하며, 세 명의 부인이 하루 저녁을 담당하며, 왕후가 하루 저녁을 담당하여 15일이면 한 주기가 되고, 보름이 지나고 나서 반복한다"라고 하였다.[67] (『예기』) 「내칙」에서는 "첩

---

66) 『尚書大傳』을 보면…… 하였다: 『尚書大傳』 권3 「多士傳」에 동일한 내용이 보인다.
67) 『周禮』 「九嬪」의 註에…… 하였는데: 『周禮』 권7 「九嬪」의 註에 보인다. 『禮記集說』

은 늙었다 하더라도 50세가 되지 않았으면 반드시 5일마다 한 번씩 모시는 일에 참여한다"고 하였고, 그 주註에 "제후는 아홉 명의 여인을 취하는데, 질姪과 제娣 둘이 두 명씩 모시므로 셋째 날까지이다. 다음으로 두 명의 잉첩(媵)이 모시는 것은 곧 넷째 날이다. 다음으로 부인이 전적으로 모시는 것은 다섯째 날이다"라고 하였고, 소疏에서는 "대부는 1처 2첩을 두었는데 3일을 돌아가면서 모시고, 사는 1처 1첩을 두어 2일을 돌아가면서 모신다"라고 하였다.[68] 내 생각에 이것은 황탄하여 믿을 수가 없다. 날마다 모시는 사람이 있어도 오히려 사실에 가깝지 않을 듯한데, 하물며 하루에 아홉 여인이겠는가? 이것은 제나라 고위高緯[69]나 금나라 해릉海陵[70]도 하지 않은 것인데, 성왕의 제도에 이러한 것이 있었겠는가? 여기(「내칙」)에서 말하는 "오일지제五日之御"는 혹 5일에 1번 모신다는 말일 따름이다.

○ 按, 『周禮』 「九嬪」註: "月與后妃其象也. 卑者宜先, 尊者宜後. 女御八十一人當九夕, 世婦二十七人當三夕, 九嬪九人當一夕, 三夫人當一夕, 后當一

「內則」 85의 陳澔의 註에서도 "천자의 경우 御妻 81인이 9일 저녁을 담당하고, 世婦 27인이 3일 저녁을 담당하고, 九嬪 9인이 하루 저녁을 담당하고, 3인의 夫人이 하루 저녁을 담당하고, 后가 하루 저녁을 담당하여, 전체 15일 만에 한 순번이 돈다"(天子之御妻八十一人, 當九夕, 世婦二十七人, 當三夕, 九嬪九人, 當一夕, 三夫人當一夕, 后當一夕, 凡十五日而徧)라고 하였다.

68) 그 註에…… 하였다: 鄭玄의 注와 孔穎達의 疏에 동일한 내용이 보인다. 또 孔穎達의 疏에 "夫人과 두 잉첩이 각각 姪娣를 데리고 있어 전체 6명이므로 셋째 날까지이다"(以夫人及二媵各有姪娣, 凡六人, 故三日也)라고 하였다. 이것으로 미루어 보면 제후는 부인과 두 명의 잉첩이 있는데, 그 세 사람에게 딸린 姪과 娣가 있으므로 모두 아홉 명이 된다. 姪과 娣 6인이 두 명씩 3일을 모시고, 두 잉첩이 하루를 담당하며, 부인인 하루를 담당하여, 제후는 5일마다 한 번씩 순번이 돌아가게 되는 것이다.

69) 高緯: 556~577, 성은 高, 字는 仁綱이다. 시호와 묘호는 없으며 실질적으로 北齊의 마지막 왕이므로 後主라고 불린다. 天統, 武平, 隆化라는 연호를 사용했다. 제4대 왕 武成帝 高湛의 적장자로 어머니는 황후 胡氏이다. 斛律光의 딸과 호태후의 조카 胡氏를 차례로 황후로 맞았으나 모두 폐위시켰고, 유모 陸令萱의 양녀인 穆邪利를 황후로 맞이했다(목황후). 그러다 목황후의 시녀 馮小憐을 총애하여 左皇后로 삼았다. 목황후와의 사이에서 북제의 마지막 왕인 幼主 高恒을 낳았다.

70) 海陵: 1122~1161, 金나라의 황제 完顔亮을 가리킨다. 그가 徒單后, 大元妃, 唐括貴妃, 蕭宸妃, 耶律麗妃, 唐括麗妃, 蒲察昭妃, 昭妃阿懶, 耶律柔妃, 耶律昭媛 등의 많은 여인들을 아내로 맞이한 것을 두고 하는 말인 듯하다.

夕, 十五日而遍. 自望後反之." 「內則」: "妾雖老, 未滿五十, 必與五日之御."
註: "諸侯九女, 姪娣兩兩而御, 則三日也; 兩媵, 則四日也; 次夫人專夜, 則
五日也." 疏云: "大夫一妻二妾, 則三日御遍; 士一妻一妾, 則二日御遍也."
愚謂, 此荒誕不足信也. 趁日有御, 猶且不近, 況一日而九女乎? 此乃齊/高
緯 · 金/海陵之所不爲, 聖王之制, 其有是耶? 其所謂"五日之御"者, 或是五
日一御云爾.

【2-66】 명륜 66장

> 男不言內, 女不言外, 非祭非喪, 不相授器, 其相授則女受以篚, 其無篚則
> 皆坐奠之, 而後取之. 外內不共①②井, 不共②湢浴, 不通②寢席, 不通乞
> 假, ②男女不通衣裳. 男子入內, ③不嘯不指, 夜行以燭, 無燭則止, 女子
> 出門, 必擁蔽其面, 夜行以燭, 無燭則止. 道路, ④男子由右, 女子由左.

【2-66-①】 "우물"(井)은 사람이 모이는 곳이다. 옛날에 무릇 저자의
길에도 모두 남녀의 구별이 있었으니 우물 또한 마땅히 그러하였고, 또한
집집마다 우물이 두 개가 있는 것이 아니니 곧 남녀가 긷는 곳이 각각
정해진 장소가 있었다.

○ "井"者, 人之所聚也. 古者, 凡市道, 皆有男女之別, 則井亦宜然, 亦非家
家有兩井, 卽男女所汲, 各有定所也.

【2-66-②】 "우물" · "목욕간" · "침실" 등은 (남녀 간에) 다른 제도가
있는 것은 아니며, 다만 안에 있고 밖에 있는 것으로 구별할 뿐이다. 다만
"의상衣裳"은 모양과 색깔이 달라서 남녀가 서로 통용할 수 없는 것이다.
그러므로 "남녀男女"라는 글자를 보태어서 경계한 것이다.

○ "井" · "湢" · "寢席"等, 非有異制, 只以在外在內別之. 惟"衣裳", 則形
色不同, 男女不可以相通者也. 故加"男女"字以戒之.

【2-66-③】 "휘파람"(嘯)이라고 하는 것은 특별한 소리다. 혹 서로 간에 화응和應하면서 언어로써 하고자 하지 않는 경우 반드시 특별한 소리로 하고, 또 혹 사물을 지시할 때 언어로써 하려고 하지 않는 경우 또한 반드시 손으로 가리킬 뿐이다. 이들은 모두 사사로운 마음이 있는 혐의가 있다. 지금 어두운 곳에 숨어서 서로 화응하는 무리들이 휘파람이나 손가락질로 신표를 삼는 사람들이 많은 것에서 알 수 있다. 옛사람의 내외의 교류를 엄격히 구분한 것은 이와 같은 것을 염두해 둔 것이다.

○ "嘯"者, 非常聲也. 或相與和應, 而不欲以言語者, 必以非常之聲; 又或喩物, 而不欲以言語者, 亦必以手指示而已. 此皆嫌其有私也. 今見隱暗和應之徒, 多以嘯‧指爲信, 可以見矣. 古人之嚴內外之防, 有如此者.

【2-66-④】 남자는 길의 오른쪽으로 다니고 여자는 길의 왼쪽으로 다니는데, 만약 여자는 오른쪽으로 가고 남자는 왼쪽으로 간다고만 말하면 오고갈 때 남녀가 서로 섞이게 된다.

○ 男子由道之右, 女子由道之左, 若但云女子之右‧男子之左, 則一去一來之際, 男女雜矣.71)

【2-67】 명륜 67장

①孔子曰: 婦人, 伏於人也. 是故, 無專制之義, 有三從之道, 在家從父, 適人從夫, 夫死從子, 無所敢自遂也, 敎令, 不出閨門, 事在饋食之間而已矣. 是故, 女②及日乎閨門之內, ②不百里而奔喪, 事無擅爲, 行無獨成, 參知而後動, 可驗而後言, 晝不遊庭, 夜行以火, 所以正婦德也. 女有④五不取, 逆家子不取, 亂家子不取, 世有刑人不取, 世有惡疾不取, 喪父③長子不取. 婦有七去, 不順父母去, 無子去, 淫去, 妬去, 有惡疾去, 多言去, 竊盜去.

---

71) 규장각본(나)‧국중본‧성호기념관본‧화경당본에는 이 단락이 위 단락과 이어져 있다.

有三不去, 有所取無所歸不去, 與更三年喪不去, 前貧賤後富貴不去. 凡此, 聖人所以順男女之際, 重婚姻之始也.

【2-67-①】 살펴보건대, 『주자어류朱子語類』에 "(安卿이) 묻기를 '「곡례」에 바깥의 말(外言)은 문지방 안으로 들어가지 않게 하고 안의 말(內言)은 문지방 밖으로 나오지 않게 한다고 하였습니다. 이 한 단락은 매우 긴요한데 무슨 까닭으로 (『소학』에) 편입되지 않았습니까?' 하니 주자가 말하기를, '이러한 경우처럼 누락된 것이 많다'라고 하였다. 또 말하기를 '『소학』에서는 저 공경하는 것에 대해서는 많이 말하면서 저 막고 금지해야 하는 것에 대해서는 적게 말하였다' 하였다"라고 하였다.72) 이 몇 조목을 이 주석에 덧붙여 드러내야 한다.

○ 按, 『語類』: "問, '「曲禮」, 外言不入於閫, 內言不出於閫. 此一段甚切, 何故不編入?' 朱子曰: '此樣處, 漏落也多.' 又曰: '『小學』多說那恭敬處, 少說那防禁處.'" 此數條, 宜附見此註.

【2-67-②】 "급일及日"은 『예기』(「단궁」)에서 말하고 있는 "체일逮日"과 같은 뜻73)으로, 길을 가고 있는 중이거나 매우 급한 때에라도 반드시 해가 지기 전에 규문 안에 있어야 한다는 것이다. "백리 밖의 초상에 달려가지 않는다"라고 하는 것은 하루에 백릿길을 갈 수 없다는 것을 말한다. 『예기』(「奔喪」)에 "남자는 분상함에 하루에 백리를 간다"라고 말했으므로,74) 여자가 분상하는 것은 남자와 견줄 수 없기에 하루에 백릿길을 가

---

72) 『朱子語類』에…… 하였다: 『주자어류』 권105-21에 동일한 내용이 보인다.
73) '及日'은…… 같은 뜻: 『禮記』 「檀弓上」에 "아침에 올리는 奠은 해가 뜨면 올리고, 저녁에 올리는 奠은 해가 떨어지기 직전에 올린다"(朝奠日出, 夕奠逮日)라고 하였고, 정현의 주에 "'逮日'은 해가 아직 떨어지기 전에 미쳐서이다"(逮日, 及日之未落也)라고 하였다.
74) 『예기』(「奔喪」)에…… 말했으므로: 『禮記』 「奔喪」에 "奔喪의 예에서 처음 친족(親)의 상을 듣게 되면 哭으로 사자에게 답하며 슬픔을 다하고, 상을 당한 연유를 물으며 또 곡을 하되 슬픔을 다한다. 드디어 떠나는데 하루에 백리를 가지만 밤에는 이동하

서 빨리 조문할 수 없다는 것이니, 이른바 "급일及日"(해가 떨어지기 전에 집에 있어야 한다)이라는 것이다. 혹자는 여자는 감히 백리 밖에 달려가서 조문해서는 안 된다는 말이라고 하는데, 이 설은 옳지 않다. (『예기』)「잡기雜記」에 "부인은 삼년상이 아니면 국경을 넘어와서 조문하지 않는다. 만약 삼년상이라면 국군國君의 군부인君夫人은 부모의 나라로 돌아간다"라고 하였고, 그 소疏에 "여자는 출가하면 부모를 위하여 기년복을 입는다. 3년이라고 한 것은 본친本親을 두고 말한 것이다"라고 하였다. 그렇다면 본친의 상에는 국경을 넘을 수 있는데 하물며 백리이겠는가?

○ "及日", 猶『禮』所謂"逮日", 言雖行道之間·急卒之際, 必逮日之未落, 而處於閨門之內也. "不百里而奔喪"者, 謂不可日行百里也. 『禮』云: "男子奔喪, 日行百里." 故女子之奔喪, 則不得比男子, 不可日行百里而疾奔, 所謂 "及日"也. 或謂女子不敢奔喪於百里之外, 此說未然. 「雜記」云: "婦人非三年之喪, 不踰封而弔. 如三年之喪, 則君夫人歸." 疏云: "女子出適, 爲父母期, 而云三年者, 以本親言也." 然則本親之喪, 可以踰封, 況百里乎?

【2-67-③】 내 생각에 "장長"은 아마도 성장成長의 장長인 것 같다.[75] 사람이 혹 이미 장성하고 난 후에 아버지를 잃은 경우는 진실로 이미 아

지 않는다"(奔喪之禮, 始聞親喪, 以哭答使者, 盡哀. 問故, 又哭盡哀. 遂行, 日行百里, 不以夜行)라고 하였다.

75) 내 생각에…… 같다: 이 견해에 대해 尤庵 宋時烈은 『宋子大全』 권93「書·答金仲和」에서 "喪父長子不取'에 대해서 『집해』에서 '喪父長子, 爲其無所受命也.'라고 하였는데, 이것은 차자 이하는 그 형이 가르칠 수 있었다는 것을 말한다. 그러나 차자도 또한 말할 것이 있다. 남자 형이 있을 경우에는 참으로 가르침을 받을 수 있지만, 만약 여자 형만 있었다면 차자라 할지라도 장가들 수가 없는 점이 있다. 아마도 유독 '장자'라고 말할 필요는 없다. 長子의 長을 혹 長成의 長으로 볼 수 있는가? 장자가 아니라면 그 오빠나 언니, 혹은 올케에게서 가르침을 받을 수 있다. 그러므로 '장자'라고만 말한 것이다. 그 '長子의 長'을 '長成의 長'으로 보는 것은 아닌 것 같다"(喪父長子不取. ○『集解』謂喪父長子, 爲其無所受命也.' 是謂自次子以下, 有其兄可以敎也. 然次子亦有可言, 有男兄者, 固可以受敎, 若只有女兄, 則雖次子, 亦有不可取者, 恐不必獨言長子也. 長子之長, 或可以長成之長看否? 非長子, 則其兄其姊或其兄嫂可以敎之, 故特言長子矣. 其以長子之長, 爲長成之長, 則恐不然)라고 하여 성호와는 다른 견해를 보이고 있다.

버지의 양육과 교육을 받았다. (그러나) 만약 어린 시절에 아버지를 여의고 혼자 스스로 성장한 경우에는 누가 그를 가르쳤겠는가? 그러므로 며느리로 들이지 않는 것이다. 오늘날 속담에 교육받지 못했다고 꾸짖을 때 '아버지 없이 자랐다'고 하는데, 말의 뜻이 서로 비슷하다.

○ 愚謂, "長", 恐是成長之長. 人或旣長而喪父者, 固已敎養矣. 若幼時喪父, 獨自成長者, 其誰敎之? 故不娶. 今俗諺, 罵人無敎, 曰無父而長也, 語意相類.

【2-67-④】『대대례大戴禮』[76)]에 "오불취五不娶"가 있는데,[77)] 그 중의 하나가 곧 "상부장자불취喪父長子不娶"이다. 주석가들의 설은 모두 말이 되지 않는다.[78)] 살펴보건대, 『한서』「지리지地理志」에 "제나라 양공이 음란하여 고자매姑姊妹를 시집가지 못하게 하였다. 이에 나라 안의 민가의 장녀는

---

76) 『大戴禮』: 前漢시대의 戴德(大戴)이 214편에 이르는 禮의 기록 가운데 중복되는 것을 삭제하여 85편으로 한 것이 『大戴禮記』이고, 대덕의 조카 戴聖(小戴)이 이 85편을 다시 49편으로 간추린 것이 현재의 『禮記』로, 이를 『小戴禮記』라고도 한다.

77) "五不娶"가 있는데: 『大戴禮記』 제39 「本命」편에 "장가들지 못할 여자가 다섯인데, 역적 집안의 딸, 悖倫한 집안의 딸, 대대로 罪人이 있는 집안의 딸, 대대로 나쁜 병이 있는 집안의 딸과 과부의 큰딸에게 장가들지 않는다"(女有五不取, 逆家子不取, 亂家子不取, 世有刑人不取, 世有惡疾不取, 喪父長子不取)라고 하였다.

78) 주석가들의…… 않는다: 『小學集說』에 따르면 吳訥은 "반역한 집안은 德을 거슬렀기 때문이요, 음란한 집은 인륜을 어지럽혔기 때문이요, 대대로 형벌을 받은 사람이 있는 집안은 사람들에게 버림을 받았기 때문이요, 대대로 나쁜 질병이 있는 집안은 하늘에게 버림을 받았기 때문이요, 아버지를 잃은 맏딸은 그 가르침을 받을 바가 없기 때문이다. 혹자가 '대대로 형벌 받은 사람이 있으면 취하지 않는다고 하니, 만일 윗대에는 어질지 않았으나 자손은 어질면 어찌합니까?'라고 묻자, 주자가 '취하지 않는다고 말한 것은 대대로 악행을 하여 고칠 수 없는 자이지, 한 대를 가리켜 말한 것은 아니다'라고 하였다"(吳氏曰: 逆家, 爲其逆德也, 亂家, 爲其亂人倫也, 世有刑人, 爲其棄於人也, 世有惡疾, 爲其棄於天也, 喪父長子, 爲其無所受命也. 或問世有刑人不取, 如上世不賢而子孫賢, 則如之何? 朱子曰: 所謂不取者, 是世世爲惡, 不能改者, 非指一世而言也)고 하였고, 眞德秀는 "아버지를 잃은 맏딸을 취하지 않음을 선유들이 의심하였다. 만약 아버지가 비록 죽었더라도 어머니가 어질면 그 딸을 가르침에 반드시 법도가 있을 것이니, 또한 구애할 바가 아니다"(眞氏曰, 喪父長子不取, 先儒以爲疑. 若父雖喪而母賢, 則其敎女必有法, 又非所拘也)라고 하였다.

시집가지 못하게 하고 '무아巫兒'라 이름하고 집안의 제사를 주관하게 하였으며, 시집가는 자는 집안이 이롭지 않다고 하였다. 백성들은 지금까지도 그것을 풍속으로 삼고 있으니 애통하도다! 백성을 이끄는 법도를 어찌 삼가지 않을 수 있을까?'라고 하였다.[79] 이 당시 제나라는 강국이고 노나라는 약소국이어서 가까운 인접국으로서 우러러 섬겼으니, 생각건대 반드시 본받아서 따라한 이들이 있었을 것이다. 게다가 제齊나라와 노魯나라는 대대로 혼인을 하였고 양공은 노나라 부인과 통간하였는데, 「폐구敝笱」[80]와 「재구載驅」[81]와 같은 시가 있어서 난잡한 소문을 가리기 어려웠다. 이것[82]은 아마도 이러한 부류를 가리키는 말일 것이다. 다만 아버지가 있고서 시집가는 것은 이러한 문제가 없지만 혹 아버지를 여윈 뒤에 부득이해서 다른 사람에게 시집을 갔다면 그것이 음란하고 추한 나머지 그렇게 한 것이 아닌지 어떻게 알겠는가? 주註에서 "명(가르침)을 받을 곳이 없기 때문이다"라고 하였는데,[83] 차녀라고 하더라도 그 언니가 이미 결혼을 했다면 어떻게 돌아와 여동생의 혼인을 주관하는 이치가 있겠는가? "명을 받을 곳이 없기 때문이다"라고 한 것은 옳지 않다.[84]

---

79) 『한서』「지리지」에…… 하였다: 『前漢書』 卷28下의 「地理志下」 卷8에 보인다.
80) 「敝笱」: 『詩經』 「齊風」의 편명이다. 魯나라 莊公의 모친 文姜의 음탕한 행동을 나무란 시로, "해진 통발이 魚梁에 있으니, 그 고기가 방어와 서어로다. 제자가 돌아가니, 따르는 자들이 비처럼 많도다"(敝笱在梁, 其魚魴鰥, 齊子歸止, 其從如雨)라고 하였다. 文姜은 齊나라 僖公의 딸이자, 魯 桓公의 부인이고, 魯나라 莊公의 모친이다. 환공이 문강과 齊나라에 갔을 때, 문강이 오라비인 襄公과 간음한 것을 꾸짖자 문강이 이를 양공에게 고하여 환공이 피살되었다는 내용이 『春秋左氏傳』 桓公 18年조와 『史記』 권33 「魯周公世家」에 보인다.
81) 「載驅」: 『詩經』 「齊風」의 편명이다. 제나라 양공이 禮義가 없어서 車服을 성대히 하여 큰 길에서 빨리 달리며 문강과 간음하여 그 악을 만민에 전파한 것을 제나라 사람들이 풍자한 시로, 齊襄公의 음란함을 비방하였다. "載驅薄薄, 簟茀朱鞹. 魯道有蕩, 齊子發夕."이라 하였다.
82) 이것: 아버지를 여윈 맏딸은 취하지 않는다는 것을 가리킨다.
83) 註에서…… 하였는데: 앞의 吳訥의 註에서 "아버지를 잃은 맏딸은 그 가르침을 받을 바가 없다"(喪父長子, 爲其無所受命也)라고 한 것을 두고 하는 말이다.
84) 차녀라고…… 옳지 않다: 앞의 송시열의 설에 대한 반박을 하고 있는 듯하다.

○『禮』有"五不娶", 其一, 卽"喪父長子不娶". 註家皆不成說也. 按,『漢書』
「地理志」: "齊襄公淫亂, 姑姊妹不嫁. 於是, 令國中民家長女不得嫁, 名曰
'巫兒', 爲家主祀(祠), 嫁者, 不利其家. 民至今以爲俗, 痛乎, 道民之道, 可不
愼哉?" 是時, 齊强魯弱, 接近而仰事, 意者, 必有效而爲之者. 且齊・魯世婚,
襄公通於魯夫人, 「弊笱」・「載驅」等詩, 穢聲難掩. 此恐指此類云爾也. 惟父
在而嫁者, 無此也. 或喪父, 然後有不得而已適人, 則安知其非淫醜之餘乎?
註謂"無受命", 雖其次女, 而其娣旣適人, 豈有還主妹婚之理? "無所受命"之
說, 非是. 【『僿說』】[85]1

> 1. 『禮』有"五不娶"…… 【『僿說』】: 이 부분은『소학질서』원문과 필체가 동일하
> 지 않고, 후에 종이 1쪽을 덧붙여서 추가한 것으로 보인다. 여기에서 "僿說"이라
> 고 언급한 것은 아마도『성호사설』제14권「人事門・絶婚」에 '逆家'와 관련한
> 내용이 있고,『성호사설』제21권「經史門・魯風」에 '文姜' 및「弊笱」・「載驅」와
> 관련된 내용이 보이는데, 사설의 내용을 참고하라는 의미에서 후에 누군가가 삽
> 입한 것으로 보인다.

【2-68】 명륜 68장

『曲禮』曰: ①寡婦之子, 非有見焉, 弗與爲友.

【2-68-①】 (『예기』)「방기坊記」에서 "(공자께서) 과부의 자식일 경우
두드러진 재주를 보여 주지 않으면 벗으로 사귀지 않는 것은 군자가 멀리
하는 것이다. 그러므로 친구 사이에 교제할 때 주인이 없으면 큰일이 아
니고서는 문안으로 들어가지 않는다"라고 하였는데,[86] 이 설은 (본문의)
「곡례」와 비교할 때 더욱 완비된 것이다.

> 「坊記」云: "寡婦之子, 不有見焉, 弗友也, 君子以避遠也. 故朋友之交, 主人
> 不在, 不有大故, 則不入其門." 此說, 比「曲禮」尤備.

---

85) 【『僿說』】: 규장각본(나)・국중본・성호기념관본・화경당본에는 원주가 없다.
86) 「坊記」에서…… 하였는데:『禮記』「坊記」34에 보인다.

1. 坊: 『소학질서』와 정본에 모두 '防'으로 되어 있지만, 『禮記』 편명에 의거하여 '坊'으로 수정하였다.

이상은 부부夫婦의 별別을 밝힌 것이다.

右明夫婦之別.

4) 명장유지서明長幼之序

【2-71】 명륜 71장

> 『曲禮』曰: 見①父之執, 不謂之進, 不敢進, 不謂之退, 不敢退, 不問, 不敢對.

【2-71-①】 살펴보건대, 『순자荀子』「요문堯問」편에 "주공이 말하기를 '내가 집지執贄하고 본 사람이 10명이요, 환집還贄하고 본 사람이 30명이요, 모집貌執한 선비가 1백여 명이었다. 상사에게는 내가 박하게 대하였고 하사에게는 내가 두터이 대하였다' 하였다"라고 하였는데, 그 (楊倞의) 주에 "집은 대접한다는 것이니 예모로써 접대하는 것이다"라고 하였다.[87] 그렇다면 "부지집父之執"은 아버지와 대등하게 예모를 갖추어 정을 나누는 것으로 서로 접대하는 대상이다. "지贄"는 집執을 따르고 패貝를 따른 것이니 예물로써 접대하는 것을 "지贄"라고 하고 예모로써 접대하는 것을 "모집貌執"이라고 한다.

○ 按, 『荀子』「堯問」篇: "周公曰: '吾執贄而見者十人, 還贄而相見者三十人, 貌執之士者百有餘人. 上士, 吾薄爲之貌, 下士, 吾厚爲之貌.'" 註云: "執, 待也, 以禮貌接待也." 然則 "父之執"者, 謂與父交懽禮貌, 相接待者也. "贄", 從執從貝, 以物接待曰 "贄", 而以禮接待謂之 "貌執"也.

---

87) 『荀子』「堯問」편에…… 하였다: 『荀子』「堯問」에 보인다. 또 『星湖先生僿說』 권7 「人事門・周公下士」에서 성호는 "『荀子』를 보면, 주공이 '내가 執贄하고 본 사람이 10명이요, 還贄하고 본 사람이 30명이요, 貌執한 선비가 1백여 명이었다'라고 하였으니, 집지라는 것은 먼저 폐백을 가지고 찾아가서 보는 것이요, 환지라는 것은 聘禮에 玉을 돌려보내는 것과 같으니, 선비가 폐백을 가지고 와서 뵈면 주공이 도로 그 집에 폐백을 가지고 가서 인사하는 것이며, 모집이라는 것은 바로 禮貌를 잘하여 온 천하의 선비를 접대하는 것이니, 이것이 이른바 '머리를 감싸 매고 먹던 것을 뱉었다'는 것이다"(攄荀子, 周公曰: 吾執贄而見者, 十人, 還贄而見者, 三十人, 貌執之士, 百有餘人. 執贄者, 先以贄徃見也, 還贄, 如聘禮之還玉, 士以贄来見, 周公又還贄於其室, 而徃謝之也, 至貌執, 乃以禮貌, 接待天下之士, 是所謂握髮吐哺也)라고 한 내용이 보인다.

【2-72】 명륜 72장

年長以①倍, 則父事之, 十年以長, 則兄事之, 五年以長, 則肩隨之.

【2-72-①】 남자는 나이 스무 살이 되면 관례를 치르고 성인이 된다.
"배倍"라고 하는 것은 스무 살 차이가 나는 것부터 말한다.

○ 男子二十, 冠而成人. "倍"者, 從二十言也.

【2-75】 명륜 75장

長者與之提携, 則兩手, 奉長者之手, ①負劍辟咡詔之 則掩口而對.

【2-75-①】 『예기』「소의」에 이르기를 "물음이 있으면 입언저리를 옆
으로 해서 대답한다"고 하였는데, 여기에서 "이咡"는 입언저리이고, 그것
을 옆으로 돌린다는 것은 입김이 닿을까 두려워해서이다. 이것으로 미루
어 보면, "부검벽이負劍辟咡"는 또한 정현의 주註[88]에 "머리를 기울여서 상
대에게 말하는 것이다"라고 한 것과는 다른 것 같다. 내 생각에는 이 단
락은 마땅히 세 절을 만들어 보아야 한다. 만약 장자長者가 앞에서부터
잡아끌어 주면 그 손을 받들고 뒤를 따르며, 칼을 차듯이 감싸서 안으면
그 입언저리를 돌리고, 또 물어보시는 것이 있으면 입을 가리고 대답한다
는 것이다. 지금 유씨劉氏의 주註에 "부검負劍" 두 글자를 나누어 서로 다른
의미로 보았는데,[89] 더욱 옳지 않다.

---

88) 정현의 주: '負', 謂置之於背. '劍', 謂挾之於旁. '辟咡詔之', 謂傾頭與語. '負'는 등에 두는
   것을 말한다. '劍'은 옆으로 껴안는 것이다. '咡'을 한쪽으로 기울여서 말한다'(辟咡詔
   之)는 것은 머리를 기울여서 상대에게 말하는 것을 뜻한다.
89) 劉氏의 註에…… 보았는데: 『禮記集說』「曲禮上」에 이에 대한 유씨의 註에 "어른이

○「少儀」曰: "有問焉, 則辟咡而對." "咡", 口旁也; 辟之者, 恐口氣之觸也. 以此推之, "負劍辟咡", 亦恐不如鄭註所謂"傾頭與語"也. 愚意, 此段當作三節看. 若長者, 從前提攜, 則奉其手從後; 擁之如負劍, 則辟其咡; 又有詔之, 則掩口而對. 今劉註分"負劍"二字, 爲兩般義, 則尤不是.

> ■ 해설: 『사계전서』 제11권 「경서변의經書辨疑」(『소학』 「명륜」)에, "'부검벽이負劍辟咡'에 대해 『집설』에서 '어른을 업고 있는 것과 같으며 칼을 차고 있는 것과 같다'(如負長者然, 如帶劍然)라고 한 것은 옳지 못한 것 같다. 『집주』에서 여씨呂氏가 말하기를, '옛적에 칼을 차는 자는 옆구리에 끼워서 찼으니, 부검負劍이란 곧 칼을 차는 것이다' 하였으니, 마땅히 이 말을 따라야 한다"라고 한 내용이 나온다. 성호의 설은 이것과 같은 맥락이다.

【2-76】 명륜 76장

> 凡爲長者①糞之禮, 必加帚於箕上, 以袂拘而退, 其塵不及長者, 以箕自鄉而扱之.

【2-76-①】 "분糞"은 제거한다는 뜻이다. "분"은 본래 더러운 물건이니, 비록 전용하여 더러운 것을 제거한다는 의미가 되었다고 해도, "분"자만 쓰는 것은 말이 되지 않는 것 같다. 혹은 "攢"이라고도 되어 있는데 가까운 뜻인 듯 보이지만 '분糞'으로 '수手'를 따르니 육서六書에 있어서 해

더러 동자의 등 뒤에서 머리를 굽혀 동자에게 말하면, 동자는 어른을 등에 진 모양이 된다. 어른이 손으로 겨드랑이 아래에 동자를 껴안으면, 칼을 찬 모양이 된다. 대개 어른이 뒤에서 몸을 굽혀 동자와 말을 하게 되면, 칼을 등에 진 모양이 된다. 정말로 칼을 등에 짊어졌다는 것이 아니다. '벽辟'은 한쪽으로 치우친 것을, '이咡'는 뺨을, '조詔'는 말해주는 것을 뜻한다. '입을 가리고 대답한다'는 것은 동자가 손으로 입의 기운을 가리고 대답하여 입의 기운이 어른에게 닿지 않게 하는 것이다'(長者或從童子背後而俯首與之語, 則童子如負長者然. 長者以手挾童子於脅下, 則如帶劍然. 蓋長者負俯與童子語, 有負劍之狀, 非眞負劍也. '辟', 偏也. '咡', 口旁. '詔', 告語也. '掩口而對', 謂童子當以手障口氣而應對, 不敢使氣觸長者也)라고 하였는데, 여기에서 유씨는 '동자가 어른을 등에 진 모양'(負)과 '어른이 칼을 찬 모양'(劍)으로 나누어서 설명하고 있다.

성諧聲90)에 해당되어 결국에는 같은 뜻이다. 『자휘字彙』를 살펴보면, "'糞'은 음이 '분奮'이고 제거해 버린다는 것이다. 속어로서 '분糞'이라고 한다"라고 했으니91) 대개 모양이 서로 비슷해서 통용된 것으로 보인다. 속어로써서 생긴 잘못이다.

○ "糞", 訓除也. "糞"本穢物, 雖轉爲除穢之義, 而只下"糞"字, 恐不成說. 或作撌, 雖若近之, 然以糞從手, 在六書爲諧聲, 畢竟同義也. 按『字彙』"糞, 音奮, 棄除也. 俗作糞."云, 則蓋形相似而通用, 俗之誤也.

【2-77】 명륜 77장

將卽席, 容毋①怍, 兩手①摳衣, 去齊尺, 衣毋撥, 足毋①蹶, 先生書策琴瑟, 在前, 坐而遷之, 戒勿越, 坐必安, 執爾顔, 長者不及, 毋儳言, 正爾容, 聽必恭, 毋勦說, 毋雷同, 必則古昔, 稱先王.

【2-77-①】 "작怍"92)은 아마도 부끄러워 위축됨이 지나친 것이다. 부끄럽고 위축됨이 지나치지 않는다면 몸과 낯빛이 편안해진다. "궐蹶"은 물건에 걸리는 것이다. 말이 올가미에 걸려 넘어지는 것을 일러 "족궐足蹶"이라 하니 뜻이 또한 이와 같다. 이 한 절은 모두 자리에 나아가려고 할 때의 예절을 말한 것인데, 만약 발이 걸려 넘어진다면 예의를 잃게 된다. "구의摳衣"(옷을 걷어 올리는 것)라는 것은, 옷자락(齊)93)을 지면에서 한

---

90) 諧聲: 육서의 하나로, 形聲, 象聲 같은 뜻으로 둘 이상의 글자가 한 글자로 이루어져서 한 부분은 뜻을, 다른 한 부분은 음을 나타내는 것이다. 그런데 여기에서는 聲이 같으면 뜻도 같다는 의미로 사용되었다.

91) 『字彙』를…… 했으니: 『字彙』에는 "糞, 音奮, 棄除也.……俗作糞非."라고 하였다. 성호는 非자를 자신의 견해인 듯 기술하고 있지만 이것은 『자휘』에서 말하고 있는 것이다.

92) 怍: 정현의 주에 "'怍'은 안색이 변하는 것이다"('怍, 顔色變也)라고 하였다.

93) 옷자락(齊): 옛날 긴 옷의 꿰매진 아랫단을 말한다. 『禮記』「玉藻」에 "凡侍於君, 紳垂, 足如履齊."라고 하였는데, 이에 대한 疏에 "'의'는 '상'을 이른다. '자'는 '상'의 꿰매어

자 이상 떨어지게 하면 옷이 곧 펄럭여 벌어지게 되고, 한 자에 못 미치면 발이 혹 걸려서 넘어지게 되니, 모두 삼가야 한다.

○ "怍", 恐是羞縮不中度也. 不怍, 則體胖容舒也. "蹶", 躓物也. 馬之冑觸躓頓, 謂之"足蹶", 意亦如是也. 此一節, 皆言將卽席之禮, 若足蹶而顚躓, 則失儀. "摳衣"者, 去齊過尺, 則衣便撥開, 不及尺, 則足或蹶躓, 皆可愼也.

【2-78】 명륜 78장

> 侍坐於先生, 先生問焉, ①終則對, 請業則起, 請益則起.

【2-78-①】 "끝난 뒤에 대답한다"(終則對)고 하는 것은 선생님의 묻는 말이 끝나기 전에는 감히 급하게 대답하지 못하는 것이고, 묻는 말이 끝났다면 또한 바로 대답하지 않을 수 없는 것이다.

○ "終則對", 未終, 不敢遽對; 旣終, 亦不敢不卽對.

【2-81】 명륜 81장

> 侍坐於君子, 若有告者曰: 少閒, 願有復也, 則①左右屛而待.

【2-81-①】 "좌우左右"라고 말한 것은 모시는 자가 모두 물러났다는 것이다. "물러나서 기다린다"(屛而待)라고 말한 것은 감히 서둘러 스스로

진 아랫단이다. 또한 자리에 나아가려 할 때에 두 손을 '상'의 앞에 위치시켜 '상'을 끌어서 일어나도록 하여 '상'의 꿰매어진 아랫단이 땅에서 한 자가 떨어지도록 하는 것을 이르니, 이는 옷이 길어서 발을 옮김에 이것을 밟을까 염려해서이다"(衣, 謂裳也. 齊, 是裳下緝也. 亦謂將就席之時, 以兩手當裳前, 提挈裳使起, 令裳下緝去地一尺, 恐衣長轉足躐履之也)라고 하였다.

물러나 돌아가지 못하는 것이니, 어른의 마음이 혹 불안하실 혐의가 있어
서이다.

○ 言"左右", 則侍者皆屛也; 言"屛而待", 則不敢遽自退歸, 嫌長者意或不
安也.

【2-86】 명륜 86장

> 「少儀」曰: 尊長, 於己踰等, 不敢問其年, 燕見, 不將命, 遇於道, 見則面,
> 不請所之. 侍坐弗使, 不執琴瑟, 不畫地, 手無容, 不翣也, 寢則坐而將命.
> ①**侍射則約矢, 侍投則擁矢**, 勝則洗而以請.

【2-86-①】 "약約"은 묶는다는 것이다. 활을 쏘는 사람은 왼손으로는
활을 잡고 오른손으로 시위를 걸어야 하므로 허리춤에 화살을 묶는다.
투호를 하는 사람은 오른손으로만 하므로 왼손으로 화살을 움켜잡을 수
있는 것이다.

○ "約", 束也. 射者, 左手執弓, 右手鉤弦, 故束矢於腰間. 投者但以右手,
則左手可以擁矢也.

이상은 장유長幼의 서序를 밝힌 것이다.

右明長幼之序.

5) 명붕우지교明朋友之交

【2-97】 명륜 97장

> 凡與客人者, 每門讓於客, 客至寢門, 主人請入爲席, 然後出迎客, 客固辭, 主人肅客而入. ①主人入門而右, ①客入門而左, 主人就①東階, 客就①西階, 客若降等, 則就主人之階, 主人固辭, 然後客復就西階. 主人與客讓登, 主人先登, 客從之, 拾級聚足, 連步以上, 上於東階, 則①先右足, 上於西階, 則①先左足.

【2-97-①】 계단을 오르는 예법은 한 계단을 오를 때마다 두 발을 모아가면서 앞에서 한 발이 한 계단을 오르면 뒤에서 한 발이 따라가서 나란하게 된 뒤에 또 한 계단을 오른다. 손님과 주인은 서로 공경하여 한뜻으로 몸을 기울여 (서로) 향(마주)한다. 동쪽 계단을 오르는 사람이 왼쪽 발을 먼저 뗀다면 객을 향할 수 없고, 서쪽 계단을 오르는 사람이 오른쪽 발을 먼저 뗀다면 주인을 향할 수 없다. (『예기』)「곡례」에 "마부가 부인의 수레를 몰 때에는 왼손을 내밀어 고삐를 잡고 오른손을 뒤로 한다. 임금의 수레를 몰 때에는 오른손을 앞으로 내밀어 고삐를 잡고 왼손을 뒤로 하여 몸을 숙인다"라고 하였고,[94] 이에 대해 공영달孔穎達은 "왼손을 앞으로 내는 것은 그 형상이 약간 (부인과) 서로 등지게 하는 것이고 오른손을 앞으로 내는 것은 예에서 서로 몸을 향하는 것을 귀하게 여기기 때문이다" 하였는데,[95] 일반적으로 수레를 타는 예법은 타는 사람이 왼쪽에

---

94) (『禮記』)「曲禮」에…… 하였고:「曲禮上」에 "僕御婦人, 則進左手, 後右手. 御國君, 則進右手, 後左手而俯."라 하였다.

95) 孔穎達은…… 하였는데: 위의 문에 대한 공영달의 疏에 "御者는 가운데 앉고, 부인은 왼쪽에 앉으니, 왼손을 앞으로 내어 고삐를 잡아 몸을 약간 부인과 등지게 하는 것은 혐의를 멀리하기 위한 것이다. 임금의 수레를 모는 경우는 예에 서로 몸을 향하는 것으로 공경을 삼는다. 그러므로 오른손을 앞으로 하고 수레를 몰기 시작하면 계속

있기 때문이다. 그 뜻을 서로 미루어 볼 수 있다.

○ 登階之禮, 拾級聚足, 前一足, 涉一級, 後一足從之, 倂然後, 又涉一級. 賓主相敬, 一意傾向. 東階者, 先左足, 則不能向客矣; 西階者, 先右足, 則不能向主人矣. 「曲禮」云: "僕御婦人, 則進左手, 後右手; 御國君, 則進右手, 後左手." 孔氏曰: "進左手, 形微相背也; 進右手, 禮以相向爲貴也." 蓋乘車之禮, 乘者在左故也. 其義可互推也.

【2-98】 명륜 98장

大夫士相見, 雖貴賤不敵, 主人敬客, 則①先拜客, 客敬主人, 則①先拜主人.

【2-98-①】 내가 공경하면 먼저 절할 수 있지만, 그가 나를 공경한다고 해서 아무렇지 않게 그가 절하는 것을 먼저 받을 수 있겠는가? 나의 생각으로 추측해 본다면, 손님과 주인이 귀천에 차이가 있을 경우 예에 합당한 선후의 질서가 있다. 먼저 절을 받고 뒤에 답배를 하는 것이 마땅한 경우라 할지라도 만약 공경의 뜻을 펴고자 할 때는 그가 절하기를 기다리지 않고 나도 그에게 절하게 되는데, 이것을 '선배先拜'라고 한다. 또만약 내가 예를 뛰어넘어 먼저 절한다 하더라도 상대방도 또한 예에 의거하여 절하는 것이 당연하니 그렇다면 그것은 오늘날 세속의 '대배對拜'(맞절)와 같을 따름이다.

○ 我之敬彼, 可以先拜; 彼之敬我, 其可偃然先受其拜乎? 以意臆之, 賓主貴賤之間, 禮合有先後之序. 雖當先受後答之地, 若欲申敬, 則不待彼拜, 而我且拜之, 是謂"先拜"也. 我雖越禮先拜, 彼亦當據禮而拜之, 若然者[96], 只如

式禮를 할 수 없으므로 다만 몸을 숙여서 경의를 표한다"(僕在中, 婦人在左, 進左手持轡, 使身微相背, 遠嫌也. 御君者, 禮以相向爲敬. 故進右足, 旣御, 不得常式. 故但俯俛而爲敬)라고 하였다. 이 부분은 성호가 축약해서 말하였는데, '身' 대신 '形'을, '敬' 대신 '貴'를 사용하였다.

今俗"對拜"而已.

이상은 붕우朋友의 사귐을 밝힌 것이다.

右明朋友之交.

---

6) 통론通論

【2-102】 명륜 102장

『禮記』曰: 事親, 有①隱而無①犯, 左右就養, 無方, 服勤②**至死**, 致喪三年. ③**事君**, 有①**犯**而無①**隱**, 左右就養有方, 服勤②**至死**, 方喪三年. 事師, 無①**犯**無①**隱**, 左右就養無方, 服勤②**至死**, 心喪三年.

【2-102-①】 "은隱"이라고 하는 것은 드러내 놓고 말하여 직접적으로 배척하려고 하지 않는 것이다. 스승과의 관계에 있어서는 의심스러운 것을 묻기에 바쁘니 이렇게 숨길 겨를이 있겠는가? "범犯"이라고 하는 것은 거듭 쓴소리를 하면서 자기 의견을 다투어 고집하는 것이다. 스승과의 관계에 있어서는 가르침을 받기에도 바쁘니, 이렇게 범할 겨를이 있겠는가?

○ "隱"者, 不欲顯言直斥, 其於師也, 疑問之不暇, 其有是乎? "犯"者, 苦口爭執, 欲導之改過, 其於師也, 受教之不暇, 其有是乎?

【2-102-②】 "지사至死"는 죽을 만큼 부지런히 일한다는 말이다.

○ "至死", 謂服勤至於致死也.

【2-102-③】 임금과 아버지는 동등하다. 그러나 임금이 돌아가셔서 복을 입었다면 감히 사사로이 복을 입을 수 없고, 임금이 어려움 가운데 있다면 아버지를 버려두고 임금에게 달려가야 한다. 왜 그런가? 임금과 신하는 공적인 관계이고 아버지와 아들의 관계는 사사로운 관계이기 때문이다. 공적인 일로 인해 사적인 일을 가릴 수 있기 때문이지, 아버지를 임금보다 가볍게 생각한 것은 아니다.

○ 君父等耳. 然君喪服於身, 則不敢私服; 君有難, 則捨父而赴之, 何也? 君臣, 公也; 父子, 私也. 公可以掩私, 非父輕於君也.

【2-103】 명륜 103장

> 欒共子曰: ①民生於三, 事之如一, ①父生之, 師敎之, 君食之, 非父不生, 非食不長, 非敎不知, ①生之族也. 故一事之, 唯其所在, 則致死焉. ①報生以死, 服賜以力, 人之道也.

【2-103-①】 "사람이 세 분에게서 생명을 받았다"(民生於三)와 "낳아 준 은혜에 죽음으로 보답하다"(報生以死)의 두 "생生"자는 생사生死의 생生이고, "아버지가 낳으시고"(父生之)와 "낳아 준 부류"(生之族)의 두 "생生"자는 생산生産의 생生이다. 임금과 스승은 본래 나를 낳아 준 사람은 아니지만 그 공이 또한 생산한 것과 같기 때문에 "낳아 준 부류"라고 한다. 그러나 생산이라고 하는 것은 처음 태어났을 때에 속하고 사생死生이라고 하는 것은 일생을 들어서 말하는 것인데, "일생一生"을 들어서 말한다면 생산도 포함된다. 그러므로 둘이 합해서 하나가 되니 애초에 다른 의미가 없다.

○ "民生於三"及"報生以死", 兩"生"字, 是生死之生; "父生之"及"生之族", 兩"生"字是生産之生. 君與師, 本非生産我者, 其功又與生産者等, 故曰"生之族". 然生産, 屬之有生之初, 死生, 擧一生而言, 擧"一生", 則生産包之矣. 然則合兩爲一, 初無異義.

【2-105】 명륜 105장

> 曾子曰: 親戚不說, 不敢外交, 近者不親, 不敢求遠, 小者不審, 不敢言大. 故人之生也, 百歲之中, 有①疾病焉, 有①老幼焉, 故君子, 思其不可復者,

【2-105-①】"친척이 이미 죽음"(親戚既沒)이라고 하는 것은 "질병疾病"에
속하고, "나이가 늙음"(年既耆艾)이라고 하는 것은 "노유老幼"에 속한다. "질
병"이라는 것은 죽으려는 징후이다. 예경禮經(『儀禮』)에 따르면, 죽음의 징
후를 반드시 "질병"이라고 하고, (鄭玄의 註에) "질疾이 심해진 것을 병病
이라고 한다"라고 하였다.[97] 사람의 자식 된 자가 효도를 하려고 해도
이미 병이 깊어졌다면 어떻게 미칠 수 있겠는가? "친척親戚"은 부모를 가
리킨다. "척戚"은 다만 "친親"이다. 육친六親(부모, 형제, 처자)이 모두 '친'이지
만 부모에게서 뿌리를 두고 있으므로 "부모"를 "친"이라고 한 것이니,
"척"이라고 말하는 것도 또한 이와 같다. 【혹은 아마도 "척"자는 연문이다.】

○ '親戚既沒', 屬'疾病'; '年既耆艾', 屬"老幼". "疾病"者, 將死之候, 據禮
經, 死候必稱"疾病", "疾甚曰病"也. 人子雖欲孝, 既到疾病, 其可及乎? "親
戚", 父母也. "戚"只是"親"也. 六親皆親, 而本於父母, 故謂"父母"爲"親",
則"戚"之爲言, 亦猶是也. 【或疑"戚"字衍文.】 [98]

【2-106】 명륜 106장

---

97) 禮經(『儀禮』)에 따르면…… 하였다:『의례』「旣夕禮」에 "병이 깊어지면 처소의 안팎
을 모두 청소한다"(疾病, 外內皆埽)에 대한 정현의 주에 "질이 심해진 것을 병이라
한다"(疾甚曰病)라고 하였다. 또 『예기집설』권21「喪大記」에서도 "疾病, 外內皆埽."라
고 하였고, 진호의 주에 "병은 질이 심해진 것이다"('病, 疾之甚也)라고 하였다.
98) 【或疑"戚"字衍文.】: 규장각본(나)·국중본·성호기념관본·화경당본에는 본문으로
되어 있다.

【2-106-①】 "관태官怠" 이하는 모두 욕망을 좇은 것의 실제(징험)이다. 욕망을 절제하지 못하면 신하답지 못하고 자식답지 못하게 되어 자신을 망가뜨리고 집안을 망가뜨리게 된다. 그러므로 증자曾子는 "나는 새는 산을 낮다고 여겨 그 위에 둥지를 틀고, 물고기와 자라는 못을 얕다고 여겨 그 속에 굴을 뚫는다. 그러나 먹이를 얻으려 하다가 잡힌다. 군자가 참으로 이익을 위해서 자신을 해치지 않을 수 있다면 치욕이 어떻게 이르겠는가?"라고 하였다.[99] 때문에 인하여 이 네 가지의 경계가 있게 되었으니, 이것은 증자가 병이 들고 나서 증원曾元과 증화曾華에게 훈계한 것이다. 증자가 죽음을 앞두고 사람들에게 가르치고 경계한 것은 가깝고 절실하지 않음이 없으니, 예를 들자면 "손과 발을 보라"(啓手足), "군자가 귀하게 여기는 세 가지 도리"(三所貴)[100], 그리고 "바름을 얻고서 죽는다"(正而斃)[101]

---

99) 曾子는…… 하였다: 『순자』 제13 「法行」에 "증자가 병이 들자 아들 증원이 발치에 앉아 있었다. 증자가 말했다. '원아! 내가 너에게 알려주는 말을 기억해 두어라. 물고기, 자라, 악어는 깊은 연못을 오히려 얕다고 여겨 그 속에 구멍을 파고, 매와 솔개는 높은 산을 오히려 낮다고 여겨 그 꼭대기에 집을 짓는데도 먹이를 얻으려 하다가 잡히는 것이다. 그러므로 군자가 진실로 이익 때문에 의리를 해치지 않는다면 치욕이 오지 않을 것이다"(曾子病, 曾元持足! 曾子曰: 元, 志之! 吾語汝. 夫魚鱉黿鼉猶以淵爲淺而堀其中, 鷹鳶猶以山爲卑而增巢其上, 及其得也必以餌. 故君子苟能無以利害義, 則恥辱亦無由至矣)라고 하였다.

100) 예를 들자면…… (三所貴): 『논어』 「泰伯」에 나오는 말이다. "증자가 병이 위중하자, 제자들을 불러 말하기를, '나의 발과 손을 보아라. 『시경』에 이르기를 '전전하고 긍긍하여, 깊은 못에 임한 듯이 하고, 엷은 얼음을 밟는 듯이 하라' 하였으니, 이제야 나는 면한 것을 알겠구나, 제자들아'라고 하였다."(曾子有疾. 召門弟子曰, 啓予足, 啓予手. 『詩』云, '戰戰兢兢, 如臨深淵, 如履薄氷.' 而今而後, 吾知免夫, 小子) 또 曾子가 이르기를 "군자가 귀히 여기는 도가 세 가지가 있으니, 용모를 움직일 때는 사납고 거만함을 멀리할 것이며, 낯빛을 바르게 하는 데는 신실함에 가깝도록 할 것이며, 말을 함에 있어서는 상스럽고 도리에 어긋난 것을 멀리할 것이다. 제기를 다루는 일은 유사가 맡아서 하는 것이다"(君子所貴乎道者三, 動容貌斯遠暴慢矣, 正顏色斯近信矣, 出辭氣斯遠鄙倍矣, 籩豆之事則有司存)라고 하였다.

101) 바름을 얻고서 죽는다(正而斃): 『禮記』 「檀弓上」에 "曾子가 앓아누웠는데 악화되어 임종이 가까웠다. 樂正인 子春은 침상 아래 앉고, 曾元과 曾申은 발쪽에 앉고, 동자는 방 모퉁이에 앉아 촛불을 들고 있었다. 童子가 말하였다. '화려하고 매끈한 것은 大夫의 자리가 아닙니까?' 子春이 '그만두라'고 하였다. 曾子가 듣고는 놀라 '허!'라고 하였다. 동자가 다시 '화려하고 매끈한 것은 대부의 자리가 아닙니까?'라고 하자,

라고 한 것이 그러한 부류이다. 종합해서 보면, 그 몸이 닦이지 않고, 욕심이 제어되지 않는 것에 대해 항상 두려워한 것이니 감탄하고 흥기하기에(선한 마음을 일으키기에) 충분하다.

○ "官怠"以下, 皆殉慾之驗. 欲不能節, 則至於不臣不子, 身亡家敗. 故曾子曰: "飛鳥以山爲卑, 而層巢其顚; 魚鼈以淵爲淺, 而穿穴其中. 然所以得者餌也. 君子苟能無以利害身, 則辱安從至乎?" 因而有此四者之戒, 此曾子有疾, 而訓曾元・曾華者. 曾子臨沒, 所以敎戒乎人者, 莫非親切, 如"啓手足"・"三所貴"・"正而斃"之類. 合而觀之[1], 其孜孜乎惟恐身之不修・欲之不防, 有足感歎興起者矣.

1. 如"啓手足"・"三所貴"・"正而斃"之類. 合而觀之: 정본에서는 "如啓手足三所貴正而斃之. 類合而觀之."으로 표점하였으나 수정하여 읽었다.

이상은 통론한 것이다.

右通論.

중자는 '그렇다. 이는 季孫이 준 것인데, 내가 바꾸지 못하고 있었다. 元은 일어나 자리를 바꿔라'라고 하였다. 증원이 '선생님의 병이 위급하니 움직여서는 안 됩니다. 아침이 되면 삼가 바꾸도록 하겠습니다' 하자 중자가 '네가 나를 사랑함이 저 동자만도 못하구나. 군자는 덕으로 사람을 사랑하고 세인은 姑息으로 사람을 사랑한다. 내가 무엇을 바라겠는가? 나는 바름을 얻어 죽으면 그만이다'라고 하였다. 듣고 부축하여 자리를 바꿨는데, 자리에 다시 눕고 미처 안정되기도 전에 죽었다"(曾子寢疾病, 樂正子春坐於牀下. 曾元曾申坐於足, 童子隅坐而執燭. 童子曰華而睆, 大夫之簀與. 子春曰止. 曾子聞之瞿然曰呼. 曰華而睆, 大夫之簀與. 曾子曰然, 斯乃季孫之賜也, 我未之能易也. 元起易簀. 曾元曰: 夫子之病革矣, 不可以變. 幸而至於旦, 請敬易之. 曾子曰: 爾之愛我也, 不如彼. 君子之愛人也以德, 細人之愛人也以姑息. 吾何求哉. 吾得正而斃焉斯已矣. 擧扶而易之, 反席未安而沒)라고 한 내용이 있다.

3. 경신敬身

【개요】「경신」편은 모두 46장으로 구성되어 있고, 앞부분에 주자의 소서小序가 있다. 「경신」편 총 46장 67절 가운데 『소학질서』는 32항목에 대해 주석하고 있다. 구체적인 내용을 『소학집설』과 『소학제가집주』(소학집주)의 주석 내용과 비교하면, 아래 표와 같다.

일련번호	집주 장절	주제어	소학집설	소학제가집주	소학질서
[3-小序-①]	小序	敬身爲大	方氏曰	『集說』左同	보충설명
[3-小序-②]	小序		陳氏曰	『集說』左同	보충설명
[3-1-①]	1-1	敬, 怠, 義, 欲	吳氏曰	『集說』左同	보충설명
[3-1-②]	1-1	丹書	吳氏曰	『集說』左同	보충설명
[3-2-①]	2-2	敖, 欲, 志, 樂	應氏曰	『集解』左同	보충설명
[3-2-②]	2-5	質	朱子曰	『集解』左同	面質: 보충설명
[3-10-①]	10-1	姦聲, 亂色	陳氏曰: 부정한 소리와 색	『集解』左同	姦聲: 正聲 외에 손을 빨리 움직여 연주하는 음란한 음악 亂色: 섞인 색
[3-10-②]	10-1	聲色	眞氏曰	『集解』左同	보충설명
[3-12-①]	12-1	畏威如疾 見懷思威	吳氏曰	『集說』左同	보충설명
[3-13-①]	13-1	齊顏色	吳氏曰	『集說』左同	一於和而不變(自註)
[3-14-①]	14-1	淫, 怠荒, 倨, 箕, 鬈	陳氏(澔)曰	『集說』左同 『集解』	진호와 다소 차이가 남
[3-15-①]	15-4	扃	陳氏(澔)曰: 門關木	『集解』左同	戶의 가장자리에 달린 문고리
[3-15-②]	15-5	踖席	陳氏(澔)曰: 앞에서부터 올라간다.	『集解』左同	자리의 모퉁이를 따라 아래에서 올라간다.
[3-16-①]	16-2	九容	陳氏(澔)曰	『集解』左同	보충설명
[3-16-②]	16-2	端	곁눈질하지 않는다.	『集解』左同	볼 때: 눈동자를 돌리지 않는다. 보지 않을 때: 얼굴을 이리저리 돌리지 않는다.
[3-17-①]	17-1	齊	孔氏曰: 제사의 재계가 아니다.	『集說』左同	제사 때의 재계상황이다.

[3-18-①]	18-1	旁狎, 戲色	應氏曰 旁狎—가까이 있는 이에게 친압, 戲色—불경한 태도로 비웃는 말을 하는 것	『集解』旁狎—두루 함부로 대함, 戲色—업신여기는 태도로 희롱하는 것	旁狎—친한 이에게 무례함 戲色—여색을 희롱하는 것
[3-18-②]		道		말하다.	遺의 誤記
[3-18-③]	18-4	質	陳氏(澔)曰: 自我質正	『集說』左同	身自質定—보충설명
[3-23-①]	23-1	본문	陳氏曰	『集說』左同	보충설명
[3-26-①]	26-1	疾風, 迅雷, 甚雨	陳氏曰	『集說』左同	보충설명
[3-27-①]	27-1	居不容	朱子曰: 집에서 거처할 때 容儀를 꾸미지 않음	『集說』左同	앉아 있을 때 몸을 움직이지 않는다.
[3-32-①]	32-1	五聲	陳氏(澔)曰	『集解』左同	陳澔와 다른 설로 보충설명
[3-32-②]	32-2	非辟之心, 無自入也	吳氏曰; 朱子曰; 陳氏(澔)曰; 方氏曰: 마음이 안에 있지만 물건을 탐하면 出	『集解』左同	非辟이 들어가고 나가는 것이지 非辟之心이 출입하는 것이 아니다.
[3-34-①]	34-3	兄弟具在	吳氏曰	『集說』左同	보충설명
[3-39-①]	39-1	不絢	吳氏曰: 다닐 때의 경계를 익히지 않아서 신코에 끈을 매지 않는다.	『集解』左同	장식을 달지 않는다. —어린아이의 禮가 그렇기 때문
[3-41-①]	41-1	不澤手	吳氏曰: 식사 시에 손을 비벼서 땀이 나게 하지 않는다.	『集解』 『集成』: 음식물이 손에 젖게 하지 않는다.	식사를 할 때는 반드시 손을 씻어야 한다. 不이 必자의 誤記로 보아 '必澤手'이다.
[3-41-②]	41-2	搏, 放, 流	孔氏曰; 朱子曰	『集解』	朱子설에 대한 보충설명
[3-41-③]	41-3	咤, 齧, 反魚肉, 投與狗骨	陳氏(澔)曰: 咤—소리를 내면서 먹는 것(노한 것 같아 두렵다), 齧—뼈를 깨물다(소리가 싫다), 反魚肉—먹다 남은 어육을 되돌려 놓다(먹던 것이므로 더럽게 여긴다), 投與狗骨—주인의 물건을 함부로 하는 것	『集說』左同	咤—혀를 차며 탄식(음식 타박), 齧—고기를 다 먹고 뼈를 깨무는 것은 식욕이 채워지지 않았다는 의미, 反魚肉—어육을 그릇에 되돌려 놓는 것은 맛이 없다는 표현이다. 投與狗骨—질서가 없는 것이다.
[3-41-④]	41-5	嚃羹	陳氏(澔)曰: 국에 나물이 있는 것을 젓가락을 사용해 들이마시다.	『集解』左同	국에 여러 가지 맛을 섞어서 먹는 것
[3-43-①]	43-6	薑食	朱子曰: 생강을 먹다.	『集解』左同	생강으로 지은 밥
[3-44-①]	44-1	身踐	陳氏(澔)曰: 자신이 직접 죽이다. 踐=剪=殺	『集說』左同	자신이 직접 실행하다. (의미 동일) 踐=踐行
[3-45-①]	45-1	一獻之禮, 終日飮酒	吳氏曰	『集說』左同	보충설명

주자소서朱子小序

> 孔子曰: 君子無不敬也, ①敬身爲大. ②身也者, 親之枝也, 敢不敬與. 不能敬其身, 是傷其親, 傷其親, 是傷其本, 傷其本, 枝從而亡, 仰聖模, 景賢範, 述此篇, 以訓蒙士.

【3-小序-①】 하나의 사물에 대해서라도 경敬을 빠뜨리면 곧 그 자신을 공경하지 않는 것이니, "자신을 공경하는 것이 크다"(敬身爲大)고 하는 까닭이다.

○ 一事物闕敬, 便是不敬其身, 所以"敬身爲大".

【3-小序-②】 가지가 흔들리면 뿌리도 흔들리고, 뿌리가 흔들리면 가지가 그것으로 인해 말라지게 되는데, 이것은 마치 사람이 그 자신을 조심하지 않아서 혹 부모를 상하게 되는 데 이르게 되는 것과 같다. 부모를 상하게 하고서 자신이 편안함을 얻게 되는 경우는 없다.

○ 枝撼, 則根搖, 根搖, 則枝從而枯, 如人不敬其身, 或至於傷父母. 未有父母傷而身得安者也.

1) 명심술지요明心術之要

【3-1】 경신 1장

> ①『丹書』曰: ②敬勝②怠者②吉, ②怠勝②敬者②滅, ②義勝②欲者②從, ②欲勝②義者②凶.

【3-1-①】 『좌전』에 "비표는 관노가 된 자인데, 그 죄상이 단서에 실려 있다"[1]라고 하였다. (단서는) 대개 나라의 전법典法으로, 후대의 철권단서鐵券丹書는 곧 그 흔적이다.[2] 『주례』(「秋官司寇」) 「사약司約」에 "소약제를 단도丹圖에 써 두었다"라고 하였는데, 또한 단서丹書의 종류이다.

○『左傳』: "斐豹, 隷也, 而著於丹書." 蓋國之典法, 後之鐵券丹書, 卽其遺也. 『周禮』 「司約」: "小約劑, 書於丹圖." 亦丹書之類也.

【3-1-②】 "경敬"과 "태怠"는 마음을 가지고 말한 것이고, "의義"와 "욕欲"은 일을 가지고 말한 것이다. "공경하여서 안을 곧게" 하면 태만함이 저절로 들어갈 수 없고, "의義로써 밖을 바르게" 하면 욕망은 막을 필요도 없다.[3] '길吉'·'흉凶'·'종從'·'멸滅'은 호문互文[4]이면서 진운絡韻[5]이다.

---

1) 『좌전』에······ 실려 있다: 『春秋左氏傳』 襄公 23년조에 "당초에 비표는 죄를 범해 관노가 된 자로 그 죄상이 단서에 실려 있다"(初, 斐豹隷也, 著於丹書)라고 하였다. 여기에서 '丹書'는 죄인의 범죄 사실을 붉은 글씨로 기록한 문서이다.

2) (단서는)······ 흔적이다: '鐵券'은 帝王이 功臣에게 주어서 대대로 모종의 特權을 누리도록 허락해 주는 鐵契를 말한다. 『周禮』 「秋官司寇·司約」에 "大約劑는 종묘에서 쓰는 제사 술잔에 기록하고 小約劑는 丹圖에다 기록한다"(凡大約劑, 書於宗彝, 小約劑, 書於丹圖)라고 하였는데, 鄭玄의 註에 "지금 俗語에 '鐵券丹書'라는 말이 있는데, 舊典의 흔적이 아닌가 싶다"라고 하였다.

3) 공경하여서······ 없다: 敬으로 안을 곧게 하고 義로 밖을 바르게 한다(敬以直內義以方外)는 말이, 『주역』 坤卦 「文言」에 나온다.

4) 互文: 둘 이상의 구를 나란히 하여 한쪽에서 진술하는 내용과 다른 한쪽에서 진술하는 내용을 서로 보완함으로써 통합된 의미를 전달하는 형식을 말하다. 즉 두 문장의

○ "敬"·"怠", 以心言; "義"·"欲", 以事言. "敬以直內", 則怠無自入; "義
以方外", 則欲不足防. "吉"·"凶"·"從"·"滅", 互文而趁韻耳.

【3-2】 경신 2장

> 「曲禮」曰: 毋不敬, 儼若思, 安定辭, 安民哉. ①敖不可長, 欲不可從, 志不
> 可滿, 樂不可極. 賢者, 狎而敬之, 畏而愛之, 愛而知其惡, 憎而知其善, 積
> 而能散, 安安而能遷. 臨財毋苟得, 臨難毋苟免, 很毋求勝, 分毋求多. 疑
> 事毋②質, 直而勿有.

【3-2-①】 '오만함'과 '욕망'은 없애야 할 것이고, '뜻'과 '즐거움'은 절
제해야 할 것이다. 뜻이 가득함은 오만함을 키우는 것으로부터 오며, 즐
거움이 극도에 이르는 것은 욕망을 멋대로 부리는 것으로 인하여 이룬다.

○ "敖"·"欲", 當無者也; "志"·"樂", 當節者也. 志滿, 從長敖來, 樂極,
因從欲成.

【3-2-②】 "질質"은 지금의 "면질面質"6)의 "질質"과 같다. 먼저 자신의
견해를 가지고 타인에게 분변하는 것을 "질質"이라고 한다.

○ "質", 如今"面質"之"質". 先以己見, 辨之於人曰"質".

뜻이 상통하여 전체 뜻을 완전하게 하는 문장 구성법이다. 심경호, 『한학입문연구』
(2003, 이회), 128쪽 참고.

5) 趁韻: 운자를 억지로 맞추고 내용의 옳고 그름을 생각지 않고 시를 짓는 것을 말한
다. [周] 張鷟, 『朝野僉載』, 卷四, "唐左衛將軍權龍襄性褊急, 常自矜能詩……皇太子宴, 夏日
賦詩: '嚴霜白浩浩, 明月赤團團.' 太子援筆爲讚曰: '龍襄才子, 秦州人士. 明月畫耀, 嚴霜夏
起. 如此詩章, 趁韻而已.'"(『한어대사전』)

6) 面質: 관련자들의 말이 어긋날 경우 일의 실상을 알아내기 위해 직접 대면시켜서 그
진위를 따져보는 것을 말한다. 『漢書』, 「王陵傳」, "呂太后聞之, 私喜. 面質呂須於平前."

【3-10】 경신 10장

> 「樂記」曰: 君子①姦聲亂②色, 不留聰明, 淫②樂慝②禮, 不接心術, ②惰
> 慢邪辟之氣, 不設於身體, 使②耳目②鼻口, ②心知②百體, 皆由順②正,
> 以行其義.

【3-10-①】 "간성姦聲"은 간색姦色과 같다. 간색間色(둘 이상의 색이 섞인 색)
을 "간색姦色"이라고 한다면, '정성正聲' 외에 손을 빨리 움직여서 연주하고
음란한 것을 "간성姦聲"이라고 한다. (『예기』)「악기樂記」에서는 "팔풍八風[7]
이 율을 따라서 간사하지 않다"고 하였는데,[8] 이것은 서로 침범하여 어지
럽히지 않음을 말한다.

○ "姦聲", 猶姦色, 間色謂之"姦色", 則正聲之外, 繁手而淫者, 爲"姦聲".
「樂記」云"八風從律, 而不姦", 謂不相侵亂也.

【3-10-②】 "성색聲色"은 이목耳目에 속하고, "예악禮樂"은 심지心志에
속하며, "태만惰慢"과 같은 것들은 '백체百體'에 속한다. 이것을 미루어 보
면, 코가 맡는 냄새와 입이 느끼는 맛 또한 부정한 것이 가까이 오도록
하지 않는 것이다.

○ "聲色"屬耳目, "禮樂"屬心知, "惰慢"等屬百體. 推此, 則鼻之於臭, 口之
於味, 亦不使不正者來近.

---

7) 八風: '八風之音'의 준말로, 八音을 가리킨다. 『춘추좌씨전』 襄公 29년조에 "오성이
   어울리고 팔풍이 조화되었으며, 박자에 법도가 있고 악기의 연주에 차례가 있다"(五
   聲和, 八風平, 節有度, 守有序)라고 하였다. 팔음은 金・石・絲・竹・匏・土・革・木의
   재료로 만든 여덟 종의 악기에서 나는 소리이다.
8) 「樂記」에서는…… 하였는데: 『禮記』「樂記」39에서 "五色은 문채를 이루어 어지럽지
   않고, 八風은 律을 따라서 간사하지 않아, 百度(모든 도수)가 수를 얻어 일정함이 있
   다"(五色成文而不亂, 八風從律而不姦, 百度得數而有常)라고 하였다.

【3-12】 경신 12장

> 管敬仲曰: ①**畏威如疾**, 民之上也, 從懷如流, 民之下也, ①**見懷思威**, 民
> 之中也. 右明心術之要.

【3-12-①】 "위威"는 밖에서 엄습해 오는 것이어서 요행히 피할 수가
있지만, "질疾"은 안에서 일어나는 것이어서 면할 수가 없다. "하늘의 위
엄을 질병처럼 두려워한다"(畏威如疾)면 이것은 참으로 두려워하는 것이어
서 잘못을 감히 스스로 일으키지는 않을 것이다. "회유를 당했을 때 하늘
의 위엄을 생각한다"(見懷思威)면 의義와 이利가 서로 싸우지만 마침내 바른
곳으로 돌아가게 될 것이다.

○ "威"從外加, 猶可幸違; "疾"由內作, 不可逭也. "畏威如疾", 則是誠畏,
而擘不敢自作矣; "見懷思威", 則義利交戰, 而卒歸於正也.

- 해설:『소학집설』에서는, "威者, 謂天之威也."라 하였다. 여기에서 성호도 '위
威'를 '하늘의 위엄'으로 이해한 듯하다.

이상은 심술心術의 요체를 밝힌 것이다.

右明心術之要.

2) 명위의지칙明威儀之則

【3-13】 경신 13장

> 「冠義」曰: 凡人之所以爲人者, 禮義也, 禮義之始, 在於正容體, ①齊顏色, 順辭令, 容體正, 顏色齊, 辭令順而後, 禮義備, 以正君臣, 親父子, 和長幼, 君臣正, 父子親, 長幼和而後, 禮義立.

【3-13-①】 "낯빛을 온화하게 하며"(齊顏色)는 한결같이 온화한 표정을 띠고 변하지 않는 것을 말한다.

○ "齊顏色", 謂一於和而不變也.

【3-14】 경신 14장

> 「曲禮」曰: ①毋側聽, 毋噭應, 毋淫視, 毋怠荒, 遊毋倨, 立毋跛, 坐毋箕, 寢毋伏, ①斂髮毋髢, 冠毋免, 勞毋袒, 暑毋褰裳.

【3-14-①】 듣는 것을 탐하면 귀로 엿듣고, 응답하는 것을 탐하면 소리가 고함을 치게 되고, 보는 것을 탐하면 눈이 음탕해진다. 이것은 모두 마음이 안정되지 않아 커지게 되고, 소리의 용모가 바르지 않게 된 것이다. "음淫"은 눈으로 훔쳐보고서 유주流注[9]하는 것이다. "태황怠荒"은 사체四體로써 말한 것이다. "거倨"는 조금 굽은 것인데, "경쇠를 만들 때, 거倨는 구句의 1.5배이다"라고 한 것[10]이 이것이다. 사람이 여유롭게 산보할

---

9) 流注: 流注想과 같은 말로, 마치 물이 흐르는 것처럼 번뇌와 망상이 끊이지 않는 것을 말한다. 『佛光大辭典』.
10) 倨는…… 한 것: 矩는 직각이나 方形을 그리는 데 쓰는 자이다. 구로 재었을 때 길이

때에 몸을 곧게 할 수 없어서 그 모양이 반드시 조금 굽어지게 되는데, 그것이 경쇠가 꺾인 것과 같다. 그 공경할 때는 혹 이러한 경우가 있지만, 여유롭게 놀 때에 그렇게 한다면 해이하고 태만한 것이 된다. "파跛"는 절뚝발이다. 서 있을 때 공경스럽지 않으면 반드시 몸을 한편으로 (삐딱하게) 기대어 절뚝발이와 비슷해지는 것이다. 『국어』에 "서 있을 때 몸을 한쪽으로 기울게 하지 않으니, 이는 정직한 것이다"라고 하였다.11) "기箕"는 거좌踞坐하는 것을 말한다. "거踞"는 또한 두 가지 의미가 있는데, "거상踞床"·"거측踞側"과 같은 것은 가장가리에 다리를 늘어뜨리고서 앉는 것이고, "기거箕踞"와 같은 것은 양쪽 다리를 펴고 손으로 무릎을 들어 올려 키와 같은 모양이 되는 것이다. 여기에서 말하는 "기箕"는 키와 같이 웅크려 앉은 것을 말하는데, "기과箕朘"12)라 하는 것이 이것이다. 일설에 '앉을 때는 반드시 단정하고 바르게 앉아야 하니 키로 까부는 것 같이 해서는 안 된다'고 하였다. "머리를 묶는다"(斂髮)라고 하는 것은 반드시 머리를 묶는 비단(纚)13)으로 하지만 '체髢'는 비단을 없애고 엮어서 묶을

로는 倨가 勾의 1.5배가 되고, 넓이로는 勾가 倨의 1.5배가 된다는 것이다. 『경모궁의궤』 제1권 「주례도」에 "옛날에 경을 만들 적에 형상을 아래로 드리우게 만든 것은 하늘이 서북쪽으로 기울어져 굽어 아래를 덮는다는 뜻을 상징한 것이다. 磬氏가 경을 만들 때 倨와 勾의 비율이 1矩 半이 되게 하였다"라고 하였다.

11) 『國語』에…… 하였다: 『國語』 권3 「周語下」에 "또 서 있을 때 몸을 한쪽으로 기울게 하지 않으니 이는 정직한 것이다. 사물을 보면서 눈을 이리저리 굴리지 않으니 이는 정숙한 것이다. 귀를 기울여 남의 은밀한 것을 들으려 하지 않으니 이는 堅定한 것이다. 얘기를 할 때 큰소리로 하지 않으니 이는 근신한 것이다. 정직은 문덕이 성취되는 길이며 정숙은 문덕의 신용을 옹호하는 것이며, 견정은 문덕을 능히 완성시키는 것이며, 근신은 문덕을 보유케 하는 것이다"(且夫立無跛, 正也. 視無還, 端也. 聽無聳, 成也. 言無遠, 愼也. 夫正, 德之道也. 端, 德之信也. 成, 德之終也. 愼, 德之守也)라고 하였다.
12) 箕朘: 무엇을 의미하는지 알 수가 없다.
13) 머리를 묶는 비단(纚): 머리를 동여매는 수건으로, 남자와 여자 모두 머리를 동여매

따름이니, 오늘날의 '피체髮髢'(가발)와 같다.

○ 貪聽, 則耳側; 貪應, 則聲噭; 貪視, 則目淫. 此皆心有不存, 聲容之不正也. "淫", 謂目偸而流注也. "怠荒", 以四體言也. "倨", 微曲也, 如"磬, 倨句一矩有半", 是也. 人優遊散步之時, 不能體直, 則其形必微曲, 如磬折也. 其致敬時, 或有此例, 而施之於優遊, 則爲解[14]惰矣. "跛", 蹩也. 立時不敬, 則必偏任而類蹩者也. 『國語』云: "立不跛, 正也." "箕", 謂踞坐也. 踞亦有二義, 如"踞床"·"踞側", 是近邊垂股而坐也; 如"箕踞", 是伸兩股, 以手據膝, 形如箕也. 此云"箕", 謂踞坐如箕也, 所謂"箕踞", 是也. 一說, 坐必端直, 不可如箕之簸揚也. "斂髮"者, 必以纚, 髢則廢纚, 而編束而已, 如今髮髢也.

【3-15】 경신 15장

登城不指, 城上不呼, 將適舍, 求毋固, 將上堂, 聲必揚, 戶外, 有二屨, 言聞則入, 言不聞則不入, 將入戶, 視必下, ①入戶奉扃, 視瞻毋回, 戶開亦開, 戶闔亦闔, 有後入者, 闔而勿遂. 毋踐屨, 毋②踖席, ②摳衣趨隅, 必愼唯諾.

【3-15-①】 "문으로 들어갈 때 (두 손은) 빗장을 받들 듯이 하고"(入戶奉扃)에 대한 공영달의 소에 "예禮에 정경鼎扃이 있으니, 정鼎을 거는 것이다. 오늘날 문을 잠그는 나무가 솥을 거는 것과 비슷하여 또한 '경扃'이라고 한다. 대개 솥걸이(鼎扃)를 받들 때에는 반드시 두 손으로 심장을 향하게 해서 받든다. 오늘날 문으로 들어갈 때 문빗장을 받들지는 않지만 그 손은 마치 빗장을 받들 듯이 한다"라고 하였다.[15] 지금 진호陳澔의 주註에서

___

어 묶는다. 흑색 비단으로 만들며, 넓이 1幅, 길이 6尺 정도의 크기이다. 『儀禮』 「士冠禮」에서 "緇纚, 廣終幅, 長六尺."이라 하였고, 이에 대한 정현의 주에 "纚一幅長六尺, 足以韜髮而結之矣."라고 하였다.

14) 解: 국중본·화경당본에는 '懈'로 되어 있다.

는 "관정關鼎"과 같은 말은 삭제해 버리고 다만 "빗장을 받드는 것같이"라고만 말하였는데,16) 이것은 말이 되지 않는다. 내 생각에는 "입호入戶"는 솥을 받들 때의 경우가 아니며, 문 가장자리에는 본래 문고리가 있으니 이것을 버리고 저것을 가져와서 비유하는 것은 또한 타당하지 않아 보인다. 생각건대, 문을 잠그는 나무를 '扃'이라고 한다면 그 문설주 상에 반드시 어떤 것이 있고, 이것이 문짝과 서로 관계해서 문을 잠그게 되는 것이다. 문의 반쪽을 "戶"라고 하니,17) 겨우 사람이 들어갈 수 있는 것이고, 문에는 반드시 문지방이 있어서 문지방을 넘은 뒤에야 들어갈 수 있다. 문지방을 넘어서 문으로 들어갈 때 혹 넘어질까 두려워 손으로 문빗장을 받들어 잡게 한 것이니, 그것으로써 삼가도록 한 것이다.

○ "入戶奉扃", 孔疏云: "禮有鼎扃, 所以關鼎. 今關戶之木, 與關鼎相似, 亦得稱扃. 凡奉鼎扃之時, 必兩手向心而奉之. 今入戶, 雖不奉扃木, 其手若奉扃然." 今陳註刪去"關鼎"等語, 而只云"奉扃然", 不成說矣. 愚謂, "入戶", 非奉鼎之時, 而戶旁本有扃, 則舍此而喩彼, 恐亦不妥. 意者, 關戶之木, 謂之"扃", 則其根上必有物, 與戶扇相關, 而爲閉者也. 半門爲戶, 則僅容人者也, 戶必有閾, 則踰而後可入. 踰閾入戶, 恐或顚躓, 則以手奉扃, 所以愼也.

【3-15-②】 "적석蹐席"에 대해 진호陳澔의 주석에서는 「옥조玉藻」의 "등

---

15) 孔穎達의 疏에…… 하였다: 『예기주소』 권2 「곡례상」의 孔穎達의 疏에 동일한 내용이 보인다.

16) 陳澔의 註에서는…… 말하였는데: 『小學集說』 주석에서 진호는 "'문으로 들어간다'는 것은 주인의 문으로 들어가는 것이다. '시선을 아래로 둔다'는 것은 눈을 들지 않는 것이다. '扃'은 문의 빗장이다. 문으로 들어갈 때 양손을 가슴 높이로 빗장을 받들 듯이 한다. 비록 시선을 들더라도 두리번거리지 않는 것은 남의 일에 간여하는 혐의를 사기 때문이다. 문을 열어 두고 닫아 두는 것을 앞서 해 놓은 대로 하는 것은 주인의 생각을 거스르지 않는 것이다"('入戶, 入主人之戶也. '視下', 不擧目也. '扃', 門關木也. 入戶之時, 兩手當心, 如奉扃然. 雖視瞻而不爲迴轉, 嫌於干人之私也. 開闔皆如前, 不違主人之意也)라고 하였다.

17) 문의 반쪽을 '戶'라고 하니: 『설문해자』에 "지게문(戶)은 門의 반쪽이다"(戶, 半門也)라고 하였다.

席, 不由前, 爲躐席"이라는 글을 인용하여, "자리에 올라갈 적에는 앞쪽에
서부터 가는 것이 마땅하다"고 풀이하고, 또 "구의추우摳衣趨隅"를 풀이하
면서는 (趨隅를) "자리 귀퉁이로부터"라고 하였으니,[18] 앞뒤가 모순이 된
다. 「옥조」편을 살펴보면, "위爲"자는 거성이니, 그 "앞쪽부터 올라가지
않는 것"은 자리를 밟게 되기 때문인 것이다.[19] 유씨庾氏[20]는 "절도를 잃
고 남의 자리를 밟는 것을 '엽躐'이라 하는데, 자리에 앉을 때는 당연히
아래에서부터 올라가야 한다. 만약 앞에서부터 올라간다면 자리를 밟게
된다"라고 하였다.[21] 그렇다면 "추우趨隅"는 곧 앞쪽부터 올라가지 않는

---

18) 陳澔의…… 하였으니:『소학집설』의 주석에서 陳澔는 "'躡'은 건너뛴다는 뜻이다. 자
    리에 오를 때 앞쪽으로부터 오르지 않으면 자리를 건너뛰게 된다. 이것은 자리에
    오를 때 앞쪽으로부터 올라야 함을 말하는 것이다. '摳'는 든다는 의미이다. '옷을
    살짝 든다'(摳衣)는 것은『論語』의 '옷자락을 든다'(攝齊)는 말과 같다. 앉는 데 편하
    기 위하여 옷자락을 살짝 드는 것이다. '모서리 쪽으로부터 올라가 앉는다'(趨隅)는
    것은 자리의 귀퉁이로부터 올라가서 앉는 것을 말한다"(躡, 猶躐也. 登席不由前爲躐席,
    是登席當由前也. 摳, 提也. 摳衣與『論語』'攝齊'同, 欲便於坐, 故摳之. 趨隅, 由席角而升坐也)
    라고 하였다.
19) 陳澔의…… 것이다: '爲躐席'의 '爲'자를 去聲으로 읽어야 함을 말한 것이다.『禮記大文
    諺讀』권3「옥조」에 "登席호디 不由前이 爲躐席이라"라고 현토되어 있는바, 이는 '爲'
    자를 平聲으로 본 것이다. '爲'자가 去聲이 되면 '不由前은'으로 현토해야 한다. 이
    경문에 대한 정현의 주에서는 "올라갈 적에는 반드시 아래를 따라야 하는 것이다"
    (升必由下也)라고 하였고, 공영달의 소 역시 '爲'자를 거성으로 보아 '앞을 따르지 않
    는 것이 예에 맞는 것으로 설명하였다. 여기에 맞추어 경문을 해석하면 "자리에
    올라갈 적에 앞을 따르지 않는 것은 자리를 밟음이 되기 때문이다"라고 해야 한다는
    말이다. 주자는『儀禮經傳通解』권12「學禮・臣禮・侍坐賜食」에 이 경문 및 주소의 설
    을 그대로 기재하였으며, 또한 권10「學禮・少儀・洒埽應對進退」에서「곡례상」의 '毋
    躡席'을 설명하면서 주소의 설을 따라「옥조」의 이 경문과 그 뜻이 같음을 밝혔다.
    이와 반대로 진호는 '爲'자를 平聲으로 보아 '앞을 따르지 않으면 자리를 건너뛰게
    된다'로 설명하였다.
20) 庾氏: 이름은 庾蔚之이고 생몰년은 미상이다. 중국 南朝의 宋나라 사람이라는 설도
    있고, 隋나라 때 사람이라는 설도 있다. 杜佑의『通典』에서는 남조의 송나라 사람으
    로 인정하고 있다. 元嘉(424~453) 중에 사학이 설립되었는데, 朱膺之와 함께 儒學에
    서 제생을 교육했다. 문집 16권과『喪服世要』,『禮問答』,『禮論鈔』,『禮記略解』등의
    저서가 있었으나, 모두 일실되었다.
21) 庾氏는…… 하였다:『禮記義疏』권41에 "庾云, 失節而踐爲躐席, 應從下升, 若由前升, 是躐
    席也."라고 한 구절이 보인다.

다는 말이다. 그러므로 자리의 모퉁이를 따라서 올라가는 것이다.

○ '踖席', 陳註引「玉藻」"登席, 不由前, 爲躐席"之文, 謂"登席, 當由前也", 又釋"摳衣趨隅", 曰"由席角也", 上下矛盾矣. 按「玉藻」, "爲"字去聲, 其"不由前"者, 爲躐席故也. 庾氏曰: "失節而踐爲躐, 席應從下升, 若由前升, 是躐席." 然則"趨隅"者, 乃不由前, 故從席角升也.

【3-16】 경신 16장

> 『禮記』曰: 君子之容, 舒遲, 見所尊者, 齊遫. ①足容重, 手容恭, 目容② 端, 口容止, 聲容靜, 頭容直, 氣容肅, 立容德, 色容莊.

【3-16-①】 아홉 가지의 "용容"은 모두 동정動靜을 겸하여 말하였다.

○ 九"容", 皆兼動靜而言.

【3-16-②】 『국어』에 "볼 때 두리번거리지 않는 것이 단정한 것이다" 라고 하였는데,[22] 대개 눈으로 사물을 볼 때 이리저리 눈동자를 돌리면서 주시해서 보지 않는 것이 '단정하지 않은 것'(不端)이다. "단端"은 단정하여 유동하지 않는 것이다. 그 볼 때에 이와 같다는 말은 곧 보지 않을 때 그 얼굴이 두리번거리지 않는다는 의미도 또한 포함하고 있다.

○ 『國語』云"視無還, 端也", 凡目之視物, 回旋不專者, 爲不端. "端"者, 端的不流動也. 其視時如此, 則不視時, 其容無還, 亦包之矣.

---

22) 『國語』에…… 하였는데: 【3-14-①】의 11번 주 참조. 『국어』 권3 「周語下」 26 '單襄公論晉周將得晉國'에 나오는 내용이다.

【3-17】 경신 17장

> 「曲禮」曰 坐①如尸, 立①如齊.

【3-17-①】 (『의례』) 「소뢰궤식례少牢饋食禮」의 주註에 "시동은 항상 앉아 있다가 일이 있으면 일어나고, 주인은 항상 서 있다가 일이 있으면 앉는다"(尸恒坐, 有事則起; 主人恒立, 有事則坐)고 하고, 곧 "如尸如齊"라고 한 문구를 끌어와서 증거로 삼았다.[23] 대개 "제齊"는 제사를 지낼 때를 가리키고 제사 전 먼저 재계할 때를 가리키는 것은 아니다.

○ 「少牢饋食禮」註云"尸恒坐, 有事則起; 主人恒立, 有事則坐", 乃引"如尸如齊"之文爲證. 蓋"齊"指當祭時也, 非未祭而先齊時也.

【3-18】 경신 18장

> 「少儀」曰: 不窺密, 不旁①狎, ②不道舊故, 不戲①色, 毋拔來, 毋報往, 毋瀆神, 毋循枉, 毋測未至, 毋訾衣服成器, 毋身③質言語.

【3-18-①】 "압狎"이라고 하는 것은 친하다는 핑계로 무례하게 행동하는 무리를 말한다. "색色"은 여색을 말한다. 가까운 사람에게 친하다는 것을 핑계로 무례하게 함부로 행동하는 사람을 곁에 가까이 두면 점점

---

23) (『儀禮』) 「少牢饋食禮」의 註에…… 삼았다: 『儀禮』 「小牢饋食禮」, "주인이 왼손으로 작을 잡고 오른손으로 좌식에게 받아서 앉아서 제하고 또 술을 제하며 일어나지 않고 그대로 술을 맛본다"(主人左執爵, 右受佐食, 坐祭之, 又祭酒, 不興, 遂啐酒)라고 하였고, 그 註에서 "오른손으로 좌식에게 받음은 오른손으로 좌식이 墮祭한 것을 받음이다. 여기에 이르러 앉아서 제한다고 한 것은 시와 주인이 예를 행함을 밝힘이다. 시는 항상 앉았다가 일이 있으면 일어나고, 주인은 항상 섰다가 일이 있으면 앉는다"(右受佐食, 右手受墮於佐食也. 至此言坐祭之者, 明尸與主人爲禮也. 尸恒坐, 有事則起. 主人恒立, 有事則坐)라고 하였다.

더 함부로 하게 되고, 여색을 희롱하면 점점 음란해지기 마련이다.

○ "狎", 謂狎昵之徒; "色", 謂女色. 旁近狎昵, 則漸於褻矣; 戲弄女色, 則漸於淫矣.

【3-18-②】 "부도不道"는 아마도 '불유不遺'의 오류인 듯하다. 『논어』에 이르기를 "친구를 버리지 않으면, 백성들의 인심이 야박해지지 않는다"(故舊不遺, 則民不偸)라고 하였다.[24]

○ "不道", 疑不遺之誤, 『論語』云: "故舊不遺, 則民不偸."

【3-18-③】 "질質"은 완성하는 것이다. 오늘날 사람들은 자신의 입장에서 단정해서 하는 말을 '질언質言'이라고 한다. 일을 어떻게 해야 할지 결정하지 못했다면 다른 사람에게 물어서 결정하는 것이 당연한데, 만약 몸소 스스로 질정한다면 시비를 밝힐 수가 없다. 시선은 옷깃과 허리띠 사이에 있어야 한다.

○ "質", 成也. 今人以立定之言爲質言. 凡事之未定, 當質定於人, 若身自質定, 則是非無以明. 視當在結襘之間.[25][1]

> 1. 정본에서는 "是非無以明視, 當在結襘之間."로 되어 있으나, 문맥상 고쳐서 번역하였다.

【3-23】 경신 23장

> 「士相見禮」曰: ①與君言, 言使臣, 與大人言, 言事君, 與老者言, 言使弟子, 與幼者言, 言孝悌于父兄, 與衆言, 言忠信慈祥, 與居官者言, 言忠信.

---

24) 『논어』에…… 하였다: 『논어』 「泰伯」에 보인다.
25) 視當在結襘之間: 규장각본(나) · 국중본 · 성호기념관본 · 화경당본 · 국중본에는 7자가 없다.

【3-23-①】 엄군평嚴君平26)이 거북점과 시초점에 의거하여 말하길, "자식에게 말해 줄 때에는 효도에 대해 말해 주고, 남의 자제子弟에게 말할 때에는 순종하는 도리를 말해 주고, 남의 신하와 더불어 말을 할 때에는 충성에 대해 말을 해 준다. 각기 그 형편에 따라서 선한 것으로 인도하는 것이다"(與人子言, 依於孝; 與人弟言, 依於順; 與人臣言, 依於忠. 各因勢, 導之以善)27)라고 하였는데, 이 장章의 취지를 깊이 터득한 것이다.

○ 嚴君平依龜筮爲言: "與人子言, 依於孝; 與人弟言, 依於順; 與人臣言, 依於忠. 各因勢, 導之以善." 深得此章之旨.

【3-26】 경신 26장

> 『禮記』曰: 若有①疾風迅雷甚雨, 則必變, 雖夜, 必興, 衣服冠而坐.

【3-26-①】 "매서운 바람(疾風), 급한 우레(迅雷), 심한 비(甚雨)"는 천지의 기운이 그 화평함을 잃은 것이니, 그 혼란스러움에 처한 사람이 어떻게

---

26) 嚴君平: 생몰연대 미상. 嚴遵을 가리킨다. 蜀郡 사람으로 자가 君平이다. 漢나라 때의 隱士로 老莊사상에 심취하여 벼슬을 하지 않고 은거했다. 西漢 成帝 때 蜀 지방에 점집을 차리고 거북과 蓍草로 점을 쳐서 사람들에게 길흉을 알려 주었는데, 하루 생계가 마련되면 발을 내리고 손님을 받지 않았다 한다. 揚雄의 스승이기도 하다. 저서에 『老子指揮』가 있다. 『漢書』 권72에 그의 傳이 전한다.

27) 자식에게…… 것이다: 『漢書』 권72 「王貢兩龔鮑傳」에 "엄군평은 成都에서 점을 치며 살았는데, 그의 신념은 이러했다. 점쟁이는 비천한 직업이다. 그러나 많은 사람에게 혜택을 줄 수 있다. 사악하고 올바르지 못한 일을 물어오는 자가 있으면, 시초점과 거북점을 이용하여 그 이로움과 해로움에 대해 말해 준다. 아들에게 점을 쳐 줄 때는 효도를 말해주고, 子弟에게 점을 쳐 줄 때는 순종하는 도리를 말해주며, 신하에게 점을 쳐 줄 때는 충성을 말해준다. 각각의 경우마다 사람이 처한 형편에 따라 善行으로 이끌면 된다. 내 말을 따르는 자는 벌써 반쯤은 착한 사람이 된다"(君平卜筮於成都市, 以爲卜筮者賤業, 而可以惠衆人. 有邪惡非正之問, 則依蓍龜爲利害. 與人子言, 依於孝; 與人弟言, 依於順; 與人臣言, 依於忠. 各因勢, 導之以善. 從吾言者, 已過半矣')라고 한 구절이 보인다. 『고금사문류취』 전집 권38 「君平卜肆」에도 이러한 내용이 보인다.

아무렇지 않게 스스로 편안할 수 있겠는가? 여기에서 곧 「서명西銘」의 의미28)를 알 수 있다.

○ "疾風·迅雷·甚雨", 天地之氣失其和平, 其混然處中者, 豈可頑然自安乎? 於此, 便見得「西銘」意思.

【3-27】 경신 27장

『論語』曰: 寢不尸, ①居不容.

【3-27-①】 "거불용居不容"은 앉았을 때 견고하고 안정되게 있어 몸을 움직이지 않는 것이다. 『논어』에서 "子曰: 居"라고 하였는데,29) 이것은 앉는 것을 "거居"의 의미로 본 것이고, 「제의」에서 "그 거동하시는 소리를 들었다"(聞乎其容聲)라고 하였는데,30) 이것은 거동擧動을 "용容"의 의미로 본 것이다.

○ "居不容", 謂坐時凝定, 不爲擧動容止也. 『論語』"子曰居", 此以坐爲居也; 「祭義」"聞乎其容聲", 此以擧動爲容也.

> ■ 해설: 일반적으로 '거불용居不容'의 의미를 '거처할 때에 용모를 꾸미지 않는다'로 보고 있는 데 반해 성호는 『논어』「향당」과 『예기』「제의」의 사례를 들어 '앉아 있을 때에는 움직이지 않는다'로 풀이하고 있다.

---

28) 「西銘」의 의미: 張載의 「西銘」에 "存吾順事, 沒吾寧."라고 한 말을 염두에 두고 한 말인 듯하다.

29) 『論語』에서…… 하였는데: 『論語』「鄕黨篇」에서 "寢不尸, 居不容."이라고 하였다.

30) 「祭義」에서…… 하였는데: 『禮記』「祭義」에서 "제사 지내는 날에 廟室에 들어가면 어렴풋하게 부모가 신위에 앉아 계시는 것을 꼭 보는 듯하다. 둥글게 돌아 문을 나오면 숙연히 부모가 거동하시는 소리를 꼭 듣는 듯하다. 문을 나와서 들으면 크게 한숨을 쉬듯 부모가 탄식하는 소리를 꼭 듣는 듯하다"(祭之日, 入室, 優然必有見乎其位. 周還出戶, 肅然必有聞乎其容聲. 出戶而聽, 愾然必有聞乎其歎息之聲)라고 하였다.

【3-32】 경신 32장

> 『禮記』曰: 古之君子, 必①佩玉, 右①徵角, 左①宮羽, 趨以采齊, 行以肆
> 夏, 周還中規, 折還中矩, 進則揖之, 退則揚之, 然後, 鏘鳴也. 故君子, 在
> 車則聞鸞和之聲, 行則鳴佩玉, 是以, ②非辟之心, 無自入也.

【3-32-①】 오성五聲은 하나는 탁하고 하나는 맑다. 탁한 소리에서 덜
면 맑은 소리가 생기고, 맑은 소리에서 더하면 탁한 소리가 생긴다. 그러
므로 81개의 실이 궁음宮音이 되고, 3분의 1을 덜어내면 54개의 실이 생겨
치음徵音이 된다. 또 거기에다 3분의 1을 더하면 72개의 실이 생겨 상음商
音이 된다. 또 거기에다 3분의 1을 덜면 48개의 실이 되어 우음羽音이 된다.
또 거기에다 3분의 1을 더하면 64개의 실이 되어 각음角音이 된다. 이에
이르러서는 더 이상 미루어 가지 않는다. 궁음은 극도로 탁한 소리이고
우음은 극도로 맑은 소리이며, 치음은 궁음에서 나왔고 각음은 우음에서
나왔다. 그러므로 궁음과 우음은 맑은 소리와 탁한 소리의 주인이고, 치
음과 각음은 궁음과 우음의 버금이다. 주인主人은 왼쪽에 있는 것이 마땅
하고, 버금은 오른쪽에 있는 것이 마땅하다. 덜고 더함(損益)의 순서로 말
하면, 궁음이 첫째이고 치음이 둘째이며 상음이 셋째, 우음이 넷째, 각음
이 다섯째이니, 상음이 그 중앙을 차지하여 좌우에 매이지 않는다. 또 옥
은 수렴하는 소리가 있으므로 『맹자』에서 "金聲, 而玉振之也."라고 하였는
데,31) 여기에서 진振은 거둔다(收)는 뜻이다. 상음은 또 서방의 수렴하는
소리이므로 반드시 옥에서는 쓸 필요가 없다. 또 살펴건대, 「대사악大司樂」
"함종函鐘은 궁宮이 되고, 태주大蔟는 각角이 되고, 고선姑洗은 치徵가 되며,

---

31) 『맹자』에서 …… 하였는데: 『맹자』「萬章下」에 "공자는 집대성한 분이시다. 집대성이
    란 鍾과 같은 금의 소리가 먼저 퍼지게 하고 나서, 맨 마지막에 경쇠와 같은 옥의
    소리로 거두어들이는 것을 말한다"(孔子之謂集大成 集大成也者 金聲而玉振之也)라는
    말이 나온다.

남려南呂는 우羽가 된다"에 대한 정현鄭玄의 주에서는 "이 음악에 상商이 없는 까닭은 제사에는 유柔를 숭상하는데 상商은 견강堅强하기 때문이다"라고 하였다.32) 패옥佩玉에 상商이 없는 것은 또한 혹 이 때문일 것이다. 대개 궁음과 우음은 음陰이 다하고 양陽이 소생하는 음률이므로 왼쪽에 두고, 치음과 각음은 양陽이 다하고 음陰이 소생하는 음률이므로 오른쪽에 둔 것이다. 동쪽을 좌左로 하고 서쪽을 우右로 하기 때문이다.33)

○ 五聲, 一濁一淸也. 濁損生淸, 淸益生濁, 故八十一絲, 爲宮, 三分損一, 生五十四絲, 爲徵. 又三分益一, 生七十二絲, 爲商. 又三分損一, 生四十八絲, 爲羽. 又三分益一, 生六十四絲, 爲角. 至是, 更推不去也. 宮極濁, 羽極淸, 徵生於宮, 角生於羽, 故宮・羽者, 淸・濁之主也. 徵・角者, 宮・羽之次也. 主宜居左, 次宜居右也. 以損益之序言之, 宮一, 徵二, 商三, 羽四, 角五, 則商居其中, 不繫於左右也. 且玉有收斂之聲, 故孟子曰"金聲, 而玉振之也". 振, 收也. 商又西方收斂之聲, 則於玉不必用也. 又按, 「大司樂」: "函鍾爲宮, 大簇爲角, 姑洗爲徵, 南呂爲羽." 註云: "此樂無商者, 祭尙柔, 商堅剛也." 佩玉無商, 亦或以此. 蓋宮・羽爲陰盡陽生之律, 故居左; 徵・角爲陽盡陰生之律, 故居右. 左東而右西也.

【3-32-②】 "입入"이라고 하는 것은 "비벽非僻"에 붙여 말한 것이다. 그릇되고 사특한 마음은 본래 당연히 소유한 것이 아니고, 다만 (바깥의) 물物에 대한 욕망에 이끌려 생겨난 것이기 때문에 "들어온다"(入)고 한 것이다. (『맹자』에서 마음에 대해) "정해진 시간 없이 수시로 드나든다"(出入無時)고 한 것34)은 또한 "이미 밖으로 나갔다가 다시 밖에서부터 안으로 들어온다"는 말이 아니다. "잡으면 곧장 있다"(操則存)고 한 것이 곧 "들어

---

32) 또 살피건대…… 하였다:『주례』권22 「春官宗伯・大司樂」의 정현 주(『周禮注疏』)에 동일한 내용이 보인다.

33) 이와 관련된 내용이 『성호사설』권23 「經史門・周樂去商」에 보인다.

34) 정해진…… 고 한 것:『孟子』「告子」上에 "잡으면 곧 있고 놓으면 곧 사라지며 무시로 드나들고 가는 곳 알 수 없으니, 이는 오직 마음을 두고 말한 것이구나"(操則存, 舍則亡, 出入無時, 莫知其鄕, 惟心之謂與)라고 한 공자의 말이 인용되어 있다.

오는"(入) 것이니, 이것이 어찌 용례가 다른 것이겠는가? 비유하자면, 물(水)을 담아놓은 그릇 속에 오염된 물건이 있어 탁하게 된 것을 보고 누군가가 "저 탁한 물은 어디서 들어온 것인가?"라고 했다면, 그것은 처음에는 이 탁한 물이 없었기 때문이다. 그 실상은 들어온 것이 탁한 것(외물)에 있지 물에 있는 것이 아니다.(물이 탁해진 원인은 탁한 외물이 물에 들어온 까닭이지 탁한 물이 밖에서 들어온 때문이 아니다.) 방씨方氏가 말하기를 "마음은 비록 안에 있지만 외물이 찾으면 밖으로 나갔다가 시간이 오래되면 외물과 더불어 함께 들어온다"(心雖在內, 有物探之而出, 及其久也, 則與物俱入)고 하였는데,[35] 이 설은 정밀하지 않은 듯하다. 마음이 사물이 찾는 바가 되어 나갔다면 이미 그릇되고 사특한 마음이 들어온 것이 되는데, 어떻게 오랜 시간이 흐른 뒤를 기다려 다시 들어오겠는가? 이미 그 나가는 것을 막을 수 없었다면, 그것이 (다시) 들어오지 못하게 하고 싶어도 가능하겠는가?[36]

○ "入"者, 帖"非僻"言. "非僻之心", 本非當有者也. 特緣物欲而有此, 故曰"入", 如言"出入無時"者, 亦非謂"旣出外, 復從外入內"也. 其"操則存"便是"入", 此何以異例? 比之水貯器中, 或有物汚染成濁, 則說者曰: "彼濁水, 何從而入?"爲其始無此濁水故也. 其實所入在濁, 非在水也. 方氏曰: "心雖在內, 有物探之而出, 及其久也, 則與物俱入." 此說恐不精. 心爲物所探而出, 則已成非僻之入, 奚待於久而還入? 旣不能防其出矣, 雖欲其無入, 得乎?

이상은 위의威儀의 법칙을 밝힌 것이다.

右明威儀之則.

---

35) 방씨가…… 하였는데: 『소학집설』과 『소학제가집주』에 모두 이 방씨의 설이 있다.
36) 『성호전집』 권18 「答尹幼章別紙 癸卯」에 이와 관련된 내용을 볼 수 있다.

3) 명의복지제明衣服之制

【3-34】 경신 34장

> 「士冠禮」, 始加祝曰: 令月吉日, 始加元服, 棄爾幼志, 順爾成德, 壽考維
> 祺, 介爾景福. 再加曰: 吉月令辰, 乃申爾服, 敬爾威儀, 淑愼爾德, 眉壽萬
> 年, 永受胡福. 三加曰: 以歲之正, 以月之令, 咸加爾服, ①兄弟具在, 以成
> 厥德, 萬耆無疆, 受天之慶.

【3-34-①】 (『의례』) 「사관례」에 다음과 같은 말이 있다. "초례醮禮의
축사祝辭에 이르기를, '형제들 모두 와서 자리하였네. 효도와 우애를 지극
히 다해야,'라고 하였다."[37] 장차 군신君臣과 부자父子, 장유長幼의 예법을
권면하려 했기에 "형제兄弟"를 들어서 그 효도하고 우애하기를 권면한 것
이다.

○ 「士冠禮」: "醮辭曰: '兄弟具來. 孝友時格,'" 將責以君臣 · 父子 · 長幼之
  禮, 故擧"兄弟", 而勉其孝友也.

【3-39】 경신 39장

> 『禮記』曰: 童子, 不裘不帛, ①不屨絇.

---

37) 「士冠禮」에…… 하였다: 士冠禮에서, 賓이 관을 쓴 사람에게 청주를 따라 주어 초례를
    행할 때에 하는 초사의 내용이다. 초사의 전문은 다음과 같다. "초사에 이르기를,
    '맛난 청주는 이미 맑아졌고, 좋은 안주는 진실로 때맞추어 올라와 있도다. 첫 번째
    치포관 씌워 주게 되었는데, 형제들도 모두 와서 자리하고 계신다. 효도와 우애를
    지극히 다해야, 오래도록 평안할 수 있을 것이다' 하였다.(醮辭曰: '旨酒旣淸, 嘉薦亶
    時. 始加元服, 兄弟具來. 孝友時格, 永乃保之.')

【3-39-①】 "불구不約"에 대한 (吳訥의) 주註에 이르기를 "아직 걸을 때에 주의할 것을 익히지 않았기 때문이다"라고 하였는데,[38] 이 말은 온당하지 않다. 무릇 이러한 것들은 모두 걸을 때 도움을 얻기 위한 것이다. 아직 걸음을 익히기 전이라고 해서 걸을 때 경계가 되는 코를 달지 않았다고 하는데, 어떻게 여기서 그런 취지로 그것을 이해할 수 있겠는가? (『의례』) 「사관례」와 (『주례』) 「구인屨人」의 주소註疏를 살펴보면,[39] 신발의 꾸밈에는 세 가지가 있으니 억繶과 구約와 순純이다. "억繶"은 신발 축과 바닥이 서로 맞닿는 부분의 솔기이니 그 가운데를 끈으로 엮는데 이것을 '하단下緣(아랫단)'이라고 한다. "순純"은 실을 땋은 납작한 끈으로 신발 입구에 대는 단(口緣)이다.[40] "구約"의 형상은 칼집(刀衣)과 같으니, 그 코(鼻)가

---

38) "不約"에 대한…… 하였는데: 『小學集說』의 吳訥의 註에서 "約는 신발코의 끈이니, 이것을 사용하여 다닐 때에 경계를 하는 것이다. 신발코에 장식을 하지 않는다는 것은 다닐 때 주의할 것을 아직 익히지 않았기 때문이다"(約, 卽屨頭之綦, 用以爲行戒者. 不屨約, 未習行戒也)라고 주석하였다. 陳澔의 『禮記集說』과 李琪의 『小學諸家集註』에도 동일한 주가 인용되어 있다.

39) (『의례』) 「사관례」와…… 살펴보면: 『儀禮』 「사관례」에서 "신발은 여름에는 칡으로 만든 것을 사용한다. 현단복에 맞추어 흑구를 신되, 신코 장식과 억과 준은 푸른색으로 한다.…… 겨울에는 가죽신을 신는 것이 좋다"(履, 夏用葛. 玄端黑屨, 靑約繶純…… 冬皮屨, 可也)라고 하였고, 『周禮』 「屨人」의 註에서는 "'約'는 잡는다는 뜻인 拘이다. 신을 신으면 신코를 걸을 때 경계로 삼으니 모양새가 마치 刀衣의 코와 같은데 신코 부분에 있다. '約'라고 말한 것은 스스로 구속하여서 눈을 낮추게 해 함부로 돌아보지 못하게 하는 뜻을 취한 것이다"(約謂拘. 着鳥屨頭爲行戒, 狀如刀衣, 鼻在屨頭. 言約者, 取自拘持, 使低目不妄顧視)라고 하였고, 疏에서는 "대상을 지낸 뒤 素縞에 麻衣를 입고, 素屨를 신는다. 소구는 장식을 제거하여 約와 繶과 純이 없다. 赤鳥 이하로서 여름에는 칡을 사용하고, 겨울에는 가죽을 사용하는데, 소구 역시 칡과 가죽을 사용한다"(大祥後, 身服素縞・麻衣, 而著素屨. 素屨去飾, 無約・繶・純. 自赤鳥以下, 夏用葛, 冬用皮, 素屨亦用葛與皮也)라고 하였다.

40) "純"은…… 단(口緣)이다: 가장자리에 테를 두르는 것을 말한다. 『儀禮』 「土冠禮」에 "관례 때 신는 신발은 여름에는 칡으로 엮은 것을 사용한다. 현단에는 검은 신발을

신발 머리에 있어서 다닐 때 조심하는 도구로 삼는다. "구約"라는 말은 구속한다(拘)는 것이니, 절로 시선을 낮추게 하여 함부로 돌아보지 않게 한다는 의미이다. 옛사람들이 그것으로 비록 걸을 때 경계로 삼았기는 했지만 그것(約)과 억繶과 순純은 모두 신발 장식이다. 그러므로 정현鄭玄이 "억繶을 말하면 반드시 구約과 순純이 그 가운데 있고, 구를 말하면 또한 억과 순이 그 가운데 있으니 세 가지는 서로 함께한다"라고 하였고,41) 「구인」의 이른바 "적억赤繶·황구黃約"42)는 혹 억이든 구이든 세 가지를 모두 포괄하는 것이니, 구나 억이 다른 색인 것은 아니다. 세 가지 중에는 또 구를 가장 중요하게 여긴다. 그러므로 「사관례」에 이르기를 "현단복玄端服에는 흑구黑屨를 신는데, 구約·억繶·순純은 청색으로 하되 소적素積에는 백구白屨를 신는데 대합大蛤으로 만든 회를 칠한 것이다. 구·억·순은 검은색(緇)으로 하되 작변복爵弁服에는 훈구纁屨를 신고 구·억·순은 흑색黑色으로 한다"라고 한 것이 그것이다. 그러므로 여기에서 "구約를 달지 않는다"라고 말한 것은 아울러 억繶이나 순純 등의 장식을 일절 달지 않는다는 의미이다. 신발에 장식을 달지 않는 것이 어린아이의 예가 마땅히 그러하기 때문이다. 만일 걸을 때의 경계의 의미로 인하여 오직 아직 걸음걸이에 익숙하지 않은 것으로만 (장식을 달지 않는) 이유를 삼는다면, 이것은 아마도 『예』를 저술한 의도가 아닐 것이다.43)

신고, 신발의 코 장식(約), 신발의 장식 끈(繶), 신발의 가선 장식(純)은 모두 청색으로 하는데, 純의 너비는 1촌이다"(屨, 夏用葛. 玄端黑屨, 靑約繶純, 純博寸)라고 하였고, 이에 대한 정현의 주에 "'준'은 가선(단)이다"(純, 緣也)라고 하였다. 賈公彦은 疏에서 "'준'을 緣이라고 말한 것은 신발의 입구의 가장자리를 두른 단을 말한다"(云純緣也者, 謂繞口緣邊也)라고 하였다.

41) 鄭玄이…… 하였고:『주례』「屨人」의 註에 보인다.

42) 「屨人」의 이른바 "赤繶·黃約":『周禮』「屨人」에는 "赤繶·黃繶"으로 되어 있다. 성호의 착오인 듯 보인다.

43) 『성호전집』 권31 「答尹惰小學問目 壬午」에 "[문]『禮記』에 '동자는 신발에 구를 달지 않는다'(童子不屨約)라고 하였고, 그 주석에 '동자는 다닐 때에 조심하는 것에 아직 익숙하지 않기 때문이다'라고 하였습니다. '約'는 신발 입구에 매는 끈이 아닌 듯하니, 아마도 어른의 장식인 듯합니다. [답] 무릇 신발의 장식은 세 가지가 있으니, 繶,

○ “不約”, 註謂: “未習行戒也.” 此說未安. 凡此類皆所以益於行者也. 未習行, 而不設行戒, 何取於斯而取之乎? 按, 「士冠禮」及「屨人」註疏, 屨之飾有三, 曰繶‧曰絇‧曰純. “繶”是牙底相接之縫, 綴絛[44]於其中, 謂之下緣也. “純”以絛爲口緣也. “絇”狀如刀衣, 鼻在屨[45]頭, 用以爲行戒. “絇”之言, 拘也, 謂使低目不妄顧視也. 古人雖用爲行戒, 而其物與繶‧純均爲屨飾, 故鄭玄云: “言繶, 必有絇‧純; 言絇, 亦有繶‧純, 三者相將也.” 「屨人」所謂“赤繶‧黃絇”者, 或繶或絇, 三者皆包, 非絇‧繶異色也. 三者之中, 又以絇爲上, 故「士冠禮」云“玄端黑屨, 青絇繶純. 素積白屨, 緇絇繶純. 爵弁纁屨, 黑絇繶純”, 是也. 此云“不絇”者, 竝不設繶純之飾. 屨不設飾, 童子之禮宜然也. 若因行戒之義而專諉於未習行, 則恐非著禮之意也.

> ■ 해설: 다닐 때 조심해야 한다는 것을 익히지 않았기 때문에 코를 장식하지 않는 것이 아니라, 그것이 어린아이의 신발에 대한 예이기 때문이다. 또한 코에 장식을 하는 것이 걸음걸이를 할 때 조심하도록 하는 면이 없는 것은 아니다. 그러나 그러한 면이 있다고 해서 그것을 가지고 걸음걸이를 익히지 않았고, 다닐 때 조심해야 한다는 것을 익히지 않았기 때문에 장식을 하지 않는다고 이해하는 것은 모순이 있다.(주석자의 지나친 해석) 어린아이의 신발에 장식을 하지 않는 것이 예이다. 장식을 하는 것은 어른의 신발에 대한 예이다.

이상은 의복衣服의 제도制度를 밝힌 것이다.

右明衣服之制.

絇, 純입니다. 억은 신발과 바닥이 서로 닿는 부분의 솔기로서 ‘아랫단’(下緣)이라고 합니다. 준은 입구에 대는 단(口緣)입니다. 구의 형상은 칼집(刀衣)과 같으니, 그 코(鼻)가 신발 머리에 있어서 다닐 때 조심하는 도구로 삼습니다. 구라는 말은 구속한다(拘)는 것이니, 절로 시선을 낮추게 하여 함부로 돌아보지 않게 한다는 의미입니다. 세 가지 중에서 구를 제일로 삼습니다. 그러므로 여기에서 ‘구를 달지 않는다’라고 한 것은 억과 준 같은 장식까지 아울러서 달지 않는다는 것이니, 신발에 장식을 달지 않는 것은 동자의 예입니다. 만약 ‘다닐 때에 조심하는 것에 아직 익숙하지 않다’라고 풀이한다면, 가르침을 주려는 뜻에 맞지 않습니다(禮記童子不屨絇註, 童子未習行戒也. 絇恐非鞋口之帶, 似是長子之儀飾耳. 凡屨之飾有三, 繶絇純也. 繶是牙底相接之縫, 謂之下緣, 純爲口緣, 絇狀如刀衣, 鼻在屨頭, 用以爲行戒. 絇之言拘也, 謂低目不妄顧視也. 三者中以絇爲上. 故此云不絇者, 並不設繶純之飾, 屨不設飾, 童子之禮也. 若曰不習行戒則非設敎之意)라고 한 내용이 보인다.

44) 絛: 규장각본(나)‧국중본‧성호기념관본‧화경당본에는 ‘縧’로 되어 있다.
45) 屨: 규장각본(나)‧국중본‧성호기념관본‧화경당본에는 ‘絇’로 되어 있다.

4) 명음식지절明飲食之節

【3-41】 경신 41장

> 「曲禮」曰: 共食不飽, 共飯①**不澤手**, 毋②**搏**飯, 毋②**放**飯, 毋②**流歠**, 毋③**咤食**, 毋③**齧骨**, 毋反魚肉, 毋③**投與狗**骨, 毋③**固獲**, 毋揚飯, ①**飯黍毋以箸**, 毋④**嚌羹**, 毋絮羹, 毋刺齒, 毋歠醢, 客絮羹, 主人辭不能亨(烹), 客歠醢, 主人④**辭以窶**, 濡肉齒決, 乾肉不齒決, 毋嘬炙.

　　【3-41-①】 "택수澤手"를 손을 비벼서 땀이 나게 하는 것이라고 생각하는 것[46]은 잘못이다. 무릇 식사를 할 때 수저를 사용한 것이 오래되었다. 아래 문장에서 "기장밥을 먹을 적에는 젓가락을 쓰지 말라"(飯黍毋以箸)고 하였는데, 숟가락을 사용하는 것이 당연하다는 것을 말한 것이다. 젓가락을 사용하는 것도 오히려 불가하였는데, 하물며 손이겠는가? 혹 "택수"를 '손가락을 더럽힌다'(染指)와 같은 말로 손가락을 적셔 더럽히는 것을 말하는 것이라고도 여겨서, 수저를 사용하지 않고 손으로 적셔 더럽힌다면 사람들이 싫어하는 까닭에 맨 손을 사용하지 말 것을 경계하는 것이라고도 생각하였다.[47] 그러나 이것이 어떻게 다만 함께 밥을 먹을 때만

---

46) "澤手"를…… 생각하는 것: 『禮記集說』의 정현의 주에서는 "땀이 나와 불결해지기 때문이다. '澤'은 손을 문질러 비비는 것이다. (고대의) 예에서는 밥을 손으로 먹는다. '澤'은 더러는 '擇'(가린다)으로 되어 있다"(爲汗生粲也. '澤, 謂接莎也. 禮, 飯以手. 澤, 或爲擇)라고 하였고, 呂祖謙은 "'不澤手'라는 것은 옛날에는 밥을 먹을 때 손으로 다른 사람과 함께 밥을 먹었는데, 손을 비벼서 손때가 생기면 다른 사람이 싫어하면서도 말하기가 곤란하기 때문이다"(呂氏曰: '不澤手'者, 古之飯者, 以手與人共飯, 摩手而有汚澤, 人將惡之而難言)라고 하였다. 위의 呂祖謙의 주석은 정유의 『小學集說』에서는 吳訥의 註로 되어 있다.

47) 혹 "택수"를…… 생각하였다: 『禮記集說』권6에서 "'共飯不澤手'라는 것은 반드시 다른 물건을 가지고 취하여 그 손을 직접 적시지 않는 것이다. 함께 밥을 먹을 적에 비록 하나의 그릇을 놓고서 함께 먹지만 반드시 각자의 그릇을 가지고서 음식을 취하는 것이다"(橫渠張氏曰: 共飯不澤手, 必有物以取之, 不使濡其手. 共飯雖食共一器, 必

그러하겠는가? 무릇 밥을 먹는 때는 모두 수저를 사용하는 것이 마땅하니 게다가 함께 먹을 때는 더욱더 경계해야 한다. 혹은 "불不"이 "필必"자의 오기誤記인 것은 아닐까? 그렇다면 "택澤"은 탁濯의 뜻이 된다.[48]

> ○ "澤手" 以爲摩手而有汗澤者, 非也. 凡食之有匕箸, 久矣. 下文云"飯黍毋以箸", 謂當以匕也. 以箸尙不可, 況以手乎? 或疑, "澤手", 猶言'染指', 謂'濡染手指'. 不用匕箸, 濡染於手, 則爲人所惡, 故戒使無以徒手也. 然此豈但共飯時爲然? 凡飯皆宜有匕箸, 況於共飯, 尤可爲警也. 或疑, "不"乃"必"字之誤. "澤", 濯也.

【3-41-②】 "단摶"은 곧 모아서 뭉치는 것이고, "방放"은 곧 흩어서 떨어뜨리는 것으로 이 두 글자는 서로 정반대이다. 물이나 음료를 먹을 때 흘러내리는 것(流)이 있는 것은 밥을 먹을 때 떨어뜨리는 것(放)과 같다. 마실 때 벌컥벌컥 마시다가 흘러내리도록 하는 것은 공경하지 않은 것이다. 물이나 음료는 뭉칠 수가 없으므로 "흘러내리는 것"(流)에는 상반되는 말이 없다.

> ○ "摶"則聚而團合也, "放"則散而遺墜也, 二字正相反也. 水漿之有流, 猶飯之有放也. 歠而流灑, 則不敬. 以其水漿不可團合, 故"流"無反對.

【3-41-③】 맛이 없다고 혀를 차며 탄식하는 것은 입의 맛을 극진히 하는 것이다. (음식을 타박하지 말라는 것은) "의복을 나무라지 말라"고 한 것[49]과 서로 조응照應이 된다. 고기를 다 먹고서 뼈를 씹는 것은 식욕

各有器以取之)라고 한 張載의 말을 가리킨 것으로 보인다.

48) 이 항목과 유사한 내용이 『星湖全集』 권24 「答安百順小學問目 庚午」에 다음과 같이 나온다. "일찍이 '澤手'를 손가락을 담그는 것(染指)과 같은 의미가 아닐까 생각했는데, 또한 온당하지 않은 듯합니다. 옛 주석에는 '씻다'(濯)의 뜻으로 '택'자를 풀이하였습니다. 그렇다면 '不'자가 혹시 '必'자의 誤記가 아닐까요?"(嘗疑澤手如染指, 亦似未允. 舊註以濯訓澤. 然則不字或必之誤耶)

49) 의복을 나무라지 말라고 한 것: 『예기』 「少儀」에 "毋訾衣服成器"라고 하였는데, 정현의 주석으로 해석하면, "의복과 좋은 기물을 생각하지 말라"가 되고, 陳澔의 주석으

이 채워지지 않았기 때문이며, 다 먹지 않고서 돌려주는 것은 또한 그것이 맛이 없어서 싫어하는 것이다. 상을 치우기도 전에 먼저 '개에게 던져 주는 것'은 질서가 없는 것이다. "애써서 얻으려고" 하는 것은 음식에 뜻을 두는 것이다.

○ 歎咤其不佳者, 極口之味也. 與"毋訾衣服"相照. 肉盡而齧骨者, 慾未充也, 不盡而反之者, 亦厭其不佳也. 不撤而先'投與狗'者, 無序也. 經營"固獲"者, 志於飮食也.

【3-41-④】 "탑갱嚃羹"이라고 하는 것은 국에 여러 가지 맛을 섞어서 먹는 것이다.[50] 삶고 볶는 것은 각기 그에 맞은 재료가 있다. 신맛과 짠맛이 조화되지 않은 것(음식) 같은 것은 잘 삶지(不能烹; 요리하지) 못했기 때문이다. 찬이 보잘것없으면, 맛이 싱거워서 짜고 쓴맛을 잘 먹게 된다. 그래서 (주인은) '가난하여 예를 차리지 못했다'고 사과하게 되는 것이다.

○ "嚃羹", 合雜衆味於羹而食之也. 烹飪, 各有其物[51]. 如酸鹹不調, 爲不能烹也. 乏饌, 則口淡而能食鹹苦, 故辭以貧窶也.

【3-43】 경신 43장

> 『論語』曰: 食不厭精, 膾不厭細, 食饐而餲, 魚餒而肉敗, 不食, 色惡不食, 臭惡不食, 失飪不食, 不時不食, 割不正不食, 不得其醬不食, 肉雖多, 不使勝食氣, 唯酒無量, 不及亂, 沽酒市脯不食, 不撤①**薑食**, 不多食.

로 해석하면 "의복과 만들어진 기물을 나무라지 말라"가 된다.
50) "嚃羹"이라고…… 것이다: 『예기집설』에서, 정현은 "또한 빨리 먹고자 하는 혐의를 갖는다. '들이마신다'(嚃)고 함은 채소를 씹지 않는 것이 된다"(亦嫌欲疾也. '嚃'爲不嚼菜)라고 하였고, 진호는 "국에 채소가 들어 있으면 젓가락을 사용해야 하고, 입으로 혹 들이마셔 먹어서는 안 된다"(羹之有菜, 宜用梜, 不宜以口嚃取食之也)라고 하였다.
51) 物: 화경당본에는 '味'로 되어 있다.

【3-43-①】 "강식薑食"이라고 하는 것은 이식酏食 · 삼식糝食52) · 육식肉食 · 초식草食이라고 말하는 것과 같이 생강으로 밥을 지은 것이다.

○ "薑食", 如酏食 · 糝食 · 肉食 · 草食, 以薑爲食也.

■ 해설:『소학집설』에서는 주자朱子의 주註를 인용하고 있는데, '강식薑食'에 대해서는 특별한 해석이 없다. 이는 '생강을 먹다'로 풀이하고 있는 것이다.『소학언해小學諺解』에서도 "불철강식不撤薑食"을 "생강을 먹음을 그치지 아니하시며"로 풀이하고 있다. 이에 대해 성호는 "생강을 먹다"가 아니라 "생강으로 지은 밥을 먹다"라는 의미로 해석하고 있다.

【3-44】 경신 44장

『禮記』曰: 君無故, 不殺牛, 大夫無故, 不殺羊, 士無故, 不殺犬豕, 君子, 遠庖廚, 凡有血氣之類, 弗①身踐也.

【3-44-①】 이유가 있어서 잡는(죽이는) 것이니, 몸을 위한 것(곧 먹기 위한 것)이 아니다. "천踐"은 "잡는다"(殺)라는 말에 이어서 말한 것으로, "신천身踐"은 자신이 직접 실행하는 것이다.

○ 有故而殺, 則非爲身也. "踐", 承"殺"而言, "身踐", 謂以身而踐行也.

【3-45】 경신 45장

「樂記」曰: 豢豕爲酒, 非以爲禍也, 而獄訟益繁, 則酒之流, 生禍也. 是故,

---

52) 酏食 · 糝食:『주례』「天官冢宰 · 醢人」에 "羞豆에 담는 것은 酏食과 糝食이다"라고 하였는데,『禮記集說』의 정현의 주에서는 "『주례』에는 '羞籩에 담는 음식은 糗餌(분말로 만든 경단)와 粉餈(콩가루를 뿌린 인절미)이다. 羞豆에 담는 음식은 酏食(묽은 죽)과 糝食(쌀가루죽)이다'라고 하였다. 이곳의 '酏'(단술)는 '飦'(죽)으로 되어야 옳다. 쌀을 이리의 가슴비계와 더하여 죽을 만든 것이 이것이다"(『周禮』: '羞籩之實, 糗餌 · 粉餈, 羞豆之實, 酏食 · 糝食.' 此酏當爲'飦', 以稻米與狼臅膏爲飦, 是也)라고 하였다.

先王, 因爲酒禮, ①一獻之禮, 賓主百拜, ①終日飮酒, 而不得醉焉, 此先
王之所以備酒禍也.

【3-45-①】 술을 드리는 것은 한 번이지만, 술잔을 계산하지 않는
데53) 이르는 까닭에 종일토록 술을 마시는 것이다.

○ 獻雖一, 而至於無算爵, 故終日飮酒.

이상은 음식飮食의 절도節度(예절)를 밝힌 것이다.

右明飮食之節.

---

53) 술잔을 계산하지 않는 데: 『의례』 「鄕飮酒禮」에 "신을 벗고 처음처럼 읍양을 한 다음
올라가 앉는다. 이에 음식이 올라오면 술잔 수에 제한 없이 취할 때까지 술을 마시
며 곡 수 제한 없이 음악을 연주한다"(說屨, 揖讓如初, 升坐. 乃羞, 無筭爵, 無筭樂)라고
하였다.

4. 계고稽古

【개요】 「계고」편은 총 47장으로 구성되어 있고, 앞부분에 주자의 소서小序가 있다. 성호도 이 편에서는 소서小序를 써서 「계고」편 이하에서 인용된 인물들이 모두 성현이 아니었기에 단편적으로 이치에 합당한 면을 취한 것일 뿐이어서 때때로 미진한 점이 있다는 것을 지적하였고, 총 33장에 대해 35항으로 나누어 주석하였다. 구체적인 내용을 『소학집설』과 『소학제가집주』(소학집주)의 주석 내용과 비교하면, 아래 표와 같다.

일련번호	집주 장절	주제어	소학집설	소학제가집주	소학질서
[4-星湖小序]					星湖小序
[4-小序-①]	小序	鄕人	朱子曰; 陳氏曰	『集說』左同	보충설명
[4-1-①]	1-2	胎敎	吳氏曰; 陳氏曰	『集解』左同 『集成』左同 『增註』左同	태교에 관한 기록 첨부
[4-2-①]	2-1	劉向의 『열녀전』 孟子說	吳氏曰	『增註』左同 『集解』左同	劉向의 『열녀전』에 나오는 孟子說은 신빙성이 없다.
[4-2-②]	2-2	孟母買猪肉	陳氏曰	『集說』左同	보충설명
[4-2-③]	2-3	就學	趙氏曰	『增註』左同	就學宮
[4-8-①]	8-2	問所膳	陳氏(澔)曰: 드신 양의 정도를 묻고, 드셨던 음식을 다시 내지 않는다.	『集解』左同	좋아하는 음식이 무엇인지 알기 위해 묻고, 드시지 않는 음식은 다시 내지 않는다.
[4-11-①]	11-1	事無由己	吳氏曰: 모든 일을 독단적으로 처리하지 않는다.	『集解』 일부 左同	자신의 사정에 따라 일을 처리하지 않는다.
[4-14-①]	14-1	老萊子 兒啼	吳氏曰: 부모의 마음을 즐겁게 하는 것	『集說』左同	노래자의 행동은 지나친 면이 있다.
[4-15-①]	15-1	樂正子	吳氏曰	『集解』左同	보충설명
[4-15-②]	15-2	頃步		『集成』	반걸음—『集成』의 주 보충설명
[4-15-③]	15-2	體(遺體)	吳氏曰: 肉體 또는 四肢	『集說』左同	子息

[4-16-①]	16-1	伯俞有過章 故曰以下	陳氏曰: 劉向의 논평	『集說』左同	문맥상 문구 첨부 유향이 옛사람의 말 을 인용한 것
[4-17-①]	17-2	公明宣	吳氏曰	『集說』左同	보충설명
[4-17-②]	17-2	公明宣			보충설명
[4-18-①]	18-1	東夷之子	陳氏(澔)曰; 陳氏曰: 東夷에 대해 중국으로 나아갔을 뿐 만 아니라 예를 잘한 것에 대한 성인의 칭찬	『集說』左同 『集解』左同	聖人이 東夷를 말하 여 중국을 경책한 것
[4-19-①]	19-1	泣血	陳氏(澔)曰; 孔氏曰: 피를 흘리는 것처럼 눈물을 흐리며 소리 없이 우는 것	『集解』左同	슬퍼서 마음이 상한 경우에 피가 눈물을 따라 나온다.
[4-22-①]	22-4	微子	吳氏曰	『集說』左同	미자의 仁을 확증하 기 위해 첨언 필요
[4-24-①]	24-1	下公門	吳氏曰	『集解』左同	보충설명
[4-25-①]	25-1	飮器	吳氏曰: 술잔인지 오 줌 누는 그릇인지 확 실하지 않다.	『集解』左同 『增註』左同	술잔이다.
[4-25-②]	25-2	委質	무릎을 꿇다.	『集說』左同	폐백을 바치다.
[4-25-③]	25-2	炭	陳氏曰: 숯 또는 숯가루	『集說』左同	숯불(불이 타고 있는 숯)
[4-26-①]	26-1	倚門閭而望子	陳氏曰	『集解』左同	자식의 처신이 궁금 해서(보충설명)
[4-26-②]	26-2	右袒	吳氏曰: 오른쪽 어깨 를 드러내는 것	『集解』左同	軍禮(보충설명)
[4-27-①]	27-1	臼季	陳氏曰	『集解』左同	보충설명
[4-28-①]	28-1	從祖叔母	陳氏曰	『集解』左同	보충설명
[4-28-②]	28-1	闔	열다.	『集解』左同	반쯤 열다.
[4-28-③]	28-1	敬姜			보충설명
[4-30-①]	30-1	蔡人妻	陳氏曰	『集說』左同	보충설명
[4-33-①]	33-1	虞芮之君	陳氏曰	『集說』左同	보충설명
[4-38-①]	38-1	竇	吳氏曰: 구멍 朱子曰	『集解』左同 『增註』左同	水道(성첩이 무너진 곳 에 생긴 것)
[4-42-①]	42-1	鄭子臧	陳氏曰	『集說』左同	보충설명
[4-43-①]	43-2	居	吳氏曰: 앉게 하다	『集說』左同	보충설명
[4-45-①]	45-1	其娣戴嬀 (본문)	陳氏曰	『集說』左同	戴嬀는 厲嬀의 여동 생. 莊姜의 여동생이 아님. 其娣를 陳女로 바꿔야 함
[4-45-②]	45-4	胗	吳氏曰: 重	『集說』左同	인내하다.

| [4-45-③] | 45-5 | 賤妨貴, 少陵長, 遠間親, 新間舊, 小加大, 淫破義 | 吳氏曰 | 『集說』左同 | 보충설명 |
| [4-46-①] | 46-1 | 脹 | 吳氏曰: 제사에 쓰는 고기를 脹器에 담기에 脹이라 함 | 『集說』左同 | 社稷 제사에 사용하는 고기 脹器는 蜃器의 誤記 |

성호소서星湖小序

　「계고」 이하는 거기에 예시한 인물이 반드시 모두 현인賢人이나 성인
聖人인 것이 아니고, 그 사례가 반드시 모두 지극히 마땅한 것도 아니지만,
다만 그 일단의 이치에 합당한 한 단서를 취하였기 때문에 왕왕 중간에
미진한 것들이 그 사이에 섞여 있다. 비록 『맹자』와 같은 책에서도 이른
바 유공지사庚公之斯가 임금을 섬긴 경우처럼1) 지극히 선하지 않은 것이
있는데, 하물며 이렇게 잡다하게 여러 사람의 말을 채록한 것이 어찌 곡
진하게 도를 다한 것으로 볼 수 있겠는가? 배우는 자가 이러한 뜻을 모르
고 한결같이 지극한 가르침으로 여기면 해가 있을 것이므로 각 조목 아래
에 잠깐씩 기록해 두었다.

　○ 自「稽古」以下, 其人未必皆賢聖, 其事未必皆至當, 而特取其一端之合理,
　故往往有所未盡者, 攙在其間. 雖如『孟子』所謂庚公之斯之於事君, 苟有未
　盡善者, 況此雜採百家語者, 豈可作委曲盡道看2)耶? 學者不知此意, 一視爲
　至訓, 則有害, 故輒著於各條之下.

---

1) 『맹자』와······ 경우처럼: 鄭나라 장군 子濯孺子와 衛나라 장군 庚公之斯가 對陣했을
　적에 자탁유자가 병으로 인하여 활을 잡지 못하자, 유공지사가 "나는 尹公之他에게
　활 쏘는 법을 배웠고 윤공지타는 당신에게 활 쏘는 법을 배웠으니 나는 차마 당신의
　도로써 당신을 해칠 수 없다" 하고, 화살촉을 뽑아 사람을 상하지 않게 한 뒤에 네
　대의 화살을 쏘고 돌아간 일을 말한다. 『孟子』「離婁下」.
2) 看: 국중본·성호기념관본·화경당본에는 '者'로 되어 있다.

주자소서朱子小序

> 孟子道性善, 言必稱堯舜, 其言曰: 舜爲法於天下, 可傳於後世, 我猶①未
> 免爲鄉人也, 是則可憂也. 憂之如何? 如舜而已矣. 摭往行, 實前言, 述此
> 篇, 使讀者, 有所興起.

【4-小序-①】 『예기』「왕제王制」에, "향鄉에 명하여 가르침을 따르지 않
는 자를 가려내어 보고하게 한다. (이렇게 해서도) 변화되지 않으면 국성
國城의 우향右鄉에 명하여 가르침을 따르지 않는 자를 가려내어 좌향左鄉으
로 이주시키고, 국성國城의 좌향에 명하여 가르침을 따르지 않는 자를 가
려내어 우향右鄉으로 이주시켜서, (처음의 예처럼 행한다. 이렇게 해서도)
변화되지 않으면 그 사람을 교郊로 이주시키고, (처음의 예처럼 한다.) 그
래도 변화되지 않으면 그 사람을 수遂로 이주시키고, (처음의 예처럼 한
다.) 그래도 변화되지 않으면 그 사람을 원방遠方으로 내쳐서 죽을 때까지
등록시키지 않는다. 향대부鄉大夫로 하여금 빼어난 선비(秀士)를 논論하여
사도司徒에게 올리게 하는데, 이 사람을 '선사選士'라고 한다. 사도는 선사
가운데서도 빼어난 사람을 논하여 국학에 올리는데, 이 사람을 '준사俊士'
라고 한다. 사도에게 올려진 이는 향鄉의 요역에 징발되지 않고, 국학에
올려진 이는 사도司徒의 요역에 징발되지 않는데, 이들을 모두 '조사造士'라
고 한다"라고 하였다.3) 그렇다면 그 죄가 있어서 옮기고, 덕이 있어서 뽑
아 올리는 일은 모두 고을(鄉)에 매어 두지는 않는다. 그 옮기지 않거나
뽑아 올리지 않는 자는 평민일 뿐이다. 그러므로 "향인이 됨을 면치 못한
다"(未免爲鄉人)라고 한 것이다.4) "향인鄉人"은 죄를 줄 만한 나쁜 점도 없고

---

3) 『예기』「王制」에…… 하였다: 『禮記』「王制」 83장에서 87장까지 보인다.
4) 그러므로…… 것이다: 孟子가 이르기를 "군자는 종신토록 근심하는 것이 있고, 일시
   적인 걱정은 없다. 종신토록 근심할 것은 있으니, 순임금도 사람이고 나도 사람인데,
   순임금은 천하에 법이 되어 후세에 전할 만하거늘, 나는 아직도 향인을 면치 못하니,
   이것이 곧 근심스러운 것이다. 근심스러우면 어떻게 해야 할까? 순임금과 같이 할

또 칭찬할 만한 좋은 점도 없는 것이다.

○「王制」: "鄉簡不帥敎者, 以告. 不變, 命國之右鄉, 簡不帥敎者, 移之左, 命國之左鄉, 簡不帥敎者, 移之右. 不變, 移之郊, 不變, 移之遂, 不變, 移之遠方, 終身不齒. 命鄉論秀士, 升之司徒, 曰'選士'; 司徒論選士之秀者, 升之學, 曰'俊士'; 升於司徒者, 不征於鄉, 升於學者, 不征於司徒, 曰'造士'." 然則其有罪而遷, 有德而升, 皆不繫於鄉. 其不遷・不升者, 乃平人而已, 故曰 "未免爲鄉人". "鄉人"者, 雖無可罪之惡, 亦無可稱之善也.

뿐이다"(君子有終身之憂, 無一朝之患也. 乃若所憂則有之, 舜人也, 我亦人也, 舜爲法於天下, 可傳於後世, 我由未免爲鄉人也, 是則可憂也. 憂之如何. 如舜而已矣)라고 한 데서 온 말이다. 『孟子』「離婁下」.

1) 실입교實立敎

【4-1】 계고 1장

太任, 文王之母, 摯任氏之中女也, 王季, 娶以爲妃. 太任之性, 端一誠莊,
惟德之行, 及其娠文王, 目不視惡色, 耳不聽淫聲, 口不出敖言, 生文王而
明聖, 太任, 敎之以一而識百, 卒爲周宗, 君子謂太任, 爲能①**胎敎**.

【4-1-①】 『대대례大戴禮』「보부保傅」편5)을 보면, "'소성素成은 태교胎敎
의 법도인데, 옥판玉板에 적고 금궤金匱에 갈무리하여 종묘에 두고서 후세
의 경계로 삼는다'(素成, 胎敎之道, 書之玉板, 藏之金櫃, 置之宗廟, 以爲後世戒)라고 하였
고, 청사씨靑史氏6)의 기록에서는 '옛날 태교의 도에 왕후가 임신한 지 7개
월이 되면 연실宴室로 나가는데, 태사太師가 동銅을 가지고 문(戶)의 왼쪽에
서 모시고, 태재는 승升을 잡고 문의 오른편에서 모신다. 그렇게 3개월이
되어서, 만약 왕후가 듣고자 하는 음악이 예악禮樂이 아닐 경우에는 태사
가 악기를 어루만지면서 그런 음악은 익히지 못했다고 하고, 먹고자 하는
자미滋味가 정미正味가 아닐 경우에는 태재가 승升을 등에 진 채 음식을 조
리하지 못하면서 감히 그런 음식으로 왕태자王太子를 대접하지 못하겠다
고 한다' 하였다"고 하였다.7) 옛날의 태교에 대해 전하는 것이 이것뿐이

---

5) 『大戴禮』「保傳」편: 중국 전한의 유학자 賈誼(B.C.200~168)가 지은 『新書』「傳職」,
「傳云」,「胎敎」 3편이 『大戴禮記』의 「保傳」편에 실려 있다.
6) 靑史氏: 고대 史官의 이름으로, 『靑史子』 57편을 지었다.
7) 『大戴禮』「保傳」편을 보면…… 하였다: 『대대례』 권48 「보부」편, "『易』에 이르기를,
'근본을 바르게 하면 만물이 다스려지나니, 터럭만큼 잘못되면 천리가 어긋나고 만
다'라고 했다. 그러므로 군자는 처음을 신중히 하는 것이다. 『春秋』의 元(즉위한 첫해
를 元年으로 기록함을 말함)과 『詩經』의 「關雎」와 『禮記』의 「冠禮」·「婚禮」와 『周易』
의 乾卦·坤卦가 모두 처음을 신중히 하고 마침을 경건히 하는 것이다. 소성(素誠繁
成)에 삼가 자손을 위해 지어미를 맞아들이되 반드시 孝悌롭고 대대로 行義가 있는
이를 택해야 한다. 이와 같이 하면 그 자손이 인자하고 자애롭고 감히 음란하거나

기에 적어 두지 않을 수 없다.

○ 按,『大戴禮』,「保傳」篇云: "'素成, 胎敎之道, 書之玉板, 藏之金櫃, 置之宗廟, 以爲後世戒. 靑史氏之記, 曰: '古者胎敎, 王后腹之, 七月而就宴室, 太史持銅而御戶左, 太宰持升[1]而御戶右. 比及三月者, 王后所求聲音非禮樂, 則太史縕瑟而稱不習; 所求滋味者非正味, 則太宰倚升[1]而言, 曰不敢以待王太子.'" 古之胎敎, 傳者止此, 不可不著.

1. 升:『大戴禮』원문에는 '斗'로 되어 있다.

【4-2】 계고 2장

> ①**孟軻之母**, 其舍近墓, 孟子之少也, 嬉戲, 爲墓間之事, 踊躍築埋, 孟母曰: 此非所以居子也. 乃去舍市, 其嬉戲, 爲賈衒, 孟母曰: 此非所以居子也. 乃徙舍學宮之旁, 其嬉戲, 乃設俎豆, 揖讓進退, 孟母曰: 此眞可以居

난폭한 짓을 하지 않아 親黨에 불량한 사람이 없고 三族이 모두 선을 행하도록 돕게 될 것이다. 그러므로 '봉황은 태어나면서 仁義의 뜻이 있고, 범과 이리는 태어나면서 貪戾한 마음이 있다' 하는 것이니, 이 兩者가 서로 다른 것은 각각 그 어미 때문이다. 아아, 경계할지어다. 범을 키워 천하를 해치는 일이 없어야 할 것이다. 그러므로 이르기를, '素成은 胎敎의 도인데, 玉板에 적고 金櫃에 갈무리하여 종묘에 두고서 후세의 경계로 삼는다' 한 것이다. 靑史氏의 기록에 이르기를, '옛날에 胎敎의 도는 王后가 임신한 지 7개월째가 되면 宴室로 나아가는데, 太師가 銅을 가지고 문(戶)의 왼쪽으로 나아가고, 太宰가 말(斗)을 가지고서 문의 오른쪽으로 나아가고, 太卜이 蓍龜를 가지고 堂 아래로 나아가며, 그 나머지 여러 관원들이 모두 그들의 관직으로써 문 안으로 나아가서 3개월 동안 태교를 돕는다. 만약 왕후가 듣고자 하는 음악이 禮樂이 아닐 경우에는 태사가 악기를 어루만지면서 그런 음악은 익히지 못했다고 하고, 먹고자 하는 滋味가 正味가 아닐 경우에는 태재가 말(斗)을 등에 진 채 음식을 조리하지 못하면서, 감히 그런 음식으로 王太子를 대하지 못하겠다고 한다' 하였다"(易曰: '正其本, 萬物理; 失之毫釐, 差之千里.' 故君子愼始也. 春秋之元, 詩之關雎, 禮之冠婚, 易之乾坤, 皆愼始敬終云爾. 素誠繁成, 謹爲子孫, 娶妻嫁女, 必擇孝悌世世有行義者, 如是, 則其子孫慈孝, 不敢婬暴, 黨無不善, 三族輔之, 故曰鳳凰生而有仁義之意, 虎狼生而有貪戾之心, 兩者不等, 名以其母. 嗚呼! 戒之哉! 無養乳虎, 將傷天下, 故曰素成, 胎敎之道, 書之玉板, 藏之金櫃, 置之宗廟, 以爲後世戒. 靑史氏之記, 曰古者胎敎, 王后腹之, 七月而就宴室, 太史持銅而御戶左, 太宰持斗而御戶右. 比及三月者; 王后所求聲音非禮樂, 則太師縕瑟而稱不習; 所求滋味者非正味, 則太宰倚斗而言, 曰不敢以待王太子.'")고 한 내용이 보인다.

子矣, 遂居之. 孟子幼時, 問東家殺猪, 何爲? 母曰: 欲啖汝. 旣而悔曰: 吾
聞古有胎敎, 今適有知而欺之, 是敎之不信. ②乃買猪肉, 以食之. 旣長③
就學, 遂成大儒.

【4-2-①】 『맹자』에 "삼정三鼎·오정五鼎"이라는 말이 있다.8) 자식이
사士가 되면 사士의 예로써 제사를 지내고, 자식이 대부가 되면 대부大夫의
예로써 제사를 지낸다. 삼정과 오정은 곧 사와 대부의 제례인데 맹자가
아버지의 상을 당했을 때는 이미 제후의 사로 벼슬하고 있었다. 만약 맹
자가 무지한 어린아이일 때 부친상을 당했다면, 어찌 "후상이 전상보다
화려했다"(後喪之踰前喪)고 흠을 잡는 자가 있었겠는가?9) 이 내용은 유향의
『열녀전』에 나오는데,10) 모두 반드시 믿을 수는 없다.

○ 『孟子』書有"三鼎·五鼎"之語.11) 夫子爲士, 祭以士, 子爲大夫, 祭以大
夫. 三鼎·五鼎, 卽士與大夫之祭禮, 則孟子喪父時, 已仕爲諸侯之士矣. 若
孟子喪父於幼稚無知之時, 則人豈有以"後喪之踰前喪"爲咎者哉? 此說出劉
向『列女傳』, 未必皆信.

【4-2-②】 맹자의 어머니가 돼지고기를 사서 먹인 것은 속이지 않으

---

8) 『맹자』에…… 있다: 『맹자』「梁惠王下」에 "전에는 士의 예를 쓰고, 후에는 大夫의 예
   를 썼으며, 전에는 三鼎을 썼고, 후에는 五鼎을 썼다"(前以士, 後以大夫, 前以三鼎, 後以
   五鼎)라고 한 구절이 보인다.
9) 만약…… 있었겠는가?: 『맹자』「梁惠王下」에 "노평공이 맹자를 만나 보려 하였는데
   폐인 장창이 청하기를 '맹자는 나중에 치른 어미의 초상을 앞서 치른 아비의 초상에
   비해 훨씬 더 잘 치렀습니다. 임금께서는 그를 찾아가지 마십시오' 하니, 평공이 알
   았다고 하였다. 악정자가 들어가 평공을 뵙고 말하기를 '임금께서는 어째서 맹가를
   만나 보지 않으십니까?' 하니 평공이 말하기를 '맹자는 나중에 치른 어미의 초상을
   앞서 치른 아비의 초상에 비해 훨씬 잘 치렀다고 하기에, 이 때문에 가서 만나 보지
   않았다' 하였다"(魯平公, 將見孟子, 嬖人臧倉者請曰, 孟子之後喪, 踰於前喪. 君無見焉. 公
   曰諾. 樂正子入見曰, 君奚爲不見孟軻也, 曰孟子之後喪踰前喪, 是以不往見也)라고 한 구절
   이 보인다.
10) 유향의 『열녀전』에 나오는데: 劉向의 『列女傳』「母儀傳」 '鄒孟軻母'조에 보인다.
11) 語: 성호기념관본·화경당본에는 '文'으로 되어 있다.

려는 것이니 잘한 일이다. 처음에 속이고 끝내 그렇게 했다면 안 될 일이다. 저 동가에서 도살하는 것은 본래 아들(맹자)을 먹이기 위한 것은 아니니 결국에는 그를 속인 것이고, 또 자식으로 하여금 자신의 잘못을 엄폐하고 수식하도록 가르치는 것에 가까우니 살피지 않을 수 없다. 다만 잠시 속이고 곧바로 후회하였으니 그가 다시는 속이지 않는다는 것을 알 수 있다. 이것이 (아들을) 대유大儒가 될 수 있게 한 원동력이었다.

○ 孟母買猪肉以食之, 其欲不欺, 則善矣. 若其始誆而終實之, 則不可. 彼東家之屠, 本非爲啖子, 則畢竟欺之也, 又殆於敎子遂非, 不可不察. 但俄欺而便悔, 其不復欺, 可知. 此所以成就大儒.[12)]

【4-2-③】 "취학就學"은 학궁學宮에 입학하는 것이다.

○ "就學", 就學宮也.

이상은 입교立敎를 실증한 것이다.

右實立敎.

12) 성호기념관본은 이 단락이 위 단락과 이어져 있다.

2) 실명륜實明倫

【4-8】 계고 8장

> 文王之爲世子, 朝於王季, 日三, 鷄初鳴而衣服, 至於寢門外, 問內竪之御
> 者曰: 今日安否何如? 內竪曰: 安, 文王乃喜, 及日中又至, 亦如之, 及莫
> (暮)又至, 亦如之. 其有不安節, 則內竪以告文王, 文王色憂, 行不能正履,
> 王季復膳然後, 亦復初. 食上, 必在視寒暖之節, 食下, ①問所膳, 命膳宰
> 曰: ①末有原, 應曰: 諾然後退.

【4-8-①】 "드신 것이 무엇인지 묻는다"(問所膳) 라고 하는 것은 그 드
신 것을 살펴서 다시 더 드리고자 한 것이다. "다시 올리지 말라"(末有原)고
하는 것은 드시지 않은 것을 다시 드리지 말라는 말이다.

○ "問所膳", 欲察其所膳而更進也. "末有原", 謂勿以所不膳更進也.

  ■ 해설: 맛있게 드신 것은 다시 드리고, 입맛에 맞지 않는 음식은 다시 드리지
  않는다는 것이다. 앞의 "변미變味"에 대한 해설에서 언급되었다. "변미"란 맛있
  는 것을 찾아서 음식을 바꾸는 것을 의미한다.

【4-11】 계고 11장

> 『淮南子』曰: 周公之事文王也, 行無專制, 事無①由己, 身若不勝衣, 言若
> 不出口, 有奏持於文王, 洞洞屬屬, 如將不勝, 如恐失之, 可謂能子矣.

【4-11-①】 "유기由己"는 위기爲己와 같은 말이다. 한결같은 생각으로
윗사람을 받들어 자신의 사정에 따라서 일을 처리하지는 않는다는 것이다.

○ "由己", 猶言爲己. 言一意奉上, 不以己之故而作事也.

【4-14】 계고 14장

> 老萊子, 孝奉二親, 行年七十, 作嬰兒戲, 身著五色斑斕之衣, 嘗取水上堂,
> ①詐跌仆臥地, 爲小①兒啼, 弄雛於親側, 欲親之喜.

【4-14-①】 「방기」에 "규문 안에서 즐거워하는 모습을 하고 한탄하는
소리를 내지 않는다"(閨門之內, 戲而不歎)라고 하였다.[13] 그러나 거짓으로 넘
어지고 어린이의 울음소리를 내는 것은 다소 지나친 점이 있다. 그렇게
하는 것이 도리에 합당하다면, 성인은 반드시 그렇게 했을 것이다.

○「坊記」云: "閨門之內, 戲而不歎." 然'詐跌'‧'兒啼', 微有過當處. 若理
合如此, 聖人必爲之矣.[14]

【4-15】 계고 15장

> ①樂正子春, 下堂而傷其足, 數月不出, 猶有憂色, 門弟子曰: 夫子之足,
> 瘳矣, 數月不出, 猶有憂色, 何也. 樂正子春曰: 善如, 爾之問也! 善如, 爾
> 之問也! 吾聞諸曾子, 曾子聞諸夫子, 曰: 天之所生, 地之所養, 惟人, 爲大,
> 父母全而生之, 子全而歸之, 可謂孝矣, 不虧其體, 不辱其身, 可謂全矣.
> 故君子, ②頃步而不敢忘孝也, 今予忘孝之道, 予是以有憂色也. 一舉足而
> 不敢忘父母. 是故, 道而不徑, 舟而不游, 不敢以先父母之③遺體, 行殆,
> 一出言而不敢忘父母. 是故, 惡言, 不出於口, 忿言, 不反於身, 不辱其身,
> 不羞其親, 可謂孝矣.

【4-15-①】 악정자樂正子가 다리가 이미 나았는데도 오히려 근심하는

---

13) 「방기」에…… 하였다: 『예기』「坊記」 19에 나오는 공자의 말이다.
14) 성호기념관본은 이 단락이 위 단락과 이어져 있다.

기색이 있었으므로 문인이 반드시 그의 의도(뜻하는바)가 있음을 알고 듣고 자 하였으니, '절실한 물음'(切問)15)이라고 할 만하다. 그에 대한 대답은 또한 자신의 생각대로 말하지 않고 반드시 존귀한 자(孔子)와 스승(曾子)에게서 들은 말로 근거를 삼아 이야기하였다. 이때부터 증자 문하의 기상이 이와 같았으니, 독자들은 모름지기 당시의 문인들이 어떻게 이와 같이 질문하였는지, 악정자가 또한 어떻게 이와 같이 '선하다' 칭찬하였는지 몸소 체득하여 말 밖(言外)에서 뜻을 얻어야 할 것이다.

○ 樂正子, 足已瘳矣, 尙有憂色, 故門人知其必有其意而欲得之, 則可謂切問也. 及其答也, 又不曾質言, 必以所尊所師爲證. 自是曾門氣像如此, 讀者須想像, 當時門人如何發問如此, 樂正子又如何稱善如此, 以身體之, 得其意於言外, 則可矣.

【4-15-②】 "경보頃步"는 '규보頣步'이니 글자를 간략하게 쓴 것이다. 『순자荀子』에 "반걸음을 쌓지 않으면 천리千里에 이르지 못한다"(不積頣步, 無以至千里)고 하였다.16) "규頣"는 '규跬'라고도 하고, '규趌'라고도 한다. 『사마법司馬法』17)에서 "한 번 발을 들어서 옮기는 것을 '규跬'라고 하는데 '규'는 3척이며, 두 번 발을 들어서 옮기는 것을 '보步'라고 하는데 '보'는 6척이다"라고 하였다.18)

---

15) 절실한 물음(切問): 『論語』 「子張」편에 "배우기를 널리 하고 뜻을 독실하게 하며, 절실하게 묻고 가까이 생각하면 仁은 그 가운데 있다"(博學而篤志, 切問而近思, 仁在其中矣)라는 구절이 보인다.
16) 『순자』에…… 하였다: 『荀子』 「勸學」편에서 "한 줌 흙이 쌓여 산을 이루면 거기에 비바람이 일고 작은 물이 고여 연못을 이루게 되면 여기에 이무기와 용이 살게 되듯, 善을 쌓아 德을 이룩하면 神通한 지혜가 저절로 얻어지고 성인의 마음이 갖추어진다. 그러므로 반걸음을 쌓지 않으면 千里에 이르지 못할 것이요, 작은 물이 모이지 않으면 江河를 이룩하지 못한다"(積土成山, 風雨興焉, 積水成淵, 蛟龍生焉, 積善成德, 而神明自得, 聖心備焉. 故不積頣步, 無以至千里, 不積小流, 無以成江海)라고 하였다.
17) 『司馬法』: 중국의 兵法에 관한 일곱 가지 책 가운데 하나이다. 군사를 훈련시키고 전략을 세우는 등 용병하는 방법을 총망라한 책으로는, 『孫子』, 『吳子』, 『司馬法』, 『李衛公問對』, 『尉繚子』, 『三略』, 『六韜』가 있는데, 이를 가리켜 '武經七書'라 한다.

○ "頃步", '蹞步'也, 字之省也. 『荀子』曰: "不積蹞步, 無以至千里." "蹞", 或作跬, 或作𧿪. 『司馬法』云: "一舉足爲跬, 跬三尺; 兩舉足爲步, 步六尺."

【4-15-③】 (『의례』) 「상복喪服」의 전傳에서 "위에 대해서 정체正體이다"라고 하였는데,¹⁹⁾ 여기서 체體라고 하는 것은 '자식됨'이다. 초목에 열매는 뿌리·줄기와 처음에는 같이 일체이지만 열매를 맺게 되면 (떨어져서) 나누어 둘이 된다. 사람이 태어남에 부모에게서 배태되었을 때는 또한 일체였지만 나누어지는 것이 초목이 열매를 맺게 되면 떨어지는 것(遺落)과 같다. 그러므로 "유체遺體"라고 한다.

○ 「喪服」傳曰: "正體於上." 體者, 爲子也.¹ 如草木之有子, 與根株始同一體, 至成實, 分而爲二. 人之生也, 胚胎於父母, 亦一體而分, 如草木之成實遺落, 故曰"遺體".

> 1. 曰: "正體於上." 體者, 爲子也: 정본에 曰: "正體於上體者爲子也."로 되어 있지만, 『儀禮』 원문에 의거하여 고쳐서 번역하였다.

【4-16】 계고 16장

①伯兪有過, 其母笞之, 泣, 其母曰: 他日笞, 子未嘗泣, 今泣何也? 對曰: 兪得罪, 笞常痛, 今母之力, 不能使痛, 是以泣. ①故曰: 父母怒之, 不作於意, 不見於色, 深受其罪, 使可哀憐, 上也. 父母怒之, 不作於意, 不見於色, 其次也, 父母怒之, 作於意, 見於色, 下也.

---

18) 『司馬法』에서…… 하였다: 『사마법』에는 이러한 내용이 보이지 않는다. 성호의 착오인 듯하다. 동일한 내용의 출처를 찾을 수 없다.

19) 『儀禮』 「喪服」의 傳에서…… 하였는데: 『儀禮』 「喪服」 제11 '斬衰三年'에, "아버지가 장자를 위하여 斬衰三年을 입는다"(父爲長子) 하였고, 그 傳에, "어찌하여 3년으로 服을 하는가? 위에서 선조의 正體를 계승하였고, 또 앞으로 重(종묘제사의 주재권)을 전해야 할 대상이기 때문이다. 서자가 자신의 장자를 위하여 삼년복을 입지 못하는 것은 할아버지를 잇지 않았기 때문이다"(何以三年也. 正體於上, 又乃將所傳重也. 庶子不得爲長子三年, 不繼祖也) 하였다.

【4-16-①】 '백유유과伯愈有過'장章은 첫 부분에 "유향왈劉向曰"이라는 세 글자가 있어야 한다. '고왈故曰' 이하는 곧 유향이 옛사람의 말을 인용한 것이다. 만약 "유향劉向"이라는 글자를 덧붙이지 않는다면 "고왈故曰" 이하는 과연 누가 인용한 것이겠는가?

○ '伯愈有過'章, 首當有"劉向曰"三字. "故曰"以下, 乃向引古者. 若不加 "劉向"字, 則故曰以下, 果是誰所引者?[20]

【4-17】 계고 17장

> ①公明宣, 學於曾子, 三年不讀書, 曾子曰: 宣, 而(爾)居參之門, 三年, 不學何也? 公明宣曰: 安敢不學. 宣見②夫子居庭, 親在, 叱咤之聲, 未嘗之於犬馬, 宣說(悅)之, 學而未能, 宣見②夫子之應賓客, 恭儉而不懈惰, 宣說之, 學而未能, 宣見②夫子之居朝廷, 嚴臨下而不毀傷, 宣說之, 學而未能, 宣說此三者, 學而未能, 宣安敢不學而居夫子之門乎.

【4-17-①】 공자께서는 "행하고 남은 힘이 있거든 문文을 배워라" 하였다. 공명선公明宣은 아마도 증자曾子를 통해서 그 가르침을 들었을 것이다. 그러므로 이 세 가지를 실천하는 것도 오히려 할 수 없을까 두려워하여 참으로 독서할 겨를이 없었다. 몸으로 체득하고 실제로 행하는 자가 아니었다면 그것이 가능했겠는가?

○ 子曰: "行有餘力, 則以學文." 公明宣, 蓋因曾子, 得聞其敎. 故行此三者, 猶恐不能, 固無暇於讀書. 非身體而實踐者, 其能然乎?

【4-17-②】 처음에는 일상의 일에서, 중간에는 붕우와 사귀는 것에서, 마침내는 아랫사람을 대한 것에서 군자의 도를 다한 것이다.

---

20) 성호기념관본은 이 단락이 위 단락과 이어져 있다.

○ 始於事上, 中於接朋友, 終於臨下, 君子之道盡矣.

■ 해설: 공명선이 첫 번째로 말한 것은 일상의 몸가짐에 관한 것이고, 두 번째로 말한 것은 빈객과 붕우를 대접한 내용이며, 세 번째로 말한 것은 벼슬에 나아가 아랫사람을 대하는 내용이었다.

【4-18】 계고 18장

少連大連, 善居喪, 三日不怠, 三月不解(懈), 期悲哀, 三年憂, ①東夷之子也.

【4-18-①】 "동이東夷"를 말하여 중국을 경책警責한 것이다.

○ 言"東夷", 以警中國.

【4-19】 계고 19장

高子皐之執親之喪也, 泣①血三年, 未嘗見齒, 君子以爲難.

【4-19-①】 "혈血"은 사람의 영기榮氣[21]이다. 칠정七情으로 인해 안이 상하면 혈이 혹 함부로 움직이게 된다. 무릇 사람이 힘든 마음이 일어나면 땀이 생기고, 욕심이 일어나면 정기精氣가 생기고, 좋아하는 마음이 일어나면 진액津液이 생기며, 슬퍼하는 마음이 일어나면 눈물이 난다. 그러므로 혹 피로에 상하면 피가 땀을 따라서 나오고, 혹 욕구로 인해 상하면 피가 정기를 따라서 나오며, 좋아하는 것으로 인해 상하게 되면 피가 진액을 따라서 나오며, 혹 슬퍼서 마음이 상하게 되면 피가 눈물을 따라서

---

21) 榮氣: 여기에서 '榮'은 곧 한의학에서 인체의 영양 혹은 혈액순환을 담당하는 것으로 혈액을 가리킨다.

나오게 된다. 『설원說苑』에서 "채蔡 땅의 위공威公이 문을 닫고 3일 밤낮을 울었는데, 눈물이 마르자 이어서 피를 흘렸다"라고 한 것22)이 이것이다. 『주역』에서는 "피눈물이 줄줄 흐른다"라고 하였고,23) 『시경』에서는 "근심스런 생각에 피눈물을 흘린다"라고 하였고,24) 『예기』에서는 "3년 동안 피눈물을 흘렸다"라고 하였는데,25) 모두 이러한 의미로 보인다.

○ "血"者, 人之榮也. 七情內傷, 血或妄行. 夫人勞心動, 則汗生; 慾心動, 則精生; 嗜心動, 則津生; 哀心動, 則淚生, 故或傷於勞, 血隨汗出; 或傷於慾, 血隨精出; 或傷於嗜, 血隨津出; 或傷於哀, 血隨淚出. 『說苑』云: "蔡威公閉門哭三日三夜, 泣盡而繼之以血." 是也. 『易』曰"泣血漣如", 『詩』曰"鼠思泣血", 『記』曰"泣血三年", 皆以此意看.

【4-22】 계고 22장

> 箕子者, 紂親戚也. 紂始爲象箸, 箕子嘆曰: 彼爲象箸, 必爲玉杯. 爲玉杯, 則必思遠方珍怪之物而御之矣, 輿馬宮室之漸, 自此始, 不可振也. 紂爲淫泆, 箕子諫, 紂不聽而囚之, 人或曰: 可以去矣, 箕子曰: 爲人臣, 諫不聽而去, 是彰君之惡而自說於民, 吾不忍爲也. 乃被髮佯狂而爲奴, 遂隱而鼓琴, 以自悲, 故傳之曰: 箕子操.

---

22) 『說苑』에서…… 한 것: 『太平御覽』권488에 "蔡威公이 문을 닫고 3일간 울다가 눈물이 마르자 피를 흘렸다. 이웃 사람이 묻기를 '무엇 때문에 그처럼 슬프게 우는가?'라고 하니, 그가 대답하기를 '우리나라가 곧 망할 것이다. 내가 들은 바에 의하면 병이 나 죽게 되면 良醫도 소용이 없고 나라가 망하게 되면 계책도 소용이 없다. 내가 자주 우리 임금에게 간하였으나 받아들이지 않으므로 나라가 장차 망할 줄로 안다'하였다"라고 하였다.

23) 『周易』에서는…… 하였고: 『주역』 屯卦 上六의 효사에, "말을 탔다가 내려와서 피눈물을 줄줄 흘리도다"(乘馬班如, 泣血漣如)라고 하였다.

24) 『詩經』에서는…… 하였고: 『시경』 「小雅·雨無正」에 나온다.

25) 『禮記』에서는…… 하였는데: 『예기』 「檀弓上」 51에 "高子皋는 부모의 상을 치르면서, 삼 년 동안 피눈물을 흘렸고, 치아를 드러내고 웃은 적이 없었다. 군자는 그렇게 하는 것이 어려운 일이라고 보았다"(高子皋之執親之喪也, 泣血三年, 未嘗見齒. 君子以爲難)고 하였다.

王子比干者, 亦紂之親戚也. 見箕子諫不聽而爲奴, 則曰: 君有過而不以死
爭, 則百姓何辜? 乃直言諫紂, 紂怒曰: 吾聞聖人之心, 有七竅. 信有諸乎!
乃遂殺王子比干, 剖視其心. ①微子曰: 父子有骨肉, 而臣主以義屬. 故父
有過, 子三諫而不聽, 則隨而號之, 人臣, 三諫而不聽, 則其義可以去矣.
於是, 遂行. 孔子曰: 殷①有三仁焉.

【4-22-①】 미자微子가 삼인三仁의 반열26)에 있는 것은 그 지극히 진실
하고 아파하는 마음을 가지고서 사랑의 도리를 어기지 않았기 때문이다.
만약 종사의 보존을 염두에 두지 않고서 멋대로 떠났다면, 그의 처신을
두고 의로웠다고 할 수는 있겠지만 이것을 가지고 반드시 사랑의 도리라
고 말할 수는 없었을 것이다. 대저 미자微子가 떠나간 것은 단지 자신의
몸을 온전히 보존하려는 것이 아니었으니, 역사서의 글에 의거하여 "무왕
武王이 은나라를 이기자 미자가 그 제기를 가지고 주나라 무왕의 군문에
이르렀다. 무왕이 미자를 풀어 주고 그 지위를 예전대로 회복시켜 주었
다. 운운"이라고27) 첨언하는 것이 마땅할 것 같다.

○ 微子在三仁之列者, 以其至誠惻怛, 而不咈乎愛之理也. 若不爲宗祀之存
而去之之果, 則其處義雖當, 而於此不必言愛之理也. 大抵微子之去, 不但爲
全身也, 則恐當依史文添云"武王克殷, 微子乃持其祭器, 造於軍門, 武王釋
微子, 復其位如故云云" 也.

---

26) 三仁의 반열: 『논어』 「微子」에 "미자는 나라를 떠났고, 기자는 잡혀서 종이 되었으며,
   비간은 충고하다가 죽었다. 공자가 말하기를, '은나라에 세 사람의 인자가 있었다'라고
   하였다"(微子去之, 箕子爲之奴, 比干諫而死. 孔子曰: 殷有三仁焉)라고 한 것을 가리킨다.
27) 역사서의 글에 의거하여…… 이라고 『史記』 38권 「宋微子世家」에 이르기를, "무왕이
   주왕을 징벌하여 은왕조를 무너뜨리자, 미자는 종묘 안의 제기를 가지고 무왕의 군
   문으로 가서 상의를 벗고 손을 등 뒤로 묶게 한 후 왼쪽으로는 사람을 시켜 끌게
   하고, 오른쪽으로는 사람을 시켜 띠를 쥐게 하고는 무릎을 꿇고 앞으로 나아가 무왕
   에게 고하였다. 이에 무왕은 미자를 석방하고 아울러 미자의 작위를 예전처럼 회복
   시켜 주었다"(武王伐紂克殷, 微子乃持其祭器, 造于軍門, 肉袒面縛, 左牽羊, 右把茅, 膝行而
   前以告. 武王乃釋微子, 復其位如故)라고 하였다.

【4-24】 계고 24장

衛靈公, 與夫人夜坐, 聞①車聲轔轔, 至闕而止, 過闕復有聲, 公問夫人曰: 知此爲誰? 夫人曰: 此蘧伯玉也. 公曰: 何以知之? 夫人曰: 妾聞禮, 下公門, 式路馬, 所以廣敬也, 夫忠臣與孝子, 不爲昭昭信(伸)節, 不爲冥冥惰行, 蘧伯玉, 衛之賢大夫也. 仁而有智, 敬於事上, 此其人, 必不以闇昧廢禮. 是以知之. 公使人視之, 果伯玉也.

【4-24-①】 "수렛소리가 덜커덩거리다가 대궐에 이르러 그쳤다"(車聲轔轔, 至闕而止)고 한 것은 수레에서 내렸을 뿐만 아니라 또한 그 수레를 소리가 나지 않게 단속한 것이니 공경함이 지극한 것이다.

○ "車聲轔轔, 至闕而止", 則不但下車, 亦且護其車使無聲, 敬之至也.

【4-25】 계고 25장

①趙襄子, 殺知伯, 漆其頭, 以爲①飮器, 知伯之臣豫讓, 欲爲之報仇, 乃詐爲刑人, 挾匕首, 入襄子宮中, 塗廁, 左右欲殺之, 襄子曰: 知伯死無後, 而此人, 欲爲報仇, 眞義士也, 吾謹避之耳. 讓, 又②漆身爲癩, 呑②炭爲啞, 行乞於市, 其妻不識也, 其友識之, 爲之泣曰: 以子之才, 臣事趙孟, 必得近幸, 子乃爲所欲爲願不易邪! 何乃自苦如此! 讓曰: ③委質爲臣, 而求殺之, 是二心也. 吾所以爲此者, 將以愧天下後世之爲人臣而懷二心者也. 後, 又伏於橋下, 欲殺襄子, 襄子殺之.

【4-25-①】 『사기史記』「대완전大宛傳」에 "흉노匈奴가 월지왕月支王을 격파하고 두골로 술잔을 만들었다"라고 하였고,[28] 『한서漢書』「흉노전匈奴傳」

---

28) 『史記』「大宛傳」에…… 하였고 『史記』, 권123, 「大宛列傳」.

에 "한원제가 한창韓昌과 장맹張猛을 보내어 흉노와 동맹을 맺었고 노상선우가 격파한 월지왕의 두골로 술잔을 삼아 함께 마시며 맹세를 맺었다"라고 하였다.29) 이것은 분명 오줌을 누는 그릇(요강; 溲溺之器)이 아니다. 『한비자』와 『여씨춘추』에서만 모두 "조양자趙襄子가 지백智伯의 머리를 옻칠하여 요강으로 만들었다"고 하였다.30) 『사기』에서 "술잔"(飮器)이라 하였으므로31) 진작晉灼32)의 무리가 마침내 이것을 인용하여 증거로 삼아 말하기를 "술잔은 호자虎子의 등속이다"라고 하였다. '호자'33)는 혹은 '복호伏虎'라고 되어 있다. 『자서字書』에서는 "위槭"라 하니, 곧 오줌을 누는 그릇이 그것이다.

내가 생각하건대 『사기』와 『한비자』, 『여씨춘추』에 전하는 바가 저마다 같지 않으니 어찌 술잔을 가지고 요강을 삼을 수 있겠는가? 옛 책에 두 가지가 합치하지 않은 것이 얼마나 많은가? 그런데도 반드시 비교하여

---

29) 『漢書』「匈奴傳」에…… 하였다: 『漢書』 卷94「匈奴傳」, "元帝遣車騎都尉韓昌·光祿大夫張猛與匈奴盟, 以老上單于所破月氏王頭爲飮器者, 共飮血盟."이라 하였다.

30) 『韓非子』와 『呂氏春秋』에서만…… 하였다: 『韓非子』「喩老」 제21에서는 "智伯兼范·中行而攻趙不已, 韓·魏反之, 軍敗晉陽, 身死高梁之東, 遂卒被分, 漆其首以爲溲器. 故曰: '禍莫大於不知足.'"이라 하였고, 『呂氏春秋』 권14「義賞」에 "지백을 공격하고 그 머리를 잘라서 잔으로 사용하였다"(擊智伯斷其頭, 以爲觴) 하였고, 그 漢 高誘의 註에 "觴, 酒器也."라 하였다. 성호는 두 책에서 모두 便器로 보았다고 했으나, 『呂氏春秋』는 '술잔'이라고 하였다. 성호의 착오로 보인다. 그런데 『小學集說』에서 吳訥의 註에 "飮器, 韋昭云, 飮酒之器, 晉灼云 溲溺之器, 呂氏春秋云 漆智伯頭, 爲溲杯."라고 하였는데, 성호가 아마도 이 吳訥의 설을 확인 없이 차용한 것으로 보인다. 또 중국 明代 方以智(1611～1671)가 편찬한 『通雅』 권34에 "呂覽作溲杯"(呂覽은 『여씨춘추』의 이칭)라고 한 구절이 있는데, 성호가 이 책을 보고 잘못 기재하였을 가능성도 있을 수 있으나 성호 당시에 이 책이 유입되었는지는 확실하지 않다.

31) 『史記』에서 "술잔"(飮器)이라 하였으므로: 『사기』 권86「刺客列傳」에 "조양자는 지백을 가장 원망하여, 지백의 두개골에 옻칠을 해서 커다란 술잔으로 사용하였다"(趙襄子最怨智伯, 漆其頭以爲飮器)라고 하였다.

32) 晉灼: 晉나라 河南 사람으로, 尙書郞을 지냈으며, 저서로는 『漢書音義』가 있다.

33) 虎子: 변기를 가리킨다. 『西京雜記』 권4「王虎子」에 "한나라 조정에는 옥으로 호랑이 형상을 만들어 이를 변기로 사용하여 시중으로 하여금 관장하게 하였으며, 황제가 출행할 때면 이를 가지고 따르도록 하였다"(漢朝, 以玉爲虎子, 以爲便器, 使侍中執之, 行幸以從)라고 한 것이 보인다.

동일시하려고 하여서 그 함께 마셔 맹세를 한 그릇을 또한 요강으로 삼을
수 있겠는가? 그러니 『한비자』와 『여씨춘추』를 따르는 자는 요강으로 하
고, 『사기』의 글을 따르는 자는 술잔으로 했을 뿐이다. 무엇으로써 이를
밝히겠는가? 살피건대 『설원』에 "지백智伯이 양자襄子와 함께 마심에 양자
의 머리에 술을 부었으므로 양자가 치욕을 참았다가 이에 이르러 그의
머리를 술잔으로 삼는 데 이르렀다"라고 하였으니[34] 그 일이 아마도 연
유한 바가 있을 것이다.

○ 『史記』「大宛傳」 "匈奴破月支王, 以其頭爲飮器." 『漢書』「匈奴傳」 "帝
遣韓昌・張猛, 與匈奴盟, 以老上單于所破月支王頭爲飮器者, 共飮立盟." 此
分明非溲溺之器也. 但『韓子』及『呂氏春秋』並云 "趙襄子漆智伯頭爲溲杯",
而『史記』作 "飮器", 故晉灼之徒, 遂引以爲證曰 "'飮器', 虎子之屬." 虎子者,
或作 '伏虎', 『字書』以爲 '械', 卽溺器, 是也. 愚謂, 『史記』與 『韓』・『呂』, 所
傳自不同, 豈可把飮器作虎子乎? 古書之兩不合者何限, 而必欲比而同之, 則
其共飮立盟之器, 亦可作虎子乎? 然則從 『韓』・『呂』之書者, 作溲溺之杯; 從
『史記』之文者, 作飮酒之器而已矣. 何以明之? 按, 『說苑』: "智伯與襄子飮,
而灌襄子之首, 故襄子忍辱, 至是乃以其首爲酒器." 其事蓋有所由然也.

【4-25-②】 "탄炭"은 불이 타고 있는 것을 말한다. 나무가 불에 타는
것을 "탄"이라고 하는데, 이른바 '빙탄氷炭[35]・도탄塗炭[36]'이 이것이다. 예

---

34) 『說苑』에…… 하였으니: 『설원』 권3 「建本」에 "조간자가 양자를 후계자로 삼자 동안
  우가 말했다. '무휼은 재주가 없는데 지금 후계자로 삼는 것은 무엇 때문입니까?
  조간자가 말했다. '이 사람은 사직을 위해서 능히 모욕을 참을 수 있기 때문이다.'
  그 뒤 어느 날 지백과 양자가 술을 마실 적에 지백이 양자의 머리에 술을 부었다.
  대부들이 지백을 죽이자고 하자, 양자가 말했다. '선군이 나를 후계자로 세울 때 능
  히 사직을 위해서 모욕을 참을 것이라고 하셨지, 사람을 찔러 죽일 수 있다고 말씀
  하셨느냐? 열 달이 지난 뒤에 지백이 진양에서 양자를 포위했는데, 양자가 군대를
  나누어 공격해서 지백을 대파하고 그의 머리에 옻칠을 하여 술잔을 만들었다"(趙簡
  子以襄子爲後, 董安于曰: '無恤不才, 今以爲後, 何也?' 簡子曰: '是其人能爲社稷忍辱.' 異日,
  智伯與襄子飮, 而灌襄子之首, 大夫請殺之, 襄子曰: '先君之立我也, 曰能爲社稷忍辱, 豈曰能
  刺人哉!' 處十月, 智伯圍襄子於晉陽, 襄子疏隊而擊之, 大敗智伯, 漆其首以爲酒器)라고 한
  내용이 보인다.

양豫讓이 몸에 옻칠을 하니 몸과 피부가 헐어서 나병환자처럼 되었고, 숯불을 삼키니 목구멍과 혀가 헐어서 벙어리가 된 것이다. 『전국책戰國策』에서는 "몸에 옻칠을 하여 창병瘡病이 나게 하고 수염을 뽑고 눈썹까지 없애서 그 용모를 고치고 거지가 되어 구걸하였다. 그 아내가 말하길, '모습은 나의 남편 같지 않은데 그 목소리는 어찌 그리 남편과 심히 닮았습니까?' 하니 예양은 다시 숯불을 삼켜 목소리까지 바꾸어 버렸다"라고 하였다.37)

○ "炭", 謂火也. 木之方燒者曰"炭", 所謂氷炭・塗炭, 是也. <u>豫讓漆身, 則體膚爛而爲癩; 呑炭, 則喉舌爛而爲瘂也. 『戰國策』云: "漆身爲癘, 滅鬚去眉, 以變其容, 爲乞食人. 其妻曰: '狀貌不似吾夫, 何其音之甚相類也.' 讓遂呑炭, 以變其音也."</u>

- 해설: 여기에서 말하는 '炭'은 재가 아니라 불이 붙은 것을 말하는 듯하다.

【4-25-③】 "위질위신委質爲臣"에 대해 (陳氏의) 주註에서는 "무릎을 꿇는 것과 같다"라고 하였는데38) 이 설은 『춘추좌씨전』의 주註에 근거한 것이다. 희공 23년을 살펴보면 "책명위질策名委質"에 대한 두예杜預의 주에

---

35) 氷炭: 『莊子』「人間世」에 "기쁨과 두려움 등의 감정이 가슴속에서 싸우는데, 이는 원래 인간의 오장 속에 얼음과 숯이 한데 엉겨 있기 때문이다"(喜懼戰于胸中, 固已結氷炭於五臟矣)라고 한 데서 유래하여 정신적인 갈등과 번뇌에 시달리는 것을 의미한다.

36) 塗炭: 진흙물과 숯불. 괴로움이 극심하다는 뜻으로, 『書經』「仲虺之誥」에 "有夏가 德에 어두워서 백성들이 도탄에 빠지거늘 하늘이 마침내 王에게 용맹과 지혜를 내려주시어 만방을 표준 세워 바로잡았다"(有夏昏德, 民墜塗炭, 天乃錫王勇智, 表正萬邦)라고 하였다. 또 『맹자』「公孫丑上」에 "악인의 조정에 서고 악인과 말하는 것을, 조회 때 입는 예복을 착용하고서 진흙탕이나 숯구덩이에 앉는 것처럼 여겼다"(立於惡人之朝 與惡人言, 如以朝衣朝冠坐於塗炭)라는 말이 있다.

37) 『戰國策』에서는 …… 하였다: 『戰國策』 권18 「晉畢陽之孫豫讓」에 "예양은 다시 몸에 옻칠을 하여 瘡病이 나게 하고 수염을 뽑고 눈썹까지 없앴으며, 스스로 體刑을 가해 용모를 고치고 거지가 되어 다니며 구걸하니, 그 아내조차 몰라보고는 이렇게 말하였다. '모습은 전혀 남편 같지 않은데 그 목소리는 어찌 그리 남편과 심히 닮았습니까?' 예양은 다시 불붙은 숯을 삼켜 벙어리가 되어 목소리까지 바꾸어 버렸다"(豫讓又漆身爲癘, 滅鬚去眉, 自刑以變其容, 爲乞人而往乞, 其妻不識, 曰: '狀貌不似吾夫, 其音何類吾夫之甚也?' 又呑炭爲啞, 變其音)라고 하였다.

38) 주에서는 …… 하였는데: 『小學集說』에서 "陳氏曰 …… 委質, 猶屈膝也."라고 하였다.

"무릎을 꿇고서 신하가 되어 섬기는 것이다"(屈膝而臣[39]事之)라고 하였는데,[40] 대개 잘못된 것이다. 『맹자』에서는 "庶人不傳質爲臣, 不敢見於諸侯, 禮也."라고 하였는데, 그 주에 "전傳은 통通이다. 선비는 꿩을 예물로 하고, 서인庶人은 오리를 예물로 가지고 서로 보기를 통하는 것이다"(傳, 通也. 質者, 士執雉, 庶人執鶩, 相見以自通者也)라고 하였다.[41] 대개 옛날에 처음 군을 뵈올 때는 반드시 예물이 있어야 했다. 그러므로 "공자는 국경을 나갈 때는 반드시 예물을 실었다"(孔子出疆, 必載質)고 하였다.[42] '질質'은 곧 예물이고, '위委'는 전한다는 것이다. 『춘추좌씨전』 소공昭公 원년元年조에 "억지로 금禽을 드렸다"(强委禽焉)라고 하였고,[43] 「곡례」에서는 "동자가 예물을 바치고 물러간다"(童子委贄而退)라고 하였는데,[44] '위질委質'의 뜻이 여기에서 분명해진다고 하겠다. 또 『사기』 「중니제자열전仲尼弟子列傳」에서는 "자로는 유자의 옷을 입고 예물을 가지고 왔다"라고 하였고,[45] 『사기색은史記索隱』[46)에서

39) 臣: 『春秋左氏傳』 僖公 23年조의 杜預의 註주에는 "臣"이 "君"으로 되어 있다.

40) 이 설은…… 하였는데: 『春秋左氏傳』 僖公 23年조의 기사 "策名委質, 貳乃辟也."에 대한 杜預의 註에 "이름을 신하의 명부에 올리고 무릎을 꿇고서 임금으로 섬기는 것이다"(名書於所臣之策, 屈膝而君事之)라고 하였고, 孔穎達의 疏에 "質은 형체이다. 절을 해서 무릎을 꿇고 신체를 땅에 닿게 하는 것을 말한다"(質形體也. 謂拜而屈膝委身體於地也)라고 하였다.

41) 『孟子』에서는…… 하였다: 『孟子』 「萬章下」에 보인다.

42) 그러므로…… 하였다: 『孟子』 「滕文公下」에, "공자는 3개월을 벼슬자리가 없으면 안절부절 못하여 국경을 떠나갈 때에 반드시 다른 나라 임금을 만날 때에 필요한 폐백을 가지고 갔다"(孔子三月無君, 則皇皇如也, 出疆, 必載質)라고 하였다.

43) 『春秋左氏傳』 昭公 元年조에…… 하였고: 『春秋左氏傳』 昭公 元年에 "鄭나라 徐吾犯의 누이동생이 예뻤으며, 公孫楚가 이미 정혼(聘問)하였는데, 公孫黑이 또 사람을 보내어 강제로 納采를 하게 하니, 서오범이 두려워서 子産에게 이 사실을 告하였다"(鄭徐吾犯之妹美, 公孫楚聘之矣, 公孫黑又使强委禽焉, 犯懼告子産)라고 한 기사가 보인다.

44) 「곡례」에서는…… 하였는데: 『禮記』 「曲禮下」 117에 보인다.

45) 『史記』 「仲尼弟子列傳」에서는…… 하였고: 『史記』 권67 「仲尼弟子列傳」에 "중유는 자가 子路이고, 卞邑 사람이다. 공자보다 아홉 살이 적다. 자로는 성질이 거칠고 촌스러워 용감하게 힘쓰기를 좋아하고 뜻이 강직하였다. 수탉의 깃을 꽂은 모자를 쓰고, 수퇘지 가죽으로 장식한 검을 차고 다니면서 공자를 무시하고 모욕하였다. 이에 공자께서 예의를 진술하여 자로를 조금씩 달래서 가르치니, 자로는 뒤에 儒者의 옷을 입고 예물을 가지고 와서 문인을 통하여 제자가 되기를 청하였다"(仲由, 字子路, 卞人

는 "복건服虔[47]의 『춘추좌씨전』 주석에 '옛날에 처음 임금을 섬기게 되면 반드시 먼저 그 이름을 책에 쓰고 임금에게 죽은 예물[48]을 보낸 뒤에 신하가 되니 그 임금에게 목숨을 바쳐 절개를 지킬 것을 보인 것이다'(古者, 始事必先書其名於策, 委死之質於君, 然後爲臣, 示必死節於其君也)라고 하였다"고 하였다.[49] 그렇다면 그 예물이 되는 것을 반드시 꿩이나 오리로 이해할 필요는 없다. 잠시 이것을 기록하여 다양한 견해를 널리 소개한다.

○ "委質爲臣", 註云: "猶屈膝也." 此說本於『春秋傳』註. 按, <u>僖公二十三</u>年 "策名委質", 杜預曰: "屈膝而臣事之." 蓋失之矣. 『孟子』曰: "庶人不傳質爲臣, 不敢見於諸侯, 禮也." 註: "傳, 通也. 質者, 士執雉, 庶人執鶩, 相見以自通者也." 蓋古者, 始見於君, 必有質. 故"孔子出疆, 必載質", "質"卽贄也. "委"猶傳也. 『左傳』昭公元年, 有曰"强委禽焉", 「曲禮」曰"童子委贄¹而退", "委質"之義, 於是明矣. 又按, 『史記』「仲尼弟子」云 "子路儒服委質", 『索隱』曰: "服虔註『左氏』云: '古者, 始事²必先書其名於策, 委死之質於君, 然後爲臣, 示必死節於其君也.'" 然則其爲質, 不必以雉‧鶩爲解也. 姑記此, 以廣異聞.

　　1. 贄: 『禮記』「曲禮」에는 '摯'라고 되어 있고, 이에 대한 주에 '摯는 贄이다'라고

　　也, 少孔子九歲. 子路性鄙, 好勇力, 志抗直. 冠雄鷄, 佩豭豚, 陵暴孔子. 孔子設禮, 稍誘子路, 子路後儒服委質, 因門人請爲弟子)고 하였다.

46) 『史記索隱』: 『索隱』. 이 책은 唐나라 司馬貞이 지은 『사기』 주석서로 모두 30권이다.

47) 服虔: 생몰연대 미상. 河南 滎陽 사람. 초명은 重 또는 祇이고, 자는 子愼이다. 동한시대의 관리이자 경학자이다. 孝廉으로 천거되어 벼슬은 尙書侍郎, 高平令, 九江太守를 역임하였다. 고문 경학을 숭상하여 금문 경학자인 何休의 설을 비판했다. 저서에 『春秋左氏傳解』가 있는데, 東晉 때 그의 春秋左氏學이 學官에 세워졌으며, 남북조시대에는 그의 注釋이 북방에 성행했다. 그러나 孔穎達이 『春秋正義』를 저술할 때 『춘추좌씨전』은 杜預의 注만 채용함으로써 그의 주석은 없어지고 말았다. 청나라 馬國翰(1794~1857)이 당나라 이전에 흩어져 없어진 고적들을 모아서 편찬한 『玉函山房輯佚書』에 『春秋左氏傳解誼』와 『春秋成長說』, 『春秋左氏膏肓釋痾』 등의 저술이 수록되어 있다.

48) 죽은 예물: 『尙書』「舜典」에 "다섯 가지 예를 닦으셨다. 다섯 가지 옥과 세 가지 비단, 두 가지 生物과 한 가지 死物의 예물이었다"(修五禮, 五玉, 三帛, 二牲, 一死贄)라고 한 구절이 있다.

49) 『史記索隱』에서는 …… 하였다: 『史記索隱』 권18에, "策名委質, 古者, 始仕必先書其名於策, 委死之質於君, 然後爲臣, 示必死節於其君也."라고 하였다.

하였다.

2. 事: 『春秋左氏傳補註』와 『史記索隱』에는 '仕'로 되어 있다.

【4-26】 계고 26장

王孫賈, 事齊閔王, 王出走, 賈失王之處, 其母曰: 女(汝)朝去而晚來, 則吾
①**倚門而望**, 女莫(暮)出而不還, 則吾倚閭而望, 女今事王, 王出走, 女不
知其處, 女尙何歸? 王孫賈, 乃入市中, 曰: 淖齒, 亂齊國, 殺閔王, 欲與我
誅齒者, ②**袒右**, 市人從之者, 四百人, 與誅淖齒, 刺而殺之.

【4-26-①】 문과 마을 문에 기대어서 아들을 기다린 것은 속히 돌아
오기를 기다린 것이 아니었던 것이다. 대개 걱정하는 마음이 급급했던
것은 오직 그가 처신을 잘하기를 바란 것이요, 문과 마을 문에 기대어
기다리는 것에 이른 것은 있는 곳이 어딘지 알고자 한 것이었다.

○ 倚門閭而望子, 非欲其速還也. 蓋憂心汲汲, 惟欲其善其身, 至於倚其門
閭, 欲得所處之如何耳.

【4-26-②】 "오른쪽 소매를 걷어 올리는 것"(右袒)은 군대의 예이다. 그
러므로 저자에서 오른쪽 소매를 걷어 올린 것은 시장 사람들과 구별되려
고 한 것이다. 만약 군대에서였다면 또한 반드시 왼쪽 소매를 걷어 올리
게 하여, 그 향배를 징험(확인)했을 것이다. 한나라의 진평陳平과 주발周勃,
진晉나라의 회남왕淮南王 윤允의 경우 같은 것이 그것이다.[50]

---

50) 한나라의…… 그것이다: 『史記』 권10 「孝文本紀」에서 "漢高祖가 죽은 후, 呂太后가 정
권을 잡고 천하를 여씨의 것으로 만들려고 하였는데, 여태후가 죽자 태위 주발, 승상
陳平 등이 여씨들을 제거하고 劉氏의 제위를 회복하기로 모의하였다. 그런 다음 주
발이 呂祿이 거느리고 있는 北軍으로 들어가 병사들에게 '여씨를 편들 사람은 右袒을
하고, 유씨를 편들 사람은 左袒을 하라' 호령하였는데, 그 결과 병사들이 모두 좌단
을 하였으며, 이에 따라 주발 등은 북군을 장악하고 결국 여씨의 세력을 제거할 수

○ "右袒", 軍禮也. 故在市袒右者, 將欲別於市人也. 若在軍中, 則亦必左袒, 而驗其向背, 如漢之平 · 勃, 晉之淮南王允, 是也.

【4-27】 계고 27장

①臼季使過冀, 見冀缺耨, 其妻饁之, 敬, 相待如賓, 與之歸, 言諸文公曰: 敬, 德之聚也, 能敬, 必有德, 德以治民, 君請用之. 臣聞, 出門如賓, 承事如祭, 仁之則也. 文公, 以爲下軍大夫.

【4-27-①】 사람 중에는 참으로 겉으로만 공경하고 얼굴색만 장엄하게 하는 사람51)이 있다. 그런 사람을 높고 현달한 자리에 두고 명예로운 자리에 있게 한다면 비록 엄연하게 자부심을 갖고 있는 것 같지만 그의 마음은 알 수가 없으니 이것은 혹 남을 의식해서 공경하는 것일 수 있기 때문이다. 농사일은 지극히 천하고 부부 사이는 지극히 친밀한데, 여기에서도 공경한다면 이것은 마음속으로 공경하는 것이다. 구계臼季와 같은 사람은 덕행을 잘 알아본 사람이라고 말할 수 있다.

○ 人固有貌敬色莊者矣. 使居高顯處名譽, 則雖若儼然矜持, 而其心未可知, 是或爲人而敬也. 至於隴畝之間, 賤之極也; 夫婦之際, 褻之至也, 於此而敬, 是謂心敬. 如臼季, 可謂善觀德行矣.

있었다'라고 한 기사와 『晉書』 권64 「列傳」 '武十三王'조에 "後晉시대 王倫의 난에 淮南王 允도 좌단으로 신호를 삼았다"고 한 기사를 두고 하는 말이다.

51) 얼굴색만 장엄하게 하는 사람: 얼굴색만 장엄하게 하는 것으로, 겉과 속이 다른 것을 말한다. 『論語』「先進」편에 "언론이 독실한 사람을 평가한다면, 그를 군자라고 할 것인가, 겉만 장엄한 자라고 할 것인가?"(論篤是與, 君子者乎, 色莊者乎)라는 공자의 말에서 나온 것이다.

公父文伯之母, 季康子之①從祖叔母也. ③康子往焉, ②闔門而與之言, 皆
②不踰閾, 仲尼聞之, ③以爲別於男女之禮矣.

【4-28-①】 "종조숙모從祖叔母"는 주註에서 "종조부의 처妻"라고 하였
다.52) 곧 할아버지의 동생의 처이므로 "종조숙모"라 한 것이다. 만약 할
아버지의 형의 아내라면 "종조백모從祖伯母"라고 해야 한다.

○ "從祖叔母", 註謂"從祖之妻"也, 乃祖之弟妻, 故曰"從祖叔母". 若祖之
兄妻, 則當云"從祖伯母".

【4-28-②】 "위문闔門"은 문을 반 정도 연 것이다. 『춘추좌씨전』 희공
22년조에 "부인은 배웅이나 마중을 할 때도 문門을 나가지 않고 형제兄弟
를 만날 때에도 문지방을 넘지 않는다"(婦人送迎, 不出門, 見兄弟, 不踰閾)라고 하
였지만53) 문을 반만 연 예법은 보이지 않는다. 춘추시대에는 남녀의 구별
이 없어서 전기傳記에 드러난 것은 말하기에 추잡하다. 이 때문에 강경敬姜
은 더욱 삼가려고 매우 노력한 것이었다. 그러므로 공자께서는 "예와 같
다"고 말하지 않고 "남녀를 구별한 예이다"라고 하신 것이다.54) 이것을

---

52) 註에서…… 하였다:『國語』「魯語下」에 "공보문백의 모친은 계강자의 종조숙모였다.
그래서 계강자가 찾아가서는 문을 열어 놓고 대화를 나누었으며 모두 문지방을 넘
지 않았다"(公父文伯之母, 季康子之從祖叔母也. 康子往焉, 門與之言, 皆不踰閾)라고 하였
고, 從祖叔母에 대한 註에서 "조부 형제의 처"(祖父昆弟之妻)라고 하였다.『小學集說』
에는 이와 관련된 주석이 없다. 다만,『小學諸家集註』에서 陳祚의『正誤』의 설을 그대
로 옮겨 "從祖叔母, 謂祖父昆弟之妻"라 하였다.

53)『春秋左氏傳』 희공 22년조에…… 하였지만:『春秋左氏傳』 喜公 22年조의「傳」에 보인다.

54) 敬姜은…… 것이다: 敬姜은 이름이 戴己이고, 齊나라 여자로 魯哀公 때의 大夫인 公父
文伯 歜의 어머니이자 魯나라 卿相인 季康子 肥의 從祖叔母이다. 춘추시대 노나라 穆伯
의 아내이고 公父文伯의 어머니로, 명철하고 예의를 잘 지켜 공자로부터 칭찬을 받았
다.『孔子家語』「公西赤問」에 "敬姜은 公父文伯의 어머니이며 季康子의 從祖母인데, 계
강자가 찾아가자 문을 열고 이야기를 나누되 모두 문지방을 넘지 않았다. 문백이

어떻게 알 수 있는가? 이 이야기는 본래 「노어魯語」에 나오는데, "문지방을 넘지 않는다"라는 말 아래에 또 "도자悼子를 제사 지내는데 계강자가 거기에 참여하였는데, 잔을 돌리는 데에 (직접) 받지 아니하고, 철상하고서 (강자와) 연음宴飮하지 않았다. 종신宗臣이 갖추어지지 않으면 역제繹祭55)에 참여하지 않았고, 역제繹祭에 나아가서는 어례飫禮56)가 끝나기 전에 물러났다"라고 하였다.57) 이것은 모두 『예』에서 당연히 거론할 것이지만 거론되지 않았다는 것을 추측해 볼 수 있다.

○ "閾門", 門半開也. 『左傳』僖公二十二年云: "婦人送迎, 不出門. 見兄弟, 不踰閾." 未見有閾門之禮也. 春秋之際, 男女無別, 傳記所見, 言之可醜. 此敬姜所以益致其謹也. 故夫子不曰"如禮", 而謂"別於男女之禮"矣. 何以明之? 此說本出於「魯語」, "不踰閾"下, 又云: "祭悼子, 康子與焉. 酢不受, 徹俎不宴, 宗不具不繹, 繹不盡飫則退." 此皆禮所當擧而不擧, 可以推見矣.

> ■ 해설: 경강敬姜은 정해진 예법대로 한 것이 아니라, 남녀 간의 구별을 더욱 철저하게 행한 것이다. 이는 당시의 문란한 상황을 배경으로 한 것으로 공자가 그 점을 인정했다는 것이다.

할아버지 悼子에게 제사를 지낼 때 계강자도 참여하였는데, 경강이 俎豆만 올리고 酢은 받지 않았으며 조두를 치운 후에는 연회에 참여하지 않았다. 그리고 제사의 예를 주관하는 宗臣이 갖추어지지 않으면 繹祭에 참여하지 않았고, 역제에 참여하더라도 음식을 배불리 먹지 않은 채 물러나왔다. 공자가 이를 듣고 말하기를, '남녀의 분별은 예의 大經인데, 公父氏의 부인은 거동이 예의 취지에 맞아 예를 헤아리려 하였다' 하였다"(公父文伯之母, 季康子之從祖母. 康子往焉, 側門而與之言, 內皆不踰閾. 文伯祭其祖悼子, 康子與焉. 進俎而不受, 徹俎而不與燕. 宗老不具則不繹; 繹不盡飫則退. 孔子聞之曰: 男女之別禮之大經. 公父氏之婦動中德趣, 度於禮矣)라고 한 구절이 보인다.

55) 繹祭: 제사 지내는 의식의 하나로, 본 제사인 正祭를 지낸 다음 날 이어서 지내는 제사이다.

56) 飫禮: 고대에 천자나 제후가 군사훈련, 대사에 대한 의논, 그리고 큰 절기를 드러내기 위해서 서서 거행하던 宴禮를 말한다. 『詩經』「小雅·常棣」에 "飮酒之飫"라 하였고, 毛傳에 "飫, 私也."라 하였으며, 鄭玄의 箋에 "私者, 圖非常之事, 若議大疑於堂, 則有飫禮焉."라고 하였다. 『國語』「周語下」에 "夫禮之立成者爲飫"라 하였고, 韋昭의 注에 "飫禮所以敎民敬式, 昭明大體而已."라고 하였다.

57) 이 이야기는…… 하였다: 동일한 내용이 『國語』「魯語下」63 '公父文伯之母別於男女之禮' 條에 보인다.

【4-28-③】 남자의 시호는 '문文'보다 더 높은 것이 없고, 여자의 시호는 '경敬'보다 더 높은 것이 없다. 남녀를 구별하는 것은 크게 공경하는 일이다. 경강敬姜이 "빈소에 휘장을 친 것"58)이나 "문을 반쯤 연 것"에서 무릇 부인이 중요하게 여길 예법을 알고 있었음을 볼 수 있다.

○ 男諡莫尙於文, 女諡莫尙於敬. 男女之別, 敬之大者也. 以敬姜"帷殯"·"闔門", 可見凡婦人之禮知所要矣.

【4-30】 계고 30장

> ①蔡人妻, 宋人之女也. 旣嫁而夫有惡疾, 其母將改嫁之, 女曰: 夫之不幸, 乃妾之不幸也, 奈何去之? 適人之道, 一與之醮, 終身不改, 不幸遇惡疾, 彼無大故, 又不遣妾, 何以得去? 終不聽.

【4-30-①】 채蔡나라 사람의 아내라고 한 것은 다만 기탁한 말일 뿐이다. 시집간 사람의 법도에는 남편에게 심각한 사유가 있다고 하더라도 처가 버리고 갈 수 있는 도의는 없다.

○ 蔡人妻之言, 特託辭. 適人之道, 夫雖有大故, 妻無可去之義.

【4-33】 계고 33장

> ①虞芮之君, 相與爭田, 久而不平, 乃相謂曰: 西伯, 仁人也. 盍往質焉? 乃相與朝周, 入其境, 則耕者讓畔, 行者讓路, 入其邑, 男女異路, 斑白者, 不提挈, 入其朝, 士讓爲大夫, 大夫讓爲卿, 二國之君, 感而相謂曰: 我等小

---

58) 敬姜이 빈소에 휘장을 친 것: 『예기』「檀弓下」에 "빈소에 휘장을 치는 것이 古禮는 아니나, 경강이 남편 목백의 빈소에서 곡하면서부터 시작된 것이다"(帷殯, 非古也, 自敬姜之哭穆伯, 始也)라 하였다.

人. 不可以履君子之庭, 乃相讓, 以其所爭田, 爲閒田而退, 天下聞而歸之
者, 四十餘國.

【4-33-①】 우虞나라와 예芮나라의 임금이 어진 사람을 찾아가서 물어
보려고 했던 것이니 분명히 공심公心이 있었던 것이며, 사납게 싸우는 자
들과는 달랐다. 다만 아직 감화되어 그것을 발현하지 못했을 뿐이다. 문
왕의 풍도를 듣지 않았더라면 어찌 교화될 기미가 있었겠는가?

○ 虞・芮之君, 欲得仁人而往質, 則煞有公心, 異於狠鬪者. 但未有感以發
之耳, 豈非聞文王之風, 有漸化之機者耶?

이상은 명륜明倫을 실증한 것이다.

右實明倫.

3) 실경신實敬身

【4-38】 계고 38장

> 高柴自見孔子, 足不履影, 啓蟄不殺, 方長不折, 衛輒之難, 出而門閉, ①
> 或曰: 此有①徑. 子羔曰: 吾聞之, 君子不①徑. 曰: 此有①竇. 子羔曰: 吾
> 聞之, 君子不①竇, 有間, 使者至, 門啓而出.

【4-38-①】 "두竇"는 물길이다. 『주례』「고공기考工記」에 "두竇는 그 높이가 3척이다"라고 한 것[59]이 이것이다. 『공자가어』에는 "경徑"이 "결缺"로 되어 있는데,[60] 대개 성첩城堞[61]의 무너진 곳을 가리킨다. 그러므로 급하더라도 그곳을 통해 가지 않은 것이다. "혹或"은 계고季羔가 일찍이 월형刖刑을 집행했던 사람이다.

○ "竇", 水道也.「考工記」云 "竇其崇三尺", 是也. 『家語』 "徑"作 "缺", 蓋指城堞圮缺處. 故雖急, 不由也. "或"者, 卽季羔之所嘗刖者也.

---

59) 『주례』「考工記」에…… 한 것: 『周禮』「考工記·匠人」에 "竇其崇三尺."이라 하였다.
60) 『공자가어』에는…… 있는데: 『孔子家語』 권2 「致思」에는 앞의 "徑"은 "缺"로 되어 있고 "君子不徑"의 "徑"은 "踰"로 되어 있다. 또 "君子不竇"의 "竇"는 "隧"로 되어 있다. 그 본문은 다음과 같다. "季羔爲衛之士師, 刖人之足, 俄而衛有蒯聵之亂, 季羔逃之, 走郭門, 刖者守門焉. 謂季羔曰: '彼有缺.' 季羔曰: '君子不踰.' 又曰: '彼有竇.' 季羔曰: '君子不隧.' 隧從竇出又曰: '於此有室.' 季羔乃入焉. 既而追者罷, 季羔將去, 謂刖者: '吾不能虧主之法而親刖子之足矣, 今吾在難, 此正子之報怨之時, 而逃我者三, 何故哉?' 刖者曰: '斷足固我之罪, 無可奈何, 曩者君治臣以法令, 先人後臣, 欲臣之免也, 臣知獄決罪定, 臨當論刑, 君愀然不樂, 見君顔色, 臣又知之, 君豈私臣哉? 天生君子, 其道固然, 此臣之所以悅君也.' 孔子聞之曰: '善哉爲吏, 其用法一也. 思仁恕則樹德, 加嚴暴則樹怨, 公以行之, 其子羔乎.'"
61) 城堞: '성가퀴'라고도 한다. 성벽 위에 덧쌓은 낮은 담으로, 전투를 할 때 병사들은 이곳에 몸을 숨기고 활을 쏘거나 다른 무기를 사용하여 적을 격퇴한다.

---

①鄭子臧, 出奔宋, 好聚鷸冠, 鄭伯, 聞而惡之, 使盜殺之, 君子曰: 服之不
衷, 身之灾也. 詩曰: 彼己之子, 不稱其服. 子臧之服, 不稱也夫.

【4-42-①】 정鄭나라 세자 자화子華는 아버지에게 죄를 얻어서 죽었고,
자장子臧도 정백鄭伯의 아들인데『춘추좌씨전』에 곧 "자화의 동생 자장"(子
華之弟子臧)이라고 한 것62)을 보면, 그는 분명 자화와 같은 죄를 지어서 그
아버지에게 아들 노릇을 제대로 하지 못한 자이다. 자화가 죽자 두려워서
달아났으니, 비록 물총새 깃털로 만든 관을 모으는 것이 아니어도 정백은
진실로 그를 싫어해서 죽이려 했을 것이다. 그런데 자화는 희공 16년에
죽었으니, 이때는 이미 9년이나 지났고 정백의 마음 또한 이미 그를 용서
하고 있었을 것이다. 대개 물총새 깃털로 만든 관63)을 모으기를 좋아하는
허물은 아버지와 자식 사이에서 무례한 것에 비하면 하찮은 것일 뿐이다.
그러나 그 사치하고 음탕하게 노는 것을 스스로 조금도 뉘우치고 고치지

---

62) 『춘추좌씨전』에…… 한 것:『春秋左氏傳』僖公 24年조에 "鄭나라 子華의 아우 子臧이
송나라로 도망갔는데, 물총새 깃털로 만든 관을 모으기를 좋아하니, 鄭伯이 듣고 미
워하여 자객을 보내어 유인해 죽이게 하니, 8월에 자객이 陳나라와 宋나라 사이에서
그를 죽였다"(鄭子華之弟子臧出奔宋, 好聚鷸冠, 鄭伯聞而惡之惡其服非法, 使盜誘之, 八月,
盜殺之于陳宋之間)라고 하였다.

63) 물총새 깃털로 만든 관:『星湖僿說』권5「萬物門·鷸」에 "鄭나라 子臧이 황새 털을
모아서 갓을 만들어 쓰고 이름을 鷸冠이라 했는데, 어떤 이는 이 황새란 鷸자를 蚌鷸
이란 흉자와 뜻이 같다고 하니, 이는 잘못 본 것이다. 방휼이라는 흉은 지금 세속에
서 일컫는 稻鷸라는 새이다. 생김새가 작고 빛깔은 회색이며 떼를 지어 날아다닌다.
지금 바닷가 논배미에 모를 심어 놓으면 도요가 모여 드는데, 휘몰아 쫓지 않으면
잠깐 동안에 모를 버리게 된다. 그러나 4월 8일이 지나면 저절로 다 떠나가는데 저
섬(島) 속으로 들어가서 새끼를 기르게 된다. 자장이 좋아했다는 것은 翠鷸이다. 제
비처럼 생겼으며 빛깔은 남색으로 되었는데, 鬱林에서 생산된다고 한다"(鄭子臧爲聚
鷸冠, 人以蚌鷸之鷸同, 看非也. 蚌鷸之鷸, 卽今俗稱稻鷸者, 是也. 小而灰色, 羣飛. 今海邊水
田播種, 鷸便至, 不驅, 則須臾損種. 至四月八日後, 鷸盡去, 爲其將乳於島中也. 子臧所好, 則
翠鷸也. 似燕紺色, 出鬱林云)라고 하였다.

않았다는 것을 여기(물총새 깃털로 만든 관 모으기를 좋아하는 것)에서 볼 수 있다. 이것이 정백이 더욱 미워하게 되고 반드시 그를 죽이게 된 까닭이다. 『춘추좌씨전』(史傳)의 기록은 또한 가벼운 일을 들어 무거울 일을 보이는 사례이다.

○ 鄭世子子華得罪於父而死, 子臧亦鄭伯之子, 而『左傳』乃云“子華之弟子臧”, 則其必與子華同罪, 而不子於其父者也. 及子華死, 懼而出奔, 則雖微聚鷸, 鄭伯固將惡而殺之. 然子華死於僖公十六年, 至此已九年之久, 鄭伯之心亦已置之矣. 夫聚鷸之過, 比之於子父相奸, 不啻輕矣. 然其驕奢淫佚不自少懲, 於此可見. 此鄭伯所以益惡而必殺之也. 史傳所記, 亦因輕見重之例耳.

【4-43】 계고 43장

公父文伯, 退朝, 朝其母, 其母方績, 文伯曰: 以歜之家而主猶績乎? 其母嘆曰: 魯其亡乎. 使僮子備官, 而未之聞邪. ①居. 吾語女. 民勞則思, 思則善心生, 逸則淫, 淫則忘善, 忘善則惡心生. 沃土之民, 不材, 淫也, 瘠土之民, 莫不嚮義, 勞也. 是故, 王后親織玄紞, 公候之夫人加以紘綖, 卿之內子, 爲大帶, 命婦, 成祭服, 列士之妻, 加之以朝服, 自庶士以下, 皆衣其夫, 社而賦事, 烝而獻功, 男女效績, 愆則有辟, 古之制也. 吾冀而朝夕修我曰: 必無廢先人. 爾今曰: 胡不自安? 以是, 承君之官, 子懼穆伯之絶嗣也.

【4-43-①】 “거居”는 ‘앉다’(坐)라는 의미이다. (『예기』)「곡례」에 “화제가 바뀌면 일어난다”(更端, 則起)고 하였다.[64] 그러므로 문백文伯이 (다시) 앉

---

64) 『예기』「곡례」에 …… 하였다: 『禮記』「曲禮上」에 “군자를 모시고 앉아 있을 때, 군자가 화제를 바꾸어 질문하면 일어나서 대답한다”(侍坐於君子, 君子問而對)라고 하였다. 이에 대한 주석에서 정현은 “자리를 벗어나서 대답하는 것은 바뀐 사안에 대하여 경의를 표하는 것으로, 군자는 반드시 도로 앉으라고 명한다”(離席對, 敬異事也, 君子必令復坐), 여씨는 “‘화제를 바꾸어 질문하면 일어나서 대답한다’는 것은 사안이 변한 것에 따라 일어나서 경의를 표하는 것이다”(呂氏曰: ‘問更端, 則起而對’者, 因事有所變

도록 하고서 말한 것이다.

○ '居', 坐也. 『禮』語"更端則起", 故使文伯坐而語之也.

이상은 경신敬身을 실증한 것이다.

右實敬身.

而起敬也)라고 하였다.

4) 통론通論

【4-45】 계고 45장

衛莊公, 娶于齊東宮得臣之妹, 曰: ①莊姜. 美而無子, ①其娣戴嬀生桓公,
莊姜, 以爲己子. 公子州吁, 嬖人之子也. 有寵以好兵, 公弗禁, 莊姜惡之.
石碏諫曰: 臣聞愛子, 敎之以義方, 弗納於邪, 驕奢淫泆, 所自邪也. 四者
之來, 寵祿過也. 夫寵而不驕, ②驕而能②降, ②降而不憾, 憾而能②眕者,
鮮矣. 且夫③賤妨貴, 少陵長, 遠間親, 新間舊, 小加大, 淫破義, 所謂六逆
也, 君義臣行, 父慈子孝, 兄愛弟敬, 所謂六順也. 去順效逆, 所以速禍也,
君人者, 將禍, 是務去, 而速之, 無乃不可乎?

【4-45-①】 『춘추좌씨전』에 이르기를 "장강은 미인이지만 아들이 없
었고, 여규는 효백을 낳았지만 효백이 일찍 죽었고, 그의 여동생 대규가
환공을 낳았다. 운운" 하였다.[65] 대규는 진나라 여자이니 곧 여규의 동생
이고 장강의 여동생은 아니다. "기제其娣" 두 글자는 아마도 마땅히 "진녀
陳女"로 바꾸는 것이 맞을 듯하다.

○『左傳』云: "莊姜美而無子, 厲嬀生孝伯, 早死, 其娣戴嬀生桓公云云." 戴
嬀是陳女, 則乃厲嬀之弟, 而非莊姜之娣也. "其娣"二字, 恐當換以"陳女".

【4-45-②】 "교驕"는 마음을 가지고 말했고, "강降"은 일을 가지고 말
했다. 마음이 교만할지라도 아랫사람에게 굽히고 윗사람을 섬길 수 있다

---

65) 『춘추좌씨전』에…… 하였다: 『春秋左氏傳』 隱公 3年조에 "위나라 장공은 제나라의 동
궁 득신의 누이에게 장가들었는데, '장강'이라고 하였으며 아름다웠으나 아들이 없어
서 위나라 사람들이 장강을 위하여 「碩人」 시를 지었다. 다시 진나라에 장가들었는데,
'厲嬀'라고 하였으며 孝伯을 낳았으나 일찍 죽었다. 그 여동생인 戴嬀가 환공을 낳으니
장강이 자기의 아들로 삼았다"(衛莊公娶于齊東宮得臣之妹, 曰莊姜, 美而無子, 衛人所爲賦
碩人也. 又娶于陳, 曰厲嬀. 生孝伯, 早死. 其娣戴嬀生桓公, 莊姜以爲己子)라고 하였다.

는 말이다. 자신을 낮추었는데도 교만한 마음이 없어지지 않으면 반드시
원망하면서 화를 내게 되고, 이미 원망하는 마음이 생기면 결국에는 스스
로 참지 못하는 것이 있게 된다. 그러므로 "낮추면서도 반감을 품지 않으
며, 반감을 품고도 능히 참을 수 있는 사람은 드물다"고 한 것이다. "진眕"
에 대해 두예杜預는 "편안하고 진중한 모양"이라고 하였고,[66] 대통戴侗[67]
은 "참으려는 뜻이 있다"고 하였는데,[68] 후자의 설이 더욱 명료하다.

> ○ "驕"以心言, "降"以事言. 言心雖驕, 而能屈下事上也. 雖降焉, 而驕心未
> 已, 則必有憾恨而怒之矣; 旣憾, 則終有所不自忍矣. 故曰: "降而不憾, 憾而
> 能眕者, 鮮矣." "眕", 杜預云"安重貌", 戴侗云"有忍意", 後說尤明.

【4-45-③】 "귀貴"와 "천賤"은 적자嫡子냐 서자庶子냐를 가지고 말한 것
이고, "소少"와 "장長"은 형이냐 동생이냐를 가지고 말한 것이며, "원遠"과
"친親"은 지위를 가지고 말한 것이며, "신新"과 "구舊"는 선후를 가지고 말
한 것이며, "소小"와 "대大"는 직임을 가지고 말한 것이며, "음淫"과 "의義"
는 선악을 가지고 말한 것이다. "해치다"(妨)라는 것은 방해를 하는 것이
지만 아직 능멸함에는 이르지는 않았고, "능멸하다"(陵)라는 것은 업신여
기는 것이지만 아직 이간질하는 것에는 이르지 않았고, "이간질하다"(間)
라는 것은 대항하는 것이지만 아직 윗자리에 있게 되지는 않은 것이고,
"윗자리에 있다"(加)라는 것은 넘어서려는 것이지만 아직 파괴하는 데 이
르지는 않은 것이며, "파괴하다"(破)라는 것은 이미 멸한 것이다.

> ○ 貴"·"賤", 以嫡庶言; "少"·"長", 以兄弟言; "遠"·"親", 以地位言;
> "新"·"舊", 以先後言; "小"·"大", 以職任言; "淫"·"義", 以善惡言. "妨"

---

66) 杜預는…… 하였고: 『春秋左傳注疏』 권3에서 보면, 이 부분에 대한 杜預의 註에는 "如
此者, 少也. 降其身則必恨, 恨則思亂, 不能自安自重."이라 하였다.
67) 戴侗: 생몰연대 미상. 송말원초 때 溫州 永嘉 사람으로, 자는 仲達이고 호는 合溪이다.
戴仔의 동생이다. 저서에 『易書四書家說』과 『六書故』가 있다.
68) 戴侗은…… 하였는데: 戴侗의 『六書故』 권10에 "眕, 之人切. 傳曰憾而能眕者, 鮮矣. 說文
曰目有所恨而止也. 杜元凱曰重也. 侗謂眕**有忍意**."라고 하였다.

則礙焉, 而未至於陵; "陵"則侮焉, 而未至於間; "間"則抗焉, 而未至於加; "加"則踰焉, 而未至於破; "破"則已滅矣.

【4-46】 계고 46장

劉康公成肅公, 會晉侯, 伐秦, 成子受①脤于社, 不敬, 劉子曰: 吾聞之, 民受天地之中, 以生, 所謂命也. 是以, 有動作禮義威儀之則, 以定命也. 能子, 養之以福, 不能者, 敗以取禍. 是故, 君子勤禮, 小人盡力, 勤禮, 莫如敦敬, 盡力, 莫如敦篤, 敬在養神, 篤在守業. 國之大事, 在祀與戎, 祀有執①膰, 戎有受①脤, 神之大節也, 今成子惰, 棄其命矣. 其不反乎.

【4-46-①】 "신脤"은 '신祳'(社祭 고기)과 같다. 『주례』 「대종백大宗伯」에 "신번의 예로써 형제의 나라와 친하게 지낸다"(以脤膰之禮, 親兄弟之國)라고 하였는데, (賈公彥의) 소疏에서 "사직에 사용하는 고기를 '신脤'이라고 하고, 종묘에서 사용하는 고기를 '번膰'이라고 한다. 『춘추공양전』과 『춘추곡량전』에서는 모두 생고기를 제기에 담은 것을 '신脤'이라고 하고, 삶은 고기를 제기에 담은 것을 '번膰'이라고 하였다"라고 하였다.[69] 혹은 종묘의 제사에서는 주로 익힌 것을 올려, 사직의 제사와는 차이가 있으므로 그렇게 말한 것이다. 지금 오씨吳氏의 주註에서는 "신기脤器"로 풀이하였는데,[70] 이것은 또한 "신기蜃器"를 잘못 쓴 것이다. "신기"는 무명조개로 그릇을 장식하여 희게 만든 것이다. "신脤"자와는 같지 않다.

---

69) 『周禮』 「大宗伯」에…… 하였다: 『周禮注疏』 권18에 동일한 내용이 보인다. 『春秋公羊傳註疏』 권26에서 "脤者……腥曰脤, 熟曰膰."이라 하였고, 『春秋穀梁傳註疏』 권19에는 "脤者何也.……生曰脤, 熟曰膰."이라 하였다.

70) 吳氏의 註에서는…… 풀이하였는데: 『小學集說』의 註에 "吳氏가 말하였다. '脤은 社에 제사 지낸 고기이니, 脤器에 담겨졌기 때문에 脤이라고 한다"(吳氏曰:……脤祭社之肉, 盛以脤器. 故曰脤)라고 하였다.

○ "脈", 與'祳'同. 『周禮』「大宗伯」: "以脈膰之禮, 親兄弟之國." 疏云: "社稷之肉曰脈, 宗廟之肉曰膰. 『公』·『穀』皆云: '生居俎上曰脈, 熟居俎上曰膰." 或者, 宗廟之祭, 主於薦熟, 與祭社有別, 故云爾耶. 今吳註, 以"脈器"爲釋, 此亦"蜃器"之誤. "蜃器"者, 以蜃飾器令白也. 與'脈'字不同.

이상은 통론通論이다.

右通論.

외편

外篇

성호소서星湖小序[1]

『소학』이라는 책은 주나라 말기에 없어졌지만, 여전히 민멸되지 않고 그 지류가 남아 있는 것이 있었다. 그러므로 다시 채록하여 「입교」·「명륜」·「경신」 세 편을 만들어서 고대『소학』의 글을 보존한 것이다. 또한 당시 궁행躬行의 사적을 채록하여 「계고」를 만들어서 그것으로 가르침이 밝아지고 화육化育이 이루어진 것이 그러하였음을 증명하였다. 이것들이 이른바 '내편'이라고 한다. 한나라 이래로 학교가 이미 무너져, 가끔 기록할 만한 말과 행적이 있어도 병이秉彝(부여받은 본성의 선함)가 아직 그치지 않고 유운遺韻(물려받은 가르침)이 소멸하지 않는 것에 불과하니 이것을 '외편'이라고 한다. 내편으로 말하면 「경신」 이상의 세 편은 (외편의) 「가언」에 해당하고, 「계고」는 (외편의) 「선행」에 해당한다. 외편으로 말하면 「가언」은 (내편의) 「입교」·「명륜」·「경신」의 남은 법이고 「선행」은 또한 (내편의) 「계고」의 뜻과 같다. 대개 '학學'은 학교의 이름이고 책은 그 학교에서의 법도준칙이다. 한漢나라 이후에 그 일이 이미 폐지되었기 때문에 외편이라고 한 것이다. 주자가 「가언」편 머리에 「유칙有則」·「병이秉彝」라고 하는 시詩(「烝民」)를 인용함으로써,[2] 가르침은 느슨해졌지만 이치는 아직 소멸되지 않았다는 것을 밝혔으니, '깊고 절실하며 드러나게 밝다'(深切著明)라고 할 만하다.[3]

○『小學』之書, 亡於周末, 所不泯者猶有其支流, 故復探拾爲「立敎」·「明倫」·「敬身」三篇, 以存古者『小學』之書. 又採當時躬行之蹟, 爲「稽古」, 以

---

1) 성호와 주자의 소서는 본래 「가언」편에 이어지는 소서였지만, 실제로는 외편 전체(「가언」·「선행」)에 해당하는 소서이기 때문에 외편 시작 부분으로 옮겼다.

2) 朱子가…… 인용함으로써: 이어지는 주자소서에 「烝民」의 시가 인용되어 있다.

3) 깊고 절실하며…… 할 만하다:『史記』 권130 「太史公自序」에 "내가 공언을 남기려고 할진대 집정자들의 행사에 부쳐서 깊고 간절하게 드러내 밝히는 것만 못하리라"(我欲載之空言, 不如見之於行事之深切著明也)는 공자의 말을 인용하였다.

證教明化成如此. 是謂內篇. 自漢以下, 學校已廢, 雖或往往有言行之可紀,
而不過秉彝之未息·遺[1]韻之未滅. 是謂外篇. 以內篇言, 則「敬身」以上三篇
爲「嘉言」, 而「稽古」爲「善行」; 以外篇言, 則「嘉言」爲「立教」·「明倫」·「敬
身」之餘法, 「善行」亦與「稽古」之義同. 蓋學者, 學校之名, 而書, 乃其中法
則也. 自漢以後, 其事已廢, 是以爲外也. 朱子於篇首引"有則·秉彝"之詩,
以明教雖弛而理有未泯, 可謂'深切著明'也.

1. 遺: 정본에는 '遣'으로 되어 있지만, 『小學疾書』 원문에 따라 수정하였다.

주자소서 朱子小序

『詩』曰: "天生烝民, 有物有則. 民之秉彝, 好是懿德." 孔子曰: "爲此詩者,
①其知道乎." 故有物①必有則, 民之秉彝也. ①故好是懿德. 歷傳記, 接
見聞, 述嘉言, 紀善行, 爲小學外篇.

【5-小序-①】 「증민烝民」의 시에 대해서는 이미 상세하게 설명하였기
에 다시 덧붙일 말은 없다. 부자(孔子)께서 사람들이 깨닫지 못하는 것을
안타깝게 생각해서 끌어와서 찬탄한 것이다. 첫머리에 "그 도를 안다"(其
知道)고 말하여 사람들이 기쁘게 경청하게끔 하였으며, 중간에는 다만 "필
必"자와 "고故"자 몇 글자만을 말하여 그것으로써 일깨우고 환기시켰는데,
이것은 사람들이 깨닫지 못함을 염려한 것이다. 성인이 사람들을 유도함
이 비록 절실하여도 그 말은 (뜻이) 전달되면 곧 멈추어서 다시 부연하지
않았으니, 다만 간곡한 마음을 전달하여 "필必"·"고故" 몇 글자만 보여도
그것을 다할 수 있었던 것이다. 이와 같이 하였는데도 깨우치지 못한다면
수천수만의 말을 한다고 하더라도 또한 공연한 짓일 뿐이다. 가르치고
인도하는 책임을 맡은 자는 이해할 수 있을 것이다.

○ 「烝民」之詩, 說之已詳, 無復可以加辭矣. 夫子猶悶人之不能曉, 得引而
贊歎. 首云"其知道", 使人悅而警聽, 中間只曰"必"曰"故"數字而已, 以提惺
喚起, 惟恐人之不曉. 聖人之誘人雖切, 其辭則達而便止, 不復敷演而但致丁
寧, 觀"必"·"故"數字, 可以盡之矣. 如是而不曉, 雖千言萬語, 亦徒爲耳.
任敎導之責者可以領會.

5. 가언嘉言

【개요】「가언」편은 총 94장으로 구성되어 있고, 앞부분에 성호 자신과 주자의 소서가 있다. 이 소서들은 「가언」만이 아니라 외편外篇 전체에 대한 소서이므로, 외편 시작 부분으로 옮겼다. 성호는 주자의 소서를 포함해서 총 93항목에 대해 주석하였다. 성호는 자신의 소서에서, 「소학도」에서 언급한 바와 같이 「가언」편은 내편의 「입교」·「명륜」·「경신」의 내용을 확장시킨 것이라는 것을 말하고, 주자의 서문에 소개된 시詩의 적절함에 대해 보충 설명을 하고 있다. 구체적인 내용을 『소학집설』과 『소학제가집주』(소학집주)의 주석 내용과 비교하면, 아래 표와 같다.

일련번호	집주 장절	주제어	소학집설	소학제가집주	소학질서
[5-星湖小序]					星湖小序
[5-小序-①]	小序	烝民 詩	朱子曰; 吳氏曰	『集說』左同	보충설명
[5-1-①]	1-1	安詳, 恭敬	吳氏曰	『集說』左同	보충설명
[5-2-①]	2-2	俗說			時俗常談=雜記, 近事
[5-2-②]	2-2	德性若自然	吳氏曰 德性, 謂仁義禮智之性而爲本心之德者也.	『集說』左同 단 '講說之熟, 則德性自然而成矣'가 덧붙여짐	덕성은 애쓰지 않아도 자연스럽게 성취된다.
[5-3-①]	3-1	教以經學念書	陳氏曰: 경학과 글을 읽도록 가르치다.	『集說』左同	經學: 경서의 뜻 탐구 念書: 장구암송(과목명)
[5-3-②]	3-1	書札	陳氏曰: 書: 習字, 札: 簡札	『集說』左同	書札: 書藝
[5-6-①]	6-4	杜季良	吳氏曰	『集說』左同	보충설명
[5-6-②]	6-5	刻鵠不成, 畫虎不成	吳氏曰	『集解』左同	보충설명
[5-7-①]	7-1	惡小, 善小	吳氏曰	『集解』左同	보충설명
[5-8-①]	8-1	德, 澹泊	吳氏曰	『集說』左同	보충설명
[5-8-②]	8-1	寧靜	吳氏曰	『集說』左同	보충설명
[5-8-③]	8-2	學, 廣才, 慆慢, 險躁	吳氏曰	『集說』左同	보충설명
[5-8-④]	8-2	年與時馳, 意與歲去	吳氏曰	『集說』左同	보충설명

[5-8-⑤]	8-2	枯落	吳氏曰	『集說』左同	보충설명
[5-8-⑥]	8-2	武侯	眞氏曰	『集說』左同	보충설명
[5-9-①]	9-3	解頤	陳氏曰	『增註』左同	입을 벌리고 웃는 것: 보충설명
[5-9-②]	9-7	頑率奢傲	吳氏曰	『集解』左同 『增註』左同	보충설명
[5-10-①]	10-4	相鼠, 茅鴟	朱子曰; 陳氏曰	『集說』左同	보충설명
[5-10-②]	10-9	籧篨, 戚施	吳氏曰: 籧篨: 새가슴 戚施: 곱사등이	『集說』左同	籧篨: 口柔 戚施: 面柔
[5-10-③]	10-13	靑雲	陳氏曰: 이름과 지위가 높이 드러남을 비유	『集說』左同	志行이 높은 사람을 지칭
[5-10-④]	10-13	范質의 詩(본문)			范質의 단점 언급
[5-17-①]	17-1	舜之事親	吳氏曰	『集解』左同	보충설명
[5-17-②]	17-2	家之有無	吳氏曰	『集解』左同	보충설명
[5-18-①]	18-1	無不是底父母	陳氏曰: 부모의 과실을 자신의 잘못으로 여겼기에 부모의 옳지 않은 점을 보지 못한 것	『集說』左同	부모를 섬김에 순임금만 못하다는 것을 깨달을 뿐, 부모의 잘못은 보지 않아야 한다. (보충설명)
[5-19-①]	19-1	不慈不孝	陳氏曰 不慈: 자식이 질병에 무능한 의원에게 맡기는 것 不孝: 부모의 질병에 무능한 의원에게 맡기는 것	『集說』左同	不慈와 不孝는 모두 자신의 질병에 무능한 의원에게 맡기는 것—자신의 건강이 곧 효도이자 자손에 대한 사랑이다.
[5-21-①]	21-2	六禮	陳氏曰: 冠·婚·喪·祭·鄕飮酒·士相見	『集說』左同	冠·婚·喪·祭·鄕·士相見—鄕(鄕飮酒+鄕射)
[5-21-②]	21-2	始祖·先祖			보충설명
[5-21-③]	21-2	奉養·奉生	죽은 사람을 섬기는 예는 산 사람을 섬기는 예보다 후하게 해야 한다.	『集說』左同	살아 있는 자신을 봉양하는 것보다 후하게 해야 한다.
[5-23-①]	23-3	禫而飮醴酒	陳氏曰: 練祭, 祥祭, 禫祭를 분리해서 설명	『集說』左同	祥祭(練祭+祥祭+禫祭)로 통합해서 설명
[5-23-②]	23-4	文帝	吳氏曰	『集說』左同	보충설명
[5-23-③]	23-6	車螯	陳氏曰 吳氏曰: 海蛤(바다조개)	『集解』左同	蜃(무명조개)
[5-23-④]	23-6	不能以禮處人			보충설명
[5-23-⑤]	23-7	溢	吳氏曰: 二十四分升之一	『集解』左同 『增註』 한 웅큼	一升二十四分升之一

[5-23-⑥]	23-8	雞臛	吳氏曰: 닭고깃국	『集說』左同	臛: 국에 채소가 없는 것
[5-23-⑦]	23-11	喪中飮酒食肉	吳氏曰	『集解』左同	보충설명
[5-24-①]	24-1	婦人	陳氏曰	『集解』左同 『增註』左同	婢妾을 포함해서 지칭하는 말
[5-26-①]	26-1	佛經流入 시기	陳氏曰: 漢 明帝 때	『集解』左同	漢 成帝와 哀帝 사이
[5-27-①]	27-1	符章	陳氏曰: 부적을 써서 글에 절하는 주술	『集說』左同	符書章醮와 같은 말. 부적을 쓰고 기도문을 써서 제단에 기도하는 것
[5-28-①]	28-1	생일잔치의 기원	吳氏曰	『集解』左同	보충설명
[5-29-①]	29-1	心	陳氏曰	『集說』左同	보충설명
[5-31-①]	31-1	一命, 物	熊氏曰	『集解』左同 『增註』	보충설명 一命: 卑, 物: 賤
[5-33-①]	33-1	본문	朱子曰	『集說』左同	보충설명
[5-34-①]	34-1	본문	吳氏曰	『集解』左同	보충설명
[5-35-①]	35-1	異色	陳氏曰	『集說』左同 『增註』左同	보충설명
[5-35-②]	35-1	當官者			보충설명
[5-37-①]	37-1	先暴怒	熊氏曰	『增註』左同	보충설명
[5-38-①]	38-1	著實	吳氏曰	『集解』左同	보충설명
[5-39-①]	39-1	早婚	陳氏曰	『集說』左同	문제점 제기
[5-41-①]	41-1	偸, 亂	陳氏曰: 偸: 경박(薄) 亂: 음란	『集說』左同	偸: 道理 없음 亂: 투기하고 선동하여 어지럽힘
[5-41-②]	41-1	一夫一婦			庶人의 娶妻(貴賤에 따른 등급)
[5-42-①]	42-2	苟	陳氏曰: 誠	『增註』左同	구차하다
[5-43-①]	43-1	勝, 不若	陳氏曰	『集說』左同	보충설명
[5-44-①]	44-1	取失節者	吳氏曰: 절개를 잃은 사람을 짝을 하면 자신도 동일한 사람이다.	『集解』左同	남편의 절개에 대해 언급: 창기를 취하는 것도 절개를 잃는 것
[5-45-①]	45-1	女子	陳氏曰: 음식은 여자가 주관, 능력이 있어도 남편을 보좌	『增註』左同	여자가 능력이 없는 것이 아니다. 여자도 어질면 정치를 할 수 있지만, 권세를 갖게 되면 환란이 난다.
[5-46-①]	46-2	遺風	陳氏曰	『集說』左同 『集成』	보충설명
[5-47-①]	47-1	九族	陳氏曰: 高祖·曾祖·祖·父·己身·子·孫·曾孫·玄孫	『集說』左同	服을 입는 輕重에 따른 9부류

[5-50-①]	50-1	본문	吳氏曰; 朱子曰	『集解』左同 『增註』左同	보충설명
[5-51-①]	51-1	無圭角	陳氏曰: 모가 없어 둥 글게 됨(모남이 없는 것 을 서로 좋아하고 따름)	『增註』左同	충고하여 선한 길로 인도하지 않고 잘못 된 뜻을 따르는 것
[5-53-①]	53-1	본문	陳氏曰	『集解』左同	보충설명
[5-54-①]	54-1	忍令若曹享富貴 之樂	陳氏曰: 차마 너희들 로 하여금 부귀의 즐 거움을 누리게 할 수 있겠느냐!	『集說』左同	너희들이 부귀의 즐 거움을 누리는 것을 인내하며 본다.
[5-54-②]	54-1	본문			보충설명
[5-56-①]	56-1	正誼, 不謀利	吳氏曰; 朱子曰	『集解』左同	보충설명
[5-56-②]	56-1	正, 明, 義, 道, 利, 功	吳氏曰; 朱子曰	『增註』左同	보충설명
[5-57-①]	57-1	본문	陳氏曰; 朱子曰; 葉氏曰	『集解』左同	원전과 비교 보충설명
[5-59-①]	59-1	孝友先生說	吳氏曰	『集解』左同 『集成』	보충설명
[5-60-①]	60-1	聖希天	吳氏曰	『集說』左同	보충설명
[5-60-②]	60-2	伊尹	吳氏曰; 朱子曰	『集解』左同	주자설에 대한 보충 설명
[5-62-①]	62-1	仲由	朱子曰; 陳氏曰	『集說』左同	보충설명
[5-63-①]	63-1	心約, 入身 下學而上達	陳氏曰: 下學—人事, 上達—天理 朱子曰	『集說』左同 『集成』	心約, 入身: 下學
[5-64-①]	64-1	心		『集說』左同	마음을 보존함이 오 래면, 이치에 저절로 밝아진다.
[5-64-②]	64-1	腔子	朱子曰: 몸의 주장이 지만 잠깐 사이에 軀 殼(몸) 밖에서 物欲을 따른다. 敬은 腔子 안 에 있다.	『集說』左同	腔子는 軀殼(몸)이다.
[5-65-①]	65-1	整齊嚴肅	吳氏曰; 盧氏曰	『集解』左同 『增註』左同	보충설명
[5-66-①]	66-1	문장구조	吳氏曰; 周氏曰	『集解』左同	보충설명
[5-67-①]	67-1	身不好 心不好	陳氏曰	『集說』左同	보충설명
[5-69-①]	69-1	三不幸	陳氏曰	『增註』左同	보충설명
[5-70-①]	70-1	踰	陳氏曰	『集說』左同	보충설명
[5-71-①]	71-1	恕	陳氏曰; 朱子曰; 吳氏曰	『集說』左同	보충설명

[5-72-①]	72-1	氣象好時	陳氏曰	『增註』左同	『논어』의 내용으로 보충설명
[5-72-②]	72-1	貴賤壽夭	陳氏曰	『增註』左同	『논어』의 내용으로 보충설명
[5-73-①]	73-1	攻其惡, 無攻人之惡	陳氏曰	『集說』左同	보충설명
[5-75-①]	75-1	恩讐, 道, 德	吳氏曰	『集解』左同	보충설명
[5-75-②]	75-1	無好人	吳氏曰	『集解』左同	보충설명
[5-76-①]	76-1	座右	陳氏曰	『集說』左同	座右=主奧=坐隅: 서남쪽 모퉁이
[5-77-①]	77-1	富貴, 堂高數仞	吳氏曰:	『集解』左同 『增註』左同	보충설명
[5-80-①]	80-1	開心, 明目	熊氏曰:	『集解』左同	開心: 생각이 지혜로움 明目: 자세히 성찰
[5-80-②]	80-4	敬者身基	陳氏曰	『增註』左同	성호 교감주
[5-80-③]	80-7	恐懼	陳氏曰	『集說』左同	성호 교감주(恐懼)
[5-82-①]	82-1	盡多	朱子曰; 輔氏曰	『集解』左同	가는 곳마다 많다.
[5-83-①]	83-1	成甚生氣質	朱子曰; 輔氏曰; 陳氏(櫟)曰	『集解』左同 栗谷: 非常한 기질을 이룬다.	甚生=如何 앞으로 어떤 기질을 이룰지 미리 알지 못한다.
[5-87-①]	87-3	渙然冰釋, 怡然理順	陳氏曰	『集說』左同	보충설명
[5-88-①]	88-1	讀書只怕尋思	吳氏曰; 熊氏曰 책을 읽을 때 찾아 생각하기 두렵다.	『集解』左同	독서는 尋思를 위주로 해야 한다. 只怕: 아마도 이와 같다고 생각한다.
[5-89-①]	89-3	不敢他用	吳氏曰	『集解』左同	성호 교감주
[5-91-①]	91-2	窮神知化 窮深極微	陳氏曰	『集說』左同	보충설명

1) 광입교廣立敎

【5-1】 가언 1장

> 橫渠張先生曰: 敎小兒, 先要①**安詳恭敬**, 今世, 學不講, 男女從幼便驕惰
> 壞了, 到長益凶狠, 只爲未嘗爲子弟之事. 則於其親, 已有物我, 不肯屈下,
> 病根常在, 又隨所居而長, 至死只依舊. 爲子弟則不能安灑掃應對, 接朋友
> 則不能下朋友, 有官長則不能下官長, 爲宰相則不能下天下之賢. 甚則至
> 於徇私意, 義理都喪也, 只爲病根不去, 隨所居所接而長.

【5-1-①】 "편안하고 자세하게 가르치면" 얻는 것이 깊어지고, "공손
하고 공경하게 가르치면" 지키는 것이 견고해진다.

○ "安詳", 則得之深; "恭敬", 則守之固.

【5-2】 가언 2장

> 「楊文公家訓」曰: 童穉之學, 不止記誦. 養其良知良能, 當以先之言, 爲主.
> 日記故事, 不拘今古, 必先以孝弟忠信禮義廉恥等事, 如黃香扇枕, 陸績懷
> 橘, 叔敖陰德, 子路負米之類, 只如①**俗說**, 便曉此道理, 久久成熟, ②**德**
> **性若自然**矣.

【5-2-①】 "속설俗說"이라는 것은 시속에서 늘 이야기하는 것이다. 잡
기雜記나 근사近事와 같이 사람을 웃기거나 적막함을 깨뜨리기 위해서 사
용되는 것이다.

○ "俗說", 時俗常談也. 如雜記·近事, 爲助笑破寂之用者也.

【5-2-②】 "덕성이 마치 자연스러운 것 같다"라는 것은 애써서 바로 잡지 않고도 자연스럽게 성취된다는 말이다. 공자는 말하길 "어려서 이루어진 것은 곧 천성과 같으며, 습관화된 것은 자연과 같다"고 하였다.[1]

○ "德性若自然", 謂不待勤勞矯揉之功, 而若自然成就也. 子曰: "幼[1]成若天性, 習慣如自然."

　　1. 幼: 『大戴禮記』(「保傳」편, 『孔子家語』, 『漢書』 「賈誼傳」, 『顏氏家訓』)에는 '少'로 되어 있다.

【5-3】　가언 3장

> 明道程先生曰: 憂子弟之輕俊者, 只敎以①**經學念書**, 不得令作文字. 子弟凡百玩好, 皆奪志, 至於②**書札**, 於儒者事, 最近, 然一向好著, 亦自喪志.

【5-3-①】 『문헌통고文獻通考』를 살펴보면, "주周 태조 광순 3년, 호부시랑 조상교가 아뢰기를 '동자는 원래 염서念書가 24도道[2]인데, 지금 염서를 추가하여 이전의 것을 포함하여 50도로 하고, 염念이 30도에 이른 자는 급제자로 공포하고자 합니다'라고 하니 그대로 따랐다"고 하였다.[3] 대개 경학과 염서는 모두 국가의 과거시험의 이름인데, 경학은 경서의 뜻을 탐

---

1) 공자는…… 하였다: 『孔子家語』 권38 「七十二弟子解」에 "어려서 이루어진 것은 곧 천성과 같으며, 습관으로 이루어진 것은 자연과 같다"(少成則若性也, 習慣成自然也)라고 하였고, 『漢書』 권48 「賈誼傳」에서는 "어려서 이루어진 것은 天性과 같으며, 習貫은 自然과 같다"(少成若天性, 習慣如自然)라고 하였다. 또 『顏氏家訓』 제2편 「敎子」에도 "孔子께서 말씀하시기를 '어려서 이룬 것은 天性과 같으며, 습관은 타고난 것과 같다'고 하셨으니 옳으시다. 속담에도 이르기를 '며느리는 갓 시집왔을 때 길들이고, 자식은 어릴 때 가르치라'고 하였으니, 정말이로구나, 이 말이!"(孔子云: '少成若天性, 習慣如自然.' 是也. 俗諺曰: '敎婦初來, 敎兒嬰孩.' 誠哉斯語!)라고 한 내용이 보인다.
2) 道: 수량을 나타내는 말로 제목이나 문서 등에 사용된다.
3) 『文獻通考』를 살펴보면…… 하였다: 『文獻通考』 권35 「選擧考」 8에 동일한 내용이 보인다.

구하는 것이고 염서는 장구를 암송하는 것이다. 그들(자제들)이 준수하나 경솔한 것을 염려해서 가르쳐 경학에 들어가게 하였으니, 독실하게 행함이 그 가운데 있는 것이다. 글을 짓지 못하게 하고 다만 암송하게 하였으니, 무릇 일체의 문사나 시편은 모두 배척하여 버리는 것이다.4)

○ 按, 『文獻通考』: "周 太祖 廣順三年, 戶部侍郎趙上交奏: '童子元念書二十四道, 今欲添念書通前五十道, 念及三十道者放及第.' 從之." 蓋經學·念書, 皆國家課試之名, 經學是究索經旨, 念書謂念誦章句. 憂其輕俊, 而敎入經學, 則篤行在中矣. 不得令作文字, 而只使念書, 則凡一切詞翰篇什, 皆在斥去矣.

【5-3-②】 "서찰書札"은 "왕희지王羲之5)와 우세남虞世南6), 안진경顔眞卿7)과 유공권柳公權8) 등과 같이 글씨를 잘 쓰는 자"라고 한 것이 이것이다.9)

---

4) 그들(자제들)이…… 것이다:『近思錄集解』권11「敎學」의 풀이에 보면, "뜻이 경박하고 재주가 뛰어난 사람들은 단속되기를 싫어하고 마음대로 드러내기를 좋아한다. 그들로 하여금 경을 익혀 그 책을 외우게 한다면 마음이 평정되고 기운이 안정되지만, 시문을 짓게 한다면 그 재주를 사용하여 경박한 재능을 키우게 된다"(志輕才俊者, 憚於檢束而樂於馳逞. 使之習經念書, 則心平氣定, 使作文字, 則得以用其才而長其輕俊矣)라고 하였다.

5) 王羲之: 307~365. 중국 동진의 서예가로 자는 逸少이다. 그의 서예풍을 당태종이 특히 숭배하여 內府에 다수의 유품을 소장하고 친히 그의 서예를 배웠으므로 더욱 널리 유행하여 정통적 서예법의 주류가 되었다.

6) 虞世南: 558~638. 중국 당초의 서예가로 자는 伯施이다. 형 世基와 함께 어려서부터 수재로서, 隋의 煬帝에게 出仕했으나 형만큼 중용되지 못하고 관직은 秘書郎 起居舍人에 그쳤다. 서예는 智永에게 배웠으며, 왕희지의 正流를 전하고, 서풍은 온아한 기품이 넘치며, 구양순과 함께 태종의 서의 사범이 되었다. 해서, 행서, 초서의 각 체를 잘하고, 특히 楷法이 뛰어난 歐陽詢, 褚遂良, 薛稷과 더불어 初唐四大家로 꼽힌다.

7) 顔眞卿: 709~785. 중국 唐나라의 서예가. 그의 글씨는 南朝 이래 유행해 내려온 王羲之의 우아하고 아름다운 서체와는 달리 남성적인 기백이 넘쳤으며 唐代 이후의 중국 書道에 큰 영향을 끼쳤다. 해서·행서·초서의 각 서체에 모두 능하였으며, 많은 걸작을 남겼다.

8) 柳公權: 778~865. 중국 唐나라 후기의 서예가로 자는 誠懸이다. 처음 왕희지체를 배우고 후에 제가필법을 익혀 勁媚한 서풍을 완성했다. 公卿大臣가의 碑誌를 많이 썼으며, 외국에서도 그의 서를 구하였다. 형 柳公綽도 서예에 능했다.

9) "書札"은…… 이것이다:『근사록집해』권11「敎學」편과『정씨유서』권1에 "자제들의

정자程子가 일찍이 말하길, "내가 글씨를 쓸 때 매우 공경스럽게 하니, 이는 글씨를 보기 좋게 하려고 하는 것이 아니라 단지 이것이 바로 학문인 것이다"라고 하였다.[10] 주자는 「서자명書字銘」을 지어 말하길 "붓을 잡고 먹을 적셔 종이를 펴고 글씨를 쓰는데 한결같이 그 중에 머문다. 한 점 한 점 한 획 한 획이 마음을 방만하게 가지면 글씨가 거칠어지고, 멋있게 쓰려고 하면 글씨가 어지러워지는데, 반드시 할 일이 있으니 그 덕을 신명하게 해야 한다네"(握管濡毫, 伸紙行墨, 一在其中. 點點畫畫, 放意則荒, 取姸則惑, 必有事焉, 神明其德)라고 하였다.[11] 군자가 서찰書札(곧 서예)에서 취하는 것이 이와 같은 데 지나지 않았다.

○ "書札", 如王‧虞‧顔‧柳輩善書者, 是也. 程子甞曰: "某書字時甚敬[12], 非欲字好, 只此是學." 朱子作「書字銘」曰: "握管濡毫, 伸紙行墨, 一在其中. 點點畫畫, 放意則荒, 取姸則惑, 必有事焉, 神明其德." 君子之取書札, 不過如是.

온갖 취미는 모두가 뜻을 빼앗는다. 서예는 유학자의 일에 가장 가깝다. 그러나 한결같이 좋아한다면 역시 스스로 뜻을 잃어버리게 된다. 왕희지, 우세남, 안진경, 유공권과 같이 정말 뛰어난 사람들이 있다. 그러나 글씨 잘 쓰는 사람이 도를 아는 경우를 보았는가? 평소에 글씨 쓰는 것에 한결같이 정력을 쏟는다면 시간을 낭비할 뿐만 아니라 도를 체득하는 데에 방해되는 점이 있는 것이니 뜻을 잃게 된다는 것을 충분히 알 수 있다"(子弟凡百玩好, 皆奪志, 至於書札, 於儒者事最近. 然一向好著, 亦自喪志. 如王虞顔柳輩, 誠爲好人則有之, 曾見有善書者知道否? 平生精力一用於此, 非惟徒廢時日, 於道便有妨處, 足知喪志也)라고 하였다.

10) 정자가…… 하였다:『近思錄』권4 「存養」에서, 程顥는 "내가 글씨를 쓸 때 매우 공경스럽게 하니, 이는 글씨를 보기 좋게 하려고 하는 것이 아니라 단지 이것이 바로 학문인 것이다"(某書字時甚敬, 非是要字好, 只此是學)라고 하였다. 또『心經附注』권2 「禮樂不可斯須去身章」에서는 "명도선생이 말하길 '내가 글자 쓰기를 매우 공경히 하니, 이는 글자를 아름답게 쓰려고 해서가 아니다. 다만 이것이 배움이며 이것이 放心을 찾는 일이다'라고 하였다"(明道先生曰: 某書字甚敬, 非是欲字好, 只此是學, 只此求放心)라고 하였다.
11) 주자는…… 하였다:『晦庵集』권85 「書字銘」에 동일한 내용이 보인다.
12) 敬: 규장각본(가)‧규장각본(나)‧성호기념관본‧국중본에는 '正'으로 되어 있다.『晦庵集』‧화경당본에 따라 바로잡는다.

> 馬援, 兄子嚴敦, 並喜譏議而通輕俠客, 援在交趾, 還書誡之曰: 吾欲汝曹,
> 聞人過失, 如聞父母之名, 耳可得聞, 口不可得言也. 好議論人長短, 妄是
> 非政法, 此吾所大惡也, 寧死, 不願聞子孫, 有此行也.
> 龍伯高, 敦厚周愼, 口無擇言, 謙約節儉, 廉公有威, 吾愛之重之, 願汝曹效
> 之. ①杜季良, 豪俠好義, 憂人之憂, 樂人之樂, 淸濁, 無所失, 父喪致客,
> 數郡畢至, 吾愛之重之, 不願汝曹效也. 效伯高不得, 猶爲謹敕之士, 所謂
> ②刻鵠不成, 尙類鶩者也, 效季良不得, 陷爲天下輕薄者, 所謂②畫虎不
> 成, 反類狗子也.

【5-6-①】 "두계량杜季良"은 협객이다. 마원馬援이 이미 그들이 협객과 교제하는 것에 대해 경계하였지만 남의 허물을 말하고 싶지 아니하였기에 그 말한 것이 이와 같았다. (그러나) 그 실상은 그들이 두계량을 따르는 것을 민망하게 여겨 말하게 된 것이다. 자세히 음미해 보면, 그 충후한 말과 강조한 뜻이 흠모하고 감탄하기에 충분하다. 그 뒤에 두계량은 경박한 행동으로 군중을 어지럽히고 현혹하다가 죄를 얻었다. 그가 교유한 양공梁松[13]·두고竇固[14] 등도 또한 고변을 당했지만 겨우 (형벌을) 면했고, 양송梁松은 마침내 비방을 받아 옥에 갇혔다가 죽었다. 마원의 경계하고 깨우침이 또한 먼저 깨달은 것이 있었던 것이다!

○ "杜季良", 俠客也. 援旣戒其通俠, 而不欲言人過, 故其言如此. 其實悶其
從季良而發也. 詳味之, 其忠厚之辭·抑揚[1]之意, 有足以欽歎者矣. 其後季

---

13) 梁松: 미상~61. 後漢 安定 烏氏 사람으로 字는 伯孫이고, 梁統의 아들이다. 어려서 郎이 되어 光武帝의 딸 武陰長公主에게 장가를 가 虎賁中郎將이 되었다. 經書에 博通했고, 故事에 정통했다. 광무제가 죽자 遺詔를 받들어 정치를 보필했다. 明帝 永平 원년(58) 太僕으로 옮겼다. 여러 차례 편지를 써서 郡縣에 청탁을 넣었다가 발각되어 면직되고 옥에 갇혔다가 죽었다.

14) 竇固: ?~88. 後漢 光武帝부터 章帝 때까지의 장수로, 匈奴族을 공격하고 물리치는 공을 세웠다.

良以爲行浮薄亂群惑衆, 得罪. 其交遊梁松・竇固等, 亦被告僅免, 松竟坐誹
謗下獄死. 援之戒諭, 其亦有先覺者歟!15)

> 1. 揚: 정본에는 '楊'으로 되어 있지만, 『小學疾書』 원문에 의거하여 '揚'으로 고쳐
> 번역하였다.

【5-6-②】 "각刻"(조각)이라고 하는 것은 그 형체를 본뜨는 것이다. 그
러므로 반드시 그 크고 작음을 모방하기에 그대로 이루지는 못할지라도
오히려 가깝게는 된다. "화畫"(그림)라고 하는 것은 그 겉모습을 취할 뿐이
다. 그러므로 반드시 작은 것으로써 큰 것을 묘사하는데, 그대로 이루지
못하면 본 모양과 멀어진다. 각刻은 실제로 배우는 것으로 말한 것이라면
그림(畫)은 모양을 본뜨는 것으로 말한 것이다.

> ○ '刻'者, 象其形體, 故必倣其大小, 雖不成, 猶爲近之; '畫'者, 取其狀貌而
> 已, 故必以小描大, 不成則遠矣. 刻, 以實學言; 畫, 以依樣言.16)

【5-7】 가언 7장

> 漢昭烈, 將終, 勅後主曰: 勿以①惡小而爲之, 勿以①善小而不爲.

【5-7-①】 『주역』에 이르길 "소인은 작은 착함은 유익함이 없다 하여
하지 아니하며, 작은 악함은 손상됨이 없다 하여 제거하지 않는다. 그러
므로 악함이 쌓여서 가릴 수가 없게 되고 죄가 커져서 풀지 못하게 된다"
고 하였다.17) 소열昭烈(유비)의 말은 대개 여기에서 나온 것이다. 선과 악에
(각각) 재앙이 쌓이고 경사가 따르게 되므로 그것을 경계로 삼음에 이르

---

15) 성호기념관본・화경당본은 이 단락이 위 단락과 이어져 있다.
16) 성호기념관본・화경당본은 이 단락이 위 단락과 이어져 있다.
17) 『주역』에 이르길…… 하였다: 『周易』 「繫辭下傳」 5장에 나오는 공자의 말이다.

러서는 비록 이와 같다고 하더라도, 군자가 보존하려는 것(마음에 둔 것)은 그런 것이 아니다. 선을 하는 것은 복을 구하려고 하는 것이 아니고 악을 제거하는 것은 화를 두려워해서가 아니다. 다만 이치상 마땅히 해야 할 것이기에 하는 것일 뿐이다.

○『易』曰: "小人以小善爲无益而不爲也, 以小惡爲无傷而不去也. 故惡積 而不可掩, 罪大而不可解." 昭烈之言, 蓋出於此. 善惡之積殃慶隨, 至其戒之 者雖如此, 而君子所存不然也. 爲善, 非因求福; 去惡, 非因懼禍. 只理之當 爲者爲之而已.

【5-8】 가언 8장

「諸葛武侯戒子書」曰: 君子之行, 靜以修身, 儉以養①德, 非①澹泊, 無以 明志, 非②寧靜, 無以②致遠. 夫學, 須③靜也, 才, 須③學也. 非學, 無以 ③廣才, 非靜, 無以成學, ③怠慢則不能硏精, ③險躁則不能理性. ④年如 時馳, ④意與歲去, ⑥遂成⑤枯落, 悲歎窮廬, 將復何及也.

【5-8-①】『회남자』「주술훈主術訓」에 말하기를 "담박함이 아니면 덕을 밝힐 수 없고 안정함이 아니면 멀리 미칠 수 없다"(非澹薄, 無以明德; 非寧靜, 無以致遠)라고 하였다.[18] 무후가 아들을 경계하는 글은 본래 여기에서 나왔으나 "덕德"을 고쳐 "지志"라 하였다. "담박澹泊"은 검소하여 욕심이 없는

---

18) 『회남자』「主術訓」에 말하기를 …… 하였다: 『회남자』제9편「主術訓」에 "통치자의 지위는 밝게 빛나는 해와 달과 같아서, 세상 사람들이 모두 눈을 기울여 주시하고 귀를 기울여 경청하며 목을 빼고 발돋움하며 바라본다. 그러므로 통치자는 마음이 고요하지 않으면 덕을 밝힐 수 없고, 마음이 안정되지 않으면 생각이 멀리까지 미칠 수 없으며, 마음이 관대하지 않으면 남을 두루 포용할 수 없고, 마음이 평온하고 바르지 않으면 공정한 판단을 내릴 수 없다"(人主之居也, 如日月之明也, 天下之所同側 目而視, 側耳而聽, 延頸擧踵而望也. 是故非澹薄無以明德, 非寧靜無以致遠, 非寬大無以兼覆, 非慈厚無以懷衆, 非平正無以制斷)라고 하였다.

모양이다. "지志"는 마음이 가는 바이다. 담박하므로 외물에게 뺏기지 않고 무릇 마음이 가는 바가 그 시비의 진실을 살피지 않음이 없어서 밝게 빛나고 어긋나지 않는 것이다. 『대학』의 "성의誠意"·"정심正心"은 모두 "명명덕明明德"의 일이지만 성의를 최초의 공부로 삼는다면 "덕"을 고쳐 "지"로 한 것이 처음 공부하는 데에 더욱 효력이 있을 것 같다. 『회남자淮南子』에는 "치원致遠" 아래에 또 "관대가 아니면 겸하여 덮을 수 없고, 인자와 후덕이 아니면 대중을 품을 수 없고, 공평과 정의가 아니면 끊어 제어하여 판단할 수 없다"(非寬大, 無以兼覆; 非慈厚, 無以懷衆; 非平正, 无以制斷)의 세 구가 있는데 여기에서는 이를 삭제하였다. 대개 위의 두 가지 일은 '수기修己'의 일이고 아래 세 가지는 '치인治人'의 일이다. 무후가 '치기治己'를 전적으로 하고 외물을 바라지 않았다는 것을 또한 볼 수 있다.

○ 『淮南子』「主術訓」曰: "非澹薄[1], 无以明德; 非寧靜, 無以致遠." 武侯之戒子書, 本出於此, 而改"德"爲"志". "澹泊", 儉而無欲[2]之貌. "志"者, 心之所之. 澹泊, 故不爲外物所奪, 凡心之所之, 無不有以察其是非之眞, 光明而不錯也. 『大學』"誠意"·"正心", 俱是"明明德"之事, 而以"誠意"爲最初下功, 則改德爲志, 於初學, 尤若有力. 『淮南子』"致遠"之下, 又有"非寬大, 無以兼覆; 非慈厚, 無以懷衆; 非平正, 無以制斷[3]"三句, 而於此刪之. 蓋上二者是"修己"之事, 下三者是"治人"之事. 武侯之專於治己而不願乎外, 亦可以見矣.

1. 薄: 『小學疾書』와 정본에는 '泊'으로 되어 있지만, 『회남자』 원문에 근거하여 '薄'으로 수정하여 번역하였다.(『태평어람』의 인용문에는 '漠'으로 되어 있다.) 그러나 의미상 큰 무리가 없고, 『小學』의 원문인 『武侯全書』와 연결고리를 만들고자 성호가 의도적으로 '泊'으로 표기했을 가능성도 있어 보인다.
2. 欲: 정본에서는 '慾'으로 되어 있지만 『소학질서』에 근거하여 '欲'으로 수정하여 번역하였다.
3. 制斷: 정본과 『소학질서』 원문에는 '斷制'로 되어 있지만, 『淮南子』 원문에 근거하여 '制斷'으로 수정하여 번역하였다.

【5-8-②】 "영정寧靜"하면 그 몸을 닦음이 바야흐로 정돈되어 착오가 없을 수 있고 또한 그를 통해 멀리 미룰 수 있다.

○ "寧靜", 則其修身也, 方能正頓不錯, 而又可以致遠也.

【5-8-③】 안정된 뒤에 배우고, 배운 뒤에 재주를 넓힌다. 거칠고 조급하여 안정되지 못하면 본성을 다스릴 수 없으므로 배움의 도를 이룰 수가 없게 된다. 게으르고 태만하여 배움에 부지런하지 않으면 정미한 것을 연구할 수 없기 때문에 그 재능을 확충시킬 수 없게 된다. 보통 사람은 게으르고 태만하지 않으면 반드시 거칠고 조급하다. 오직 게으르고 태만하지 않으면 배움에 힘쓸 수 있다. 비록 배움을 부지런히 해도 또한 반드시 평이하고 안정해야 바야흐로 성품을 다스릴 수 있다. 부자군신과 같은 류는 천성이 아닌 것이 없으나 거칠고 조급한 자가 어찌 조리가 문란하지 않을 수 있겠는가? "성性"은 본연의 것이니 그것을 다스리면 어지러워지지 않고, "지志"는 드러내어 사용하는 단서이니 그것을 밝히면 미혹되지 않는다. 비유하자면, 부유한 창고 안의 허다한 물건이 각각 조리가 있어서 사용할 때 섞이지 않는 것과 같다.

○ "靜"然後"學", "學"然後"廣才". "險躁", 不寧靜, 則"不能理性", 故無以成學之之道也; "怠慢", 不勤學, 則"不能研精", 故無以充廣其才分也. 常人不怠慢, 則必險躁. 唯不怠慢, 可以用力於學. 雖勤學, 又必平易安詳, 方可以理性. 父子君臣之類, 莫非天性也. 險躁者, 如何能條理不紊? "性"者, 本然之物也, 理之, 則不亂; '志'者, 發用之端, 明之, 則不迷. 比如富藏中許多物, 各有條理, 而用時不錯也.[19]

【5-8-④】 사시四時가 차례대로 바뀌고 사람이 그것에 따라 늙어가는 것, 이것이 "나이는 시절과 함께 달린다"(年與時馳)라는 말의 의미이다. 마음속으로 기약한 것이 있지만 혹 이룰 수 없어서 세월만 그럭저럭(荏苒)[20]

---

19) 성호기념관본·화경당본은 이 단락이 위 단락과 이어져 있다.
20) 세월만 그럭저럭(荏苒): 점점 흘러가는 것 어려움 가운데서도 끊어지지 않고 면면이 이어 가는 것을 말한다.

보낸다면 이 마음 또한 따라서 함께 없어지니, 이것이 "뜻이 세월과 함께 간다"(意與歲去)는 말의 의미이다.

○ 四時代序, 人以之老, 此謂"年與時馳"也. 意有所期, 或不能遂, 而荏苒過之, 則此意亦隨而俱亡, 此謂"意與歲去".

【5-8-⑤】 "고락枯落"은 늙어서 장차 죽게 된다는 의미이다. 앞의 "시간이 달리다"(時馳)·"세월이 가다"(歲往)라는 문장을 이어서 초목이 말라서 떨어지는 것과 같다고 말하는 것이다.

○ "枯落", 謂老而將死也. 承上文"時馳"·"歲往"而言如草木之枯槁脫落也.

【5-8-⑥】 무후武侯는 직접 밭이랑을 갈면서 영달을 구하지 않았다. "고락枯落"이니 "비탄悲歎"이니 한 것이 어찌 세상에서 가난을 근심하고 비천함을 부끄러워하는 자가 하는 것과 같겠는가? 아니면, 또한 배운 것을 강습하지 않고21) 업業을 이루지 못하였는데 세월이 이미 흘러버려 다시 좇아갈 수 없게 되었기 때문일 것이리라!

○ 武侯躬耕隴畝, 不求聞達. 如所謂"枯落, 悲歎", 豈若世之憂貧惡22)賤者之爲哉? 抑亦爲學之不講·業之不成, 年數之已邁而不可復追者歟!

【5-9】 가언 9장

> 柳玭, 嘗著書, 戒其子弟曰: 壞名災己, 辱先喪家, 其失尤大者五, 宜深誌之. 其一, 自求安逸, 靡甘澹泊, 苟利於己, 不恤人言. 其二, 不知儒術, 不悅古道, 懵前經而不恥, 論當世而①解頤, 身旣寡知, 惡人有學. 其三, 勝

---

21) 배운 것을 강습하지 않고: 『論語』 「述而」에 "덕이 닦아지지 못함과 학문이 강습되지 못함과 의를 듣고 옮겨가지 못하며 불선을 고치지 못하는 것이 바로 나의 걱정거리이다"(德之不修·學之不講·聞義不能徙·不善不能改, 是吾憂也)라고 하였다.

22) 惡: 화경당본에는 '愍'으로 되어 있다.

己者, 厭之, 佞己者, 悅之, 唯樂戲談, 莫思古道, 聞人之善, 嫉之, 聞人之
惡, 揚之, 浸漬頗僻, 銷刻德義, 簪裾徒在, 厮養何殊. 其四, 崇好優游, 耽
嗜麯蘖, 以啣盃, 爲高致, 以勤事, 爲俗流, 習之易荒. 覺已難悔. 其②<u>五</u>,
急於名宦, 匿近權要, 一資半級, 雖或得之, 衆怒群猜, 鮮有存者. 余見名
門右族, 莫不由祖先, 忠孝勤儉, 以成立之, 莫不由子孫, ②<u>頑率奢傲</u>, 以
覆墜之, 成立之難, 如升天, 覆墜之易, 如燎毛. 言之痛心, 爾宜刻骨.

【5-9-①】 “해이解頤”는 ‘입을 벌리고 (크게) 웃는다’(開口笑)라고 말하는
것과 같다.

○ “解頤”, 猶言‘開口笑’也.

【5-9-②】 “완頑”은 우둔해서 아는 것이 없는 것을 말한다. 위에서 말
한 ‘다섯 가지’는 “완솔사오頑率奢傲” 네 글자가 포괄하고 있다. 제1절은
“사치”(奢)를 논하였고, 제2절은 “완고함”(頑)을 논하였으며, 제3절은 “오만
함”(傲)을 논하였고, 제4절은 또 “사치”(奢)를 논하였고, 제5절은 “경솔함”
(率)을 논하였다.

○ “頑”, 謂頑然無所知也. 上 ‘五’者, “頑率奢傲”四字包之矣. 第一節論
“奢”, 第二節論“頑”, 第三節論“傲”, 第四節又論“奢”, 第五節論“率”.

【5-10】 가언 10장

范魯公質, 爲宰相, 從子杲, 嘗求奏遷秩, 質作詩曉之. 其略曰: 戒爾學立
身, 莫若先孝悌. 怡怡奉親長, 不敢生驕易. 戰戰復兢兢, 造次必於是. 戒
爾學干祿, 莫若勤道藝. 嘗聞諸格言, 學而優則仕. 不患人不知, 惟患學不
至. 戒爾遠恥辱, 恭則近乎禮. 自卑而尊人, 先彼而後己, ①<u>相鼠</u>與①<u>茅鴟</u>,
宜鑑詩人刺. 戒爾勿放曠, 放曠, 非端士. 周孔, 垂名教, 齊梁, 尙淸議, 南
朝稱八達, 千載穢靑史. 戒爾勿嗜酒, 狂藥非佳味. 能移謹厚性, 化爲凶險

類, 古今傾敗者, 歷歷皆可記. 戒爾勿多言, 多言, 衆所忌. 苟不愼樞機, 災
厄, 從此始. ④是非毀譽間, 適足爲身累. 擧世重交游, 擬結金蘭契, 忿怨,
容易生, 風波當時起. 所以君子心, 汪汪淡如水. 擧世好②承奉, 昂昂增意
氣, 不知②承奉者, 以爾爲②玩戱. 所以古人疾, ②蘧篨與②戚施. 擧世重
游俠, 俗呼爲氣義. 爲人赴急難, 往往陷囚繫, 所以馬援書, 殷勤戒諸子.
擧世賤淸素, 奉身好華侈. 肥馬衣輕裘, 揚揚過閭里, 雖得市童憐, 還爲識
者鄙. 我本羈旅臣, 遭逢堯舜理, 位重才不充. 戚戚懷憂畏, 深淵與薄冰,
蹈之唯恐墜, 爾曹當憫我, 勿使增罪戾. 閉門斂蹤跡, 縮首避名勢. 勢位難
久居, 畢竟何足恃. 物盛則必衰, 有隆還有替, 速成不堅牢, 亟走多顚躓.
灼灼園中花, 早發還先萎, 遲遲澗畔松, 鬱鬱含晚翠. 賦命有疾徐, ③靑雲
難力致. 寄語謝諸郎, 躁進徒爲耳.

【5-10-①】『춘추좌씨전』양공 27년조에는 "제齊나라 경봉慶封이 와서
빙문聘問하였다. 숙손叔孫이 경봉과 식사를 하는데 경봉이 공손하지 않았
다. 이에 「상서相鼠」시[23]를 읊었는데도 경봉은 알아차리지 못하였다"라
고 하였다. 노양공魯襄公 28년조에서는 "숙손목자叔孫穆子가 경봉에게 음식
을 대접하는데 경봉이 제祭(고수레)하는 음식을 멀리 흩으니(氾祭), 목자穆子
가 불쾌하여 악공樂工을 시켜 그를 위해 「모치茅鴟」시를 낭송하게 하였는
데도 또한 (자신을 풍자하는 것인지) 알지 못하였다"고 하였다. 주註에서
는 "범제氾祭는 제祭하는 음식을 멀리 흩는 것으로 공손하지 않은 것이고,
「모치」는 일시逸詩인데, 불경不敬을 풍자諷刺한 시이다"라고 하였다.[24] 『이

---

23) 「相鼠」시: 「相鼠」는 『詩經』 「鄘風」의 篇名이다. 그 詩에 "쥐를 보면 가죽이 있는데
   사람으로서 威儀가 없을쏜가? 사람으로서 威儀가 없으면 죽지 않고 무엇하랴"(相鼠
   詩鄘風 曰: 相鼠有皮, 人而無儀. 人而無儀, 不死何爲)라고 하였다. 慶封이 자기의 不敬 때
   문에 이 詩를 읊는 줄을 몰랐다는 것은 그가 매우 昏闇하였음을 말한 것이다. 明年에
   慶封이 魯나라로 도망해 온 傳의 배경이다.
24) 註에서는…… 하였다: 양공 28년조의 註에 "禮에 음식을 먹을 때에 祭함이 있으니,
   이는 음식을 처음 만든 분이 있다는 것을 보이기 위함이다. 氾祭는 祭하는 음식을
   멀리 흩는 것이니 공경스럽지 못하다. '工'은 악사이다. 「茅鴟」는 逸詩인데, 不敬을

아『爾雅』에서는 "狂茅鴟"라고 하였고, 이에 대한 곽박의 주에서는 "매와 비슷하지만 흰색이다"라고 하였다.25) 내 생각에, 오늘날 속명으로 "저광苴狂"이라고 하는 것이 이것인 것 같다. "광狂"이라고 한 것으로 미루어보면, 「모치」시는 분명 미치고(광인 같고) 사나우며 무례한 것을 기롱한 것이리라.

> ○『左傳』襄公二十七年: "齊慶封來聘, 叔孫與慶封食, 不敬. 爲賦「相鼠」, 亦
> 不知也." 二十八年, "叔孫穆子食慶封, 慶封汜祭. 穆子不悅, 使工爲之誦「茅
> 鴟」, 亦不知." 註: "汜祭', 遠散所祭, 不共. 「茅鴟」, 逸詩, 刺不敬." 『爾雅』
> 云"狂茅鴟", 郭璞云"似鷹而白". 愚疑, 今俗名"苴狂"者, 是也. 以"狂"之稱
> 推之, 「茅鴟」之詩, 必是譏狂悍無禮與!

【5-10-②】 『이아爾雅』에서 "'거저籧篨'는 말로 아첨하는 것(口柔)이고, '척시戚施'는 얼굴로 아첨하는 것(面柔)이다"라고 하였고,26) 형병邢昺의 소疏에서는 "입으로 아첨하는 자는 반드시 얼굴을 우러러 남의 안색을 살피니 말을 하는데, 거저籧篨와 같이 구부릴 수 없는 사람이다. 얼굴로 아첨하는 자는 반드시 머리를 숙이고 남의 아래에 처하여 낯빛으로 아첨하니, 척시戚施와 같이 위로 쳐다보지 못하는 사람이다"라고 하였다.27) 대개 남

풍자한 시이다"(禮, 食有祭, 示有所先也. 汜祭, 遠散所祭, 不共. 工, 樂師. 茅鴟, 逸詩, 刺不敬)라고 하였다.

25) 『爾雅』에서는…… 하였다: 『爾雅注』「釋鳥」제17 '狂茅鴟'에서 郭璞은 "今鵵(?)鴟也. 似鷹而白."이라 하였다.

26) 『이아』에서…… 하였고: 『爾雅』「釋訓」에 보인다.

27) 疏에서는…… 하였다: 『毛詩正義』「北風·新臺」의 疏에서 보이는데, 그 원문은 "正義曰: 籧篨戚施, 本人疾之名, 故晉語云, 籧篨不可使俯, 戚施不可使仰, 是也. 但人口柔者, 必仰面觀人之顏色而爲辭, 似籧篨不能俯之人, 因名口柔者爲籧篨. 面柔者, 必低首下人, 媚以容色, 似戚施之人, 因名面柔者爲戚施. 故箋云, 籧篨口柔, 常觀人顏色 而爲之辭, 故不能俯. 戚施面柔, 下人以色, 故不能仰也."라고 하였다. 동일한 내용이 『이아주소』에도 보이는데, 『이아주소』는 東晉(317~420)시대의 郭璞(276~324)이 『이아』의 내용에 주석을 단 『爾雅注』와 北宋(960~1126) 때의 邢昺(932~1010)이 「이아주」에 「이아」에 나오는 구와 절의 뜻을 풀이한 疏를 첨가하여 만든 『爾雅疏』를 합쳐 『爾雅注疏』라고 하므로, 형병의 疏의 내용은 곧 당나라 때 만들어진 『모시정의』의 공영달의 疏를 인용한 것이다. 그러나 문맥상 성호가 『이아주소』의 疏를 인용한 것으로 보이므로, 邢昺의 疏로 번역하였다.

의 입만 쳐다보고 그 안색을 살피는 자는 구부릴 수 없고, 턱으로 지시하고 기분에 따라 부려도 순종하지 않음이 없는 자는 위로 쳐다볼 수가 없는 것이다. 그 구부릴 수 없는 자는 또한 반드시 위로 쳐다보지도 못하니 이 둘은 모두 다른 사람을 떠받드는 사람을 가리킨다. 그 마음으로는 반드시 어질다(뛰어나다) 생각할 필요 없이 다만 아부하며 높이 받들 뿐이니 이것이 곧 "노리개"(완희)인 것이다. 또 (『이아』를) 살펴보니 "척시는 『자서字書』에 '척시覛䫉'(곱사등이)로 되어 있다"라고 하였고,28) (『모시정의』의) 주(箋)에서는 "얼굴이 부드러운 것(面柔)이니, 얼굴색으로 남의 아래에서 자신을 낮추는 것이다"라고 하였다.

○ 『爾雅』: "'籧篨', 口柔也. '戚施', 面柔也." 疏曰: "口柔者, 必仰面觀人顔色而爲辭, 似籧篨, 不能俯之人; 面柔者, 必低首下人, 媚以容色, 似戚施, 不能仰之人也." 蓋仰人唇舌, 候其顔色者, 不能俯; 頤指氣使, 無不聽順者, 不能仰. 其不能俯者, 亦必不能仰, 此二者, 皆指承奉人者也[1]. 其心未必以爲賢, 而惟阿附尊奉焉, 便是"玩戲"也. 又按, "戚施, 『字書』作'覛29)䫉'", 註 "面柔, 下人以色"也.

1. 者也: 『소학질서』 원문에는 '也者'로 되어 있고, 정본에는 '者也'로 되어 있다. 정본이 문맥상 맞는 것 같아서 정본을 따라 번역하였다.

【5-10-③】 "운雲"은 '기氣'이다. 기氣 가운데 가장 높은 것을 "청운靑雲"이라고 한다. 우러러 푸르디푸른 하늘을 본다는 것이 이것이다. 옛사람은 뜻과 행실이 높은 자를 '청운'이라 하였는데, 오늘날 사람들은 다만 귀하고 현달한 자를 '청운'이라고 말한다.

○ "雲"者, 氣也. 氣之最高者曰"靑雲". 仰而見蒼蒼者, 是也. 古人以志行之高者爲"靑雲", 今人只指貴顯者曰"靑雲".

---

28) 또…… 하였고: 이 내용은 『爾雅注疏』의 「爾雅音義」에 나오는 내용이다. 여기서 말하는 字書는 정확하지 않다.
29) 覛: 성호기념관본·화경당본에는 '覵'으로 되어 있다.

【5-10-④】 내 생각에 노공魯公(范質)의 시는 대체로 좋다. 그러나 다만 수렴하고 위축하여 두려워하고 삼가면서 오로지 (생명을) 보존하는 데에만 뜻을 두었다. "옳다 그르다…… 누累가 되다"와 같은 구에 이르러서는 숭상할 것이 못된다. 이것은 공이 처음에는 한나라에서 벼슬하였고, 이어서 곽과 시 두 주인을 섬겼으며, 마침내 송나라의 신하가 되어서 일찍이 곤란한 처지에 머물렀던 적이 없었으니 대개 풍도馮道의 무리30)이다. 그러므로 일찍이 (범질이) 풍도를 칭찬하기를 "후덕하고 옛일을 상고하여 잘 알며 재주가 크고 도량이 뛰어나서 비록 왕조가 여러 번 바뀌었으나 사람들이 비난하는 말이 없어 큰 산이 우뚝하게 서 있는 것과 같다"라고 하였다.31) 그의 말은 이와 같이 비루하여 장락로長樂老와 더불어 차례로 서로 호응하였으니, 이른바 '같은 기운끼리 서로 찾는다'(同氣相求)32)는 것이다. 그러므로 그의 입조한 사적은 크게 비난받을 만한 것은 보존한 바가 이와 같기 때문이다.

---

30) 馮道의 무리: 馮道(882~954)는 자가 可道이며, 瀛州 景城 사람이다. 처음 劉守光을 섬겨 參軍이 되었다가 유수광이 패하자 張承業을 섬겼는데, 장승업이 晉王에게 천거하여 河東節度使가 되었다. 뒤이어 後唐의 莊宗, 明宗, 愍帝, 廢帝를 섬기며 정승을 지냈고, 後晉의 고조가 후당을 멸망시키자 고조를 섬겨 燕國公에 봉해졌다. 고조가 임종을 앞두고 아들 石重睿를 부탁하였으나 풍도는 景延廣과 상의하여 石重貴를 황제로 세웠으니, 그가 出帝이다. 풍도는 후진이 망한 뒤 한때 契丹을 섬기다가 後漢의 고조가 즉위하자 돌아와 고조를 섬기고, 後周의 태조가 후한을 멸망시키자 태조를 섬겼다. 그는 일생 동안 다섯 나라의 조정에서 여섯 명의 임금을 섬긴 것을 자랑하며 長樂老라고 自號하였다. 宋나라 歐陽脩가 『新五代史』를 편찬하면서 풍도의 傳記를 雜傳 속에 넣고 그를 염치없는 자라고 평하였다. 『新五代史』, 권54, 「馮道列傳」.

31) 일찍이…… 하였다: 『通鑑節要』 권50 周顯德 元年條에 보인다.

32) 같은 기운끼리 서로 찾는다(同氣相求): 『주역』 乾卦 「文言」에 "九五에 말하기를, '나는 龍이 하늘에 있으니, 大人을 만나 봄이 이롭다'는 것은 무슨 말인가? 공자가 말했다. '같은 소리는 서로 응하고 같은 기운은 서로 구하여, 물은 습한 곳으로 흐르고 불은 건조한 곳으로 나아가며, 구름은 용을 따르고 바람은 범을 따른다. 그리하여 성인이 나옴에 만인이 우러러본다. 하늘에 근본을 둔 것은 위를 친히 하고 땅에 근본을 둔 것은 아래를 친히 하니, 각기 그 類를 따르는 것이다"(九五曰, 飛龍在天利見大人, 何謂也. 子曰. 同聲相應, 同氣相求, 水流濕, 火就燥, 雲從龍, 風從虎. 聖人作而萬物覩. 本乎天者親上, 本乎地者親下, 則各從其類也)라고 했다. 서로 意氣投合하는 것을 표현한다.

○ 愚按, 魯公詩大槪是好. 然只是斂縮畏愼, 專意保全. 至"是非……爲累"
等句, 不足尙也. 此公始仕漢, 歷事郭·柴二主, 卒爲宋臣, 而未嘗留難, 蓋
馮道之倫. 故嘗稱道云: "厚德稽古, 宏才偉量, 雖朝代遷貿, 人無間言, 屹若
巨山也." 其說之鄙陋若是, 與長樂老敍相表裡, 所謂'同氣相求'者也. 是以其
立朝事蹟, 大可譏議, 卽所存如此也.

이상은 입교立敎를 확장한 것이다.

右廣立敎.

2) 광명륜廣明倫

【5-17】 가언 17장

> 橫渠先生曰: ①舜之事親, 有不悅者, 爲①父頑母嚚, 不近人情, 若中人之
> 性, 其愛惡若無害理, 必姑順之. 若親之故舊所喜, 當極力招致, 賓客之奉,
> 當極力營辨, 務以悅親爲事, 不可計②家之有無. 然又須使之不知其勉强
> 勞苦, 苟使見其爲而不易, 則亦不安矣.

【5-17-①】 순舜이 부모를 섬김에 한결같은 마음으로 순종하였으니
어찌 (부모가) 기뻐하지 않을 이치가 있겠는가? 다만 그 부모가 완악하고
도리에 어두워 보통 사람의 정리情理에 가깝지 않았기 때문에 (舜이) 때로
차마 따르지 못하는 것이 있었기에 (그 부모가) 기뻐하지 않은 것이다.

○ 舜之事父母, 一意聽順, 則豈有不悅之理? 惟其頑嚚不近人情, 故有時乎
不忍從之, 所以不悅.

【5-17-②】 살아계실 때 봉양하고 돌아가셨을 때 장사지내는 것은 그
도리가 하나이다. 그러나 상喪을 당하여서 거택의 안정을 생각하지 아니
하면 묘당이 없게 되므로33) "집에 여유가 있고 없음"에 맞게 한다. 그
봉양함에도 또한 이와 같다. 장자(장횡거)가 집안의 여유가 있고 없음을 생
각해서는 안 된다고 훈계한 것은 집안 형편이 그렇게 할 여력이 있는 자
에게 말한 것이다. 그렇지 않다면 혹 집안이 기울어서 파산하여 장차 봉

---

33) 거택의…… 되므로: 『예기』「檀弓下」에 "상을 치르면서 거택의 안정을 걱정하게 해
서는 안 되고 애통해하되 몸이 위태로워지게 해서는 안 된다. 상을 치르면서 거택의
안정을 걱정하게 해서는 안 됨은 거택이 없으면 사당이 없기 때문이며, 애통해하되
몸이 위태로워지게 해서는 안 됨은 몸이 없으면 후사가 없기 때문이다"(喪不慮居,
毁不危身. 喪不慮居, 爲無廟也, 毁不危身, 爲無後也)라고 하였다.

양할 수 없게 될 수도 있어서 도리어 부모에게 근심을 끼치게 되는 것이다. 부모를 봉양하는 자는 또한 이 점을 생각하지 않으면 안 된다.

○ 生養死喪, 其道一也, 而喪不慮居爲無廟也, 故稱"家之有無". 其於養也, 亦猶是也. 張子不計有無之訓, 謂家力之可以及者耳. 不然, 或有傾家破産, 將不能顧養, 而反以貽憂者. 養親者, 亦不可不念.

【5-18】 가언 18장

> 羅仲素, 論①<u>**瞽瞍底豫**</u>而天下之爲父子者定, 云只爲天下, ①<u>**無不是底父母**</u>. 了翁, 聞而善之曰: 唯如此而後, 天下之爲父子者定, 彼臣弑其君, 子弑其父, 常始於見其有不是處耳.

【5-18-①】 고수瞽瞍와 같이 완고한 사람도 결국 기뻐함을 드러냈다면 천하에 기쁘게 해 드리지 못할 부모는 없을 것이다. 만약 (부모가) 기뻐하지 않는 것이 있다면 그것은 자식이 부모를 섬길 때에 미진한 것이 있었기 때문이다. 자식 된 자는 다만 자신이 부모를 섬김이 순임금만 못하다는 것을 깨달을 뿐이고, 부모에게 돌이키기 어려운 잘못이 있는 것은 보지 않아야 한다. 그래서 "(천하에) 옳지 않은 부모가 없다"고 말한 것이다.

○ 瞽瞍之頑而終見底豫, 則天下無不可底豫之父母. 苟有不豫, 則是子之事之也, 有所未盡也. 爲子者, 惟覺己之事之也不得如舜, 而不見父母有難回之過也, 故曰"無不是底父母"也.

【5-19】 가언 19장

> 伊川先生曰: 病臥於床, 委之庸醫, 比之①<u>**不慈不孝**</u>, 事親者亦不可不知醫.

【5-19-①】 "사랑하지 않고 효도하지 못함"(不慈不孝)에 관한 주에서는 '자식과 부모의 질병'을 두고 말한 것이라 하였는데,[34] 옳지 않다. 『이정수언二程粹言』을 살펴보면, "(자신이) 병이 들어 범상한 의원에게 몸을 맡기는 것이 사랑하지 않고 효도하지 못한 데에 비기는데 하물며 부모를 섬기는 일에서겠는가?"라고 하였으니[35] (이때 病은) 대개 '자신의 질병'을 가리킨다. 사계 김장생이 말하기를 "『예기』에 이르기를, '초상을 이겨 내지 못하는 것은 바로 사랑하지 않고 효도하지 못한 데에 비긴다'(不勝喪, 乃比於不慈不孝)라고 하였는데, 이에 대해 주자가 풀이하여 말하기를, '아래로는 후손에게 제대로 전할 수 없기 때문에 사랑하지 못한 데 비기고, 위로는 선조를 받들지 못하는 까닭에 효성스럽지 못한 데 비긴다'라고 하였다. 대개 나의 몸은 바로 부모의 유체遺體이고, 질병은 사생死生과 관계된 것인데, 용렬한 의원의 손에 맡겨서 약을 쓰다가 혹 잘못하여 그 몸을 그르치게 된다면 이는 부자不慈와 불효不孝에 해당되니, 어버이를 섬기는 자는 더욱 의술을 알지 않으면 안 된다"라고 하였다.[36] 내 생각으로는, 이것을 반드시 이렇게 해석할 필요는 없을 것 같다. 『맹자』에 "효자자손

---

34) 사랑하지 않고······ 하였는데: 『小學集說』에 "진씨가 말하였다.······ 그러므로 자식이 병이 있는데 용렬한 의원에게 맡김을 사랑하지 않음에 견주고, 부모가 병이 있는데 용렬한 의원에게 맡김을 불효에 견준다"(陳氏曰······故子有疾而委之庸醫, 比之不慈, 親有疾而委之庸醫, 比之不孝)라고 하였다. 이 주석은 '자식과 부모의 질병'으로 이해하고 있다. 『小學諸家集註』에서도 이 설을 따르고 있다.

35) 『二程粹言』을······ 하였으니: 『二程粹言』 「論事」에 "子曰: 疾而委身於庸醫, 比之不慈不孝, 況事親乎舍藥物, 可也? 是非君子之言也."라 하였다.

36) 사계 김장생이······ 하였다: 『小學集註放訂』에서 沙溪는 "병들어 누워 있다는 것은 부모와 자식이 아니고 바로 자신이 병들어 평상에 누워 있는 것이다. 내 몸은 바로 부모의 遺體이고, 질병은 생사와 관련된 것인데, 용렬한 의원의 손에 맡겨서 내 몸을 그르치게 하면 이는 不慈와 不孝에 견줄 수 있으니, 어버이 섬기는 사람은 더욱 의술을 알지 않으면 안 된다. 『예기』 주에서 주자는 '아래로는 후사를 전할 수 없으므로 不慈에 견주고 위로는 선조를 받들지 못하므로 不孝에 견주는 것이다'라고 하였다"(病臥於牀, 非父母與子. 乃身病臥於牀也. 吾之身, 卽父母遺體, 疾病, 死生所係, 而委之於庸醫之手, 致誤其身, 則比之不慈不孝, 事親者, 尤不可不知醫術也. 禮註, 朱子曰: 下不足以傳後, 故比於不慈, 上不足以奉先, 故比於不孝也)라고 하였다.

孝子慈孫"이라고 했다.37) 그렇다면 자손을 부조父祖에 대해서, 또한 '자慈'라고 칭할 수 있는 것이다. 정자는 아마도 자신을 사랑하는 것으로서 부모를 사랑하는 것에 비유하여서 그것을 결코 가볍게 여겨서는 안 된다는 점을 경계한 것이다. 자慈는 마음으로 말한 것이고, 효孝는 일로써 말한 것이니, 정자의 말은 「곡례」의 글을 근거로 해서 부모를 섬김에 의술을 알지 않을 수 없다는 것을 증명한 것에 불과하다.

○ "不慈不孝", 註謂"子與親之疾", 非是. 按, 『二程粹言』: "疾而委身於庸醫, 比之不慈不孝, 況事親乎?" 蓋指己之疾也. 沙溪曰: "「曲禮」'不勝喪, 乃比於不慈不孝', 朱子釋之曰: '下不足以傳後, 故比於不慈; 上不足以奉先, 故比於不孝.' 蓋吾之身, 卽父母之遺體, 疾病, 死生所係, 而委之於庸醫之手. 用藥或差, 致誤其身, 則比之不慈不孝, 事親者, 尤不可不知醫也." 愚謂, 此不必如此釋. 『孟子』曰: "孝子慈孫." 然則子孫之於父祖, 亦可以稱慈也. 程子蓋以愛身比之愛親, 而警其尤不可輕視也. 慈以心言, 孝以事言, 程子之言不過擧「曲禮」之文, 以證事親之不可不知醫也.

【5-21】 가언 21장

伊川先生曰: 冠昏喪祭, 禮之大者, 今人, 都不理會, 豺獺, 皆知報本, 今士大夫家, 多忽此, 厚於③奉養而薄於先祖, 甚不可也. 某嘗修①六禮大略, 家必有廟, 廟必有主, 月朔, 必薦新, 時祭, 用仲月, 冬至, 祭②始祖, 立春, 祭②先祖, 季秋, 祭禰, 忌日, 遷主, 祭於正寢, 凡③事死之禮, 當厚於③奉生者. 人家能存得此等事數件, 雖幼者, 可使漸知禮義.

---

37) 『맹자』에 "孝子慈孫"이라고 했다: 『孟子』「離婁上」에 "백성에게 포학하게 함이 심하면 자신은 시해당하고 나라는 망하게 되며, 심하지 않으면 자신은 위태롭고 나라는 줄어들게 된다. 그러므로 '幽'와 '厲'라는 나쁜 諡號가 붙여지면 비록 孝子와 孝孫이라도 영원히 그것을 고칠 수 없다"(暴其民, 甚則身弑國亡, 不甚則身危國削, 名之曰幽厲, 雖孝子慈孫, 百世不能改也)라고 하였다.

【5-21-①】 "육례六禮"는 「왕제王制」편에 나오는데, "관례冠禮·혼례婚禮·상례喪禮·제례祭禮·향례鄉禮·사상견례士相見禮"라고 하였고, 정현의 주에서 "'향鄉'은 향음주례鄉飮酒禮와 향사례鄉射禮"라고 하였다.[38] 대개 술을 마시고 활을 쏘는 것은 함께하는 것이어서 하나를 빠뜨릴 수 없는 것이다. 금주今註에서는 '향사례'를 없앴는데,[39] 아마도 잘못된 것 같다.

○ "六禮", 出「王制」云"冠·昏·喪·祭·鄉·相見", 鄭註云"鄉, 鄉飮酒·鄉射". 蓋飮射, 均而不可闕一也. 今註去'鄉射', 恐誤.

【5-21-②】 "시조始祖"와 "선조先祖"에 대해서는 『가례질서』에 상세하게 기록하였다.[40]

○ "始祖"·"先祖", 詳著于『家禮疾書』.

【5-21-③】 "봉양奉養"과 "봉생奉生"이 만약 부모를 봉양하는 것을 가리켜 말하는 것이라면, 죽은 사람을 섬기는 예절이 중하기는 하지만 어찌 살아 있는 사람을 섬기는 예보다 두터이 하는 이치가 있겠는가? 내 생각에 "봉奉"은 '자신을 봉양하다'(自奉)의 봉奉과 같으니 곧 살아 있는 사람의

---

38) "六禮"는 …… 하였다: 『예기』 「왕제」 163에서 "六禮, 冠·昏·喪·祭·鄉·相見."이라고 하였고, 이에 대한 정현의 註에 "'향례'(鄉)는 鄉飮酒禮와 鄉射禮를 말한다"('鄉, 鄉飮酒·鄉射)라고 하였다.

39) 今註에서는 …… 없앴는데: 이것은 『小學集說』의 陳氏의 주에서 "陳氏曰: 六禮, 冠婚喪祭鄉飮酒士相見之禮也."라고 한 것을 가리킨다. 『小學諸家集註』에서도 이 주를 채택하였다.

40) "始祖"와 …… 기록하였다: 『家禮疾書』 「先祖」편 '初祖'에 "初祖, 冬至之所祭也, 高祖以下, 乃常祭者也. 惟自第二世至五世祖, 爲祖, 世嫡之家, 皆得祭之, 非支孫所敢祭也. 若第二世以下有支子, 而其後過四世者, 卽以其支子以下爲祖, 亦必世嫡然後敢祭. 又其支子之第二世以下, 更有支子, 亦如古例, 故曰'繼高祖之宗, 則自先祖以下也.' 蓋'初祖'者, 始祖之自出, 己雖始祖之嫡, 而於初祖未必是嫡也. 若然者, 似不敢稱孝於初祖也. 然始祖亦必世嫡, 然後得祭, 則初祖亦然, 如鄭氏所謂移自他邦之類爲始祖, 則其於始祖以上, 亦或爲世嫡, 故稱孝. 不然者, 非但不敢稱孝, 固不敢祭矣. 旣以世嫡祭初祖, 則其初祖以下, 皆爲先祖, 而其祭亦得稱孝. 大抵無論遠近, 嫡則祭, 非嫡則不祭, 故祭必稱孝也."라고 하였다.

일이다.

○ "奉養"與"奉生", 若指奉親言, 則事死之禮雖重, 豈有加厚於事生之理乎? 愚意, "奉", 如'自奉'之奉, 卽生者之事也.

■ 해설:『소학』본문에서 '죽은 사람 섬기는 예절을 마땅히 산 사람을 섬기는 것보다 후하게 해야 한다'라고 하였는데, 이에 대해 성호는 죽은 사람을 섬기는 예절이 아무리 중하다고 한들 살아 있는 사람을 섬기는 것보다 더 후하게 하는 것은 옳지 않다고 생각했다. 그래서 '봉생'의 생은 부모가 살아 계실 때 섬기는 것보다 두텁게 하라는 것이 아니라 살아 있는 사람인 자신을 보양하는 것보다 더 후하게 해야 한다는 말로 이해하고 있다.

【5-23】 가언 23장

古者, 父母之喪, 旣殯, 食粥, 齊衰, 疏食水飮, 不食菜果, 父母之喪, 旣虞 卒哭, 疏食水飮, 不食菜果, 期而小祥, 食菜果, 又期而大祥, 食醯醬, 中月 而禫, ①禫而飮醴酒, 始飮酒者, 先飮醴酒, 始食肉者, 先食乾肉, 古人居 喪, 無敢公然食肉飮酒者. 漢昌邑王, 奔②昭帝之喪, 居道上, 不素食, 霍 光, 數其罪而廢之. 晉阮籍, 負才放誕, 居喪無禮, 何曾, 面質籍於②文帝 坐曰: 卿, 敗俗之人. 不可長也. 因言於帝曰: 公, 方以孝治天下而聽阮籍, 以重哀, 飮酒食肉於公座, 宜擯四裔, 無令汚染華夏. 宋廬陵王義眞, 居武 帝憂, 使左右, 賈魚肉珍羞, 於齋內, 別立廚帳, 會長史劉湛, 入, 因命䐹酒 炙③車螯, 湛, 正色曰: 公, 當今, 不宜有此設. 義眞曰: 旦, 甚寒, 長史, 事同一家, 望不爲異. 酒至, 湛起曰: 旣不能以禮自處, 又④不能以禮處人. 隋煬帝爲太子, 居文獻皇后喪, 每朝, 令進二⑤溢米, 而令外, 取肥肉脯鮓, 置竹筒中, 以蠟閉口, 衣襆, 裹而納之. 湖南楚王馬希聲, 葬其父武穆王之 日, 猶食雞⑥臛, 其官屬潘起譏之曰: 昔阮籍, 居喪, 食蒸豚, 何代無賢. 然 則五代之時, 居喪食肉者, 人猶以爲異事, 是流俗之弊, 其來甚近也. 今之 士大夫, 居喪, ④食肉飮酒, 無異平日, 又相從宴集, 靦然無愧, 人亦恬不 爲怪, 禮俗之壞, 習以爲常, 悲夫. 乃至鄙野之人, 或初未斂, 親賓, 則齎酒 饌往勞之, 主人, 亦自備酒饌, 相與飮啜, 醉飽連日, 及葬, 亦如之, 甚者, 初喪, 作樂以娛尸, 及殯葬, 則以樂導輀車而號泣隨之, 亦有乘喪卽嫁娶者,噫! 習俗之難變, 愚夫之難曉, 乃至此乎. 凡居父母之喪者, ①大祥之前, 皆未可飮酒食肉, 若有疾, 暫須食飮, 疾止, 亦當復初. 必若素食, 不能下咽, 久而羸憊, 恐成疾者, 可以肉汁及脯醢或肉少許, 助其滋味, 不可恣食珍羞盛饌及與人燕樂, 是則雖被衰麻, 其實, 不行喪也. ⑦唯五十以上, 血氣旣衰, 必資酒肉扶養者, 則不必然耳. 其居喪, 聽樂及嫁娶者, 國有正法, 此不復論.

【5-23-①】 앞에서는 "담제禫祭를 지내고 나서 술을 마시고 고기를 먹는다"라고 말하고, 뒤에서는 "대상大祥 전에는 술을 마시고 고기를 먹을 수 없다"고 하였으니 상祥을 마친 뒤에는 그것을 허락하는 것 같다. 그 의미는 앞의 글에서 "스무 살이 되면 관례를 한다고 하지만 열다섯 살 이상도 관례를 할 수 있다"고 한 것[41]과 같다. 대개 『예기』「간전間傳」편에서는 "담제禫祭"라고 하였지만[42] (같은 책)「상대기喪大記」에서는 또한 "상을 마치고 고기를 먹는다"고 말하고 있는 만큼,[43] 옛날에 또한 두 가

---

41) 앞의 글에서······ 한 것: 「嘉言」 22장에서 "옛날의 예절에 비록 스무 살이 되어야 관례를 한다고 하였으나 세속의 폐단을 갑자기 바꿀 수 없으니 만약 돈후하여 옛것을 좋아하는 군자가 그 아들의 나이가 열다섯 이상으로서 능히 『효경』과 『논어』를 통하여 대략 예의의 방향을 알기를 기다린 뒤에 관례를 한다면 그것이 아름다울 것이다"(古禮, 雖year二十而冠, 然世俗之弊, 不可猝變, 苟敦厚好古之君子, 俟其子年十五以上, 能通孝經論語, 粗知禮義之方然後, 冠之, 斯其美矣)라고 한 것을 가리킨다.

42) 「間傳」편에서는······ 하였지만: 『禮記』「間傳」에 "부모의 상에 우제와 졸곡을 마치면 거친 밥과 음료수를 마시지만 채소와 과일은 먹지 않는다. 1년 만에 小祥의 제사를 지내면 채소와 과일을 먹는다. 다시 1년 만에 大祥의 제사를 지내면 젓갈을 먹는다. 다시 한 달을 건너뛰어 禫祭를 지내는데, 담제를 지내면 단술을 마신다. 처음 술을 마시는 경우에는 먼저 단술을 마시고, 처음 고기를 먹는 경우에는 먼저 말린 고기를 먹는다"(父母之喪, 旣虞‧卒哭, 疏食水飮, 不食菜果, 期而小祥, 食菜果, 又期而大祥, 有醯醬, 中月而禫, **禫而飮醴酒**, 始飮酒者, 先飮醴酒, 始食肉者, 先食乾肉)라고 하여, 담제를 지내고 나서 술을 마신다고 하고 있다.

43) 「상대기」에서는······ 있는 만큼: 『禮記』「喪大記」에 "葬禮를 마친 후에 주인은 거친 밥에 물을 마시지만, 채소와 과일은 먹지 않는다. 부인도 그와 같이 한다. 이는 군주, 大夫, 士가 동일하다. 練祭를 지내고 야채와 과일을 먹으며, 大祥 제사를 지내고 고기를 먹는다. 盛에 담긴 죽을 먹을 때에는 손을 씻지 않고, 簋에 담긴 밥을 먹을 때에는

지 설이 있었던 것이다. 공영달이 "전해 들은 것이 다른 것이다"라고 한 것[44]이 이것이다. 앞의 글에서 이미 「간전」을 근거로 말하였으나 또 이미 「상대기」의 글이 있기에, 다만 '대상 전에만 술과 고기를 허락하지 않는다'고 하는 것은 혹 괜찮을 수도 있다. 또 한 가지 설이 있다. "음주飲酒"부터 "건육乾肉"에 이르는 몇 구절은 두 글이 같지 않아서, 한 곳(間傳)에서는 "禫而飮酒" 아래에 (음주와 건육이) 있고, 한 곳(喪大記)에서는 "祥而食肉" 아래에 (음주와 건육이) 있는데, 이것은 큰 절목이니, 예禮를 기록한 자가 이와 같은 착오를 일으키지는 않았을 것이다. 주자는 "아침에 상제를 지내고 저녁에 노래한다"와 "상제를 지낸 지 5일 뒤에는 금琴을 탔다"는 글[45]을 근거로, 담제는 (대상을 지낸) 그달 중에 있다고 했지만,[46] 「잡기

손을 씻는다. 야채를 먹을 때에는 식초와 젓갈을 곁들인다. 처음 고기를 먹을 때에는 먼저 마른 고기부터 먹는다. 처음 술을 마실 때에는 먼저 단술부터 마신다"(旣葬, 主人疏食水飮, 不食菜果, 婦人亦如之. 君·大夫·士一也. 練而食菜果, 祥而食肉. 食粥於盛, 不盥, 食於篹者盥. 食菜以醯·醬. 始食肉者, 先食乾肉, 始飮酒者, 先飮醴酒)라고 하였다.

44) 孔穎達이…… 한 것: 『禮記』「間傳」편에 대한 공영달의 疏에 "「상대기」에서 '상제를 지내고 고기를 먹는다'고 말한 것은 전해들은 것이 다른 것이다"(「喪大記」云'祥而食肉'者, 所聞異也)라고 하였다.

45) 아침에…… 글: 『禮記』「檀弓上」 32에 "공자는 大祥을 마치고 5일 뒤 琴을 탔으나 소리를 이루지 못하였고, 열흘 뒤에야 笙을 불고 노래하는 것이 제소리를 이루었다"(孔子旣祥, 五日彈琴而不成聲, 十日而成笙歌)라고 하였다.

46) 주자는…… 했지만: 『朱子語類』 권89에 "25개월 만에 상제를 지내고 그달에 곧 담제를 지낸다는 것은 살펴보니 왕숙의 설과 같이해야만 '이달에 담제를 지내면 다음 달에는 음악을 연주한다'라는 설에 대해 순조로울 수 있다. 이제 정씨의 설을 따르는 것이, 예가 의심스러울 때는 후하게 하는 쪽으로 따르는 것일지라도 합당하다고는 할 수 없다"(二十五月祥後便禫, 看來當如王肅之說, 於是月禫, 徙月樂'之說爲順. 而今從鄭氏之說, 雖是禮疑從厚, 然未爲當)라고 하였다.

※ 『禮記』「檀弓上」에서는 "大祥을 지내고 縞冠(흰색의 가선을 두른 관)을 쓴다. 이달에 禫祭를 지내고 달을 넘기면 음악을 연주한다"(祥而縞. 是月禫, 徙月樂)라고 하였다. 『儀禮』「士虞禮」에 "1년이 지나 小祥이 되면 '이 常事에 제물을 올립니다'라고 하고, 다시 1년이 지나 大祥이 되면 '이 祥事에 제물을 올립니다'라고 하며, 中月에 禫祭를 지낸다"(朞而小祥, 曰薦此常事, 又朞而大祥, 曰薦此祥事, 中月而禫)라는 말이 나오는데, 여기에서 나오는 중월에 대해서 鄭玄은 "중은 간과 같다"(中猶間)라고 하여 대상에서 한 달을 건너뛴 27개월 만에 담제를 지낸다고 하였고, 王肅은 중월을 月中으로 해석하여 대상과 같은 달에 지낸다고 하였다. 그렇지만 주자는 『朱子家禮』「喪禮·禫」에

雜記」에서는 분명히 "기년상에는 13개월 만에 상제를 지내고 15개월 만에 담제를 지낸다"라고 말하고 있으니[47] 그 간격이 1개월이 됨은 의심할 바가 없다. 아마도 담제는 상제祥祭의 나머지일 것이다. 옛날 사람들이 구분해서 말할 때에는 담제와 상제의 구별이 있었지만 보편적으로 말할 때에는 통틀어 상제라고 하였다. 그러므로 "상제를 마치고 금을 탄다"라는 것은 아마도 상喪을 마치고 이미 담제를 지낸 후이다. 상祥 앞에 연제練祭가 있는데 이것을 '소상小祥'이라고 하고, 상祥 뒤에 담제가 있는데 이것을 '담상禫祥'이라고 한다. 결국 "상祥"은 연練(祭)과 담禫(祭)과 상祥(祭) 3가지를 통틀어서 말하는 것이다. 그렇다면 「상대기」에서 말한 "술과 고기"는 또한 담제를 마친 후에 먹는다는 것이다. 또 「간전」에서는 "우제虞祭 · 졸곡卒哭 · 연제練祭 · 상제祥祭 · 담제禫祭"에 대해 갖추어서 말하였지만, 「상대기」에서는 장사를 지내는 것에서부터 상제祥祭에 이르기까지만 말했으니 담제만을 어떻게 빠뜨릴 수 있었겠는가? 자세하게 살펴보는 것이 마땅하다.

○ 上云"禫而飮酒食肉", 下云"大祥之前, 未可飮酒食肉", 則祥後似若許之者. 其意如上文"二十而冠, 而十五以上, 亦可以冠也". 蓋「間傳」雖以"禫"言,「喪大記」亦云"祥而食肉云云", 則古亦有兩說. 孔氏所謂"所聞異"者, 是也. 上文旣據「間傳」爲言, 而又旣有「喪大記」之文, 則只大祥前, 不許酒肉, 容或可也. 抑有一說: 自始"飮酒"至"乾肉"數句, 兩書不同, 一在於'禫而飮酒'之下, 一在於'祥而食肉'之下, 此大節也, 記禮者, 不應如此錯謬. 朱子據 "朝祥暮歌"及"旣祥五日彈琴"之文, 謂'禫在月中', 而「雜記」分明說"期之喪, 十三月而祥, 十五月而禫", 則其爲間一月者, 無疑. 意者, 禫者, 祥之餘也. 古人分言, 則有禫 · 祥之別, 而汎言, 則通謂之祥也. 故"旣祥彈琴"者, 恐是

서는 '大祥之後 中月而禫'조에서 "중월은 한 달을 건너뛰는 것이다. 따라서 초상 때부터 이때까지 윤달을 따지지 않고 모두 27개월이다"(間一月也. 自喪至此, 不計閏, 凡二十七月)라고 하여 정현의 의견을 따랐다.

47) 「잡기」에서는…… 있으니: 『禮記』「雜記下」에 "기년상은 11개월이 되면 練祭를 지내고 13개월이 되면 大祥 제사를 지내고, 15개월이 되면 禫祭를 지낸다"(期之喪十一月而練, 十三月而祥, 十五月而禫)라고 하였다.

喪畢旣禫之後也. 前乎祥而有練謂之小祥, 後乎祥而有禫謂之禫祥. 言祥, 則三者通之矣. 然則「大記」所謂"酒肉" 亦是旣禫之後乎! 且「間傳」備言"虞卒哭練祥禫", 而「大記」則自旣葬至祥而便止, 禫豈可闕者歟? 宜細考焉.

【5-23-②】 온공(司馬光)[48]은 진晉나라의 후손이므로 사마소司馬昭[49]를 '문제文帝'라고 하였다.

○ 溫公, 是晉之後, 故謂昭爲文帝.

【5-23-③】 "거오車螯"는 무명조개인데, 꿩이 변화한 것[50]이다.

○ "車螯", 蜃也, 雉所化者.

【5-23-④】 상喪 중에 있는 자의 곁에서 술을 마시고 고기를 먹은 것은 또한 예가 아니다. 그러므로 "예절로 남을 대하지도 못한다"라고 말한 것이다.

○ 飮酒食肉於有喪者之側, 亦非禮也, 故曰"不能以禮處人".

【5-23-⑤】 "일溢"은 옛 주석에 "1과 24분의 1승升(되)"[51]이다. "일溢"은

---

48) 온공(司馬光): 1019~1086, 중국 北宋 때의 학자. 溫公이라도 불리며 『資治通鑑』을 편찬하였다.

49) 司馬昭: 211~265. 삼국시대 魏나라 사람으로, 字는 子上이고, 司馬懿의 아들이다. 魏王 曹髦가 在位할 당시에 형인 司馬師의 뒤를 이어 대장군이 되어 國政을 마음대로 하고 스스로 相國이 되었다. 뒤에 조모를 시해하고 元帝 奐을 옹립했으며, 그 아들 司馬炎이 위나라를 簒奪하여 晉나라를 세우자 文帝로 추존되었다.

50) "車螯"는…… 변화한 것: 『禮記』 「月令」에서 "기러기가 날아와서 손님이 되고, 까치가 바다에 들어가 대합조개가 되고, 국화는 황색꽃을 피우고, 승냥이는 들짐승을 고수레하고 짐승을 잡아먹는다"(鴻雁來賓, 鵲入大水爲蛤, 鞠有黃華, 豺乃祭獸戮禽)라고 하였다. '雉가 변해 무명조개가 되었다는 근거는 찾지 못하였다.

51) 1과 24분의 1승: 『禮記』 「喪大記」의 정현의 註에 "20냥을 1溢이라 한다. 粟米의 법도에 1溢은 쌀 1과 1/24승이다"(二十兩曰溢. 於粟米之法, 一溢爲米一升二十四分升之一)라고 하였다.

본래 권명權名(무게)이고 양명量名(부피)이 아니니, 20양兩이 1일溢이 된다. 옛 주석에 오권五權(무게)의 제도52)로 해석하였으니 그러므로 사람들이 알기 어려워했다. 지금 당시에 행해지던 전냥錢兩의 수로 그것을 해석해 보자. 살펴보건대 (『의례』)「상복喪服」의 소疏에 "쌀 한 곡斛은 120근斤이 된다"라고 하니53) 1승升은 곧 1근 3량 2전이다. 1근은 16냥이 되니 합하여 19냥 2전이 된다. 1일에 8전이 모자란다. 8전은 곧 19냥 2전의 24분의 1이므로 쌀 8전의 중량은 1승의 24분의 1이 되니 실로 4작勺과 나머지이다. 그렇다면 1일은 1승 4작과 나머지가 있는 정도인데, 『예기』에 이르기를 "상중에 있는 사람은 아침에 쌀 1일을 먹고 저녁에 쌀 1일을 먹는다"라고 하니54) 그러므로 합하여 2일을 공급하는 것이다. 진씨陳氏가 고금의 권량權量의 변화에 완전히 어두워 너무 많다고 여기고 "1승"이라는 글자를 제거하여 24분의 1승이라고만 하였으니55) 얼마나 그릇되었는가? 지금 우리나라에

---

52) 五權(무게)의 제도:『漢書』권21「律曆志」에 따르면, 五權은 銖·兩·斤·勺·石을 말하며, 물건의 무게를 재는 단위이다. 또 五量은 侖·合·升·斗·斛을 말하는데, 물건의 부피를 세는 단위로 곧 10약이 1홉이고, 10홉이 1승이고, 10승이 1두이고, 10두가 1곡이다.
　　※『禮記』「明堂位」에서 "옛날 은나라의 紂王이 천하를 어지럽히면서 鬼侯를 죽여 포를 뜨고, 그것으로 제후에게 연회를 베풀었다. 이 때문에 주공이 무왕을 도와 紂王을 정벌하였다. 무왕이 붕어했을 때, 成王이 어렸기 때문에 주공이 천자의 자리에 올라 천하를 다스렸다. 6년에 명당에서 제후를 조회하여 예를 제정하고 음악을 제작하고 度量을 반포하자 천하가 크게 복종하였다. 7년에 성왕에게 정사를 되돌려 주었다"(昔殷紂亂天下, 脯鬼侯以饗諸侯. 是以周公相武王以伐紂. 武王崩, 成王幼弱, 周公踐天子之位, 以治天下. 六年, 朝諸侯於明堂, 制禮作樂, 頒度量, 而天下大服. 七年, 致政於成王)라고 하였다.
53)「喪服」의 疏에…… 하니:『儀禮』「喪服」11에 보면, "죽을 먹되 아침에 1일溢의 쌀을 먹고, 저녁에 1일의 쌀을 먹는다"(歠粥朝一溢米, 夕一溢米) 하였는데, 그 疏에 "二十兩曰溢, 爲米一升二十四分升之一者, 依算法百二十斤曰石, 則是一斛."이라 하였다.
54)『예기』에 이르기를…… 하니:『禮記』「喪大記」30에, "군주의 상에 아들, 大夫, 公子, 衆士는 모두 3일 동안 먹지 않는다. (3일이 지나면) 아들, 대부, 공자, 중사는 죽을 먹는다.(食粥) (유사가) 쌀을 공급하는데, 아침과 저녁으로 1溢의 쌀을 공급한다. 그것을 먹는 데에 정해진 횟수가 없다. 士는 거친 밥을 먹고 물을 마시는데, 먹는 데에 정해진 횟수가 없다"(君之喪, 子·大夫·公子·衆士皆三日不食. 子·大夫·公子·衆士食粥, 納財, 朝一溢米, 莫一溢米, 食之無筭. 士疏食水飲, 食之無筭)라고 하였다.
55) 진씨가…… 하였으니:『小學集說』에서는 程愈가 吳訥의 註에 "吳氏曰: 一溢, 二十四分升

통용되어 행해지는 승으로 옛날의 승을 헤아려 보면, 곧 옛날의 승은 지금의 2합合을 채우지 못하는 것이고, 그리고 24분의 1이라고 하는 것은 1작 정도도 채우지 못할 정도이다. 단지 이 1작 만을 먹고 어찌 굶주려 죽지 않을 자가 있겠는가? 이것으로써 법칙을 삼으면 반드시 사람의 목숨을 해치게 될 것이다.

○ "溢", 古註"一升二十四分升之一也." "溢", 本權名, 而非量名, 二十兩爲一溢也. 古註, 以五權之法解之, 故人患難. 看今以時行錢兩之數釋之. 按, 「喪服」疏 "米一斛爲百二十斤", 則一升者, 卽一斤三兩二錢也. 斤爲十六兩, 則合爲十九兩二錢也. 於一溢, 欠八錢. 八錢者, 乃於十九兩二錢內爲二十四分之一, 故米八錢之重者, 於一升內爲二十四分之一, 實四勺有零也. 然則一溢, 是一升四勺有零, 而『禮』云 "居喪者, 朝一溢米, 暮一溢米", 故合進二溢也. 陳氏全昧古今量權之變, 而意其太多, 去"一升"字, 只稱"二十四分升之一", 何其謬乎? 今以我國通行之升較古升, 則古升不滿今之二合, 而又二十四分之一, 則不滿一勺許. 但食此一勺, 而其有不飢而死者乎? 以此爲律, 必將致誤人命矣.

【5-23-⑥】 "학臛"은 국에 채소가 들어가지 않은 것이다. 혹은 국은 채소를 위주로 하고 학臛은 고기를 위주로 한다고 하기도 한다.[56]

○ '臛', 羹之無菜者, 或云羹以菜爲主, 臛以肉爲主.[57]

【5-23-⑦】 (『예기』) 「곡례」에 "50세가 되면 몸을 훼손하는 데 이르게 하지 말아야 하고, 60세가 되면 몸을 훼손하지 말아야 하며, 70세가 되면 몸에 최마衰麻의 상복喪服을 입고 있을 뿐, 술도 마시고 고기도 먹는다"고 하였다.[58] 만약 50 이상이면서 혈기가 일찍 쇠한 사람은 70세인 사람들과

之一也."라고 한 것을 채택하여 기록하고 있다. 陳澔의 설은 기록되어 있지 않다. 동일한 주가 『禮記集說』「喪大記」에 陳澔의 집설로 기록되어 있는데, 성호는 이 부분에서는 『소학집설』의 주석이 아닌 『예기집설』의 주석을 참고한 것으로 보인다.

56) 혹은…… 하기도 한다: 누구의 설인지 확인하지 못했다.

57) 성호기념관본에는 이 단락이 위 단락과 이어져 있다.

함께 그 술과 고기를 먹는 것을 허락하였다.

○『禮』: "五十不致毀, 六十不毀, 七十惟衰麻在身, 飮酒食肉." 若五十以上
血氣早衰者, 與七十等許其酒肉.

【5-24】 가언 24장

> 父母之喪, 中門外, 擇樸陋之室, 爲丈夫喪次, 斬衰, 寢苫, 枕塊, 不脫絰帶,
> 不與人坐焉, ①婦人, 次於中門之內別室, 撤去帷帳衾褥華麗之物. 男子無
> 故, 不入中門, ①婦人, 不得輒至男子喪次. 晉陳壽遭父喪, 有疾, 使婢丸
> 藥, 客往見, 鄕黨, 以爲貶議, 坐是沈滯, 坎坷終身, 嫌疑之際, 不可不愼.

【5-24-①】 "부인婦人"이라고 말한 것은 모든 비婢와 첩妾을 그 가운데
포함하고 있다.

○ 言"婦人", 則凡婢妾包其中.

---

58) (『예기』)「곡례」에…… 하였다: 「곡례상」166에서는 "상주의 나이가 오십이면 몸을
훼손하는 데 이르게 하지 말아야 하고, 육십이면 몸을 수척하게 하지 않는다. 칠십
이면 몸에 상복만 걸치고, 술을 마시고 고기를 먹으며 내실에서 거처한다"(五十不致
毁, 六十不毁, 七十惟衰麻在身, 飮酒食肉, 處於內)라고 하였다. 또『예기』「잡기하」43에
서도 "상사를 당해서 음식이 조악하더라도 반드시 허기를 채운다. 허기져 일을 폐하
는 것은 예가 아니다. 배불리 먹어 슬픔을 잊는 것 역시 예가 아니다. 눈이 보이지
않고 귀가 들리지 않고 제대로 걷지 못하고 슬퍼할 줄 모르는 것을 군자는 병통으로
여긴다. 그러므로 상주가 질병이 있을 때 술을 마시고 고기를 먹으며, 50세에 이른
상주는 몸을 해칠 정도에 이르게 슬퍼하지 않으며, 60세에 이른 상주는 몸을 해치지
않으며, 70세에 이른 상주는 술과 고기를 드는 것은 모두 죽을까 염려해서이다"(喪食
雖惡, 必充飢, 飢而廢事, 非禮也, 飽而忘哀, 亦非禮也. 視不明, 聽不聰, 行不正, 不知哀, 君子
病之. 故有疾飮酒食肉, 五十不致毀, 六十不毀, 七十飮酒食肉, 皆爲疑死)라 하였다.

世俗, 信浮屠誑誘, 凡有喪事, 無不供佛飯僧, 云爲死者, 滅罪資福, 使生天
堂, 受諸快樂, 不爲者, 必入地獄, 到燒舂磨, 受諸苦楚. 殊不知死者形旣
朽滅, 神亦飄散, 雖有到燒舂磨, 且無所施. 又況佛法, 未①入中國之前,
人固有死而復生者, 何故, 都無一人, 誤入地獄, 見所謂十王者耶. 此其無
有而不足信也, 明矣.

【5-26-①】 『한무고사漢武故事』59)를 살펴보면, "곤야왕昆邪王이 휴도왕休
屠王을 죽이고 그 무리와 함께 와서 항복하였는데, 그에게서 금인金人의 신
상神像을 얻었다. 황제가 이를 감천궁甘泉宮에 두었는데, 모두 길이가 1장丈
이 넘었으며 그 제사 때 소나 양 등을 쓰지 않고 단지 향을 피우고 예배만
하였다. 황제가 그들 나라의 풍속에 따랐다"라고 하였다.60) 또 "원수元狩
3년61)에 곤명지昆明池 밑을 뚫어서 검은 재를 얻었는데, 황제가 동방삭東方
朔에게 물으니 삭朔이 대답하길 '서역도인에게 물어보면 그것이 겁회劫
灰62)임을 알 수 있을 것입니다'라고 하였다"고 하였다.63) 그렇다면 불교
가 중국에 들어온 것은 이미 무제武帝 때부터였다. 또 살펴건대 『위략魏略』
「서융전西戎傳」에, "옛날 한애제 원수 원년에 박사 경헌景憲64)이 대월지왕

---

59) 『漢武故事』: 後漢의 班固가 撰한 책으로 1권으로 되어 있다. 일설에는 南齊의 王儉이
지었다고 하는데, 내용은 『史記』·『漢書』와 서로 출입이 있고, 또 허탄한 말들이 섞
여 있다.

60) 『漢武故事』를…… 하였다: 이와 같은 내용은 『漢武故事』란 책을 확인할 수 없어서 찾
을 수가 없고, 다만 『說郛』 권17, 25, 28과 『天中記』 권35 「佛」 등에서 『漢武故事』의
이 내용을 인용하고 있다.

61) 元狩 3년: 元狩는 B.C.122~117까지의 한나라 武帝 劉徹의 연호이다. 그러므로 원수
3년은 B.C.120년에 해당한다.

62) 劫灰: 劫火의 재라는 뜻으로, 재앙을 뜻하는 불교 용어이다. 하나의 세계가 끝날 즈음
에 겁화가 일어나서 온 세상을 다 불태운다고 한다.

63) 또 元狩 3년에…… 하였다: 송대 王楙가 찬한 『野客叢書』 권10 「佛入中國」에 이와 같
은 내용이 보인다.

64) 박사 景憲: 博士 秦景으로 東漢 때 士大夫였다. 漢나라 明帝 때 任羽林郎中·博士弟子를

이 보낸 사신 이존伊存이 구전한 『부도경浮屠經』을 받았다"고 하였고,[65) 또 『열선전列仙傳』 서序에는 "신선이 된 자가 146명인데, 그 가운데 74명이 이미 불경에 나와 있다"라고 하였다.[66) 그렇다면 불경이 들어온 것 또한 이미 성제成帝[67) · 애제哀帝[68) 사이였다. 그러나 (그때는) 그 교가 아직 융성하지 못하였고, 동경(後漢)[69)에 이르러서야 비로소 커졌으므로 후인들이 불법佛法을 말하면서 명제明帝[70)만을 이야기한다.

○ 按, 『漢武故事』: "昆邪王殺休屠王, 以其衆降, 得金人之神. 上置之甘泉宮, 皆長丈餘, 其祭不用牛羊, 惟燒香禮拜. 上依其國俗." 又"元狩三年, 穿昆明池, 底得黑灰. 帝問東方朔, 朔對曰: '可問西域道人, 知其爲劫灰.'" 然則佛之入中國, 已自武帝時矣. 又按, 『魏』「西戎傳」"昔漢哀元壽元年, 博士景憲慮[1]受大月氏王使伊存口傳『浮屠經』", 又劉向『列仙傳』序曰: "得仙者百四十六人, 其七十四人已在佛經." 然則佛經之入, 亦已自成 · 哀間矣. 然其

역임하였다.

65) 또 살피건대…… 하였고: 『魏書』 권114 「志」 제20 '釋老'에 "애제 원수 원년에 博士弟子 秦景憲이 大月氏王의 사자 伊存으로부터 불경을 입으로 전수하는 것을 받았고 중국에서 그것을 들어 알게 되었다"(哀帝元壽元年, 博士弟子秦景憲, 受大月氏王使伊存口授浮屠經, 中土聞之)라고 하였다.

66) 『漢武故事』를…… 하였다: 이상에서 성호가 인용하고 있는 『漢武故事』, 『魏略』의 「서융전」, 유향의 『열선전』의 내용은 『野客叢書』 권10 「佛入中國」편에 모두 그대로 기록되어 있는 내용이다. 『野客叢書』는 현재 서울대학교 규장각에 소장되어 있는데(奎中 4277-v.1-24), "『農巖集』, 『靑莊館全書』, 『與猶堂全書』, 『五洲衍文長箋散稿』 등 조선 후기 문헌에 이 책이 자주 인용되고 있다"고 한 규장각 해제로 보아 성호가 이 책을 참고했을 가능성도 있어 보인다.

67) 成帝: B.C.52~7. 字는 太孫이고, 이름은 驁이다. 한나라 제10대 황제 元帝의 아들로, 어머니는 王皇后이다.

68) 哀帝: B.C.26~1. 前漢의 제12대 왕(재위 B.C.7~1). 諸侯나 王 이하의 토지 소유와 노비 소유를 제한하는 限田法을 발포하였으나 시행되지 않았다.

69) 동경(後漢): '洛陽'을 가리킨다. 前漢의 都邑 長安에 對한 後漢의 都邑 낙양을 이르는 것이다.

70) 明帝: 28~75. 劉莊. 後漢의 황제(재위 57~75)로 光武帝의 넷째 아들이다. 아버지의 뒤를 이어 한나라 회복 사업을 공고히 했다. 일찍이 郎中 蔡愔 등을 天竺에 보내 佛法을 구했고, 永平 10년(67) 蔡愔과 沙門 攝摩騰, 竺法蘭 등을 洛陽에 오게 하여 白馬寺를 세우고, 두 스님에게 『42章經』을 편역하게 하면서, 중국에 처음으로 불교가 전파되도록 했다.

敎未盛, 至東京始大, 故後人言佛法, 只稱明帝.

1. 憲慮: 『소학질서』에는 '憲字 뒤에 '慮'자가 있지만, 『魏書』 원문에는 '憲'자만 있고 『三國志』 「魏志東夷傳」과 『天中記』 권35 「太平實字記」, 『野客叢書』 권10 「佛入中國」에는 '慮'로 되어 있는데, 성호가 혹 확실하지 않은 면이 있어서 함께 기록한 듯하다.

【5-27】 가언 27장

『顏氏家訓』曰: 吾家①巫覡符章, 絶於言議, 女曹所見, 勿爲妖妄.

【5-27-①】 『안씨가훈顏氏家訓』에 "우리 집안에서 무당(巫覡)71)의 푸닥거리(禱請)72)에 관한 일은 거론된 적이 없고, 부적符籙을 쓰거나(符書)73) 장초章醮74)를 거행하며 소원을 빌어 본 적도 없다"라고 하였는데,75) 살펴보

---

71) 무당(巫覡): 『國語』 「楚語下」에서 "신령이 강림하는데, 남자에게 내려온 것을 覡이라 하고, 여자에게 내려온 것을 巫라고 한다"라 하였고, 韋昭 注에서 "巫와 覡은 귀신을 본 사람으로, 『周禮』에서는 남자도 巫라 하였다"라 하였다. 또 『小學集說』의 陳澔의 註에서도 "巫, 女巫, 覡, 男巫."라고 하였다. 무당과 박수무당을 가리킨다.

72) 푸닥거리(禱請): 神佛에게 소원성취를 비는 일, 즉 푸닥거리이다.

73) 符籙을 쓰거나(符書): 符는 '符籙'이라고도 한다. 道敎에서 귀신을 쫓고 재앙을 막거나 질병을 치료하고 수명을 연장하기 위해 만드는 비밀문서인데, 漢代 말부터 道敎에서는 이것을 불사르면서 소원을 빌기도 하였고, 이것을 담근 물을 마시면 소원이 성취된다고 믿기도 하였다.

74) 章醮: 『法苑珠林』 卷68의 注에서 "오늘날 보이는 章醮는 신령에게 지내는 민간의 제사와 비슷하며, 술과 포, 장기와 거문고 등을 펼쳐놓는 일이다"라 하였다. 『資治通鑑』 175의 胡三省의 注에서 "道士에게는 재앙을 막고 액을 넘기는 방법이 있는데, 陰陽五行의 術數에 따라 사람의 수명을 늘이려면, 章表의 방식으로 글을 쓰고 아울러 폐백을 갖추어 향을 피우면서 낭독하기를 '하늘에 아뢰오니 부디 액을 막아주소서'라고 하는데, 이를 上章이라고 한다. 밤중에 星辰 아래에서 술과 과일, 떡과 폐백용 물건들을 차려 놓고서 天星, 太一, 五星, 列宿에 차례로 제사를 지내는데, 이를 '醮'라고 한다"라고 하였다.

75) 『顏氏家訓』에…… 하였는데: 『顏氏家訓』 제5편 「治家」에 나오는 말이다. 그 원문에는 "우리 집안에서 무당의 푸닥거리에 관한 일은 거론된 적이 없고, 符籙을 쓰거나 章醮를 거행하며 소원을 빌어 본 적도 없음은 모두 너희들이 아는 바 그대로이다. 요망

니 스님이나 도사가 제단을 설치하고 기도하는 것을 '초醮'라고 한다. 그렇다면 '장초章醮'라고 하는 것은 곧 오늘날의 '청사靑詞'76)의 부류이다.

○『顔氏家訓』云: "巫覡禱請, 絶於言議, 符書章醮, 亦無祈焉." 按, 僧道設壇祈禱曰醮. 然則章醮者, 即今靑詞之類.

■ 해설: 오눌吳訥의『소학집해』에서는 "부장符章은 오늘날 도사道士들이 하는 부록符籙과 장초章醮로, 추천되어 발탁되도록 남을 위해 기도하는 것이다"라 하였고,『소학집설』에서 진호陳澔는 "부장符章은 곧 부적을 써서 글에 절하는 주술이니, 모두 괴상하고 허탄한 일이다"라고 하였다.

【5-28】 가언 28장

伊川先生曰: 人①無父母, ①生日, 當倍悲痛, ①更安忍置酒張樂, 以爲樂.
若具慶者, 可矣.

【5-28-①】『안씨가훈』에 "강남 풍속에 아이가 출생한 지 1년이 되면, 사내자식이면 화살·종이·붓을 사용하고, 계집아이면 가위·자·바늘·실 따위를 사용하며, 거기에다 음식물과 보배 등을 더하여 두고, 그 아이가 어느 것을 취하는지 보고 앞으로 탐하거나 청렴할 것과 어리석거나 슬기로울 것을 증험하였는데, 이것을 일러 '시아試兒'라 하였다. 이로부터 이후 부모가 살아 있는 동안엔 매양 이날이 될 때마다 항상 술 등 음식을 차리는 일이 있게 되었다"라고 하였다.77) 이것이 후세 생일잔치의 기원이다.

한 일에 비용을 들이지 않도록 하라"(吾家巫覡禱請, 絶於言議; 符書章醮, 亦無祈焉, 竝汝曹所見也. 勿爲妖妄之費)라고 되어 있다.

76) 靑詞: 道士가 상제에게 아뢰거나 神將을 불러들일 때 쓰는 符籙인데, 靑藤紙 위에 朱筆로 쓰기 때문에 붙여진 이름이다.

77)『안씨가훈』에…… 하였다:『顔氏家訓』권2「風操」第六에, "강남 풍속에 아이가 출생한 지 1년이 되면, 새 옷을 마련하고 목욕을 시켜 장식하는데, 사내자식이면 화살·종이·붓을, 계집아이면 가위·자·바늘·실 따위를 사용하고 거기에다 음식물과 보배·의복·완구 등을 더하여 아이 앞에 갖다 두고는, 그 어느 것을 가질 생각을

그러나 그 부모가 없는데도 오히려 술을 준비하고 즐거워하는 것을 안씨顔氏는 또한 "무교지도無敎之徒"라 하였는데,[78] 정자程子의 뜻에 부합된다.

○『顔訓』云: "江南風俗, 兒生一期, 男則用弓·矢·紙·筆, 女則用刀·尺·鍼·縷, 竝加飮食珍寶. 觀其所取, 以驗貪廉愚智, 名曰試兒. 自玆以後, 二親若在, 每至此日, 常有酒食之事." 此則是後世生日懽宴之起也. 而其無父母, 而猶置酒爲樂者, <u>顔氏</u>亦謂"<u>無敎之徒</u>", 與<u>程子</u>之旨合.

【5-29】 가언 29장

『呂氏童蒙訓』曰: ①<u>事君</u>如事親, ①<u>事官長</u>如事兄, 與同僚如家人, 待群吏如奴僕, 愛百姓如妻子, 處官事如家事然後, 能①<u>盡吾之心</u>, 如有毫末不至, 皆①<u>吾心, 有所未盡也</u>.

【5-29-①】 "마음"(心)은 각자가 부여 받은 본성의 분량(性分之量)[79]이다.

내는가를 관찰하여 앞으로 탐거나 청렴할 것과 어리석거나 슬기로울 것을 헤아리려 한다. 이것을 이르되 '試兒'라 한다. 이날에 친가와 외가가 한데 모여서 잔치를 벌인다. 이로부터 이후에 부모가 살아 있는 동안엔 이날이 될 때마다 항상 술 등 음식을 마련하여 이와 같이 할 뿐이다. (그런데) 배우지 못한 무리들은 그 아이가 이미 고아가 되었어도 생일이 되면 모두가 이렇게 음식을 차려 손님을 대접하고 실컷 마시고 노래 부르고 하니, 이것은 아이가 부모를 그리워하며 가슴 아파하는 것을 알지 못하는 것이다"(江南風俗, 兒生一期, 爲製新衣, 盥浴裝飾, 男則用弓矢紙筆, 女則刀尺鍼縷, 竝加飮食之物, 及珍寶服玩, 置之兒前, 觀其發意所取, 以驗貪廉愚智, 名之爲試兒. 親表聚集, 致讌享焉. 自玆已後, 二親若在, 每至此日, 嘗有酒食之事耳. <u>無敎之徒</u>, 雖已孤露, 其日皆爲供頓, 酣暢聲樂, 不知有所感傷)라고 하였다.

78) 그러나…… 하였는데: 앞의 주 참조.

79) 각자가 부여 받은 본성의 분량(性分之量):『대학장구』「서」에 "또 모두 人君이 몸소 행하며 마음속으로 터득한 것에 뿌리를 두었고, 民生이 날마다 쓰는 彝倫의 밖에서 구하려고 하지 않았다. 그렇기 때문에 당세의 사람들은 배우지 않은 자가 없었으며, 배운 자들은 그들의 性分의 固有한 바와 職分의 當然한 바를 알아서, 각자 노력하며 그 힘을 다하지 않음이 없었던 것이다"(又皆本之人君躬行心得之餘, 不待求之民生日用彝倫之外. 是以當世之人無不學, 其學焉者無不有以知其<u>性分</u>之所固有, 職分之所當爲, 而各勉焉, 以盡其力)라고 한 구절이 보인다.

무릇 임금을 섬기고 어른을 섬기는 것과 같은 부류는 모두 나의 마음에 갖추어져 있어서 조금이라도 모자라거나 빠진 것이 없다. 하나라도 지극하지 않은 것이 있으면 이것은 내 마음에 다하지 못한 것이 있는 것이다.

○ "心"者, 性分之量也. 凡事君·事長之類, 皆具於吾心, 而無少欠闕. 一有不至, 是吾心有所未盡.

【5-31】 가언 31장

明道先生曰: ①一命之士, 苟存心於愛物, 於人, 必有所濟.

【5-31-①】 "낮은 벼슬"(一命)80)은 비록 낮기는 하지만 오히려 백성에게 미치는 힘이 있다. "물건"(物)이 하찮은 것이지만 오히려 그것을 아끼는 마음을 보존한다면 사람들을 구제함에 있어서 반드시 많은 혜택을 미칠 수 있다. 하물며 높은 자리에 있으면서 서민을 자애롭게 대하는 자이겠는가?

○ "一命", 雖卑, 猶有及民之力. "物", 雖賤, 猶存愛之之心, 則其於濟人, 必有多少之惠矣. 況居高位而子庶民者乎?

【5-33】 가언 33장

伊川先生曰: ①居是邦, 不非其大夫, 此理最好.

【5-33-①】 "이 나라에 살면서 그 대부를 비방하지 않는 것"(居是邦, 不

---

80) 낮은 벼슬(一命): '一命之士'는 아주 낮은 官階에 있는 관원을 말하는데, 보통 9품관을 가리킨다. 『周禮』 권5 「大宗伯」에 의하면 一命에서 九命까지의 관직이 있다.

非其大夫)에는 네 가지 좋음(善)이 있다. 충후함을 주로 하는 것이 첫째이고, 분수를 지키는 것이 둘째이며, 해치지 않는 것[81]이 셋째이며, 임금의 나머지를 공경하는 것이 넷째이다.

○ "居是邦, 不非其大夫", 有四善: 主忠厚, 一也; 守分, 二也; 不忮, 三也; 敬君之餘, 四也.

【5-34】 가언 34장

> 『童蒙訓』曰: ①當官之法, 唯有三事, 曰淸, 曰愼, 曰勤, 知此三者, 則知所以持身矣.

【5-34-①】 관직을 맡은 자가 청렴하지만 신중하지 않으면 일이 혹 망령되게 일어나고, 신중하지만 부지런하지 않으면 온갖 제도가 해이해지게 된다.

○ "當官"者, 淸而不愼, 則事或妄作; 愼而不勤, 則百度廢弛.

【5-35】 가언 35장

> ②當官者, 凡①異色人, 皆不宜與之相接, 巫祝尼媼之類, 尤宜疎絶, 要以淸心省事爲本.

---

81) 해치지 않는 것: 『論語』「子罕」편에 "해진 솜옷을 입고서 여우나 담비가죽으로 만든 갖옷을 입은 자와 같이 서 있으면서도 부끄러워하지 않는 자는 아마 由일 것이다. 남을 해치지 않으며, 남의 것을 탐하지 않는다면 어찌 착하지 않겠는가"(衣敝縕袍與衣狐貉者, 立而不恥者, 其由也與. 不忮不求, 何用不藏)라고 하였다.

【5-35-①】 "색다른"(異色) 부류는 일을 망칠 뿐만 아니라 윗자리에 있는 자가 한번이라도 더불어 접촉하게 되면 백성의 풍속을 변질시켜 막을 수가 없게 된다.

○ "異色"之類, 非徒敗事, 在上者, 一與相接, 則轉成民風, 不可遏也.

【5-35-②】 『예기』(「緇衣」)에 "대인은 근거 없이 떠도는 말로 백성을 이끌지 않는다"라고 하였으니,[82] 이것은 관직을 맡은 자가 마땅히 더욱 삼가고 금해야 한다.

○ 『記』曰"大人不倡遊言", 此當官者, 尤宜愼防也.

【5-37】 가언 37장

> 當官者, ①先以暴怒爲戒, 事有不可, 當詳處之, 必無不中, 若①先暴怒, 只能①自害, ①豈能害人.

【5-37-①】 "먼저 갑자기 성을 내게" 되면 자신이 일을 처리함에 있어서 혹 중도中道에 맞지 않게 됨을 면치 못하니, 이것을 일러 "자신을 해친다"고 한 것이다. 벌을 줄 만해서 벌을 주는 것이니, 노怒가 어찌 그 벌을

---

82) 『禮記』(「緇衣」)에 …… 하였으니: 『禮記』「緇衣」에 "공자가 말하였다. '왕의 발언이 실과 같이 가늘어도, 그 말이 일단 나오면 인끈(綸)처럼 굵어진다. 왕의 발언이 인끈과 같아도, 그 말이 일단 나오면 상여줄(綍)처럼 굵어진다. 그러므로 대인은 근거 없이 떠도는 말로 백성을 이끌지 않는다. 말은 되지만 행할 수 없으면 군자는 말을 하지 않는다. 행할 수 있지만 말이 되지 않는다면 군자는 행하지 않는다. 그렇게 하면 백성은 말을 하는 것이 행동보다 높게 하지 않고, 행동하는 것이 말보다 높게 하지 않게 된다. 『詩』에 '그대의 용모와 행동거지를 선하고 신중하게 처신하여, 禮의 격식(威儀)에서 벗어나지 않게 할지어다'라고 하였다"(子曰: 王言如絲, 其出如綸. 王言如綸, 其出如綍. 故大人不倡游言. 可言也不可行, 君子弗言也. 可行也不可言, 君子弗行也. 則民言不危行, 而行不危言矣. 『詩』云: '淑愼爾止, 不愆于儀.')라고 하였다.

보태겠는가? 이것을 일러 "남을 해롭게 할 수 없다"고 한 것이다.

○ "先暴怒", 則吾之處事, 或未免不中, 是謂"自害"也. 可罪而罪之, 怒何足
以益其罪[1], 是謂"不能害人"也.

> 1. 정본에는 "可罪而罪之怒, 何足以益其罪"로 되어 있지만, 문맥상 "可罪而罪之,
> 怒何足以益其罪"로 수정하여 번역하였다.

【5-38】 가언 38장

①當官處事, 但務著實, 如塗擦文字, 追改日月, 重易押字, 萬一敗露, 得
罪反重, 亦非所以養誠心事君不欺之道也.

【5-38-①】 벼슬을 맡은 자는 반드시 탐욕하고 농간을 부리는 것이
아니라도 혹 일을 처리함에 있어서 착오가 있게 되는데, 미봉하려는 생각
으로 문질러 고쳤다가는 탄로가 나서 그 죄를 얻는 것이 착오를 범한 것
보다 도리어 중하게 된다. "착실著實"[83]이라는 것은 '사실대로 할 뿐'이라
는 것이다.

○ 當官者, 非必貪墨舞奸, 或處事錯誤. 意欲彌縫, 有塗擦改易, 則至於敗
露, 其得罪, 反重於錯誤也. "著實"者, 以實而已矣.

【5-39】 가언 39장

王吉上疏曰: 夫婦, 人倫大網, 夭壽之萌也, 世俗, 嫁娶太蚤, ①未知爲人
父母之道而有子. 是以, 敎化不明而民多夭.

---

83) 著實: 『小學集說』의 吳訥의 註에서는 "착실은 거짓을 하지 아니함을 이른다"(著實, 謂
不作僞)라고 하였다. 『小學諸家集註』에서도 이 설을 인용하고 있다.

【5-39-①】 사람이 부모 된 도리를 알지 못하고 자식을 두게 되었을 경우, 그 자식은 어릴 때부터 보고 학습하는 것이 장성함에 이르러도 도리어 부족하게 된다. 자식이 또 자식이 두는 것이 또 이와 같아서 매양 내려갈수록 더욱 빨라져 마침내 대동大同의 풍속을 이룬다. 비록 영재가 그 사이에 나와도 마침내 물들어서 한 덩어리로 섞이게 된다. 세상의 도리道理가 점점 실추되는 것이 마땅하도다.

○ “未知爲人父母之道而有子”, 其子自童幼觀而學習, 及長反不逮焉. 子又有子, 亦如此, 每下駸駸然, 遂成大同之俗. 雖英才出於其間, 終不免浸染而混淪矣. 世道之漸降, 宜哉.

【5-41】 가언 41장

早婚少聘, 敎人以①偸, 妾媵無數, 敎人以①亂. 且貴賤有等, ②一夫一婦, 庶人之職也.

【5-41-①】 “투偸”84)는 앞의 글에서 왕길王吉이 말한 것85)이 그것이다. “난亂”은 투기하고 선동煽動하여 어지럽게 하는 것을 말한다.

○ “偸”, 如上文王吉所言, 是也. “亂”, 謂妬忌煽亂.

【5-41-②】 대부는 1처 2첩, 사는 1처 1첩, 서인은 한 지아비에 한 부인이니, 귀천에 따라서 각기 차등이 있는 것이다.

---

84) 偸: 『小學集說』의 陳澔의 註에서 “투는 경박함이다”(偸, 薄)라고 하였다.
85) 앞의 글에서 王吉이 말한 것: 【5-39】 가언 39장에서 “부부는 인륜의 큰 근본이요, 요절과 장수의 싹이니, 세속에서 시집가고 장가드는 것을 너무 일찍 하여 사람의 부모된 도리를 알지도 못하면서 자식을 둔다. 그러므로 교화가 밝혀지지 못하고, 백성들은 요절하는 이가 많습니다”(夫婦, 人倫大綱, 夭壽之萌也, 世俗, 嫁娶太蚤, 未知爲人父母之道而有子. 是以, 敎化不明而民多夭)라고 한 왕길의 말을 가리킨다.

○ 大夫一妻二妾, 士一妻一妾, 庶人則一夫一婦, 貴賤各有等也.

【5-42】 가언 42장

> 司馬溫公曰: 凡議婚姻, 當先察其婿與婦之性行, 及家法何如, 勿①**苟**慕其
> **富貴**. 婿①**苟**賢矣, 今雖貧賤, 安知異時, 不富貴乎? 苟爲不肖, 今雖不盛,
> 安知異時, 不貧賤乎? 婦者, 家之所由盛衰也, ①**苟**慕一時之富貴而娶之,
> 彼挾其富貴, 鮮有不輕其夫而傲其舅姑, 養成驕妬之性, 異日爲患, 庸有極
> 乎? 借使因婦財以致富, 依婦勢以取貴, 苟有丈夫之志氣者, 能無愧乎?

【5-42-①】 "구苟"는 『순자荀子』의 "이름을 구차하게 전하는 것을 귀히
여기지 않는다"라고 한 구절[86]에서 말한 '구苟'와 같다. "구차하게 부귀를
사모하다"라는 것은 반드시 그것을 갖고자 하는 것이다.

○ "苟", 如『荀子』"名不貴苟傳"之苟. "苟慕富貴", 謂必欲慕之也.

【5-43】 가언 43장

> 安定胡先生曰: 嫁女, 必須①**勝**吾家者, ①**勝**吾家, 則女之事人, 必欽必戒.
> 娶婦, 必須①**不若**吾家者, ①**不若**吾家, 則婦之事舅姑, 必執婦道.

---

86) 『荀子』의…… 한 구절: 『荀子』「不苟」에서 "군자는 행실을 거짓으로 어렵게 하는 것을
귀히 여기지 않고, 말을 거짓으로(구차하게) 정밀하게 하는 것을 귀히 여기지 않고,
이름을 거짓으로 전하는 것을 귀히 여기지 않으며, 오직 사리에 맞게 하는 것을 귀히
여긴다. 돌을 가슴에 품고 河水로 몸을 던지는 것은 행하기 어려운 일인데 申屠狄은
그것을 해냈다. 하지만 군자가 그것을 귀히 여기지 않는 이유는 禮의 중도가 아니기
때문이다"(君子行不貴苟難, 說不貴苟察, 名不貴苟傳, 惟其當之爲貴. 負石而投河, 是行之難
爲者, 而申屠狄能之, 然而君子不貴者, 非禮之中也)라고 하였다.

【5-43-①】 "승勝"과 "불약不若"은 빈부귀천貧富貴賤을 가지고 말한 것
이다.

○ "勝"與"不若", 以貧富貴賤言.

【5-44】 가언 44장

或問, 孀婦, 於理, 似不可取, 如何? 伊川先生曰: 然. 凡取, 以①**配身也,
若取失節者, 以配身, 是己失節也.** 又問, 或有孤孀, 貧窮無託者, 可再嫁
否? 曰: 只是後世, 怕寒餓死, 故有是說. 然餓死事, 極小, ①**失節**事, 極大.

【5-44-①】 부부는 대등한 관계(한 몸)이다. 만약 절개를 잃은 사람을
적체敵體로 삼는다면 자신만 어떻게 유독 절개를 온전히 할 수 있겠는가?
그가 남편에 대해서 절개를 잃었으니, 자신은 부인에 대해서 절개를 잃은
것이다. 『시경』(「小雅·白華」)에서 "나지막한 저 돌을, 밟는 자도 낮아지네"
(有扁斯石, 履之卑兮)라고 하였다. 사계는 "옛적에 주공숙周恭叔이 일찍이 연회
자리에서 어떤 여인에게 눈길을 준 적이 있었는데, 이천선생이 말하기를,
'부모가 남겨 주신 몸으로 천한 창기와 짝할 수 있겠는가. 금수만 못하다'
하였다. 이것으로 보면 비천한 창기를 취하는 것도 몸에 짝하는 데 속해
있다"라고 하였다.[87]

○ 夫娘, 敵體也. 若以失節者爲敵體, 則己安得獨爲全節? 彼節失於夫, 己節
失於婦也. 『詩』云: "有扁斯石, 履之卑兮." 沙溪曰: "周恭叔嘗於宴席, 有所
矚目. 伊川曰: '以父母之遺體, 配賤倡, 可乎? 禽獸不若也.' 以此觀之, 則畜
賤倡, 亦在配身之中."[1]

1. 沙溪……在配身之中: 정본에는 沙溪曰: "周恭叔嘗於宴席, 有所矚目". 伊川曰:
   "以父母之遺體, 配賤倡, 可乎? 禽獸不若也." 以此觀之, 則畜賤倡, 亦在配身之中.

---

87) 사계는…… 하였다: 동일한 내용이 『沙溪全書』 권19 「近思錄釋疑·論齊家」에 보인다.

으로 되어 있지만, 『사계전서』권19 「近思錄釋疑 · 論齊家」에 근거하여 沙溪曰: "周恭叔嘗於宴席, 有所矚目. 伊川曰: '以父母之遺體, 配賤倡, 可乎? 禽獸不若也.' 以此觀之, 則畜賤倡, 亦在配身之中."으로 수정하여 번역하였다.

【5-45】 가언 45장

『顔氏家訓』曰: 婦主中饋. 唯事酒食衣服之禮耳, 國①**不可使預政**, 家①**不可使軒蠱**, 如有聰明才智識達古今. 正當輔佐君子, 勸其不足, 必無牝鷄晨鳴 以致禍也.

【5-45-①】 여자들 가운데 어진 사람은 참으로 국가를 다스릴 만한 사람이 있다. 그러나 이 길이 한 번 열리면 권세가 중궁中宮으로 돌아가 마침내 화란을 일으키므로 정치에 참여하거나 집안일을 주관(幹蠱)[88]할 수 없게 한 것이다.

○ 女子之賢者, 固有能治國家者. 然此路一開, 權歸中壺, 終致禍亂, 故不可使預政幹蠱.

【5-46】 가언 46장

江東婦女, 略無交遊, 其婚姻之家, 或十數年間, 未相識者, 唯以信命贈遺, 致慇懃焉. 鄴下①**風俗**, 專以婦持門戶, 爭訟曲直, 造請逢迎, 代子求官, 爲夫訴屈, 此乃恒代①**遺風**乎.

---

88) 집안일을 주관(幹蠱): 포저의 훌륭한 자제가 부친의 사업을 계승 발전시키리라는 뜻이다. 『周易』蠱卦 初六에 "부친의 일을 주관하는 상이다. 훌륭한 아들이 있으면 부친에게 허물이 없으리라"(幹父之蠱. 有子, 考无咎)라는 말이 나온다. 幹蠱는 '일을 주관하다'의 의미로 쓰인다.

【5-46-①】 살피건대, 『한서』 「지리지」에 "연나라 태자 단丹이 용사들을 빈객으로 삼아 기르고 후궁의 미녀들을 사랑하지 않았는데, 백성들이 이에 동화되어 풍속이 되었고 지금까지도 그러하여 빈객이 방문하면 부인에게 모시고 자게 하였고, 결혼한 날 저녁에 남녀가 구별이 없는 것을 도리어 영화롭게 생각하였다. 후에 점차 자못 그쳤지만 끝내 고쳐지지 않았다. 그 풍속은 연나라 태자 단의 유풍이다"라고 하였다.89) 지금 안씨顔氏가 이와 같이 유훈한 것을 보면 그 풍속이 여전히 변하지 않은 것이다. 저 연나라 태자는 한 번 용사를 길렀는데 풍속이 변화하는 데 이르고는 오래되어도 여전히 넘쳐나니, 사람들의 윗자리에 있는 사람은 삼가야 한다는 것을 알 수 있다.

○ 按, 『漢書』「地理志」: "燕太子丹賓養勇士, 不愛後宮美女, 民化以爲俗, 至今猶然, 賓客相過, 以婦侍宿, 嫁取之夕, 男女無別, 反以爲榮. 後稍頗止, 然終未改. 其俗燕丹遺風也." 今顔氏之訓如此, 則其俗尙猶未變也. 夫燕丹一養士, 而至於俗變, 久而猶渝, 爲人上者, 可以知愼矣.

【5-47】 가언 47장

夫有人民而後, 有夫婦, 有夫婦而後, 有父子, 有父子而後, 有兄弟, 一家之親, 此三者而已矣, 自玆以往, 至于①九族, 皆本於三親焉. 故於人倫, 爲重也, 不可不篤.

【5-47-①】 "구족九族"의 주註에 '고조高祖 · 증조曾祖 이하 증손曾孫과 현손玄孫에 이르는 9세가 해당된다'고 하였는데,90) 이것은 자신을 포함해서

---

89) 『漢書』「地理志」에 …… 하였다: 班固의 『漢書』 권28 「地理志」 第8下에 동일한 내용이 보인다.
90) "九族"의 註에 …… 하였는데: 『尙書正義』 「堯典」에 "위대한 덕을 잘 발휘하여 구족을 친하게 한다"(克明俊德, 以親九族)의 주에 "九族은 위로 高祖에서부터 아래로 玄孫에

센 것이다.91) 그런데 자신을 '족族'이라고 한 것은 진실로 의심할 만하다. 옛사람이 문득 "구족을 친親한다"라고 하는데92) 자신이 8족과의 관계에 있어서는 '친親'이라고 할 수 있지만, 자기 자신에 대해서는 '친親'이라고 말할 수 없다는 것이다. 그래서 반고班固는 "부족父族이 넷이고, 모족母族이 셋이며, 처족妻族이 둘이다"라고 하였는데,93) 이 설 또한 타당하지 않은 것 같다. 내가 일찍이 (한번) 생각해 보니, 옛사람이 3족·5족·7족·9족을 논함에는 등쇄94)가 있었다. 9족은 족族 가운데서 가장 소원한 관계에 있는 것이니, 소원한 것을 들어서 친밀한 것을 보인 것이다. 할아버지의 복服을 입는 것을 고조에서 그치는 것이 하나이고, 중조를 미루어서 중조의 형제까지 복을 입는 것이 둘이고, 할아버지를 미루어서 할아버지의 종형제까지 복을 입는 것이 셋이며, 아버지를 미루어 아버지의 재종형제까지

이르기까지가 九族이다. 馬融과 鄭玄도 같은 뜻으로 보았다"(九族, 上自高祖, 下至玄孫, 凡九族. 馬鄭同)라고 하였다.

91) 이것은…… 것이다: 高祖, 曾祖, 祖, 父, 自己, 子, 孫, 曾孫, 高孫(玄孫)이 9족이 되므로, 여기에는 자신이 포함되어 있다는 말이다.

92) 옛사람이…… 하는데:『書傳』「堯典」에 "堯임금은 위대한 덕을 잘 발휘하여 구족을 친하게 하고 백성을 평등하게 대하고 만방을 화목하게 하였으며"(克明俊德, 以親九族, 平章百姓, 協和萬邦)라고 하였다.

93) 班固는…… 하였는데: 班固가 지은『白虎通義』권下「德論」'宗族'에 "父族이 넷이고 母族이 셋이며 妻族이 둘이다. 부족 넷은, 아버지의 姓이 첫째 족속이고, 아버지의 여자 형제로서 다른 사람에게 시집가서 낳은 자식이 둘째 족속이고, 자신의 여자 형제로서 다른 사람에게 시집가서 낳은 자식이 셋째 족속이며, 자신의 딸로서 다른 사람에게 시집가서 낳은 자식이 넷째 족속이다. 모족 셋은, 어머니의 부모가 첫째 족속이고, 어머니의 형제가 둘째 족속이며, 어머니의 형제의 자식이 셋째 족속이다. 어머니의 형제라고 한 것은 남녀가 모두 外親의 관계이기 때문에 함께 언급한 것이다. 처족 둘은, 처의 아버지가 첫째 족속이고, 처의 어머니가 둘째 족속이다. 처의 친족은 간략히 하기 때문에 부모를 각각 일족으로 삼는 것이다"(父族四, 母族三, 妻族二. 父族四者, 謂父之姓一族也, 父女昆弟適人有子爲二族也, 身女昆弟適人有子爲三族也, 身女子適人有子爲四族也. 母族三者, 母之父母一族也, 母之昆弟二族也, 母昆弟子三族也. 母昆弟者男女皆在外親故合言之. 妻族二者, 妻之父爲一族, 妻之母爲二族. 妻之親略故父母各一族)라고 한 것을 말한다.

94) 등쇄: 等差와 같은 말이다.『春秋左氏傳』桓公 2년조에 "故天子建國, 諸侯立家, 卿置側室, 大夫有貳宗, 士有隸子弟, 庶人工商, 各有分親, 皆有等衰"라 하였고, 그 주에 "衰는 殺이다"라고 하였다.

복을 입는 것이 넷이며, 자신을 미루어서 자신의 3종형제까지 복을 입는 것이 다섯이고, 자식을 미루어서 자식의 3종형제까지 복을 입는 것이 여섯이며, 손자를 미루어 손자의 3종형제까지 복을 입는 것이 일곱이고, 증손자를 미루어 증손자의 3종형제까지 복을 입는 것이 여덟이며, 손자의 복을 입는 것을 현손에서 그치는 것이 아홉이다. 이것을 예로 하여 증조에서 증손까지 하면 그것을 일러 7족이라고 하고, 할아버지부터 손자까지면 5족이라고 하고, 아버지로부터 아들에게까지면 3족이라고 하니, 모두 복服을 입는 것의 경중에 따라서 판단하는 것이다. 『예기』에 이르기를, "친한 이를 친하게 여기는 것은 셋이 다섯이 되며, 다섯이 아홉이 된다. (아버지로부터) 위로 올라갈수록 친연이 감해지고, (아들로부터) 아래로 내려갈수록 친연이 감해지며, (형제로부터) 옆으로 갈수록 친연이 감해져서 마침내는 친연이 끊어지게 된다"라고 하였으니,95) 대개 이것을 말하는 것이다. 이와 같지 않다면, 그 3·5·7·9족에 관한 설은 반드시 막혀서 통하지 않는 점이 있게 될 것이다. 별도로 갖추어 논한 것이 있다.96)

---

95) 『예기』에…… 하였으니: 『禮記』 「喪服小記」에 "친한 이를 친하게 여기는 것(親親)은 셋으로써 미루어 다섯이 되며, 다섯으로써 미루어 아홉이 된다. 위로 줄이고 아래로 줄이고 옆으로 줄여 친함이 끝난다"(親親以三爲五, 以五爲九. 上殺, 下殺, 旁殺, 而親畢矣)라고 하였다. 이에 대한 정현의 주에서는 "자기로부터 위로 아버지를 친하게 여기고 아래로 아들을 친하게 여겨 '셋'이 된다. 아버지로써 할아버지를 친하게 여기고 아들로써 손자를 친하게 여겨 '다섯'이 된다. 할아버지로써 고조를 친하게 여기고 손자로써 玄孫을 친하게 여겨 '아홉'이 된다. '殺'는 친함이 더욱 멀어지는 사람일수록 복을 입는 것도 가벼워짐을 말한다"(己上親父, 下親子, '三'也. 以父親祖, 以子親孫, '五'也. 以祖親高祖, 以孫親玄孫, '九'也. '殺', 謂親益疏者, 服之則輕)라고 하였다.

96) 별도로…… 있다: 『성호사설』 권26 「經史門·九族」에서 별도로 다음과 같이 논하고 있다. "『書經』에 '九族을 親한다'고 하였고, 그 주에, '위로 高祖에서부터 아래로 玄孫에 이르기까지와 고조를 같이하는 總服이 다하지 아니한 親이다'라고 하였다. 그러나 아홉 가지 속에 자기가 하나를 차지했는데 또한 族이라 칭하여 친할 수 있겠는가? 이 설은 「小記」에 이른바, '親을 親하는 것은 三으로써 五를 만들고 五로써 九를 만들어 위가 쇠하고, 아래가 쇠하고 곁이 쇠하면 끝난다'는 데에서 근본된 것이다. 秦나라는 三族의 죄가 있고, 漢나라는 五族의 벌이 있고, 刑家는 七族을 망한 것으로부터 九族에까지 이르니 점점 쇠하는 義다. 삼족은 부·모·형제 및 아들을 가리킨 것인즉 구족이란 것은 위로 고조에서부터 곁으로 삼종형제에 미치고 아래로 현손에 이

○ "九族"註, 以高・曾以下至曾玄, 九世當之, 是竝己而數之也. 然以己爲族, 固是可疑. 而古人輒言親九族, 己之於八族, 可以親矣, 惟己, 不可說親也. 班固謂"父族四, 母族三, 妻族二", 其說, 亦似未妥. 竊嘗思之, 古人論三族・五族・七族・九族, 各有等殺. 九族者, 及於族之最疎者, 擧疎而見親也. 服祖止於高祖, 一也; 推曾祖而服曾祖之兄弟, 二也; 推祖而服祖之從兄弟, 三也; 推父而服父之再從兄弟, 四也; 推己而服三從兄弟, 五也; 推子而服子之三從兄弟, 六也; 推孫而服孫之三從兄弟, 七也; 推曾孫而服曾孫之三從兄弟, 八也; 服孫止於玄孫, 九也. 以此爲例, 自曾祖至於曾孫, 則謂之七族; 自祖至於孫, 則謂之五族; 自父至於子, 則謂之三族, 皆以服之輕重爲斷也. 『禮』云"親親, 以三爲五, 以五爲九, 上殺・下殺・旁殺, 而親盡矣", 蓋謂此也. 不如此, 其於三・五・七・九族之說, 必有窒而不通者矣. 別有備論.

【5-48】 가언 48장

①柳開仲塗曰: 皇考治家, 孝且嚴, 旦望, 弟婦等, 拜堂下畢, 卽上手低面,

르러 무릇 석 달 복을 입는 자가 아홉이다. 그 사이 오족이나 칠족은 미루어 알 수 있다. 『白虎通』에는 父族 넷과, 母族 셋, 妻族 둘로써 해당시켰다. 그러나 모족・처족을 세는 것이 자기 족을 세는 것과 더불어 예가 다른즉 通論으로 삼을 수 없는 것이다. 明 太宗의 靖難에 있어 方孝儒에게 이르기를, '마땅히 네 十族을 없애겠다' 하고 마침내 그 宗支에 의거하여 다 뽑아내어 죽이니 종족이 연좌되어 죽은 것이 8백7십3명이었다. 매양 뽑아낼 적마다 그 사람을 끌고 가서 효유에게 보여 주었으나 효유는 순종하지 아니하므로 끝내 그 모족과 처족에게까지 미쳤었다. 구족을 다 죽였으나 역시 굴복하지 아니하므로 마침내 친구와 門生에게까지 미쳐 또한 연좌되어 죽은 자가 많았다. 이를 보면 모족과 처족도 다 구족의 안에 있는 것이다. 한 사람의 有服之親만으로는 응당 8백여 명에까지 이르지 못할 것이니 그 반드시 세 姓을 몰수하여 다 죽여서 외형제 및 사위, 외손 따위도 포함시킨 것이다. 그 義가 이미 옛날의 말한 바와는 어긋난 것이다. 丘瓊山은 삼족의 법을 따져서 말하기를, '어떤 사람의 집에 여자 하나를 두었다가 그 宗姓이 赤族을 당했다'고 하였은즉 당시에는 반드시 외가와 처가의 종족을 다 죽였던 것이다. 그러나 구족 속에 이미 다 포함되었는데 또 어찌 이른바 십족이란 것이 있겠는가? 이는 특별히 분김에 나온 말로 그 무리함을 깨닫지 못한 것이다. 급기야 처형함에 있어서는 구족을 이미 다 죽였다 했으니 그 밖에 다시 십족이란 없다는 것을 짐작할 수 있다."

聽我皇考訓誡, 曰: 人家兄弟無不義者, 盡因娶婦入門, 異姓相聚, 爭長競短, 漸漬日聞, 偏愛私藏, 以致背戾, 分門割戶, 患若賊讎, 皆汝婦人所作. 男子剛腸者幾人, 能不爲婦人言所惑? 吾見, 多矣, 若等, 寧有是耶! 退則惴惴, 不敢出一語爲不孝事, 開輩抵此賴之, 得全其家云.

【5-49】 가언 49장

①**伊川先生**曰: 今人, 多不知兄弟之愛. 且如閭閻小人, 得一食, 必先以食父母, 夫何故? 以父母之口, 重於己之口也, 得一衣, 必先以衣父母, 夫何故? 以父母之體, 重於己之體也. 至於犬馬, 亦然, 待父母之犬馬, 必異乎己之犬馬也, 獨愛父母之子, 却輕於己之子, 甚者, 至若仇敵, 舉世皆如此, 惑之甚矣.

【5-50】 가언 50장

①**橫渠先生**曰: 斯于詩, 言兄及弟矣, 式相好矣, 無相猶矣. 言兄弟宜相好, 不要相學, 猶, 似也. 人情, 大抵患在施之不見報則輟. 故恩不能終, 不要相學, 己施之而已.

【5-45, 48, 49, 50-①】 (49장의) 이천伊川의 말은 '인이불발引而不發'97)의 가르침이고, (45장의) 『안씨가훈』은 가르침을 연 것이며, (48장의) 유개柳開의 말은 그 가르침이 모두 갖추어져 있다. 가르침의 근본은 모두 며느리

---

97) 引而不發: 『맹자』 「盡心上」에 "군자가 활시위를 당겨만 놓고 발사하지 않으면서 뛰어나갈 듯이 하고 중도를 지키며 서 있으면 능력 있는 자가 그것을 따른다"(君子引而不發, 躍如也, 中道而立, 能者從之)라고 한 데에서 따온 말이다. 대개 가르치는 방법에서, 원칙을 제시하여 배우는 자로 하여금 스스로 터득하도록 한다는 의미로 쓰인다.

에 말미암은 것이다. (50장의) 황거橫渠의 말은 그것을 찬탄한 것이라 할
수 있다.

○ 伊川說, 引而不發, 『顔訓』啓之, 柳說則備矣. 其源皆由於娶人也. 至橫
渠說, 可謂詠歎之矣.

> ■ 해설: 성호는 45장부터 50장까지의 내용을 하나의 흐름으로 파악하고 있다.
> 그것은 바로 '며느리의 도', 즉 며느리를 맞이하는 도와 며느리가 갖추어야 할 도
> 에 관한 가르침이다. 먼저 『안씨가훈』으로 운을 뗀 뒤 46, 47장에서 구체적인
> 예를 보이고, 정이의 말로써 생각하게끔 만들고 유개의 말로써 정리했으며, 장재
> 가 그 가르침을 찬탄했다는 것이다.

【5-51】 가언 51장

> 伊川先生曰: 近世淺薄, 以①相歡狎, 爲相與, 以①無圭角, 爲相歡愛, 如
> 此者, 安能久? 若要久, 須是①恭敬, ①君臣朋友, 皆當以敬爲主也.

【5-51-①】 "모나지 않는 것"(無圭角)은 충고하거나 선도하지 않고 뜻
을 굽혀서 따르는 것을 말한다. 이와 같이 하는 것은 다만 사심私心이고,
사심이면 오래갈 수 없다. 어려운 일을 요구하고 선善을 아뢰는 것을 일러
"공경恭敬"이라고 한다.[98] "군신君臣" 간에는 본래 그러하며, "붕우朋友" 간
에도 또한 이와 같이 해야 한다. 그렇다면 "모나지 않는 것"·"서로 기뻐
하여 예절 없이 서로 친하게 지내는 것"과는 다른 것이다!

○ "無圭角", 謂無忠告善導, 而曲意相循也. 如此者, 只是私心也, 私, 則不
久矣. 責難陳善, 謂之"恭敬". "君臣"固然, 而"朋友"亦猶是矣. 然則異於

---

98) 어려운 일을…… 한다: 『孟子』「離婁上」에 "어려운 일을 임금에게 요구하는 것을 공
손이라 하고, 선을 아뢰고 악을 막는 것을 공경이라 한다"(責難於君, 謂之恭, 陳善閉邪,
謂之敬)라고 하였다. 또 「公孫丑下」의 朱熹의 註에 "빈사는 급히 달려가서 임금의 명
을 받드는 것을 공이라 여기지 않고, 어려운 것을 요구하며 선한 말을 아뢰는 것을
경이라 여긴다"(賓師不以趨走承順爲恭, 而以責難陳善爲敬)라고 하였다.

"無圭角"·"相歡狎"者乎!

【5-53】 가언 53장

> 『童蒙訓』曰: 同僚之契, 交承之分, 有兄弟之義, 至其子孫, 亦世講之, 前
> 輩, 專以此爲務, 今人, 知之者蓋少矣. 又如①**舊擧將**, 及嘗爲舊任按察官
> 者, 後, 己官, 雖在上, 前輩皆辭避, 坐下坐, 風俗如此, 安得不厚乎!

【5-53-①】 살피건대, 『통전通典』[99] 「수효위거장복의秀孝爲擧將服議」조에
서 정소동鄭小同[100]은 "무릇 조복弔服에 마질麻絰을 가하고 3개월 만에 복을
벗는다"라고 하였고, 사도 정공은 "자최 3월복을 입는다"라고 하였다.[101]

---

99) 『通典』: 唐나라의 宰相 杜佑(735~812)가 편찬한 制度史로 200권에 달한다. 766년에
착수하여 30여 년에 걸쳐 初稿가 완성되고, 그 후에도 많은 補筆이 있었던 것으로
추정된다. 玄宗(재위 712~756) 시대에 劉秩이 撰한 『政典』35권을 核으로 하여, 역대
正史의 志類를 비롯해서 紀傳·雜史·經子, 당대의 법령·開元禮(玄宗 때의 禮制) 등의
자료를 참조하여, 食貨(經濟)·選擧(官吏登用)·職官·禮·樂·兵·刑·州郡·邊防의 각
부문으로 나누어, 상고로부터 中唐에 이르는 國制의 要項을 종합한 것이다. 때에 따
라서는 저자의 의견도 삽입하였다. 구성이 질서정연하고, 내용이 풍부하여 중당 이
전의 제도를 통람하는 데 가장 유용한 책이다. 이 책은 北宋의 宋白 등의 『續通典』,
南宋의 鄭樵의 『通志』, 元나라 馬端臨의 『文獻通考』 등에 큰 영향을 끼쳤다.

100) 鄭小同: 생몰연대는 대략 194~258으로 추정, 後漢의 經學者 鄭玄의 손자이다. 정현의
아들이 황건적의 난리에 27세로 죽고 손자가 유복자로 태어났는데, 정현이 자신은
정묘년에 태어났고 손자는 정묘일에 태어났다고 해서 이름을 小同이라 지었다 한다.
정소동은 정현과 그 문인들의 문답을 기록한 『鄭志』를 엮어 편찬하였다.
※ 번역본 가운데 鄭小同을 鄭稱(?~約225)과 동일 인물로 보고 있는 경우가 있는데
잘못이다.

101) 『通典』…… 하였다:『通典』권99「秀孝爲擧將服議」조에 "魏나라 景元 원년(260)에, 傅
玄의 擧將(천거한 사람) 僕射 陳公이 薨逝하였다.…… 光祿 鄭小同이 말했다. '弔服에
加麻하여 3월을 입고 벗는 것이 마땅하다.' 司徒 鄭公이 말했다. '옛날 王司徒가 諫議
大夫가 되어 擧將의 상을 당하자 비록 돌아가서 服을 입지 않았지만, 지금은 예전과
같지 않게 자최 3월로 제정하였다. 漢나라 때의 名臣들은 모두 그렇게 했다.'"(魏景元
元年, 傅玄擧將僕射陳公薨.……光祿鄭小同云, 宜准禮 而以情義斷之服, 弔服加麻可也. 三月
除之. 司徒鄭公云 昔王司徒爲諫議大夫, 遭擧將喪, 雖有不反服, 今不同古, 便制齊衰三月. 漢

한대의 이름난 신하들이 모두 그렇게 하였으니, 그들은 은혜와 의리를 이와 같이 깊고 중요하게 여긴 것이다.

○ 按,『通典』「秀孝爲擧將服議」[1] 鄭小同云: "吊服加麻, 三月除之." 司徒鄭公云"齊衰三月". 漢代名臣皆然, 其恩義深重如此.

> 1. 議:『小學疾書』원문에는 '義'로 되어 있지만『通典』원문에 근거하여 '議'로 고쳐 번역하였다.

【5-54】 가언 54장

> 范文正公, 爲參知政事時, 告諸子曰: 吾貧時, 與汝母, 養吾親, 汝母躬執爨, 而吾親甘旨, 未嘗充也, ②**今而得厚祿, 欲以養親, 親不在矣, 汝母亦已早世, 吾所最恨者.** ①**忍令若曹, 享富貴之樂也!** 吾吳中宗族, 甚衆, 於吾, 固有親疎, 然吾祖宗視之, 則均是子孫, 固無親疎也. 苟祖宗之意, 無親疎, 則饑寒者, 吾安得不恤也! 自祖宗來, 積德百餘年而始發於吾, 得至大官, 若獨享富貴而不恤宗族, 異日, 何以見祖宗於地下, 今何顔入家廟乎? 於是, 恩例俸賜, 常均於族人, 幷置義田宅云.

【5-54-①】 "인령약조향부귀지락忍令若曹享富貴之樂"라고 한 것은 인내하여 이것을 본다(너희들이 부귀의 즐거움을 누리는 것을 본다)는 말이지, 이것을 누릴 수 없게 한다는 의미가 아니다.

○ "忍令若曹[1]享富貴之樂", 謂忍而見此也, 非使不得享此之意.

> 1. 曹:『소학질서』원문에는 '曺'로 되어 있지만,『소학』원문에 의거하여 '曹'로 고쳐서 번역하였다.

【5-54-②】 범문정공은 2살에 고아가 되니, 어머니 오씨吳氏가 주씨周氏에게 재가하였는데, 후에 돌아오시니 그 어머니를 맞아들여 봉양하였

代名臣皆然)라고 하였다.

다. 그가 귀하게 되면서 그의 어머니는 오국부인으로 추증되었다. 아마도 녹으로 봉양함을 받지는 못하고 죽었기 때문에 이렇게 말한 것이다.

○ 范文正二歲而孤, 母吳氏再適朱氏, 後歸迎其母以養. 及貴, 贈吳國夫人. 蓋未及祿養而歿故云爾.

이상은 명륜明倫을 확장한 것이다.

右廣明倫.

3) 광경신廣敬身

【5-56】 가언 56장

> 董仲舒曰: 仁人者, ①②正其誼, 不謀其利, 明其道, 不計其功.

【5-56-①】 의誼(義)를 바로잡으면서도 혹 도에 밝지 않은 자가 있고, 이익을 도모하지 않으면서도 혹 공功을 계산하는 자가 있다. 사람이 윗사람을 섬김에 있어서 절절하게 옳은 것을 추구하지만 도道의 대체大體에 있어서는 반드시 밝은 것은 아니다. 자신에게 대해서는 이익을 추구하지 않을지라도 공功의 성패에 있어서는 혹 얽매어 인색한 바가 있음을 면치 못한다.

○ "正誼", 而或有道不明者; "不謀利", 而或有計功者. 人於事上, 切切然求其是, 而於道之大體, 未必明也. 於己, 則雖不求利, 而於功之成敗, 或不免有所繫吝.

【5-56-②】 "정正"은 자신의 몸을 바르게 하는 것이고, "명明"은 남에게 밝히는 것이며, "의義"는 부여받은 성품이며, "도道"는 세상에서 미루어 행하는 것이며, "이利"는 나에게 있는 것이고, "공功"은 세상에 드러나는 것이다. "의를 바로잡고 이익을 도모하지 않는 것"(正義不謀利)은 "부귀를 뜬 구름처럼 여기는 것"(富貴如雲[102]) · "삶을 버리고 의로움을 취하는 것"(舍生取義[103]) 같은 류가 그것이다. "도를 밝히고 공을 계산하지 않는

---

102) 富貴如雲: 『論語』「述而」에 "거친 밥 먹고 물을 마시며 팔베개하고 자도 즐거움이 그 가운데 있으니 불의하면서 부귀한 것은 내게 뜬구름 같다"(飯疏食飮水, 曲肱而枕之, 樂亦在其中矣, 不義而富且貴, 於我如浮雲)라고 한 공자의 말을 가리키는 듯하다.

103) 舍生取義: 『孟子』「告子上」에서, 맹자가 말하기를 "생선도 내가 바라는 바이고 웅장도 내가 바라는 바이지만, 이 둘을 가질 수 없다면 생선을 버리고 웅장을 취하리라. 사는 것도 내가 바라는 바이고 의로운 것도 내가 바라는 바이지만 이 둘을 가질

것"(明道不計功)은 "한 가지라도 의롭지 못한 일을 행하거나 한 사람이라도 죄 없는 이를 죽이고서 천하를 이롭게 하는 일은 하지 않는 것"(行一不義, 殺一不辜, 利天下, 不爲[104]) 같은 것이 그것이다.

○ "正"是正於己, "明"是明於人, "義"指稟受之性, "道"指推行於世, "利" 在於我, "功"著於時. "正義不謀利", 如"富貴如雲"・"舍生取義"之類, 是也; "明道不計功", 如"行一不義, 殺一不辜, 利天下, 不爲", 是也.

【5-57】 가언 57장

> 孫思邈曰: ①膽欲大而心欲小, 智欲圓而行欲方.

【5-57-①】 『문자文子』에 "심心은 작게 하되 지志는 크게 하며, 지智는 원만하게 하되 행行은 곧게 하며, 능能은 많게 하되 사事는 적게 하려 해야 한다"(心欲小而志欲大; 智欲圓而行欲方; 能欲多而事欲少)라고 하였는데,[105] 그것은 『회남자』에 보이는 것도 또한 그러하다.[106] 손사막孫思邈이 이 두 구를 인용하면서 "지志"를 "담膽"으로 고쳤는데, "담膽"과 "지志"는 그 우열을 알 수는 없지만 그 뜻은 매우 동떨어져 있다. 『주자어류』를 살펴보면, "뜻이

수 없다면 사는 것을 버리고 의로운 것을 취하겠다"(魚我所欲也, 熊掌亦我所欲也, 二者 不可得兼, 舍魚而取熊掌者也. 生亦我所欲也, 義亦我所欲也, 二者不可得兼, 舍生而取義者也) 라고 하였다.

104) 行一不義, 殺一不辜, 利天下, 不爲: 『孟子』 「公孫丑上」에서 孟子가 伯夷・伊尹과 孔子의 同異에 대해서 설명하면서 "한 가지라도 의롭지 못한 일을 행하거나 한 사람이라도 죄 없는 이를 죽이고서 천하를 얻는 일은 이들 모두가 하지 않을 것이니, 이것은 같은 점이다"(行一不義, 殺一个辜, 而得天下, 皆不爲也, 是則同)라고 말하였다.

105) 『文子』에…… 하였는데: 『文子』 권7 「微明」편에 "老子曰: 凡人之道, 心欲小, 志欲大, 智 欲圓, 行欲方, 能欲多, 事欲少, 所謂心小者慮患未生."이라 하였다.

106) 『淮南子』에…… 그러하다: 『淮南子』 「主術訓」에 "마음은 작게 하고자 하고 뜻은 크게 하고자 할 것이요, 지혜는 원만하게 하고자 하고 행실은 바르게 하고자 할 것이다" (心欲小而志欲大, 智欲圓而行欲方)라는 말이 나온다.

크지 않으면 비루해지고, 마음이 작지 않으면 광망해진다"(志不大則卑陋, 心不
小則狂妄)라고 하여 여기서도 "지志"로써 말하여 "담膽"자와 서로 연결시키
지 않았으니,107) 아마도 『문자』와 『회남자』의 말을 직해한 것 같다. 「손사
막본전」을 살펴보면, 그(손사막)가 노조린盧照鄰에게 답하기를108) "심心은 임
금으로, 임금은 오히려 공손함을 높이기 때문에 작게 가져야 한다. 『시경』
에 이르기를, '깊은 연못에 임한 듯, 얇은 얼음을 밟는 듯'이라고 한 것이,
작게 가지는 것이다. 담膽은 장군으로 결단을 임무로 여기기 때문에 크게
가져야 한다. 『시경』에 이르기를, '씩씩한 무사는 공후의 방패와 성이네'
라고 한 것이 크게 가지는 것이다. 인자仁者가 고요한 것은 땅의 형상이니
방정하게 하는 것이다. 『춘추좌씨전』에 이르기를, '이익 때문에 어긋난
일을 하지 않고, 의에 위배되면서 허물 짓지 않는다'라고 한 것109)이 방정
하게 함을 말한 것이다. 지자智者가 움직이는 것은 하늘의 형상이니 둥글
게(원만하게) 하는 것이다. 『주역』에 이르기를, '기미를 보고 일을 해서 날이

---

107) 『주자어류』를…… 않았으니: 본 내용은 『朱子語類』 권95 「程子之書」 1에 裴卿云: "'智
欲圓而行欲方, 膽欲大而心欲小.' 妄意四者缺一不可." 曰: "圓而不方則譎詐, 方而不圓則執而
不通. 志不大則卑陋, 心不小則狂妄. 江西諸人便是志大而心不小者也."라고 한 구절이 보
인다. 『近思錄集解』 권2 「爲學」 편에서도, (明道선생이 말하길) "孫思邈이 말하기를 '膽
力은 크게 하고자 하고 마음은 작게 하고자 하며, 지혜는 둥글게 하고자 하고 행실
은 모나게 하고자 한다' 하였으니, 法으로 삼을 만하다. 孫思邈은 隋·唐 사이의 사람
이다. 膽力이 크면 훌륭한 일을 함에 용감하고 마음이 작으면 이치를 살핌에 치밀하
며, 지혜가 둥글면 통하여 막히지 않고 행실이 모나면 방정하여 흐르지 않는다. ○
朱子가 말씀하였다. '뜻이 크지 않으면 비루하고 마음이 작지 않으면 망령되며, 둥글
기만 하고 모나지 않으면 속이고, 모나기만 하고 둥글지 않으면 固執하여 통하지
못한다.'"(孫思邈曰: 膽欲大而心欲小, 智欲圓而行欲方, 可以爲法矣. 思邈, 隋唐間人. 膽大
則敢於有爲, 心小則密於察理, 智圓則通而不滯, 行方則正而不流. ○朱子曰: 志不大則卑陋,
心不小則狂妄, 圓而不方則譎詐, 方而不圓則執而不通)라고 한 내용이 보인다.
108) 그가 盧照鄰에게 답하기를: 『小學疾書』에서는 '그가 駱賓王에게 답하기를'으로 되어
있지만, 「손사막전」을 살펴보면 "노조린이 묻기를 '인사는 어떻게 합니까?'라고 하
니, 손사막이 답하기를 '심은 임금으로 임금은 오히려 공손해야 하기 때문에 마음을
작게 가져야 한다'"(照鄰曰: 人事奈何, [孫思邈]曰: 心爲之君, 君尚恭, 故欲小……)라고 되
어 있다. 그러므로 이것은 駱賓王이 아니라 盧照鄰에게 孫思邈이 답한 것이다. 성호
의 착오인 듯하다.
109) 『춘추좌씨전』에 이르기를…… 한 것: 『春秋左氏傳』 召公 31年조에 보인다.

마칠 때까지 기다리지 않는다'라고 한 것이 둥글게 함을 말한 것이다"라고 하였다.[110] 이것은 곧 "인仁"과 "지智"를 대칭시켜 말한 것이어서 "행行"에 대해 말한 것은 없다. 그렇다면 정자程子(程明道)가 말한 것은 곧 여러 책을 합하고 참작하여 선택한 것이다. 그러나 『문자』와 『회남자』와 비교할 때, 「손사막전」에서 바꾼 것이 각각 한 글자이니 당연히 앞에 나온 것을 주로 삼아야 하며, 그(정자)가 「손사막전」보다는 산절한 곳이 많고, 또 "이而"자가 두 개를 첨가한 것은 도리어 『문자』의 "지志"자 한 글자만 바뀐 것과 같지 않으니 (여기에서는) 『문자』의 설로 보는 것이 더 낫다. 또 살펴보면, "行欲方"의 "행行"자는 참으로 "인仁"자보다 나으므로 이를 따라 고치는 것이 옳고, "담膽"자는 "지志"자보다 반드시 낫다고 할 수 없으므로 『어류』에서 그렇게 말한 것이다. 그 아래 "能欲多, 而事欲少"라고 한 구는 말의 뜻이 좋아서 또한 아마도 뺄 수가 없을 것 같다. 다시 상세하게 살펴보아야 하겠다.

○ 『文子』曰: "心欲小, 而志欲大; 智欲圓, 而行欲方; 能欲多, 而事欲少." 其見於『淮南子』者, 亦然. 孫思邈引此兩句, 而改"志"爲"膽". 膽與志, 其優劣未可知, 而其義則迥別. 按, 『語類』"志不大, 則卑陋; 心不小, 則狂妄." 此又以"志"爲言, 與"膽"字不相帖, 則恐是直解『文子』及『淮南』語者也. 按, 「孫本傳」其答盧照鄰1曰: "心爲之君, 君尙恭, 故欲小. 『詩』曰: '如臨深淵, 如履薄氷.' 小之謂也; 膽爲之將, 以果決爲務, 故欲大. 『詩』曰: '赳赳武夫, 公侯干城.' 大之謂也; 仁者靜, 地之象, 故欲方. 『傳』曰: '不爲利回, 不爲義疚.' 方之謂也; 智者動, 天之象, 故欲圓. 『易』曰: '見幾而作, 不俟終日.' 圓之謂也." 此則以仁智對說, 而無所謂行者. 然則程子所言, 乃合數書而參擇者也. 然於『文子』·『淮南子』, 「孫思邈」所換者, 各一字, 則當以前出者爲主, 而其於「思邈」, 又多所刪節, 且添兩"而"字, 反不若『文子』之只換一"志"字, 則於此作『文子』說較勝也. 又按, "行欲方"之"行", 固勝於"仁"字, 則改從爲

---

110) 「孫思邈本傳」을 살펴보면…… 하였다: 이것은 『新唐書』 권196 「列傳」 121 '隱逸'편에 보인다.

是, 而"膽"字, 未必愈於"志"也, 故『語類』云爾. 其下"能欲多, 而事欲少"一句, 語意自好, 又恐不可闕. 更詳之.

1. 其答盧照隣: 『小學疾書』에는 "其答駱賓王"으로 되어 있다. 그러나 「孫思邈傳」에 근거하여 '駱賓王'을 '盧照隣'으로 수정하여 번역하였다.

【5-59】 가언 59장

①孝友先生朱仁軌, 隱居養親, 嘗誨子弟曰: 終身讓路, 不枉百步, 終身讓畔, 不失一段.

【5-59-①】 효우선생의 말씀은 중인 이하에게 시행할 수는 있지만 의義에 있어서는 방해됨이 있다. 만약 해가 되는 것이 작기 때문에 그것을 양보한다면 해가 되는 것이 큰 것에 있어서는 반드시 다투지 않는 것은 아닌 것이다. 군자의 마음가짐에 절실한 경계는 이와 같으니 비록 백 보를 굽히고 밭 한 뙈기를 잃게 될지라도 양보하는 것이 마땅하면 그것을 양보할 따름이다.

○ 孝友先生之說, 可施於中人以下, 而於義, 則有妨也. 若以害小, 故讓之, 則於害之大者, 未必不爭也. 君子持心, 切戒如此, 雖有百步之枉·一段之失, 當讓, 則讓之而已矣.

【5-60】 가언 60장

濂溪周先生曰: "①聖希天, 賢希聖, 士希賢." ②伊尹顔淵, 大賢也. 伊尹, 恥其君不爲堯舜, 一夫不得其所, 若撻于市, 顔淵, 不遷怒, 不貳過, 三月不違仁. 志伊尹之所志, 學顔淵之所學, 過則聖, 及則賢, 不及則亦不失於令名.

【5-60-①】 성인도 사람이다. 사람이면 끝내 하늘과 같을 수는 없으므로 "하늘을 바란다"(希天)라고 하였다.

○ 聖人, 人也. 人則終是不似天, 故"希天".

【5-60-②】 『맹자』에서 "이윤은 성인 가운데 도를 자임한 분이다"라고 하였는데,111) (여기에서는) 가리킨 바가 오히려 낮다. 공자께서 말하길 "어찌 인仁을 일삼는 데 그치겠는가. 반드시 성인일 것이다"라고 하였으니112) 요임금과 순임금의 지위가 아니고는 이렇게 지목되는 것을 감당할 수 없다. 그러므로 이윤을 공자의 문하에서 논한다면 다만 대현이 될 수 있다는 것이다.

○ 『孟子』曰"伊尹, 聖之任者也", 所指猶低. 孔子曰: "何事於仁, 必也聖乎!" 非堯·舜地位, 不敢當此目. 故論伊尹於孔子之門, 則只得爲大賢.

【5-62】 가언 62장

①仲由, 喜聞過. 令名, 無窮焉. 今人, 有過, 不喜人規, 如護疾而忌醫, 寧滅其身而無悟也, 噫.

---

111) 『맹자』에서…… 하였는데: 『孟子』「萬章下」에 "백이는 성인 가운데 맑은 분이고, 이윤은 성인 가운데 도를 자임한 분이고, 유하혜는 성인 가운데 조화로운 분이고, 공자는 성인 가운데 때에 맞게 하신 분이다"(伯夷聖之淸者也, 伊尹聖之任者也, 柳下惠聖之和者也, 孔子聖之時者也)라고 하였다.

112) 공자께서…… 하였으니: 『論語』「雍也」에 "자공이 말하였다. '만일 백성에게 은혜를 널리 베풀어 많은 사람을 구제한다면 어떻겠습니까. 인하다고 할 만합니까.' 공자께서 말씀하셨다. '어찌 인을 일삼는 데 그치겠는가. 반드시 성인일 것이다. 요순도 이에 있어서는 오히려 부족하게 여겼다. 인자는 자기가 서고자 함에 남도 서게 하며, 자기가 통달하고자 함에 남도 통달하게 하는 것이다. 가까운 데서 취해 비유할 수 있다면 인을 하는 방법이라고 말할 만하다.'"(子貢曰: 如有博施於民而能濟衆, 何如? 可謂仁乎? 子曰: 何事於仁? 必也聖乎! 堯舜其猶病諸. 夫仁者, 己欲立而立人, 己欲達而達人. 能近取譬, 可謂仁之方也已)라고 하였다.

【5-62-①】 오늘날 사람들의 잘못을 말함으로써 중유仲由가 그렇지 않았다는 것113)을 드러냈다. 그 표리가 분명하여 조금도 얽매여 인색함이 없으니 기상을 볼 수 있다. 주자周子(주돈이)가 아니면 이와 같이 형용할 수 없었을 것이다.

○ 言今之失, 以見仲由之不然. 其表裏洞然, 無少繫吝, 氣像可見. 非周子,
不能如此形容之.

【5-63】 가언 63장

> 明道先生曰: 聖賢千語萬語, 只是欲人, 將已放之①心約之, 使反復①入身來, 自能向上去, ①下學而上達也.

【5-63-①】 "마음을 거두어"·"몸 안으로 들어오게 하는 것"이 바로 "하학下學"114)이다.

○ "約心"·"入身"便是"下學".

---

113) 仲由가 그렇지 않았다는 것: 仲由는 孔子의 제자 子路의 字이다. 『맹자』 「공손추상」에서 "맹자께서 말씀하셨다. '子路는 사람들이 자기의 허물을 말해주면 기뻐하였다'"(孟子曰: 子路, 人告之以有過則喜)라고 하였다.

114) 下學: 『論語』 「憲問」의 "나는 하늘을 원망하지도 않고 사람을 탓하지도 않는다. 아래로는 인간의 일을 배우고 위로는 하늘의 이치를 터득하려고 노력할 따름인데, 나를 알아주는 분은 아마도 하느님뿐일 것이다"(不怨天, 不尤人. 下學而上達, 知我者, 其天乎)라는 공자의 말에서 유래한 것이다. 『近思錄』 「存養」에 "성현의 수많은 말씀도 그 요점을 살펴보면 단지 사람으로 하여금 놓친 마음을 단속해서 다시 사람의 몸 안으로 들어오게 하려는 것일 뿐이다. 그리하여 스스로 그 마음을 찾아서 위를 향해 나아간다면 그것이 곧 공자가 말씀하신 대로 아래로 인간의 일을 배우면서 위로 하늘의 이치를 체득하는 일이 될 것이다"(聖賢千言萬語, 只是欲人將已放之心約之, 使反復入身來, 自能尋向上去, 下學而上達)라는 정명도의 말이 나온다.

【5-64】 가언 64장

> ①心, 要在②腔子裏.

【5-64-①】 마음을 보존함(存心)이 오래면 이치(理)는 저절로 밝아진다.

○ 存心之久, 理自明.

【5-64-②】 "강자腔子"115)는 구각軀殼116)이다. 구각이 포함하는 것은 또한 매우 많다. 정밀하고 세밀하게 말하면 (마음은) 또한 사방 한 치(方寸) 안에 간직해야만 한다.

○ "腔子", 軀殼也. 軀殼所包, 亦許多. 若精細言, 則又要在方寸內.

【5-65】 가언 65장

> 伊川先生曰: 只①整齊嚴肅, 則心便一, 一則自無非辟(僻)之干.

【5-65-①】 외면이 비록 "정제되고 엄숙한" 것 같을지라도 마음이 한결같지 않은 경우는 있지만 마음이 이미 전일하였는데 부정하고 사악한 것이 침범하는 경우는 없으니, 이것이 외면과 내면의 차이이다. 그러나

---

115) 腔子:『晦菴集』권43「答林擇之」에 "'몸에 가득한 것이 측은지심이다'라는 것은 사람의 몸에 나아가 이러한 이치가 가득 차 있는 곳을 지시해 준 것으로 매우 친절한 말이다. 이에 대해 깨달으면 만물이 일체가 되어 더 이상 내외의 구별이 없게 되거니와, 깨닫지 못하고 도리어 몸 밖에서 찾는다면 망망하고 탕탕하여 더욱 교섭하는 바가 없게 될 것이다"(如滿腔子是惻隱之心, 是就人身上, 指出此理充塞處, 最爲親切. 若于此見得, 卽萬物一體, 更無內外之別, 若見不得, 却去腔子外尋覓, 則莽莽蕩蕩, 愈無交涉矣)라고 하였다.

116) 軀殼: 精神에 상대어로 身體를 가리킨다. 불가에서는 육신을 보기를 한갓 껍질로 여기기 때문에 '구각'이라는 표현을 쓴 것이다.

그 마음을 전일하게 하고자 하면 모름지기 "정제되고 엄숙함"으로부터라
야 얻게 된다.

○ 外面雖若"整齊嚴肅", 而有心不一者, 未有心旣一而非辟之干者, 此外內
之別也. 然欲其心之一, 須從"整齊嚴肅"得.

【5-66】 가언 66장

> 伊川先生, 甚愛「表記」"君子莊敬日彊, 安肆日偸"之語, ①**盖常人之情**, 纔
> 放肆則日就曠蕩, 自檢束則日就規矩.

【5-66-①】 "개상인지정蓋常人之情"의 앞에는 마땅히 "왈曰"자가 있어야
한다.

○ "蓋常人之情"上, 當有"曰"字.

【5-67】 가언 67장

> 人於外物奉身者, 事事要好, 只有自家一箇①**身與心, 却不要好**, 苟得外物
> 好時, 却不知道自家身與心, 已自先不好了也.

【5-67-①】 몸과 마음이 좋지 않게 되었다는 것은 몸이 닦여지지 않
고 마음이 바르지 않다는 것을 말한다. 그 몸을 좋게 하고자 하면 반드시
먼저 마음을 좋게 하며, 마음이 이미 좋아지고 나서는 또 모름지기 몸을
좋아지게 해야 한다. 그 요체는 격치格致에 있으니 (격치한 후) 바야흐로
힘을 얻게 되는 것이다.

○ 身心不好, 謂身不修, 心不正. 欲其身之好, 必先心好, 心旣好而又須着身

好. 其要在於格致, 方是得力.

【5-69】 가언 69장

伊川先生言: 人有①三不幸, 少年登高科, 一不幸, 席父兄弟之勢, 爲美官, 二不幸, 有高才能文章, 三不幸也.

【5-69-①】 "세 가지 불행"은 모두 교만함이 지나치고 자족하여 진보할 수 없게 되는 것을 걱정한 것이다.[117]

○ "三不幸", 皆患驕溢自足, 故不能有進.

【5-70】 가언 70장

橫渠先生曰: 學者捨①禮義, 則飽食終日, 無所猷爲, 與下民一致. 所事不踰①衣食之間, ①燕遊之樂耳.

---

117) 교만함이…… 것이다: 程頤의 『伊川易傳』 권1 「初九素履往无咎」에 이르기를, "初는 지극히 낮은 곳에 처했으니 본래 아래에 있는 자이나 陽剛의 재질로 위로 나아갈 수 있으니, 만약 卑下한 본래의 신분을 편안히 여기고 가면 허물이 없을 것이다. 사람이 빈천한 본분에 스스로 편안하지 못하면 그 나아감은 바로 탐욕스럽고 조급하게 행동하여 빈천에서 떠나기를 구하는 것일 뿐이요, 훌륭한 일을 하고자 하는 것이 아니니, 그 나아감을 얻은 뒤에는 교만해질 것이 틀림없다. 그러므로 가면 허물이 있는 것이다. 현자는 그 본분을 편안히 행하여 그 처함에 즐겁고 그 나아감에 장차 훌륭한 일을 하게 된다. 그러므로 그 나아감을 얻게 되면 훌륭한 일을 하여 善하지 않음이 없으니, 이는 바로 그 본래 행하던 바를 지키는 것이다"(初處至下, 素在下者也, 而陽剛之才, 可以上進, 若安其卑下之素而往, 則無咎矣. 夫人不能自安於貧賤之素, 則其進也, 乃貪躁而動, 求去乎貧賤耳, 非欲有爲也, 旣得其進, 驕溢必矣, 故往則有咎. 賢者則安履其素, 其處也樂, 其進也將有爲也. 故得其進, 則有爲而無不善, 乃守其素履者也)라고 하였다.

【5-70-①】 예의를 좇으면 입고 먹고 잔치하고 노는 것이 도에 맞지 않음이 없다. 오직 일삼는 것이 입고 먹고 잔치하고 노는 것에서 벗어나지 못하면 곧 예의와 배치되는 것이다.

○ 率禮義, 則衣食燕遊, 莫非道也. 惟所事不踰於衣食燕遊者, 便與禮義背馳.

【5-71】 가언 71장

> 范忠宣公戒子弟曰: 人雖至愚, 責人則明, 雖有聰明, ①恕己則昏, 爾曹,
> 但常以責人之心, 責己, ①恕己之心, 恕人, 不患不到聖賢地位也.

【5-71-①】 주자가 말하길 "지금 '자신을 용서하는 데에는 어둡다'라고 말한다면 이것은 자신이 이와 같음을 이미 아는 것인데, 또 '자신을 용서하는 마음으로 남을 용서하라'고 말한다면 이는 어두움을 스스로 다스릴 줄 모르면서 결국 그것으로 미루어 남에게 미치는 것이니, 이것은 그로 하여금 나와 같이 어둡게 한 이후에야 그만두는 것이다. 곧 이러한 것으로써 성현의 영역으로 들어가고자 한다면 어찌 잘못된 것이 아니겠는가?"라고 하였다.[118] 이 한 단락은 마땅히 취하여 각주로 붙여야 한다.【張子韶[119]의 『中庸解』 한 條가 『心經』 「仲弓問仁章」에 실려 있으니,[120] 참고하는 것이 마땅하다.】

---

118) 주자가 말하길…… 하였다: 주자의 『四書或問』 권2에 나오는 내용이다.
119) 張子韶: 송나라 학자 張九成(1092~1159)을 가리킨다. 高宗 때 사람으로, 자가 子韶이며, 호는 無垢居士 또는 橫浦居士이다. 벼슬은 禮部·刑部의 시랑을 지냈고 經學에 전념하여 많은 訓解를 남겼다. 시호는 文忠이다. 그는 禪學에도 조예가 깊어 당시의 고승인 大慧 宗杲의 법을 이었으며, 이로 인하여 朱子로부터 배척을 받았다. 저서에 『橫浦集』·『孟子傳』이 있다.
120) 張子韶의…… 있으니: 『心經附註』 제1권 「中庸 仲弓問仁章」에, "'자신이 원하지 않는 것을 남에게 베풀지 않는 것이 恕입니까?' 하고 묻자, 朱子는 다음과 같이 말씀하였다. '伊川이 말씀하기를 恕字를 모름지기 忠字와 겸하여 설명하여야 한다' 하셨으니, 忠은 바로 자신을 다하는 것이니 자신을 다한 뒤에 恕가 된다. 지금 사람들은 忠을 알지 못하고 한갓 恕만 하려고 하니, 그 병폐가 다만 姑息일 뿐이다. 張子韶(張九成)

○ 朱子曰: "今曰'恕己則昏', 則是己知其如此矣, 而又曰'以恕己之心恕人', 則是旣不知自治其昏, 而遂以推及於人, 使其亦將如我之昏而後已也. 乃欲由此以入聖賢之域, 豈不誤哉?" 此一段, 宜撫附註脚. 【張子韶『中庸解』一條, 在『心經』「仲弓問仁章」, 當考.】121)

【5-72】 가언 72장

> 呂榮公嘗言, 後生初學, 且須理會氣象, ①**氣象好時**, 百事是當, 氣象者, 辭令容止輕重疾徐, 足以見之矣, 不惟君子小人, 於此焉分. 亦②**貴賤壽夭** 之所由定也.

【5-72-①】 만약 기상이 좋고자 하면 모름지기 "용모를 움직일 때는 사납고 거만함을 멀리할 것이며, 낯빛을 바르게 하는 데는 신실함에 가깝도록 할 것이며, 말을 함에 있어서는 상스럽고 도리에 어긋난 것을 멀리해야 한다."122) 이와 같이 하면 때마다 어찌 옳고 마땅하지 않은 일이 있겠는가?

의 『中庸解』에 '聖人이 己를 이기기 어려움으로 인하여 천하 사람들이 모두 용서할 만한 사람임을 알았다' 하였으니, 이것을 가지고 논한다면 자신이 하지 못함으로 인하여 천하 사람들을 모두 하지 않게 만드는 것이다. 이와 같다면 서로 게으르게 하는 것일 뿐이니, 이 말이 가장 도리에 해롭다"(問己所不欲, 勿施於人, 是恕? 朱子曰: 伊川云, 恕字須兼忠字說, 蓋忠是盡己, 盡己而後爲恕. 今人, 不理會忠, 而徒爲恕, 其弊只是姑息. 張子韶中庸解云, 聖人, 因己之難克, 而知天下皆可恕之人. 卽是論之, 因我不會做, 皆使天下之人不做, 如此, 則相爲懈怠而已, 此言最害理)라고 한 내용이 보인다.

121) 【 】부분: 규장각본(나)·국중본·성호기념관본에는 본문으로 되어 있다.
122) 용모를…… 멀리해야 한다: 『論語』「泰伯」에 보인다. 曾子가 이르기를 "군자가 귀히 여기는 도가 세 가지가 있으니, 용모를 움직일 때는 사납고 거만함을 멀리할 것이며, 낯빛을 바르게 하는 데는 신실함에 가깝도록 할 것이며, 말을 함에 있어서는 상스럽고 도리에 어긋난 것을 멀리할 것이다. 제기를 다루는 일은 유사가 맡아서 하는 것이다"(君子所貴乎道者三, 動容貌斯遠暴慢矣, 正顔色斯近信矣, 出辭氣斯遠鄙倍矣. 籩豆之事則有司存)라고 하였다.

○ 如欲氣像之好, 須"動容貌, 斯遠暴慢; 正顔色, 斯近信; 出辭氣, 斯遠鄙倍矣." 如此, 時節豈有不是當之事哉?

【5-72-②】 "귀하고, 천하고, 오래 살고, 일찍 죽는 것"은 단지 일상적인 이치로 말한 것이다. 그것이 그렇지 않은 자는 이른바 "정직하지 않으면서 살아 있는 것"(罔之生也)[123)]이니 군자의 불행不幸이다.

○ "貴賤壽夭", 只以常理言. 其不然者, 所謂"罔之生也", 君子之不幸也.

【5-73】 가언 73장

> ①攻其惡, 無攻人之惡, 盖自攻其惡, 日夜, 且自點檢, 絲毫不盡, 則慊於心矣, 豈有工夫點檢他人也?

【5-73-①】 "자신의 악을 다스리고 남의 악을 다스리지 말 것"(攻其惡, 無攻人之惡)이라고 하는 것은 비유하자면 밭을 가꾸는 것과 같아서 그 밭이 아직 손질되지 않았는데 어찌 그 밭을 버려두고 남의 집 묘苗(싹)를 위해 김매는 자가 있겠는가? 만약 공부가 이미 도달하여 자기에게 다스릴 만한 악이 없다면 또한 남을 다스려 덕을 밝히고 백성을 새롭게 할 수 있다.

○ "攻其惡, 無攻人之惡", 比如治田, 其田猶有未理, 則豈有舍之而耘人苗者乎? 若工夫已到, 己無惡之可攻者, 亦可以攻人明德而新民也.

---

123) 정직하지 않으면서 살아 있는 것(罔之生也): 『論語』「雍也」편에서 공자가 "사람의 사는 이치는 바른 것이니, 바르지 못하면서 사는 것은 죽음을 요행히 면한 것일 뿐이다"(人之生也直, 罔之生也, 幸而免)라고 하였다.

【5-75】 가언 75장

> ①恩讐分明, 此四字, 非有①道者之言也, ①②無好人三字, 非有①德者之
> 言也, 後生戒之.

【5-75-①】 "도道"라는 것은 마땅히 가야 할 길이고, "은수恩讐"라는
것은 일을 행하는 것이다. 그러므로 '도'를 가지고 말한 것이다.[124] '덕德'
이라는 것은 사람이 공통적으로 부여받은 이치이고 "무호인無好人"이라는
것은 사람의 선과 악을 개괄적으로 논한 것이다. 그러므로 "덕德"을 가지
고 말한 것이다.

○ "道"者, 當行之路, "恩讐"者, 行事也, 故以道言; "德"者, 人所共賦之理,
"無好人"者, 汎論人之善惡, 故以"德"言.

【5-75-②】 "무호인無好人" 세 글자는 아마도 금을 양보하는 것에 대해
감동 받은 바가 있어서 발한 말일 것이다. 덕이 있으면 스스로를 해치는
자가 아니다. 금을 양보한 일은 「선행」편에 보인다.[125]

○ "無好人"三字, 殆有感於讓金者而發乎. 有德, 則非自賊者矣. 讓金事見
「善行」篇.

【5-76】 가언 76장

> 張思叔①座右銘曰: 凡語必忠信, 凡行必篤敬, 飲食必愼節, 字畫必楷正,

---

124) "道"라는 것은…… 것이다: 『論語』「憲問」에서 "直으로 원수를 갚고 德으로 덕에 보
  답해야 한다"(以直報怨, 以德報德)라고 하였다. 즉 恩怨에 대한 올바른 대처 방식(도
  리)을 제시한 것이다.
125) 금을…… 보인다: 관련 내용이 「善行」 42장에 보인다. "喜言無好人三字者, 可謂自賊者
  矣. 古人, 言人皆可以爲堯舜, 蓋觀於此而知之."

容貌必端莊, 衣冠必肅整, 步履必安詳, 居處必正靜, 作事必謀始, 出言必顧行, 常德必固持, 然諾必重應, 見善如己出, 見惡如己病, 凡此十四者, 我皆未深省. 書此當①坐隅, 朝夕視爲警.

【5-76-①】 옛날 사람들이 거처함에 반드시 서남쪽 모퉁이(아랫목)를 주로 하면서 좌우座右에 명銘을 새겨 놓았는데, 거기가 가장 가까운 자리이기 때문이다. 또 '좌우坐隅'라고도 말하는 것은 역시 서남쪽 모퉁이를 가리킨다.

○ 古人居必主奧, 銘於座右, 爲其最近也. 又言坐隅, 亦指西南隅也.

【5-77】 가언 77장

胡文定公曰: 人須是一切世味, 淡薄, 方好, 不要有①富貴相. 孟子謂 ①堂高數仞, 食前方丈, 侍妾數百人, 我①得志不爲. 學子, 須先除去此等, 常自激昂, 便不到隳墮. 常愛諸葛孔明, 當漢末, 躬耕南陽, 不求聞達, 後來, 雖應劉先主之聘, 宰割山河, 三分天下, 身都將相, 手握重兵, 亦何求不得, 何欲不遂, 乃與後主言, 成都, 有桑八百株, 薄田十五頃, 子孫衣食, 自有餘饒, 臣身在外, 別無調度. 不別治生, 以長尺寸, 若死之日, 不使廩有餘粟, 庫有餘財, 以負陛下. 及卒, 果如其言, 如此輩人, 眞可謂大丈夫矣.

【5-77-①】 맹자가 말한 "당의 높이가 몇 길 되는"과 같은 부류는 모두 참월하고 어지러워 불법적인 일이다. 그러므로 "뜻을 얻어도 하지 않는다. 나에게 있어서는 모두 옛 법이다"라고 말하였다.[126] 만약 부귀가

---

126) 맹자가······ 말하였다: 『孟子』 「盡心下」에서 맹자는 "대인 앞에서 유세할 때에는 하찮게 여기고 드높은 위세를 보지 말아야 한다. 당의 높이가 몇 길 되는 것과 서까래 머리가 몇 자 되는 것을 나는 뜻을 얻더라도 하지 않으며, 밥상 앞에 음식이 한

마땅히 행해야 할 것이라면 어찌 뜻을 얻고서 하지 않을 도리가 있겠는가? 문정공의 뜻은 참월하고 어지러움의 싹을 제거할 뿐만 아니라 무릇 일체의 세상의 맛이나 부귀현영과 같은 부류는 모두 모름지기 생각 속에 존재하지 않게 하겠다는 것이다. 읽는 자가 자세하게 분별함이 마땅하다. 『맹자질서孟子疾書』에 상세하게 기록하였다.[127]

○ 孟子所道“堂高數仞”之類, 皆僭亂不法之事. 故曰: “得志不爲, 在我者, 皆古之制也.” 若富貴之所當行, 則豈有得志不爲之理? 文定之意, 則不唯除去僭亂之萌, 凡一切世味富貴顯榮之類, 皆須不存於意想. 讀者, 宜細分焉. 詳著『孟子疾書』.

【5-80】 가언 80장

『顔氏家訓』曰: 夫所以讀書學問, 本欲①**開心明目**, 利於行耳. 未知養親者, 欲其觀古人之先意承顔, 怡聲下氣, 不憚劬勞, 以致甘軟, 惕然惙懼, 起而行之也. 未知事君者, 欲其觀古人之守職無侵, 見危授命, 不忘誠諫, 以利社稷, 惻然自念, 思欲効之也. 素驕奢者, 欲其觀古人之恭儉節用, 卑以自牧, 禮爲敎本, ②**敬者身基**, 瞿然自失, 斂容抑志也. 素鄙恪者, 欲其觀古人之貴義輕財, 少私寡慾, 忌盈惡滿, 賙窮卹匱, 赧然悔恥, 積而能散也. 素暴悍者, 欲其觀古人之小心黜己, 齒敝舌存, 含垢藏疾, 尊賢容衆, 苶然沮喪, 若不勝衣也. 素怯懦者, 欲其觀古人之達生委命, 强毅正直, 立言必

길이나 진열되는 것과 시첩이 수백 명이 모시는 것을 나는 뜻을 얻더라도 하지 않으며, 즐기고 술을 마시며, 말을 달리고 사냥하며, 뒤에 따르는 수레가 천 대인 것을 나는 뜻을 얻더라도 하지 않을 것이다. 저에게 있는 것은 모두 내가 하지 않는 바요, 나에게 있는 것은 모두 옛 법이니, 내 어찌 저들을 두려워하겠는가"(說大人則藐之, 勿視其巍巍然. 堂高數刃, 榱題數尺, 我得志弗爲也, 食前方丈, 侍妾數百人, 我得志弗爲也, 般樂飮酒, 驅騁田獵, 後車千乘, 我得志弗爲也. 在彼者, 皆我所不爲也, 在我者, 皆古之制也, 吾何畏彼哉)라고 하였다.

127) 『孟子疾書』에 상세하게 기록하였다: 성호의 『孟子疾書』「盡心下」제34장에서 상세히 설명하고 있다.

信, 求福不回, 勃然奮厲, 不可③<u>恐懼</u>也. 歷玆以往, 百行皆然, 縱不能淳, 去泰去甚, 學之所知, 施無不達. 世人讀書, 但能言之, 不能行之, 武人俗吏, 所共嗤詆, 良由是耳. 又有讀數十卷書, 便自高大, 凌忽長者, 輕慢同列, 人疾之如讎敵, 惡之如鴟梟, 如此, 以學求益, 今反自損, 不如無學也.

【5-80-①】 "마음을 연다"(開心)는 '생각을 지혜롭게 하는 것'을 말하고, "눈을 밝힌다"(明目)는 '자세하게 살피는 것'을 말한다.

○ "開心", 謂思之慧; "明目", 謂察之審.

【5-80-②】 "경자신기敬者身基"는 『자경편自警編』에 "경위신기敬爲身基"로 되어 있다.128)

○ "敬者身基", 『自警編』作"敬爲身基".

【5-80-③】 "공구恐懼"는 (『안씨가훈』) 본서에 "공섭恐懾"으로 되어 있다.129)

○ "恐懼", 本書, 作"恐懾".

【5-82】 가언 82장

凡看『語』·『孟』, 且須熟讀玩味, 將聖人之言語, 切己, 不可只作一場話說, 看得此二書, 切己, 終身①<u>儘多</u>也.

---

128) "敬者身基"는 …… 되어 있다: 송나라 趙善璙가 저술한 『自警編』 권1 「學問」편에서 확인할 수 있다.
129) "恐懼"는 …… 되어 있다: 『顔氏家訓』 卷上 「勸學篇」 제8에서 확인할 수 있다.

【5-82-①】 "진다儘多"는 '유여有餘'와 같은 말로, 많지 않은 곳이 없다는 말이다.

○ "儘多", 如云'有餘', 謂無所往而不多.

【5-83】 가언 83장

> 讀『論語』者, 但將弟子問處, 便作己問, 將聖人答處, 便作今日耳聞, 自然
> 有得, 若能於論孟中, 深求玩味, 將來涵養, ①成甚生氣質.

【5-83-①】 "심생甚生"은 아마도 '여하如何'라고 하는 것과 같으니, '즘생怎生'(어떻게, 어째서)과 비슷하다. "생生"은 말의 여성餘聲(여음)인데, '태수생太瘦生'130) · '태속생太俗生'131) · '작마생作麼生'(어떻게 할 것인가, 어떠한가)에서와 같이 모두 어조사이다. "성심생기질成甚生氣質"이라는 것은 앞으로 어떠한 기질을 이룰 것인지 알지 못한다는 말이다. 대개 그 도달할 바를 미리 헤아릴 수 없다는 것이다.

○ "甚生", 猶言'如何', 與'怎生'相似. "生", 語餘聲, 如'太瘦生' · '太俗生' · '作麼生'之類, 皆作語辭. "成甚生氣質"者, 謂不知將成何等氣質也. 蓋不可預度其所至也.

---

130) 太瘦生: 매우 삐쩍 마른 사람을 지칭한 것이다. 唐나라 李白의 「戲贈杜甫」에 "묻노니 이별한 뒤 왜 이리 수척해졌소, 모두 종전에 시 짓느라 너무 애쓴 탓이지"(借問別來太瘦生. 總爲從前作詩苦)라고 하였다.

131) 太俗生: 唐나라 말인데, 매우 鄙俗하다는 뜻으로 '生'자는 語助詞이다. 『傳燈錄』에 "南泉이 앉아 있는 자리에 한 중이 손을 마주 잡고 서 있었는데, 남천이 이를 보고 '太俗生'이라 했다" 한 데서 나온 말이다.

【5-87】 가언 87장

『呂氏童蒙訓』曰: 今日, 記一事, 明日, 記一事, 久則自然貫穿, 今日, 辨一
理, 明日, 辨一理, 久則自然浹洽, 今日, 行一難事, 明日, 行一難事, 久則
自然堅固. ①**渙然冰釋, 怡然理順**, 久自得之, 非偶然也.

【5-87-①】 "얼음이 풀리듯 풀어지고 즐거운 가운데 이치에 맞게 된
다"(渙然冰釋, 怡然理順)라고 한 것은 두예杜預의 말이다.132) 정자程子는 학문은
아직 지극하지 않았더라도 말은 지극한 경우가 있으니, 그 말을 좇으면
도道에 들어갈 수 있다고 생각하였다.133)

○ "渙然冰釋, 怡然理順", 杜預之言. 程子以爲學未至而言至者也, 循其言,
可以入道也.

【5-88】 가언 88장

前輩嘗說, 後生才性過人者, 不足畏, 惟讀書尋思推究者, 爲可畏耳. 又云,
讀書, ①**只怕**尋思. 蓋義理精深. 惟尋思用意, 爲可以得之, 鹵莽厭煩者,
決無有成之理.

---

132) 얼음이⋯⋯ 말이다: 杜預의 『春秋左氏傳』「序」에 "좌씨의 글은 유장하고, 뜻은 심원
   하다. 학자들로 하여금 사건의 시초를 헤아려 종말을 알게 하고, 지엽을 찾아서 궁
   극을 알게끔 한다. 우유하여 학자 스스로 구하게 하고, 염어하여 학자 스스로 나아
   가게 한다. 그리하여 강해가 대지를 적셔 주고 고택이 만물을 윤택하게 하듯, 얼음
   이 풀리듯 풀어지고, 즐거운 가운데 이치에 맞게 된 후에 터득하는 바가 있게 하는
   것이다"(其文緩, 其旨遠, 將令學者原始要終, 尋其枝葉, 究其所窮. 優而柔之, 使自求之, 饜
   而飫之, 使自趣之, 若江海之浸, 膏澤之潤, 渙然冰釋, 怡然理順, 然後爲得也)라고 하였다.
133) 정자는⋯⋯ 생각하였다: 정자는 『二程遺書』 권25에서 "학문이 지극하지 않더라도 말
   이 지극한 경우가 있으니, 그 말을 좇으면 道에 들어갈 수가 있다"(有學不至而言至者,
   循其言, 可以入道)라고 하였다.

【5-88-①】 "지파只怕"는 '나는 아마도 이와 같다(고 생각한다)'는 말이
다. 정이천이 "지파인집착일변只怕人執著一邊"이라고 말했는데,¹³⁴⁾ 대개 중
도를 행하는 사람을 얻어서 함께하지 못할 바에는¹³⁵⁾ 차라리 한쪽을 계속
잡는 것이 더 낫다는 말이다. 이것은 대개 학문을 할 때에 심사尋思를 위
주로 해야 한다는 것을 말한 것이다.

○ "只怕", 猶言竊恐如此之意. 伊川云"只怕人執著一邊", 蓋謂'旣不得中行
而與之', 則寧執著一邊者爲愈. 此蓋言爲學當以尋思爲主也.

　　■ 해설: 본문의 "독서지파심사讀書只怕尋思"에 대해, 기존의 언해의 해석은 "글을
　　읽음에는 다만 찾아 생각함이 두렵다"라고 되어 있는데, 성호는 "책을 읽음에는
　　심사尋思를 위주로 해야 한다"는 의미로 풀이하고 있다.

【5-89】 가언 89장

> 『顏氏家訓』曰: 借人典籍, 皆須愛護, 先有缺壞, 就爲補治, 此亦士大夫百
> 行之一也. 濟陽江祿, 讀書未竟, 雖有急速, 必待卷束整齊, 然後得起. 故
> 無損敗, 人不厭其求假焉. 或有狼藉几案, 分散部秩, 多爲童幼婢妾, 所點
> 汚, 風雨蟲鼠, 所毀傷, 實爲累德. 吾每讀聖人書, 未嘗不肅敬對之, 其故
> 紙, 有五經詞義, 及聖賢姓名, ①**不敢他用**也.

---

134) 정이천이…… 말했는데: 『近思錄』 권2 「爲學」편에 "자신이 나약하여 실천이 부족한
　　병통이 있는 것을 고치려다 다시 한쪽으로 치우쳐서 실천만을 중시하는 과격한 말
　　을 하게 되었다는 의미인 듯하다. 謝上蔡가 자신의 학문태도를 반성하면서 한 말에
　　서 왔다. 사상채가 程顥에게 배울 때 정호가 어떤 가르침을 내리면 그 말에 집착하
　　였는데, 이때 정호가 그에게 '그대와 말하는 것은 술 취한 사람을 부축하는 것과
　　같아서 한쪽을 잡아 주면 다른 쪽으로 쓰러진다. 차라리 사람이 한쪽을 계속 잡는
　　것이 더 낫다고 생각한다'(與賢說話, 却似扶醉漢, 救得一邊, 倒了一邊, 只怕人執著一邊)
　　라고 하였다"라고 말한 내용이 보인다. 『소학질서』에서 성호가 이것을 伊川의 말로
　　표기했는데, '明道'라고 하는 것이 옳다. 성호의 착오이다.
135) 중도를…… 못할 바에는: 『論語』 「子路」에 "중도를 행하는 사람을 얻어서 함께하지
　　못할 바에는 반드시 광자나 견자와 함께할 것이다. 광자는 진취적이고 견자는 절조
　　를 지키면서 하지 않는 바가 있다"(不得中行而與之, 必也狂狷乎. 狂者進取, 狷者有所不
　　爲也)라는 공자의 말이 나온다.

【5-89-①】 "不敢他用"의 "타他"자는 (『안씨가훈』) 본서에 "예穢"자로 되어 있다.136)

○ "不敢他用", "他"字, 本書作"穢".

【5-91】 가언 91장

明道先生曰: 道之不明, 異端, 害之也, 昔之害, 近而易知, 今之害, 深而難
辨. 昔之惑人也, 乘其迷暗, 今之入人也, 因其高明. 自謂之①窮神知化,
而不足以開物成務, 言爲無不周徧, 實則外於倫理, ①窮深極微, 而不可以
入堯舜之道, 天下之學, 非淺陋固滯, 則必入於此. 自道之不明也, 邪誕妖
妄之說, 競起, 塗生民之耳目, 溺天下於汚濁, 雖高才明智, 膠於見聞, 醉生
夢死, 不自覺也. 是皆正路之蓁蕪, 聖門之蔽塞. 闢之而後, 可以入道.

【5-91-①】 주자는 말했다. "'화化'는 어떤 것들을 좇아서(순차적으로) 밀
고 나가는 것으로 하루 또 하루를 하고 한 달 또 한 달을 하며 절기에
절기가 이어져 나가서 곧 한 해를 이룬다. '신神'은 하나의 사물은 혹은
저기에 있고 혹은 여기에 있어서 음陰에 있을 때를 당해서는 전체가 음陰
에 있고 양陽에 있을 때를 당해서는 전체가 양陽에 있으나 (神은) 어느 경
우든 다만 이 하나의 것이 두 곳 모두에 있어 측량할 수 없으므로 '신神'이
라 하는 것이다"라고 하였고,137) 또 "'화化'라고 하는 것은 '기氣'이므로 천
지天地의 일이라고 부르고, '신神'이라고 하는 것은 '리理'이니 천지의 뜻이
라고 부른다. '궁신窮神'이라는 것은 천지의 뜻을 엿보는 것으로서, 이것(천
지의 뜻)은 형체도 없고 자취도 없지만 (그것을 통해) 저 화化하는 것(천지의

---

136) 본서에…… 되어 있다: 『顔氏家訓』 권1 「治家」 5-15에는 "不敢穢用"으로 되어 있다.
137) 주자는…… 하였고: 『주자어류』 권76에, "'窮神知化', 化, 是逐些子挨將去底. 一日復一
日, 一月復一月, 節節挨將去, 便成一年, 這是化. 神, 是一箇物事, 或在彼, 或在此. 當在陰時,
全體在陰; 在陽時, 全體在陽. 都只是這一物兩處都在, 不可測, 故謂之神"이라고 하였다.

일)을 오히려 또한 모두 볼(알) 수 있는 것이다"라고 하였다.[138] 이 단락은
마땅히 (張載의) 「서명西銘」[139]과 함께 비교해 보아야 한다. "신神을 궁구
하여 화化를 안다"(窮神知化)는 앎(知)으로 말한 것이고, "깊은 것을 궁구하여
은미隱微함을 다한다"(窮深極微)는 것은 실천(行)으로 말한 것이다.

○ 朱子曰: "化, 是逐些子挨將去底, 一日復一日, 一月復一月, 節節挨將去,
便成一年; 神, 是一箇物事, 或在彼, 或在此, 當在陰時, 全體在陰, 在陽時,
全體在陽, 都只是這一物兩處都在, 不可測, 故謂神." 又曰: "化底是氣, 故
喚做天地之事; 神底是理, 故喚做天地之志. 窮神者, 窺見天地之志, 這箇無
形無跡, 那化底却又都見得." 此段當與「西銘」參看. "窮神知化"以知言, "窮
深極微"以行言.

이상은 경신敬身을 확장한 것이다.

右廣敬身.

---

138) 이 부분은 『退溪集』권7 「經筵講義·西銘考證講義」에서 주자의 설이라고 말하고 있
    다. 그러나 『晦庵集』이나 『朱子語類』에서는 동일한 내용을 찾을 수 없다.
139) (張載의) 「西銘」: 그 원문은 다음과 같다. "乾稱父, 坤稱母, 予玆藐焉, 乃混然中處. 故天
    地之塞, 吾其體, 天地之帥, 吾其性, 民吾同胞, 物吾與也. 大君者, 吾父母宗子, 其大臣, 宗子
    之家相也. 尊高年, 所以長其長, 慈孤弱, 所以幼吾幼, 聖其合德, 賢其秀者也. 凡天下疲癃殘疾
    惸獨鰥寡, 皆吾兄弟之顚連而無告者也. 于時保之, 子之翼也. 樂且不憂, 純乎孝者也. 違曰悖
    德, 害仁曰賊, 濟惡者, 不才, 其踐形, 惟肖者也. 知化則善述其事, 窮神則善繼其志, 不愧屋漏,
    爲無忝, 存心養性, 爲匪懈, 惡旨酒, 崇伯子之顧養, 育英才, 潁封人之錫類, 不弛勞而底豫, 舜
    其功也. 無所逃而待烹, 申生, 其恭也. 體其受而歸全者, 參乎. 勇於從而順令者, 伯奇也. 富貴
    福澤, 將以厚吾之生也. 貧賤憂戚, 庸玉汝於成也. 存吾順事, 沒吾寧也."

6. 선행善行

【개요】「선행」편은 총 81장으로 구성되어 있다. 앞부분에 서문이 없으며, 성호
는 이 편에 대해 「계고」편(〈실입교〉·〈실명륜〉·〈실경신〉)을 확장시킨 것이라고 하였다.
『소학질서』에서는 이 가운데 70장 92항목에 대해 주석하였다. 자세한 주석 내용
은 아래 표와 같다.

일련번호	집주 장절	주제어	소학집설	소학제가집주	소학질서
[6-4-①]	4-1	信其師說	陳氏曰	『集說』左同	보충설명
[6-4-②]	4-2	治事齋	朱子曰: 治事齋	『集解』左同	『이정유고』: 治道齋— 본문의 근거 부족 지적
[6-4-③]	4-2	疏通, 有器局	吳氏曰: 氣質이 開明함, 有器局—局量이 넓음	『集解』左同	疏通—지식과 견문이 넓 다. 有器局—포용하는 것이 衆
[6-4-④]	4-3	稱子, 稱先生	吳氏曰	『集解』左同	보충설명
[6-5-①]	5-3	其道, 其要	吳氏曰	『集說』左同	보충설명
[6-5-②]	5-5	擇士入學	陳氏曰	『增註』左同	塾에서 庠으로 올라가 는 것
[6-6-①]	6-1	禮義相先	陳氏曰	『集說』左同	예의를 우선시
[6-6-②]	6-2	鐫 解額	陳氏曰: *鐫—刻定之 *解額—貢數	『集解』일부 左同	* 鐫—減, 減去 * 解額—額數上聞
[6-6-③]	6-2	國學解額	郡國에서 추천	『集解』일부 左同	태학에서 바로 선발
[6-6-④]	6-2	觀光法	유학하는 자의 처우 방법	『集解』일부 左同	천하의 선비가 와서 보 고 흠모하는 마음을 유 포하기 위한 방법
[6-6-⑤]	6-2	太學			보충설명
[6-8-①]	8-2	趨, 闖	吳氏曰: 趨—奔, 闖—闚	『集解』左同	趨는 행위를 가지고 말 한 것이고 闖는 지식을 가지고 말한 것이다.
[6-10-①]	10-1	過哀	陳氏曰	『集說』左同	보충설명
[6-11-①]	11-1	본문(王祥의 孝) 인용문의 문제점	陳氏曰	『集說』左同	王祥의 名節은 볼 것이 없다.
[6-12-①]	12-2	攀柏	陳氏曰	『集說』左同	柏=丘木=측백나무=제 후의 禮

[6-12-②]	12-2	生我劬勞	陳氏曰 •生—낳다.	『集說』左同	生: 始生과 生活의 의미가 포함된 의미
[6-12-③]	12-3	計口, 度身	陳氏曰	『增註』左同	살아 있는 것을 기쁘게 여기지 않는 것을 의미
[6-13-①]	13-1	인용문의 문제점	陳氏曰	『集解』左同 『增註』左同	앞의 黃香의 일과 王延의 일이 유사
[6-15-①]	15-2	北辰	陳氏曰: 北極 朱子曰	『集說』左同 『集解』	퇴계가 北斗라고 한 것과 주자가 허황하다고 여겨 삭제한 부분을 퇴계가 언급한 것은 주자의 뜻에 맞지 않다.
[6-15-②]	15-2	惉苦			보충설명
[6-17-①]	17-1	본문 내용	吳氏曰	『集解』左同	보충설명
[6-19-①]	19-1	下殿	吳氏曰	『集解』左同	殿의 아래가 아닌 고유명사로 殿名(上聲)
[6-19-②]	19-1	郞僕射	郞과 僕射는 모두 官名	『集解』左同	郞僕射가 하나의 官名
[6-20-①]	20-1	汲黯의 결함	陳氏曰	『集說』左同	汲黯의 應對의 문제점
[6-21-①]	21-1	•當以實告, 爲當諱之 (문장구조) •吾自導卿, 脫至尊, 有問(문장구조)	陳氏曰	『集說』左同	•當以實告爲? 當諱之 (爲)? •吾自導卿脫, 至尊有問
[6-21-②]	21-6	高允(본문)	靜脩劉氏曰	『正誤』	高允에 대해 지나치게 史書에서 미화한 문제점 제기
[6-21-③]	21-6	崔浩			보충설명
[6-22-①]	22-1	遲緩數年			수년 후에 호적에 올렸다는 것 암시
[6-22-②]	22-1	李君行	陳氏曰	『集說』左同	보충설명
[6-23-①]	23-2	본문 내용	陳氏曰	『集說』左同	보충설명
[6-24-①]	24-1	본문 내용	吳氏曰	『集解』左同	보충설명
[6-25-①]	25-1	稽古愛民	陳氏曰	『增註』左同	보충설명
[6-26-①]	26-1	본문 내용	吳氏曰	『集解』左同	보충설명 舜徙→舜徒: 교감주
[6-28-①]	28-1	본문 내용	陳氏曰; 吳氏曰	『集說』左同 『增註』左同	보충설명
[6-32-①]	32-1	繆肜	吳氏曰	『集說』左同	보충설명
[6-32-②]	32-1	忿欸, 齊整風俗			보충설명
[6-33-①]	33-1	본문 내용	陳氏曰	『集說』左同	보충설명
[6-35-①]	35-1	鄧伯道	吳氏曰 熊氏曰	『集解』左同	鄧伯道의 자식에 대한 태도의 문제점
[6-35-②]	35-2	綏之服喪三年	陳氏曰	『增註』左同	보충설명

[6-35-③]	35-2	鄧伯道			鄧伯道의 失節
[6-36-①]	36-1	庾衮	吳氏曰	『集解』左同	보충설명(庾衮의 지혜)
[6-36-②]	36-2	庾衮	陳氏曰	『增註』左同	보충설명
[6-36-③]	36-2	劉賓之	陳氏曰	『增註』左同	庾衮의 일화와 비슷한 劉賓之의 일화 소개
[6-37-①]	37-1	楊播	陳氏曰	『集說』左同	楊播를 지혜가 부족한 인물이라 함
[6-37-②]	37-3	程子의 '婦於舅姑, 有貴賤	陳氏曰	『增註』左同	程子가 며느리와 시부모는 귀천이 있는 관계이므로 며느리가 당 아래에서 절한다고 한 내용이 잘못되었음을 『의례』를 근거로 검증
[6-37-③]	37-3	楊椿의 致仕	司徒로 致仕	『增註』左同	太保로 致仕
[6-38-①]	38-1	牛弘	陳氏曰	『集說』左同	보충설명
[6-40-①]	40-1	溫公兄의 이름	吳氏曰: 公兄, 名康, 字伯康	『集解』左同 公兄, 名旦	본전을 근거로 이름이 旦임을 밝힘
[6-41-①]	41-1	諱字	陳氏曰: 稱姓稱行稱位而不呼字, 皆謙厚之道.	『集說』左同	陳氏의 설 보충
[6-42-①]	42-2	본문 내용	吳氏曰:	『集解』左同	보충설명
[6-43-①]	43-1	便坐	吳氏曰: 坐於便側之處	『集解』左同	便殿, 便房과 같은 뜻으로 避正坐
[6-43-②]	43-1	固謝	固, 再三.	『集解』左同	거듭 謝過.
[6-43-③]	43-3	質行	吳氏曰	『集解』質行, 質朴行實	보충설명
[6-43-④]	43-4	厠牏	吳氏曰: 近身衣	『集解』左同 『集成』厠牏, 近身之小衫=汗衫	이동식 변기
[6-43-⑤]	43-5	固當	陳氏曰: *反辭以深責之	『集說』左同	陳氏설에 대한 보충(이것이 어찌 참으로 당연하겠는가?)
[6-43-⑥]	43-5	謝罷	가라고 말하다.	『集說』左同	관직을 사직하도록 하다.
[6-44-①]	44-1	幾斤	陳氏曰	『集說』左同	성호 교감주 幾斤: 本傳—幾所 =幾許
[6-44-②]	44-4	疏廣之言	陳氏曰	『集解』熊氏曰	보충설명
[6-44-③]	44-4	樂與鄕黨宗族	陳氏曰	『集解』熊氏曰	보충설명
[6-45-①]	45-1	遺之以危	吳氏曰	『集解』左同 『增註』左同	보충설명
[6-46-①]	46-1	力	陳氏曰: *僕	『集解』左同	남을 위해 일하는 사람 (일꾼)
[6-46-②]	46-1	본문 내용	陳氏曰:	『集解』左同	보충설명

[6-48-②]	48-2	聖人之書, 及公服禮器, 不假	陳氏曰	『增註』左同	보충설명
[6-48-①]	48-3	勤儉恭恕	陳氏曰	『增註』左同	보충설명
[6-49-①]	49-1	九世同居	陳氏曰	『集說』左同 『增註』左同	보충설명
[6-50-①]	50-1	董生行	陳氏曰	『集說』左同	보충설명
[6-50-②]	50-2	夜歸讀書	吳氏曰	『集解』左同	보충설명
[6-50-③]	50-3	狗乳, 鷄哺	吳氏曰	『集解』左同	보충설명
[6-50-④]	50-4	食君之祿, 令父母愁	陳氏曰; 朱子曰	『集說』左同	보충설명
[6-51-①]	51-2	中門東有小齋	陳氏曰	『集說』左同	보충설명
[6-51-②]	51-3	본문	陳氏曰	『增註』左同	보충설명
[6-51-③]	51-3	平居不許食肉, 習學含之苦味	陳氏曰	『增註』左同	본성을 인내케하여 마음을 움직이려는 것
[6-52-①]	52-1	본문	陳氏曰	『集說』左同	보충설명
[6-53-①]	53-1	본문 내용	陳氏曰	『集說』左同	朱子의 『소학』 내용의 취지에 대한 언급
[6-54-①]	54-1	第五倫	陳氏曰; 朱子	『集說』左同	보충설명
[6-55-①]	55-1	劉寬	陳氏曰	『集解』左同	보충설명
[6-56-①]	56-1	若嚴君	陳氏曰 朱子曰: 所尊嚴之君長也.	『集說』左同	아내와 자식을 대할 때 임금이 신하를 대하듯
[6-56-②]	56-2	恂恂	吳氏曰: 信實之貌	『集解』左同 『增註』左同	吳氏 주와 동일: 信實—보충설명
[6-58-①]	58-1	茅容	吳氏曰	『集解』左同 『增註』左同	행실이 독실해도 배워야 德을 이룰 수 있다는 내용이라고 보충
[6-59-①]	59-1	分陰, 寸陰	陳氏曰	『集說』左同	分陰 寸陰보다 더 힘쓰게 하려는 의도의 말 寸陰 分·毫가 포함된 말
[6-60-①]	60-1	裵行儉	陳氏曰	『集解』左同	보충설명
[6-60-②]	60-1	裵行儉	陳氏曰	『集解』左同	裵行儉에 대한 胡應麟의 평으로 보충설명
[6-62-①]	62-1	納拜의 納	陳氏曰: 納, 受也.	『集說』左同	納: '올리다', '드리다'의 의미
[6-64-①]	64-3	盡忠所事	陳氏曰: 賈餗에게 마음을 다하다	『集說』左同	權臣의 私人이 되다.
[6-65-①]	65-1	或戲之의 "或"	吳氏曰: 或: 劉子儀學士	『集解』左同	吳訥의 주의 문제점: ① 魏泰의 『東軒筆錄』의 신빙성 부족, ② 등장인물이 동시대 인물이 아님, ③ 주자가 或으로 표기한 점

292   『소학질서』 역주

[6-72-①]	72-1	본문 내용	陳氏曰; 朱子曰	『集說』左同	보충설명
[6-72-②]	72-2	掣肘, 矛盾	陳氏曰 吳氏曰: 掣肘—팔꿈치를 움직이려 하지만 남이 잡아당겨서 움직일 수 없음. 矛盾—창으로 사람을 상하고자 하나 방패가 막아서 상할 수 없음	『集說』左同	掣肘: 『孔子家語』의 내용으로, 矛盾: 『韓非子』의 내용으로 吳訥의 주가 명확하지 않음을 설명
[6-76-①]	76-1	非速客, 不二羹膳	陳氏曰: 不二: 不兼設—국과 저민 고기 중 하나만 차린다.	『集解』左同 단, 不二: 不兼味也. —국과 저민 고기를 두 가지 이상 겹치게 차리지 않는다.	『소학제가집주』의 설과 동일—즉 陳氏의 설이 잘못이라고 봄
[6-76-②]	76-1	高侍郞,……非速客, 不二羹膳			高侍郞의 대부의 예로 접대하여야 하지만, 庶人의 예로 접대한 것—검소한 것으로 문제되지 않는다.
[6-77-①]	77-1	大祝, 奉禮	陳氏曰: 皆典祭祀者.	『集說』左同	皆九品官(보충)
[6-77-②]	77-1	德業, 名位		『集說』左同	보충설명
[6-77-③]	77-1	본문(李文靖)		『集說』左同	德業의 요체를 얻은 인물이다.

1) (광)실입교(廣)實立教

【6-4】 선행 4장

安定先生胡瑗, 字翼之, 患隋唐以來, 仕進, 尙文辭而遺經業, 苟趨祿利, 及
爲蘇湖二州敎授, 嚴條約, 以身先之, 雖大暑, 必公服終日, 以見諸生, 嚴師
弟子之禮, 解經, 至有要義, 懇懇爲諸生, 言其所以治己而後治乎人者. 學
徒千數, 日月刮劘, 爲文章, 皆傅經義, 必以理勝, ①信其師說, 敎尙行實,
後爲太學, 四方歸之, 庠舍不能容.
其在湖學, 置③經義齋治事齋, ③經義齋者, 擇③疏通有③器局者, 居之,
③治事齋者, 人②各治一事, 又兼一事, 如治民治兵水利算數之類. 其在太
學, 亦然. 其弟子散在四方, 隨其人賢愚, 皆循循雅飭, 其言談擧止, 遇之,
不問可知爲先生弟子, 其學者, 相語, ④稱先生, 不問可知爲胡公也.

【6-4-①】 "스승의 학설을 믿으면"(信其師說), 이 리理를 가장 잘 알 수
있다. 이미 도달한 자는 저절로 그 본 것을 발휘할 수 있고 아직 도달하지
못한 자는 헛된 생각으로 분주하게 달릴 걱정이 없이 저절로 순서대로 도에
들어갈 수 있게 되니, 또한 "행실을 두텁게 숭상함"(敎尙行實)의 한 일이다.

○ "信其師說", 此理最好見. 已到者, 自可發揮其見; 未到者, 無妄意奔騖之
患, 而自可循序入道, 亦"敎尙行實"之一事也.

【6-4-②】 "각각 한 가지 일을 전공하게 하고, 또 한 가지 일을 겸하
여 익히게 한다"는 것은 한 가지 일을 전공하여 이미 정돈하고 나면 또
한 가지 일을 전공하게 한다는 것을 말한 것이다. 옛것을 온축함으로 새
로운 것을 아는 까닭에 '한 가지 일을 겸하여 익히게 한다'라고 한 것이
다. 『이정유서』에는 (호안정이) "치도재治道齋를 설치하여 정치하는 도道를
밝히고자 하는 자가 있으면 이 재齋에 거처하게 하였다"라고 하였는데,[1]

이것은 '치사治事'의 뜻과는 매우 같지 않다.

○ "各治一臾, 又兼一臾¹", 謂一事治旣整頓, 又須治一事. 溫故而知新, 故
曰"兼治一事". 據『二程遺書』, "作治道齋, 欲明爲治之道者, 居此齋也." 與
'治事'之義自不同.

> 1. 臾: 事의 古字이다. 한 단락 안에서 '臾'와 '事'를 함께 쓰고 있어서 혹 다른 의미
> 가 있을 수도 있지만, '事'자의 의미로 해석하였다. 정본에는 모두 '事'로 되어
> 있지만, 『소학질서』 원문에 의거하여 古字 그대로 표기하였다.
>
> > ■ 해설:『소학』 본문에서는 '치사재治事齋'로 되어 있지만, 『이정유서』에는 '치도
> > 재治道齋'로 되어 있다. 전자가 '일을 전공하다'의 의미하면, 후자는 '다스리는 방
> > 법'(道)이다.
> > ※ 도道와 사事의 거리. 하나는 일에 초점이 있다면, 하나는 도에 초점이 있는 것.

【6-4-③】 조정으로 비유하자면, "경의재經義齋"는 '삼공이 도를 논하
고 나라를 다스리는 것'²)과 같고, "치사재治事齋"는 '백관이 각기 그 일을
맡는 것'과 같아서 학學(의 대상)이 아닌 것이 없다. 치사治事에 넉넉해지면
또한 경의經義에 오르게 된다. "소통疏通"은 식견이 넓은 것이고, "유기국有
器局"은 포용하는 것이 많다는 것이다.

○ 比之朝廷, "經義齋", 如三公論道經邦; "治事齋", 如百官各執其事, 莫
非學也. 治事而旣優, 則亦隮於經義也. "疏通", 則知見博; "有器局", 則包
容者衆.

---

1) 『二程遺書』에는…… 하였는데: 『二程遺書』 卷2上 「元豐己未呂與叔東見二先生語」에 "胡
   安定(胡瑗)이 湖州에 있을 적에 治道齋를 설치하고 배우는 자들 중에 政治하는 道를
   알고자 하는 자가 있으면 이 가운데에서 講習하게 하였으니, 治民과 治兵, 水利와 算
   數 같은 따위였다. 일찍이 말씀하기를 '劉彛가 水利를 잘 다스린다' 하였는데, 뒤에
   과연 政事를 할 적에 모두 水利를 일으켜서 훌륭한 功이 있었다"(胡安定在湖州, 置治道
   齋, 學者有欲明治道者, 講之於中. 如治兵·治民·水利·算數之類. 嘗言劉彛善治水利, 後果
   爲政, 皆興水利有功)라고 하였다.
2) 삼공이…… 다스리는 것: 『書經』 「周書·周官」에 이르기를, "삼공은 도를 논하여 나
   라를 다스리며 음양을 조화하고,…… 삼고는 이공을 도와 교화를 넓혀서 천지를 공
   경하며 그 이치를 밝힌다"(三公論道經邦, 燮理陰陽……三孤貳公弘化, 寅亮天地)라고 하
   였다.

【6-4-④】 "자子"라고만 해도 천하의 후세가 그것이 '공자孔子'라는 것을 아는 것처럼, "선생先生"이라고만 해도 당시 사람들은 또한 그가 '호공胡公'이라는 것을 알았다. 성인으로 공자가 있다면 현인으로는 또한 호공이 있었다.

○ 只稱"子", 則天下後世知其爲'孔子'; 只稱"先生", 則當時亦知其爲'胡公'.
聖有孔子, 賢亦有胡公.

【6-5】 선행 5장

> 明道先生, 言於朝曰: 治天下, 以正風俗得賢才, 爲本, 宜先禮命近侍賢儒及百執事, 悉心推訪, 有德業充備足爲師表者, 其次, 有篤志好學材良行修者, 延聘敦遣, 萃於京師, 俾朝夕, ①相與講明正學. ①其道, 必本於人倫, ①明乎物理, ①其教, 自小學灑掃應對以往, 脩其孝悌忠信, 周旋禮樂, 其所以誘掖激勵漸摩成就之道, 皆有節序, ①其要, 在於①擇善脩身, 至於①化成天下, 自①鄕人而可至於聖人之道. 其學行, 皆中於是者, 爲成德, 取材識明達可進於善者, 使日受其業, 擇其學明德尊者, 爲太學之師, 次以分敎天下之學. ②擇士入學, 縣升之州, 州賓興於太學, 太學, 聚而敎之, 歲論其賢者能者於朝. 凡選士之法, 皆以性行端潔, 居家孝悌, 有廉恥禮讓, 通明學業, 曉達治道者.

【6-5-①】 "기도운운其道云云" 한 것은 "사물의 이치에 밝은" 자는 인륜人倫을 근본으로 해서 부자·군신 등의 사물의 이치를 밝히지 않음이 없다는 것을 말한 것이니, 곧 앞에서 말한 "서로 더불어 강론하고 밝힌다"(相與講明)고 한 것이 그것이다. "기교운운其敎云云" 한 것은 소학부터 대학에 이르기까지 그 밝힌 바의 사물의 이치를 직접 실천하지 않음이 없음을 말한다. "기요운운其要云云" 한 것에서 "선善을 택한다"는 것은 사물의 이치를 밝힌 효과이며, "수신修身"은 쇄소灑掃·응대應對 이하의 일이 그것

이다. "천하에 교화를 이룬다"(化成天下)는 것은 또 이 쇄소·응대 이하의 일로써 미루어 타인에게로 확대하여 덕德을 밝히고 백성을 새롭게 하는 것이다. 향인으로 성인에 이를 수 있음은 곧 이에 덕을 밝히고 백성을 새롭게 함이다. "시골 사람이지만 성인에 이를 수 있다"(鄉人而可以至聖人)는 것은 곧 덕을 밝히고 백성을 새롭게 함이 지극한 선善에 (이르러) 머문다는 것이다.

○ "其道云云"者, 謂"所明乎物理"者, 莫不以人倫爲本而明其父子·君臣等 事物之理, 卽上文所云"相與講明"者, 是也. "其敎云云"者, 謂自小學至大學, 莫不躬行其所明之物理也. "其要云云"者, "擇善", 則明理之效也; "修身", 則灑掃應對以下之事, 是也. "化成天下", 則又是以灑掃應對以下之事, 推及 於人, 明德而新民也. "鄉人而可以至聖人", 則乃明德新民之止於至善也.

【6-5-②】 옛날에 숙塾에서 상庠으로 올라가고, 상庠에서 서序로 올라가고, 서序에서 학學으로 올라갔다.[3] "선비를 뽑아서 학學으로 들어가게 한다"(擇士入學)고 하는 것은 곧 숙塾에서 상庠으로 올라가는 것에 해당한다.

○ 古者, 塾升之庠, 庠升之序, 序升之學. "擇士入學", 卽從塾升庠也.

【6-6】 선행 6장

伊川先生, 看詳學制, 大槪, 以爲學校, ①禮義相先之地, 而月使之爭, 殊
非敎養之道, 請改試爲課, 有所未至, 則學官, 召而敎之, 更不考定高下, 制
尊賢堂, 以延天下道德之士, ②鐫③解額, 以去利誘, 省繁文, 以專委任,
勵行檢, 以厚風敎, 及置待賓吏師齋, 立④觀光法, 如是者, 亦⑤數十條.

---

3) 옛날에…… 올라갔다:『禮記』「學記」에 "고대의 교육은 家에 塾이 있고, 黨에 庠이
있으며, 遂에 序가 있고, 國에 學이 있다"(古之敎者, 家有塾·黨有庠·遂有序·國有學)
라고 하였다. 여기서 '家'는 실상 25家인 '閭'를 말하는 것이며, '黨'은 500家, 遂는
1만 2500家, '國'은 國都를 의미한다.

【6-6-①】 "예의로 서로 양보한다"(禮義相先)라는 것은 예의를 의무로 삼아 서로 남을 추천하고 자신은 양보하는 것을 말한다. 모든 일에 반드시 남을 앞세우고 자신은 뒤로 하는 것이니, (『예기』)「유행儒行」에서 말한 "작위를 서로 양보한다"(爵位相先)라고 한 것이 이것이다.[4]

○ "禮義相先", 謂禮義爲務而相與推讓也. 凡事, 必使人先之, 而己乃後焉, 「儒行」所謂"爵位相先", 是也.

【6-6-②】 "전鐫"은 살피건대, 『서자書字』에 "중외관의 직급을 내리는 것을 '전급鐫級'이라고 한다"(中外降官級曰鐫級)라고 말하고 있는데,[5] 여기에서도 또한 '감하다'라는 뜻으로 풀이해야 글의 의미가 비로소 통한다. 원래 문장에는 "전鐫"자가 없었는데,[6] 주자가 편집과정에서 교정하여 (고쳐서)

---

4) (『禮記』)「儒行」에서…… 이것이다: 『禮記』「儒行」13에 "유자에게는 선한 것을 들으면 서로 알려 주고, 선한 것을 보면 서로 보여 주는 것이 있습니다. 爵位는 서로 양보하고, 환란에는 서로를 위해 생명을 바치는 것이 있습니다. 오래가더라도 서로 기다려 주고, 멀리서도 서로 이루어 주는 것이 있습니다. 그 임용하고 천거함에 이와 같은 점이 있습니다"(儒有聞善以相告也, 見善以相示也. 爵位相先也, 患難(去聲)相死也. 久相待也, 遠相致也. 其任擧有如此者)라고 하였다. 이 부분의 鄭玄의 註에 "相先은 相讓과 같다"고 하였다.

5) 『書字』에…… 있는데: 이 글은 『正字通』에 나오는 내용인데, 그곳에는 "中外官, 降級曰鐫級"이라고 되어 있다. 『書字』가 『正字通』을 가리키는 것인지는 확인할 수 없다. 또는 字書를 쓰는 과정에서 착오로 書字로 기록했을 가능성도 있어 보인다. 또 "中外降官級曰鐫級"도 "中外官, 降級曰鐫級"을 옮겨 쓰는 과정에서 '官降'을 '降官'으로 잘못 기록했을 가능성도 있어 보인다.
※『正字通』: 明나라 말의 張自烈의 저서이다. 12輯으로 되어 있는데 청나라 초 廖文英이 이 원고를 입수하여 새로 편집, 간행하였다. 체재는 『字彙』의 형식을 따랐으며 '一'부에서 '龠'부까지 214부를 부수 배열로 하였고 한자는 획으로 찾게 하였다. 해설, 즉 訓詁解釋은 『자휘』를 舊本 또는 舊注로 삼고 인용하나, 이것은 다시 그것을 크게 보완하여 出典을 명시하였다. 불전과 도교의 서적까지 이용하였으며, 거기에 관한 용어 해석도 자주 볼 수 있다. 이 체재는 『康熙字典』에 계승되었으나 反切은 당시의 음을 그대로 따랐다. 부수에 대한 해석은 문자연구사의 한 자료가 된다. 이 책은 1671년에 간행된 목판본이 규장각도서관과 한국학중앙연구원 장서각에 소장되어 있다.

6) 원래…… 없었는데: 『二程遺書』, 『二程集』 어디에도 "鐫"자가 빠져 있는 곳을 찾을 수가 없다. 『二程遺書』는 주자가 1168년(송나라 乾道 4)에 정이와 정호의 저작을 모아서 엮은 책인 만큼, 주자가 이것을 교정, 간행하는 과정에서 추가했다는 말인 듯하다.

사용하였다. 대체로 "전鐫"은 곧 깎아서 없애는 것의 이름인데, '각삭刻削'이라고 하는 것은 줄이는 일이므로 그렇게 말했을 따름이다. 당제唐制에서는 진사가 지방으로부터 추천받는 것을 "해액解額"이라고 말한다고 하였다.7) "해解"는 '발發'과 같고 임금에게 아뢰는 것이며,8) "액額"은 조류의 수를 셀 때 두頭로써 하는 것과 같은 것이다.

○ "鐫", 按, 『書字』云"中外降官級曰鐫級", 此亦當以減爲訓, 文義方暢. 本文無"鐫"字, 朱子檃括用之也. 蓋"鐫", 乃刻削之名, 刻削者, 減去之事, 故云爾. 唐制, 進士由鄕而貢曰"解額". "解"者, 發也, 上聞也; "額"者, 如數禽以頭也.

【6-6-③】 살피건대, 『이천문집伊川文集』에 "국학의 해액解額은 가우嘉祐 이전에는 1백 인이었고, 원풍元豊 이후부터 거인擧人을 입학하게 하려 하여 드디어 이익으로 유인하는 법을 만들어서 태학이라 개칭하고 해액을 5백 인으로 하였다. 사람의 수(응시자)가 해마다 증가하여 만여 인이 몰려오는 데 이르렀다. 만여 명의 사람들이 부모를 봉양하는 것을 내버려 두고 골육 간의 우애를 잊고 도로를 왕래하며 타지에서 나그네로 머물게 되니, 인심은 날로 사나워지고 선비의 풍모도 날로 각박해졌다. 이제 헤아려 1백 명만 남겨 두고 나머지 4백 명은 주군州郡 가운데 나누어 보내 선비들이 각각 향사鄕士에서 편안하게 하면, 풍속이 또한 조금씩 후해질 것이며 게다가 향리의 행적은 쉽게 알 수가 있는 것이다. (하물며 향리에서는 그 행적을 쉽게 알 수 있음에랴?)"라고 하였다.9) 문세로 살펴보면, 해액은 군국郡國10)에서 추천한 것이 아니라 태학에서 바로 선발하였다. 사방의

---

7) 唐制에서는…… 하였다: 『漢語大詞典』에서는 '解額'에 대해 다음과 같이 설명하고 있다. "唐制, 進士擧於鄕, 給解狀, 有一定名額, 故稱解額."
8) "解"는…… 것이며: '解'는 고대 하급관리가 상급관리에게 문서로 보고하는 것을 말하며, 또한 '發'에는 천거한다는 의미가 있다. 『漢語大詞典』 참조.
9) 『伊川文集』에…… 하였다: 『二程集』 권7 「論改學制事目」에 동일한 내용인 보인다.
10) 郡國: 漢나라 초기에 封建制度와 郡縣制度를 병행하여 천하를 郡과 國으로 나누어 군

선비를 많이 길러서 해마다 일정하게 5백 인의 액수를 취하였기 때문에
몰려오는 자가 많았던 것이다.

○ 按, 『伊川文集』云: "國學解額, 嘉祐以前, 一百人, 自元豊後, 欲得擧人
入學, 遂設利誘之法, 改作太學, 解額五百人. 人數歲歲增添, 當有萬餘人奔
湊, 使萬餘人, 舍父母之養, 忘骨肉之愛, 往來道路, 旅寓他土, 人心日偷, 士
風日薄. 今(欲)[11]量留一百人, 餘四百人, 分在州郡, 士人各安鄉土, 風俗亦
當稍厚, 況於鄉里行跡易知." 以文勢考之, 解額, 不由郡國, 而直從太學. 多
養四方之士, 歲定取應五百人額數, 故奔湊者衆也.

【6-6-④】 오눌吳訥의 주註에서 "관광법觀光法[12]은 그것으로써 천하의
유학하는 선비를 처우한 것이다"라고 하였는데,[13] 만약 그렇다면 (앞의)
빈객으로 대접하는 것(待賓齋를 둔 것)과 무엇이 다른가? (『二程集』) 본문에는
"천하의 선비들 중 학자들이 출입왕래 하는 것과 어린 사람과 늙은 사람
간에 차례가 있는 것, 그리고 위의威儀가 잘 갖추어진 것을 보니, 이것은
곧 예의를 보는 것이며, 낭무廊廡 사이를 가면서 재齋에서 현송絃誦하는 소
리를 듣게 되니, 이것이 곧 현송絃誦을 듣는 것이다. 저절로 관광하는 선비

은 천자에 직속하고 국은 제후에게 분봉하였는데, 이후 지방 행정구역을 두루 이르
는 말로 전의되었다.
11) 今: 『小學疾書』에는 '今'자만 있지만, 『伊川文集』에는 '今' 뒤에 '欲'이 있다.
12) 觀光法: 송나라 哲宗의 명에 따라 정이가 학제를 제정하였는데, 그 가운데 들어 있는
    규정 중에 하나이다. 그 내용은 太學에 와서 참관하는 것에 대한 규정으로서 "사방
    의 선비가 참관하기를 원하면 그 일을 맡은 장의가 인도하여 堂舍를 관람하고, 儀禮
    를 참관하여 음악과 노래를 듣지만, 오직 齋에는 들어갈 수가 없다. 만약 강설하는
    것을 참관하기를 원하는 자가 있으면 당상에서 相見하는 것을 허락한다"라고 되어
    있다. 이는 천하의 선비들에게 태학의 규모와 법도를 보여 주기 위해 세운 법이라고
    설명하였다. 한장경 역, 『번역 반계수록』 2집(1962), 286쪽.
13) 오눌의…… 하였는데: 吳訥의 『小學集解』는 성암고서박물관 소장본이 있지만, 현재
    박물관 자료 열람이 어려워 확인할 수 없다. 다만, 『小學諸家集註』에 실린 『集解』에는
    "至於天下之士, 有來游學者, 亦立觀光法以處之."라고 하였다. 그런데 『小學集說』에 실린
    陳澔의 註에는 "陳氏曰…… 觀光, 謂觀見國之盛德光輝, 立觀光法, 蓋以處天下來學之士也."
    로 되어 있다. 의미상으로는 그다지 차이가 없지만, 원문은 陳澔의 註에 더 가깝다.
    어쩌면 성호가 陳澔의 설을 吳訥의 설로 착각한 듯하다.

들이 미담으로 여겨 천하에 전파하게끔 하게 될 것이니, 어찌 재齋 안에 들어가게 하고 다시 처소를 세울 필요가 있겠는가?"라고 하였다.[14] 아마도 천하의 선비들로 평상시에 출입하는 것을 허락한 것은 흠모하는 마음을 일으켜 사방에 유포하게 하려는 의도가 있었던 것이다.

○ 吳註云: "觀光法以處天下來學之士" 若然, 與待賓, 何別?[1] 本文云: "天下之士, 觀學者出入往來, 少長有序, 威儀濟濟, 卽是觀禮儀; 行廊廡之間, 聞諸齋絃誦之聲, 卽是聽絃誦. 自可使觀光之士, 以爲盛談, 流傳天下, 何必須入齋中及更立處所?" 蓋使天下之士, 尋常許其出入, 有以悅慕興起, 流布於四方也.

> 1. "觀光法以處天下來學之士" 若然, 與待賓, 何別?: 정본에는 "觀光法以處天下, 來學之士, 若然, 與待賓, 何別?"로 되어 있지만, 註 원문에 근거하여 수정하였다.

【6-6-⑤】『경제편經濟編』에 이르기를, "태학은 채확蔡確[15]이 큰 옥사를 일으켜 조정의 신하들을 끌어들이니, 유사가 이것을 계기로 금하는 법을 만들었는데, 번거롭고 가혹하며 응결되고 조밀하여 박사와 제생이 금지되어 서로 보지 못하니 가르침이 이루어지지 않았다. 어사중승 유지劉摯[16]가 그것으로 간언을 하였다. 이에 이르러 정이程頤와 손각孫覺[17]과 고

---

14) 본문에는······ 하였다:『二程集』권7-3「回禮部取問狀」에 동일한 내용이 보인다.

15) 蔡確: 1037~1093. 중국 北宋의 문신으로, 자는 持正이다. 王安石이 재상이 된 후 三班主簿에 천거하였고, 新法 가운데 常平法과 免役法 등이 모두 그의 손에서 나왔다. 1082년에 상서우복야 겸 중서시랑에 제수되었으나 富弼이 상소를 올려 "채확은 소인이므로 重用해서는 안 된다"라며 반대하였다. 1085년에 哲宗이 즉위하고 司馬光이 집정하면서 신법을 혁파하고 신법을 시행한 개혁과 인사 역시 모두 제거하였는데, 채확 역시 폄출되었다.

16) 劉摯: 1030~1098. 북송 때의 학자이다. 宋 哲宗 때는 당파가 심하여 川黨 혹은 蜀黨, 洛黨, 朔黨이 있었는데 이를 元祐三黨이라고 하였다. 천당은 四川 출신인 蘇軾을 우두머리로 한 呂陶 등인데 文學과 風流를 숭상하였다. 낙당은 洛陽 출신인 程顥, 程頤와 朱光庭 등인데 道學을 숭상하였다. 삭당은 劉摯가 영수였는데 王嚴叟, 劉安世가 추종하였다.

17) 孫覺: 1028~1090. 북송 高郵 사람으로 자는 莘老이고, 젊어서 胡瑗에게 사사했다.『周易』을 좋아했고,『春秋』에 정밀했다. 穀梁赤의 설을 위주로 하면서 左丘明과 公羊高 및 漢·唐 諸家의 설을 참고하여『春秋經解』를 저술했다.

림顧臨18) 등에게 명하여 태학장과 부학장과 함께 조목과 제도를 상세히
보아 수정하게 하였다"라고 하였다.19)

○ 『經濟編』云: "太學, 自蔡確起大獄, 連引朝士, 有司緣此造爲法禁, 煩苛
凝密, 博士諸生, 禁不得相見, 教諭無所施. 御史中丞劉摯以爲言. 至是, 命
程頤·孫覺·顧臨, 同太學長貳, 看詳修定條制."

【6-8】 선행 8장

> 明道先生, 教人, 自致知至於知止, 誠意至於平天下, 灑掃應對至於窮理盡
> 性, 循循有序, 病世之學者, 捨近而①趨遠, 處下而①闚高. 所以輕自大而
> 卒無得也.

【6-8-①】 "추趨"는 행동(行)을 가지고 말한 것이고, "규闚"는 지식(知)
을 가지고 말한 것이다.

○ "趨"以行言, "闚"以知言.

이상은 입교立敎의 실증을 확장한 것이다.

右廣實立敎.

---

18) 顧臨: 생몰연대 미상, 자는 子敦이고, 宋나라 때의 관리이자 학자이다. 經學에 정통하
   고 훈고학에 조예가 깊었다.
19) 『經濟編』에……하였다: 『經濟類編』 권47 「學校」에 이와 동일한 내용이 보인다. 이것
   으로 볼 때, 여기의 『經濟編』은 곧 『경제유편』을 가리키는 듯하다. 또 이와 동일한
   내용이 『宋史紀事本末』 卷9 「學校科擧之制」에도 보인다.

2) (광)실명륜(廣)實明倫

【6-10】 선행 10장

薛包, 好學篤行, 父娶後妻而憎包, 分出之, 包日夜號泣不能去, 至被毆杖, 不得已廬于舍外, 且入而灑掃, 父怒, 又逐之, 乃廬於里門, 晨昏不廢, 積歲餘, 父母慚而還之. 後, 服喪①過哀. 旣而弟子, 求分財異居, 包不能止, 乃中分其財, 奴婢, 引其老者曰: 與我共事久. 若不能使也, 田廬, 取其荒頓者曰: 吾少時所理, 意所戀也. 器物, 取其朽敗者曰: 我素所服食, 身口所安也. 弟子數破其産, 輒復賑給.

【6-10-①】 (『주역』) 소과小過 「상상」에 이르기를, "행실은 공손함을 과하게 하고 상사喪事에 슬픔을 과하게 하고 씀에 검소함을 과하게 한다"라고 하였다. 대개 공손함이 과한 것은 예가 아니고, 검소함이 과한 것은 법이 아니므로 상사에도 중용의 도가 있을 따름이니, 어찌 지나친 슬픔을 취하겠는가? 이것은 죽은 자를 조문할 때의 슬퍼함을 가리킨다. 소과小過는 산 위에 우레가 있음이니, 가벼운 천둥에 나라가 흔들리는 때이다. 그러므로 모든 백성의 상에 (조문하는 자가) 그 슬퍼하고 불쌍하게 생각함이 반드시 일상의 예보다 조금 지나친 것이다. 부모의 상에는 슬픔을 다하는 것이 예이다. 그것이 경經에 드러난 것이 정情에 극진하고 예禮에 맞지 않은 것이 없는데, 만약 또한 이것보다 지나치다면, 그것은 죽어서 멸하지 않는 자가 있다는 것인가? 그러므로 지나치게 슬퍼해서 몸을 위태롭게 하는 것을 '무자無子'에 비유한 것은[20] 옛사람이 지나친 것을 이와 같이

---

[20] 지나치게 슬퍼해서…… 비유한 것은: 『禮記』 「雜記下」에, "居喪할 때 음식이 비록 조악하더라도 반드시 먹어서 굶주림을 채우지 않으면 안 된다. 굶주려서 喪事에 견딜 수 없게 되는 것은 예가 아니다. 또 배불리 먹어서 슬픔을 잊는 것도 예가 아니다. 너무 슬픈 나머지 쇠약해져서 눈이 잘 보이지 않고 귀가 잘 들리지 않고 걸음걸이가 반듯하게 되지 않고 정신이 멍해져서 슬퍼할 줄도 모르게 되는 것을 군자는 근심

귀하게 여기지 않은 것이다. 후인들이 그 뜻을 알지 못하고 행위를 꾸미고 고원한 것을 힘쓰는 자가 혹 예법의 밖에서 죽기를 구하고자 하고 감정을 앞세우고 맞는 예법을 실추시키고서 "과애過哀"라는 한 구절로 평계를 삼으니, 어찌 옳다고 하겠는가?

○ 小過之「象」曰: "行過乎恭, 喪過乎哀, 用過乎儉." 夫過恭非禮, 過儉非法, 故喪亦中而已, 何取於過哀? 此指吊死之哀也. 小過, 山上有雷, 有震薄板蕩之時. 故凡民之喪, 其哀恤, 必小過乎常例也. 父母之喪, 盡哀禮也. 其著於經, 莫非情之極而禮之中, 若又過於此, 其有不死而滅者乎? 故毁而危身, 比之'無子', 古人之不貴過如此. 後人不達, 飾行務高者, 或欲求死於禮法之外, 徑情失中而諉之"過哀"一句, 奚可哉?

【6-11】 선행 11장

①王祥, 性孝, 蚤喪親, 繼母朱氏不慈, 數譖之, 由是失愛於父, 每使掃除牛下, 祥愈恭謹, 父母有疾, 衣不解帶, 湯藥, 必親嘗. 母嘗欲生魚, 時, 天寒冰凍, 祥解衣, 將剖冰求之, 冰忽自解, 雙鯉躍出, 持之而歸. 母又思黃雀炙, 復有雀數十, 飛入其幕, 復以供母, 鄕里驚嘆, 以爲孝感所致. 有丹柰結實, 母命守之, 每風雨, 祥輒抱樹而泣, 其篤孝純至如此.

【6-11-①】 왕상王祥[21]은 위魏나라에서 벼슬하다가 삼로三老[22]에 이르

한다. 그렇기 때문에 병에 걸렸을 때에는 술도 마시고 고기도 먹는 것이다"(喪食雖惡必充饑, 饑而廢事, 非禮也. 飽而忘哀, 亦非禮也. 視不明, 聽不聰, 行不正, 不知哀, 君子病之, 故有疾飲酒食肉)라는 말이 나오고, 또 바로 이어서 "거상하는 사람이 몸에 종기가 났을 때는 몸을 씻고, 머리에 부스럼이 있으면 머리를 감으며, 병이 있으면 술을 마시고 고기를 먹어야 한다. 이와 반대로 哀傷한 나머지 몸이 수척해져서 큰 병에 걸리는 일은 군자가 하지 않는 것이니, 애상하다가 수척해져서 죽는 경우, 군자는 그것을 일컬어 부모의 후사를 끊는 불효라고 한다"(身有瘍則浴, 首有創則沐, 病則飲酒食肉. 毀瘠爲病, 君子不爲也, 毀而死, 君子謂之無子)라는 공자의 말이 나온다.

21) 王祥: 184~268. 三國시대 魏나라 말 西晉 초 瑯邪 臨沂 사람으로 자는 休徵이다. 繼母

러 진晉나라에 들어가 또 태보太保가 되었으니, 그는 명절名節에 있어서는 볼만한 것이 없다.23) 옛일에 박식한 자가 이에 대해 상고할 일이다.

○ 王祥仕魏, 至三老入晉, 又爲太保, 其於名節, 無足觀也. 博古者考焉.

【6-12】 선행 12장

王裒, 字偉元, 父儀, 爲魏安東將軍司馬昭司馬, 東關之敗, 昭問於衆曰: 近日之事, 誰任其咎? 儀對曰: 責任元帥. 昭怒曰: 司馬欲委罪於孤耶. 遂引出斬之. 裒痛父非命, 於是, 隱居敎授, 三徵七辟, 皆不就. 廬于墓側, 旦夕, 常 ①至墓所, 拜跪, 攀栢悲號, 涕淚著樹, 樹爲之枯. 讀詩, 至哀哀父母, ②生我劬勞, 未嘗不三復流涕, 門人受業者, 竝廢蓼莪之篇. 家貧躬耕, ③計口而田, ③度身而蠶, 或有密助之者, 裒皆不聽. 及司馬氏纂魏, 裒終身未嘗西向而坐, 以示不臣于晉.

【6-12-①】 "묘소에 이르러 절하여 무릎 꿇고 측백나무24)를 잡고"(至

가 한겨울에 살아 있는 생선을 원하자 곧 강으로 가서 옷을 벗고 얼음 위에 누워 얼음을 녹여 고기를 잡으려고 하니 두 마리의 鯉魚가 뛰어나와 잡아 드렸다고 한다. 24孝의 한 사람이다. 위나라 高貴鄕公이 즉위하자 司隷校尉에 임명되었고, 司空을 거쳐 太尉에 이르렀다. 진나라에 들어 太保에 오르고 睢陵公에 봉해졌다.

22) 三老: 세 가지 해석이 있다. 하나는 '연로하고 많은 일을 겪은 致仕한 사람'(年老更事致仕者)으로 본 後漢 鄭玄(127~200)의 해석이고, 또 하나는 '上壽 · 中壽 · 下壽'로 본 晉나라 杜預(222~284)의 해석, 다른 하나는 '工老 · 商老 · 農老'로 본 唐나라 孔穎達(574~648)의 해석이다. 양백준은 『禮記』 「樂記」의 "삼로와 오경을 태학에서 공양한다"(食三老五更於大學)라는 구절과, 『禮記』 「文王世子」의 "마침내 삼로와 오경과 여러 노인의 자리를 진설한다"(遂設三老五更, 群老之席位焉)라는 구절을 근거로 첫 번째 정현의 해석을 취하였는데, 이 해석이 가장 타당할 듯하다. 楊伯峻, 『春秋左傳注』(2000), 1235~1236쪽 참조.
23) 名節에…… 없다: 沙溪 金長生이나 尤庵 宋時烈 등이 '왕상의 효는 하늘을 감동시켰지만, 절개를 잃은 잘못이 있다'(王祥之孝感天, 而有失節之累)고 하였다.
24) 측백나무: 다산의 『아언각비』 권1에, "柏이란 側柏나무인 것이다. 汁柏나무라고도 한다. 『埤雅』에 이르기를 '측백나무는 몇 가지 종류가 있는데, 그 잎이 작게 곁붙어

墓所, 拜跪, 攀柏)라고 하였는데, 여기에서 "柏"은 묘소 앞에 심어 놓은 것으로 이른바 '구목丘木'이다. 「동방삭전」에 "측백나무라는 것은 귀신이 모이는 곳이다"(柏者鬼之廷)라고 하였는데[25] 이것이다. 측백나무를 심는 것은 본래 제후의 예禮[26]이지만 후세에 그것이 섞인 것은 풍속이 변한 것이다. 예를 들자면, 서인은 양류楊柳를 심는 것이 마땅하지만 후세에 그것을 백양白楊 나무로 바꾼 것과 같다.

○ "至墓所, 拜跪, 攀柏", 則"柏"是樹之墓前者, 所謂'丘木'. 「東方朔傳」云 "柏者鬼之廷", 是也. 樹柏, 本諸侯之禮, 而後世混之者, 俗之變也. 如庶人 當樹楊柳, 而後世易之以白楊也.

【6-12-②】 "생生"은 죽음과 반대되는 것이다. 생에는 두 가지 의미가 있는데, 기운이 다하여서 점차 흩어지게 되면 죽음이 되고, 기운이 시작 되어 싹이 나서 이루어지면 삶이 되니 이것은 시생始生의 생生이다. 또 만 약 중간에 길러 주지 않으면 죽게 되고, 길러 주면 살게 되니 이것은 생활 生活의 생生이다. "生我劬勞"에서의 생生은 이 두 가지 뜻을 겸해서 보는 것이 마땅하다.

○ "生", 死之反也. 生有二義, 氣終而消散, 則爲死; 氣始而萌成, 則爲生, 此始生之生也. 又如中間不養則死, 養則生, 此生活之生也. "生我劬勞", 宜 兼兩義看.

【6-12-③】 "식구를 헤아려"(計口) · "몸을 헤아려"(度身)라고 한 것은 살

난 것은 側柏이라고 한다'라고 했는데, 『本草』에서 側葉子라 일컫는 것이 곧 이것이 다. 그 씨를 柏子仁이라고 말한다"(柏者, 側柏也. 汁柏也. 『埤雅』云柏有數種, 其葉扁而側 生者, 謂之側柏. 『本草』所稱側葉子, 是也. 其仁曰: 柏子仁)라고 하였다.
25) 「동방삭전」에…… 하였는데: 『前漢書』권65 「동방삭전」제35에 나온다. 이에 대한 顔師古의 註에 "言鬼神尙幽闇, 故以松柏之樹, 爲廷府."라고 하였다.
26) 측백나무를 심는 것은 본래 제후의 예: 『禮說』권7 "天子樹松, 諸侯樹柏, 大夫欒, 士楊 欒木."이라 하였다.

아 있는 것을 기쁨으로 여기지 않는다는 것이다.

○ "計口"·"度身", 不以生爲樂也.

【6-13】 선행 13장

> 晉西河人①王延, 事親色養, 夏則①扇枕席, 冬則以身溫被, 隆冬盛寒, 體
> 常無全衣, 而親極滋味.

【6-13-①】 「가언」편의 "황향선침黃香扇枕"[27)]에 대한 주註에 말하기를,
"향은 여름에는 베개와 이부자리에 부채질을 해 드리고 겨울이면 몸으로
그 이불을 따뜻하게 해 드렸다"(香, 暑則扇枕席, 冬則以身溫被)라고 하였는데, 왕
연王延의 일과 사람은 다르지만 행적은 동일하다. 무릇 『소학』이라는 것은
일을 근거로 들어서 사람의 교훈을 삼는 것이지, 사람을 위하여 행위를
기록한 것은 아니어서 황향黃香의 일이 앞에 있으므로 당연히 황향의 일을
위주로 하고, 다시 왕연의 일을 드러낼 필요는 없었다. 혹 왕연의 일이
베개와 이부자리에 부채질하고 이불을 따뜻하게 한 것에 그치지 않았으므
로 이로 인해서 그것을 기록한 것일 수 있다. 그러나 그 주석의 출처인
『동관한기東觀漢記』에서는, "향香이 직접 힘들고 괴로운 일을 하면서 진심
으로 공양하여 겨울에도 따뜻한 바지 하나가 없었지만 어버이에게 극진
히 맛있는 음식을 해서 드렸다"(香躬執勤苦, 盡心供養, 冬無被袴, 而親極滋味)라고 하
였다.[28)] 왕연의 일과 비교해 볼 때 하나도 갖추지 않은 것이 없다. 또 겨

---

27) 黃香扇枕: 黃香은 漢나라 江夏 사람으로, 어려서부터 효성이 지극하였는데 9세에 어머
니를 여의고는 사모하는 마음에 초췌하여 거의 죽게 되었으므로 마을 사람들이 그
효성을 칭찬하였고, 뒤에는 홀로 된 아버지를 정성을 다하여 봉양하였는데, 더운
여름이면 아버지의 베개와 이부자리를 부채로 시원하게 하고, 겨울이면 체온으로
이불을 따뜻하게 하니, 고을의 태수가 나라에 奏聞하여 이로부터 세상에 이름이 알
려졌다. 후에 벼슬이 상서령에 이르렀다. 『後漢書』, 권80, 「文苑列傳·黃香」 참조.

울에 물고기가 나온 것은 곧 왕상王祥의 일이다. (그런데)「왕연전王延傳」을 살펴보면, "계모 복씨卜氏가 한겨울에 살아 있는 물고기를 먹고 싶어 하여 연이 얼음을 두드리니, 물고기가 얼음 위로 뛰어 올라왔다"(繼母卜氏, 盛冬思生魚, 延叩凌, 而魚踊出水上)라고 하였다.[29] 그 일이 서로 흡사하니 이상하다.

○「嘉言」篇"黃香扇枕", 註云"香, 暑則扇枕席, 冬則以身溫被", 與王延事, 人異而跡同. 夫『小學』者, 乃擧事訓人, 非爲人著行, 香旣在前, 則當以香爲主, 不必更表延事也. 或疑延之事, 不止扇枕溫被, 故因而著之. 然彼註出『東觀漢記』云"香, 躬執勤苦, 盡心供養, 冬無被袴, 而親極滋味", 較諸延事, 無一不備矣. 又冬月生魚, 是王祥事. 按,「延傳」云: "繼母卜氏, 盛冬思生魚, 延叩凌, 而魚踊出水上." 其事恰相似, 可異.

【6-15】 선행 15장

南齊①庾黔婁, 爲屠陵令, 到縣未旬, 父易, 在家遘疾, 黔婁, 忽心驚, 擧身流汗, 卽日棄官歸家, 家人, 悉驚其忽至. 時, 易疾, 始二日, 醫云, 欲知差劇, 但嘗糞②䑛苦. 易泄利, 黔婁, 輒取嘗之, ②味轉䑛滑, 心愈憂苦, 至夕, 每稽顙①北辰, 求以身代.

【6-15-①】 퇴계退溪는 "고기古記에, '남두성南斗星은 생生을 맡고, 북두성北斗星은 사死를 맡았기 때문에 죽음에서 구하여 살려 주기를 빌 때는 모두 북두성에 빈다'(南斗司生, 北斗司死, 故救死請命, 皆於北斗)라고 하였는데,[30] 이 것은 술가術家의 사설邪說이다. 검루黔婁가 기도한 것은 특별히 절박하고 지극한 심정에서 우러나서 풍습을 따라한 것이므로 사정邪正을 거론할 필

---

28)『東觀漢記』에서는…… 하였다:『東觀漢記』권19「黃香」에 동일한 내용이 나온다.

29)「王延傳」을…… 하였다:『晉書』권88「王延」에 동일한 내용이 나온다.

30) 南斗星은…… 하였는데: 宋나라 王得臣이 지은『麈史』권2에 "南斗司生, 北斗注死."라는 구절이 보이지만, 이하의 내용은 동일하지 않다.

요가 없다. 그의 병이 낫게 된 것은 다만 효성의 감동에서 온 것이다"라
고 하였다.31) 내 생각에 북신北辰은 북극北極을 말하며 북두北斗는 아니다.
북신北辰은 하늘의 뉴성紐星으로 천신天神 가운데 가장 존귀한 것이니,32) 검
루黔婁가 부모의 질병을 하늘에 호소한다는 의미에 지나지 않는다. 다만
『예기』에는 "(질병이 있으면) 오사五祀에 기도를 한다"(行禱五祀)라고만 했
고,33) 천신天神에 기도했다는 것은 듣지 못하였다. 퇴계의 "풍습을 따라
한 것이다"(循俗)라고 한 것이 또한 이치에 맞는 것 같다. 그러나 옛 제문
에서 이미 "그대를 천지의 신명께 기도하였다"(禱爾于上下神祇) 하였는데,34)
여기에서 "상하上下"는 아마도 오사五祀에 그치지 않았을 것이다. 또 (본문
의) "자신이 대신하기를 구하였다"(求以身代)는 것 다음에 "문득 공중에서
소리가 있어 말하길 '너의 아버지는 수명이 다하였기에 다시 연명할 수는
없다. 그러나 너의 기도가 참으로 지극하니 월말까지는 이를 수 있을 것
이다'라 하였다. 그믐에 이르러 (검루의 아버지) 역易이 죽었다"는 내용이

---

31) 퇴계는…… 하였다: 이 내용은 『退溪集』 권28 「答金惇敍」에 나온다.
32) 北辰은…… 것이니: 『抱朴子』 外篇 「守土脊」 제35장에 "북극성은 자리를 바꾸지 않기
    때문에 뭇별들의 존장이 되었고, 오악은 옮겨 가지 않기 때문에 여러 봉우리들의
    조종이 되었다"(北辰, 以不改爲衆星之尊, 五岳, 以不遷爲群望之宗)라고 하였고, 『史記』
    권28 「天官書」에는 "천신의 귀한 것이 태일이다"(天神貴者太一)라고 하였다.
33) 『예기』에는…… 했고: 『禮記』 「檀弓」에 "復은 사랑하는 마음을 다하는 도리로, 이때에
    도 회생하기를 기도하는 마음을 가지고 있는 것이다. 어두운 곳으로부터 돌아오기를
    바라는 것은 귀신에게 구하는 도리이다. 북쪽을 향하는 것은 어두운 곳에서 구한다
    는 뜻이다"(復, 盡愛之道也, 有禱祀之心焉. 望返諸幽, 求諸鬼神之道也, 北面, 求諸幽之義也)
    라고 하였고, 이에 대한 주에서 진씨는 "五祀에 기도를 행해도 그 생명을 회복하지
    못하면 또 그를 위해 復을 한다. 이는 어버이를 사랑하는 도리를 다하여 기도하는
    마음을 복할 때 아직 잊지 못함이다. 그윽한 곳에서 돌아오기를 바람은 그가 그윽한
    곳으로부터 돌아오기를 바라는 것이다. 귀신은 그윽하고 어두운 곳에 있으니, 북쪽이
    곧 그윽하고 그늘진 방향이다. 그러므로 그윽한 곳의 귀신을 찾을 때는 반드시 북쪽
    으로 향한다"(行禱五祀, 而不能回其生, 又爲之復, 是, 盡其愛親之道, 而禱祀之心, 猶未忘於
    復之時也. 望返諸幽, 望其自幽而返也. 鬼神, 處幽暗, 北乃幽陰之方. 故求諸鬼神之幽者, 必向
    北也)라고 하였다.
34) 옛 제문에서…… 하였는데: 『論語』 「述而」에 "子疾病子路請禱. 子曰有諸. 子路對曰: 有
    之. 誄曰禱爾于上下神祇. 子曰丘之禱久矣."라 하였다.

있다.35) 주자는 그것이 허황한 데로 흘렀기 때문에 산절하여 싣지 않았는데, 퇴계가 "병이 낫게 된 것"이라고 말한 것은 무엇을 근거로 한 것인지 알 수가 없다. 주자가 그것을 산절한 의미는 후학들이 법식으로 삼아야 한다. 『소학』을 읽는 자는 이미 기록된 교훈을 준수할 뿐만 아니라 또한 겸하여 (본문을) 버리고 취한 의미를 함께 살필 수 있다면 아마도 유익이 있지 않겠는가?

○ 退溪曰: "古記有云: '南斗司生, 北斗司死, 故採死請命, 皆於北斗.' 此乃術家之邪說. 黔婁之禱, 特出於迫切之至, 循俗爲之, 邪正不暇論. 其得愈病, 只是孝感所致." 愚按, 北辰, 北極, 非北斗也. 北辰, 天之紐星, 天神之最尊者, 黔婁之禱, 不過疾痛呼天之意. 但『禮』疾病, 只云"行禱五祀", 未聞禱於天神. 退溪"循俗"之論, 亦似有理. 然誄旣云: "禱爾于上下神祇." "上下"者, 恐非止五祀之謂矣. 又"求以身代"下, 有云: "俄聞空中聲曰: '聘君壽命盡, 不復可延. 汝誠禱旣至, 得至月末' 晦而易亡." 朱子以其轉涉荒誕, 故刪而不載, 退溪所謂"愈疾"者, 不審其何考. 朱子所以刪之之意, 則當爲後學之法式. 讀『小學』者, 不但遵守已著之訓, 亦可兼考去取之義, 豈不有益?

【6-15-②】 맛이 달면 미끄럽고 쓰면 거친데, 맛이 달고 미끄러워진 것은 병이 깊었다는 증거이다.

○ "甛"則滑, "苦"則澀, 味轉甛滑, 疾劇之驗也.

【6-17】 선행 17장

①**朱壽昌**, 生七歲, 父守雍, 出其母劉氏, 嫁民間, 母子不相知者, 五十年, 壽昌, 行四方, 求之不已, 飲食, 罕御酒肉, 與人言, 輒流涕. 熙寧初, 棄官

---

35) (본문의)…… 내용이 있다: 『梁書』 권47 「列傳」 41 '효행'에 "庾黔婁, 字子貞, 新野人也. 父易,……至夕, 每稽顙北辰, 求以身代. 俄聞空中有聲曰: '徵君壽命盡, 不復可延, 汝誠禱旣至, 止得申至月末.' 及晦而易亡. 黔婁居喪過禮, 廬於塚側."이라 하였다.

> 入奏, 與家人訣, 誓不見母, 不得還. 行次同州, 得焉, 劉氏時年七十餘矣.
> 雍守錢明逸, 以事聞, 詔壽昌還就官, 縡是, 天下皆知其孝. 壽昌, 再爲郡
> 守, 至是, 以母故, 通判河中府, 迎其同母弟妹以歸, 居數歲, 母卒, 涕泣幾
> 喪明. 拊其弟妹益篤, 爲買田宅居之, 其於宗族, 尤盡恩意, 嫁兄弟之孤女
> 二人, 葬其不能葬者十餘喪, 盖其天性如此.

【6-17-①】 살피건대, 『문헌통고文獻通考』에 「주수창朱壽昌36)에게 보낸
시」(3권)조條에 "사대부가 시를 지어 그에게 보낸 것이다"라고 하였는데,37)
여기에서 천하가 모두 그의 효심을 알았다는 것을 징험할 수 있다.

○ 按, 『文獻通考』, 「送朱壽昌詩, 三卷」, "士大夫作詩送之者也."[1] 此可驗
天下皆知其孝.

> 1. 『文獻通考』, 「送朱壽昌詩, 三卷」, "士大夫作詩送之者也.": 정본에는 '『文獻通考』:
>   "「送朱壽昌詩」三卷, 士大夫作詩送之者也."'로 되어 있지만, 『文獻通考』를 바탕
>   으로 수정하여 번역하였다.

【6-19】 선행 19장

> 霍光, 出入禁闥二十餘年, 小心謹愼, 未嘗有過. 爲人, 沈靜祥審, 每出入

---

36) 朱壽昌: 1014~1083. 天長 사람으로 자는 康叔이다. 北宋시기의 관리이자 효자이다.
   부친은 工部侍郞 朱巽이었고, 모친 劉氏는 妾이었다. 아버지가 그의 어머니를 내쫓았
   고, 주수창은 내쫓긴 어머니와 어려서 헤어져 종적을 모르고 지낸 50여 년 동안 하
   루도 어머니를 생각하지 않은 적이 없고 술과 고기를 먹지 않았으며 남과 이야기할
   적에는 항상 눈물을 흘렸다고 한다. 그러다가 끝내는 벼슬을 버리고 어머니를 찾아
   나서 同州 지방에서 어머니 劉氏를 찾았다. 이때 어머니는 70여 세였고, 黨氏 집안으
   로 再嫁하여 몇 명의 자녀를 두고 있었다. 주수창은 어머니와 그 형제들을 모두 데리
   고 와서 효도와 우애를 극진히 하였다고 한다. 이 일은 神宗 황제에게까지 전해졌다.
   당시의 蘇軾과 王安石 등의 문신들도 다투어 그를 칭송하는 詩文을 지었다고 한다.
   『宋史』, 권456, 「朱壽昌列傳」.

37) 『文獻通考』에…… 하였는데: 『文獻通考』 권249 「送朱壽昌詩」(三卷)에 "中興藝文志, 皇朝
   司農少卿朱壽昌, 生數歲而母嫁, 五十年不相知. 熙寧初棄官, 於同州求得之, 乃屈資求爲蒲中
   倅. 士大夫作詩送之."라고 하였다.

> ①下殿門, 進止有常處, ②郞僕射竊識視之, 不失尺寸.

【6-19-①】『동관한기東觀漢記』38)에 이르기를 "마방의 아들 거鉅가 상
종소후常從小侯가 되었다. 6년 정월에 재궁에서 상上(肅宗39))이 거鉅에게 관례
冠禮를 해 주고 싶어서 밤에 (특별히) 황문랑黃門郞을 제수하고, 장대하전章
臺下殿에 어거하여 정조鼎俎를 벌려 놓고 친히 임하여 관을 씌워 주었다"라
고 하였다.40) 살펴보면, 여기에서 말하는 "하전下殿"은 전각 이름이니 "하
下"는 상성上聲이 되어야 한다.41)

○『東觀漢記』曰: "馬防子鉅, 爲常從小侯. 六年正月, 齋宮中, 上欲冠鉅,
夜拜爲黃門郞, 御章臺下殿, 陳鼎俎, 自臨冠之." 按此, "下殿", 卽殿名,
"下"當作上聲.

【6-19-②】 "복야僕射"라는 이름은 주周나라 관직인 태복太僕의 직분職
分에서 기원하였으니, 이르기를 "복인사僕人師는 왼쪽을 부축하고, 사인사
射人師는 오른쪽을 부축한다"고 하였다.42) 진秦나라 사람이 처음으로 복야

---

38) 『東觀漢記』: 後漢 明帝 때 班固·劉珍·蔡邕 등이 지었다는 일종의 잡기이다.
39) 肅宗: 재위 75~88. 漢 孝章皇帝 劉炟을 말한다. 明帝의 아들로, 후한의 제3대 황제
   장제의 묘호이다.
40) 『東觀漢記』에…… 하였다: 『東觀漢記』 권12 「馬防」에는 "馬防子鉅, 爲常從小侯, 六年正
   月齋宮中, 上欲冠鉅, 夜拜爲黃門侍郞, 御章臺下殿, 陳鼎俎, 自臨冠之."로 되어 있다. 또
   『後漢書』 권54 「馬援列傳」에는 "子鉅爲常從小侯, 六年正月, 以鉅當冠, 特拜爲黃門侍郞, 肅
   宗親御章臺下殿, 陳鼎俎, 自臨冠之."로 되어 있다.
41) 여기에서…… 한다: '下'는 '내리다'·'아래'의 두 가지 의미가 있는데, 여기서는 후자
   인 것을 말하고 있는 듯하다. 즉 下殿이라는 말은 '殿으로 내려오다'가 아니라 고유명
   사로 '下殿'임을 말한다.
42) 周나라 관직인…… 것이다: 『周禮』 권7 「夏官·司馬」 '射人'조에 "대상에는 복인(太僕)
   과 함께 운구를 옮기고, 경대부에게 일을 관장하게 하고, 그 여막 일을 도우며, 불경
   한 자는 가혹하게 처벌한다"(大喪, 與僕人, 遷尸, 作柳大夫, 掌事, 比其廬, 不敬者, 苟罰
   之)에 대한 정현의 주에서 『禮記』 「檀弓」의 "임금을 부축할 때는 복인사가 오른쪽에
   서 부축하고 사인사가 왼쪽에서 부축한다. 임금이 죽을 때도 이렇게 거행한다"(扶君,
   卜人師扶右, 射人師扶左, 君薨, 以是擧)고 한 내용을 인용하여 설명한 것이 보인다. 여

관복야관官僕射官을 두었고, 한漢나라에서 그것을 따라서 상서尙書와 박사博士와 낭郎으로부터 모두 그 복야관僕射官을 두었으니, 이른바 "상서복야尙書僕射"·"낭복야郎僕射"가 이것이다. 후세에 혹 재상의 직분으로 임명하였는데, 옛 제도가 아니다. 주註에서 "낭郎과 복야僕射는 모두 관명이다"라고 하였는데,[43] 잘못인 듯하다.[44]

○ "僕射"之名, 起於周官, 太僕之職云: "僕人師扶左, 射人師扶右." 秦人始立僕射官, 漢因之, 自尙書·博士·郎皆有之, 所謂"尙書僕射"·"郎僕射", 是也. 後世, 或任以宰相之職, 非古制也. 註云: "郎·僕射, 皆官名." 恐誤.

【6-20】 선행 20장

①汲黯, 景帝時, 爲太子洗馬, 以嚴見憚, 武帝卽位, 召爲主爵都尉, 以數直諫, 不得久居位. 是時, 太后弟武安侯田蚡, 爲丞相. 中二千石, 拜謁, 蚡弗爲禮, 黯見蚡, 未嘗拜, 揖之. 上, 方招文學儒者, 上曰: 吾欲云云. 黯對曰: 陛下內多欲而外施仁義, 奈何欲效唐虞之治乎? 上怒變色而罷朝, 公卿皆爲黯懼, 上退謂人曰: 甚矣! 汲黯之戇也. 群臣, 或數黯, 黯曰: 天子置公卿輔弼之臣, 寧令從諛承意, 陷主於不義乎? 且已在其位, 縱愛身, 奈辱朝廷何? 黯多病, 病且滿三月, 上常賜告者數, 終不癒, 最後, 嚴助爲請告, 上曰: 汲黯, 何如人也? 曰: 使黯, 任職居官, 亡以瘉人, 然至其輔少主守成, 雖自謂賁育, 弗能奪也. 上曰: 然. 古有社稷之臣, 至如汲黯, 近之矣. 大將

기서 周官의 太僕之職이라고 했는데, 周官은 『尙書』의 편명이고, 太僕之職은 『周禮』의 편명이므로 서로 연결시킬 수 없다. 따라서 '주나라 관직인 태복의 직분에 대하여'로 해석하였다. 『주자어류』에 "或問: 僕射名義如何? 曰:…… 禮云: '僕人師扶左, 射人師扶右, 卽周官太僕之職, 君薨以是擧.' 僕射之名, 蓋起於此. 以其朝夕親近人主, 後世承誤, 輒失其眞, 遂以爲宰相之號."라고 한 부분이 있는데, 성호가 『주자어류』의 내용을 그대로 옮겼을 가능성도 있다.

43) 註에서…… 하였는데: 오늘의 『소학집해』에서 "郎官과 僕射는 모두 관명이다"(郎·僕射, 皆官名)라고 하였다. 『소학제가집주』에서도 이 주석을 따랐다.

44) 註에서…… 듯하다: 성호는 郎과 僕射가 각각의 관명이 아니라, 郎僕射를 하나의 관명으로 보고 있다.

軍靑, 侍中, 上踞厠視之, 丞相弘, 宴見, 上或時不冠, 至如見黯, 不冠不見
也. 上嘗坐武帳, 黯前奏事, 上不冠 望見黯, 避帷中, 使人可其奏, 其見敬
禮如此.

【6-20-①】 급암汲黯의 응대는 신하가 본받을 바가 아니다. 그(景帝)가
운운한 것이 혹 사실이 아닐 수 있으나, 군자가 어찌 이것으로 인해서
사정에 따라 조화롭게 열고 확장시킴으로써 보탬이 되기를 바라지 않겠
는가? 맹자가 "견우牽牛의 일"로 응대한 것45)과 비교해 보면 조금 더 겸손
해야 했다. (그런데)『맹자』에서 "임금을 섬길 때 아첨하고 비위를 맞춰
기쁘게 하려는 자가 있고, 사직을 편안히 함을 기쁨으로 여기는 자가 있
다"라고 하였는데,46) 급암이 홀로 임금을 섬김에 아첨하여 기쁘게 해 주
려는 것을 부끄러워하였으니, 아마도 사직을 편안히 하는 신하에 가까운
것 같다.47) (그러나)『맹자』에는 "우리 임금은 그렇게 할 능력이 없다고

---

45) 孟子가…… 응대한 것:『맹자』「梁惠王上」에서 "왕께서 堂 위에 앉아 계시는데, 소를
   끌고 당 아래로 지나가는 자가 있었습니다. 왕께서 이를 보시고 '소를 어디로 끌고
   가느냐?' 하고 물으시니, 그가 대답하기를 '鍾의 틈을 바르는 데 쓰려고 끌고 갑니다'
   하였습니다. 이에 왕께서 '소를 놓아 주어라. 소가 두려워 벌벌 떨면서 죄 없이 死地
   로 나아가는 것을 내 차마 볼 수가 없다' 하시자, 그가 대답하기를 '그렇다면 종의
   틈을 바르는 것을 그만두오리까? 하니, 왕께서 '어찌 그만둘 수 있겠느냐? 소 대신
   에 羊으로 바꾸어 쓰라' 하셨다고 하는데, 정말 그런 일이 있었습니까?"(王坐於堂上,
   有牽牛而過堂下者, 王見之曰: 牛何之? 對曰, 將以釁鐘. 王曰: 舍之 吾不忍其觳觫若無罪而就
   死地. 對曰: 然則廢釁鐘與? 曰: 何可廢也? 以羊易之. 不識有諸?)라는 내용으로 대답한 것
   을 두고 하는 말이다.
46) 『孟子』에서…… 하였는데:『맹자』「盡心上」에서, 맹자께서 "임금만을 섬기는 사람이
   있으니, 임금을 섬길 때 아첨하고 비위를 맞춰 기쁘게 하려는 자이다. 社稷을 안정시
   키는 신하가 있으니, 사직을 안정시키는 것을 기쁨으로 삼는 자이다"(孟子曰: 有事君
   人者, 事是君, 則爲容悅者也. 有安社稷臣者, 以安社稷爲悅者也)라고 하였다.
47) 아마도…… 같다:『史記』권120 「汲黯列傳」에 "무제가 莊助에게 급암의 인물됨을 묻
   자, 장조가 '급암이 관직에 처하는 것은 남보다 나을 것이 없습니다만, 少主를 보좌
   함에 이르러서는 守城을 깊고 견고하게 하여 오라고 해도 오지 않고 가라고 해도
   가지 않을 인물이니, 孟賁이나 夏育과 같다고 자칭하는 자라 하더라도 그 뜻을 빼앗
   지 못할 것입니다'라고 하니, 무제가 '그렇다. 옛날에 사직지신이 있었는데, 급암과

말하는 것을 '적賊'이라 한다"라고 하였으니,[48] 급암 또한 적賊이 됨을 면하지 못한다.

○ 汲黯之對, 非臣子之準繩. 其所云云, 雖或非實, 君子豈不欲因此而委曲開擴, 庶幾於補益哉? 比之孟子, "牽牛"之對, 當少遜矣. 『孟子』曰: "有事是君則爲容悅者, 有以寧社稷爲悅者." 黯獨恥事君容悅, 而庶幾於寧社稷臣矣. 『孟子』曰: "吾君不能, 謂之賊", 黯亦無以免矣.

【6-21】 선행 21장

初, 魏遼東公翟黑子, 有寵於太武, 奉使幷州, 受布千疋, 事覺, 黑子謀於著作郎高允曰: 主上問我, ①當以實告? ①爲當諱之? 允曰: 公惟幄寵臣, 有罪首實, ②庶或見原, 不可重爲欺罔也. 中書侍郎崔鑑公孫質曰: 若首實, 罪不可測, 不如姑諱之. 黑子怨允曰: 君奈何誘人就死地? 入見帝, 不以實對, 帝怒殺之. 帝使允, 授太子經, 及③崔浩以史事被收, 太子謂允曰: 入見至尊, 吾自導卿, ①脫至尊, 有問, 但依吾語. 太子見帝言, 高允, 小心愼密, 且徵賤. 制由崔浩, 請赦其死. 帝召允, 問曰: 國書皆浩所爲乎? 對曰: 臣與浩共爲之. 然浩, 所領事多. 總裁而已, 至於著述, 臣多於浩. 帝怒曰: 允罪甚於浩, 何以得生? 太子懼曰: 天威嚴重, 允小臣, 迷亂失次耳. 臣曏問, 皆云 浩所爲. 帝問允, 信如東宮所言乎? 對曰: 臣罪當滅族, 不敢虛妄, 殿下以臣侍講日久, 哀臣, 欲丐其生耳, 實不問臣, 臣亦無此言, 不敢迷亂. 帝顧謂太子曰: 直哉! 此人情所難, 而允能爲之, 臨事不易辭, 信也, 爲臣不欺君, 貞也, 宜特除其罪, 以旌之. 遂赦之. 他日, 太子讓允曰: 吾欲爲卿

같은 자는 이에 가깝다(上曰: 然. 古有社稷之臣, 至如黯, 近之矣)라고 하였다"고 한 내용이 보인다.

48) 『맹자』에는 …… 하였으니: 『맹자』 「離婁上」에 "자기 임금에게 하기 어려운 일을 하도록 요구하여 요순과 같은 성군이 되게 하는 것을 공손하다고 하고, 善道를 개진하여 임금의 邪心을 막는 것을 공경스럽다고 하고, 우리 임금은 그렇게 할 능력이 없다고 말하는 것을 해친다고 한다"(責難於君謂之恭, 陳善閉邪謂之敬, 吾君不能謂之賊)라고 하였다.

①脫死, 而卿不從, 何也? 允曰: 臣與崔浩, 實同史事, 死生榮辱, 義無獨殊, 誠荷殿下再造之慈, 違心苟免, 非臣所願也. 太子動容稱嘆. 允退謂人曰: 我不奉東宮指導者, ②恐負翟黑子故也.

【6-21-①】 (『소학집설』에서는) "爲當諱之"의 "위爲"자를 거성去聲으로 읽도록 되어 있는데,[49] 아마도 잘못이다. 두 개의 "당當"자는 바로 서로 "위爲"자에 연결된 것이니, 위의 구에 붙여서 읽어야 하며, 평성平聲이다.[50] 이 문장 안의 두 "탈脫"자는 서로 응하므로 "당儻"(만약)의 의미라고 할 수가 없으니,[51] 또한 위의 구와 붙여서 읽어야 한다.[52]

○ "爲當諱之", 以"爲"字作去聲讀, 恐誤. 兩"當"字, 正相帖"爲"字, 屬上句讀, 平聲也. 章內二"脫"字相應, 不可訓"儻"也, 亦屬上句讀.

---

49) 去聲으로 읽도록 되어 있는데: 국립중앙도서관 소장본인 『小學集說』 권9-10([일산貴 1256-7])에 '爲'자 아래에 '去聲'이라고 작은 글자로 표시되어 있다. 국립중앙도서관 소장 『小學集說』 가운데 [일산貴1256-6]은 현재 「嘉言」편만 남아 있고, 이 책에 대한 해제를 통해 볼 때 이 본은 아마도 중종 4년(1509) 慕齋 金安國이 명에 사신으로 갔을 때 禮部員外 程愈가 편찬한 책을 구해 귀국하여 그가 경상감사로 있을 때인 중종 12년(1517)에 판각한 것으로 추측하고 있다. 그러나 이 본은 구결로 현토가 되어 있지 않다. 그러나 앞의 [일산貴1256-7]본은 「善行」편만 남아 있고, 한자 정자로 현토되어 있다. 따라서 [일산貴1256-7]본은 1517년 이후에 간행된 것으로 짐작된다. 그런데 1587년에 간행된 도산서원 소장 『소학언해』(이 본을 참고하여 역주한 세종대왕기념사업회 『역주 소학언해』참고)에는 '爲'자에 ":위"라고 되어 있어 上聲으로 표기하고 '위하야'로 풀이하고 있다. 이에 대해서는 앞으로의 연구가 요구된다.

50) 두 개의…… 평성이다: "當以實告? 爲當諱之?"를 "當以實告爲? 當(以)諱之(爲)?"로 보아야 한다고 생각한 듯하다. 즉 "사실대로 고하는 것이 마땅하다고 여기느냐? 숨기는 것이 마땅하다고 여기느냐?"로 풀이하는 것인 듯도 하다.

51) 이 문장 안의…… 없으니: 『소학집해』에서 오늘은 "脫은 만약이다"(脫, 儻也)라고 하였고 『小學諸家集註』에서도 그대로 따르고 있다.

52) 또한…… 한다: 『소학언해』를 살펴보면, "吾自導卿호리니 脫至尊이 有問이어시든"으로 되어 있다. 이에 대해 성호는 "내가 경을 벗어날 수 있도록 할 테니, 지존께서 물으시거든"(吾自導卿脫, 至尊有問)으로 보아야 한다고 주장하고 있다. 이것은 이어지는 내용인 "太子이 讓允曰: 吾欲爲卿脫死이어늘 而卿이 不從은 何也오"라고 한 것으로 볼 때 타당한 주장으로 보인다.

【6-21-②】 인신人臣의 의義는 임금을 섬김에 속이지 않고, 죽음에 이르러도 구차하지 않는 것이다. 이것으로 다른 사람을 권면하고 이것으로 스스로를 이끌 따름이다. 지금 (정직하게 처신하도록 한 동기가) "혹 아마 용서를 받을 수 있겠지만"이라거나 (자신이 정직하게 처신한 것이) "혹자 黑子를 저버릴까 두려워서"라고 말한다면 유씨劉氏의 기롱[53]이 참으로 정대한 것이지만, 고윤高允의 심정을 알지는 못한 것이다. 바르게 깨우쳐 주는 말(원칙적인 말)[54]을 혹자黑子와 같은 이가 기쁨으로 받아들이고 헤아려 볼 수 있겠는가? 중인衆人과 말하는 자가 (사정에 따라 조화롭게) 왜곡된 방법으로 삶의 길로 인도한다면 때로 그것이 공리功利를 넘어 가는 것도 꺼리지 않는 것을 맹자가 제齊나라·양梁나라의 임금과 말한 것에서 볼 수 있다.[55] 고윤은 또한 성현의 지위에 있는 사람이 아니니, 사사로운 생각이 없고 기필함이 없는 것[56]을 윤이 어찌 감히 하겠는가? 죽을 지경에 이르렀을 때 그 마음을 두고 일을 행함에 비록 한결같이 천리天理의 바른

---

53) 劉氏의 기롱: 『小學集說』에 이 장에 대해 "靜脩劉氏曰: 高允, 告黑子之言, 忠情之直亮而作史者, 遽繼之以庶或見原則所謂首實者, 乃所以爲儌倖之資, 又以不奉東宮指導, 爲恐負黑子則所以爲是者, 非義理之當然. 第以此爾, 此皆史臣, 不明義理而於遣辭之際. 輕爲增損, 使允忠亮之心, 不白, 豈直筆可信之史乎."라고 기롱한 내용이 보인다.

54) 바르게 깨우쳐 주는 말(원칙적인 말): 『論語』「子罕」에 "바른 소리로 일러 주는 말을 따르지 않을 수 있겠는가. 그러나 그 뒤에 잘못을 고치는 것이 귀중하다. 완곡하게 이끌어 주는 말을 좋아하지 않을 수 있겠는가. 그러나 그 뒤에 그 말을 추슬러 보는 것이 귀중하다. 좋아하기만 하고 추슬러 보지 않거나 따르기만 하고 잘못을 고치지 않는다면 나도 그런 사람은 어떻게 할 도리가 없다"(法語之言, 能無從乎. 改之爲貴. 巽與之言, 能無說乎. 繹之爲貴. 說而不繹, 從而不改, 吾末如之何也已矣)라는 공자의 말이 나오는데, 주희는 集註에서 "법어는 바르게 말해 주는 것이다"(法語者, 正言之也)라고 풀었다.

55) 衆人과…… 볼 수 있다: 맹자가 양혜왕과 제선왕의 초청을 받고 가서 말한 내용이 『孟子』「梁惠王上·下」편에 보인다. 『孟子』「梁惠王上」에서는 첫 부분부터 功利를 배격하고 仁義를 주장하는 맹자의 말로 시작되고 있다. 하지만 결국은 백성의 마음을 얻어 천하의 왕 노릇할 수 있다고 설득하는 것을 볼 수 있다.

56) 고윤은…… 없는 것: 『論語』「子罕」에 "공자는 네 가지 일에서 완전히 자유로웠다. 그에게는 사적인 뜻과 기필하는 것과 집착하는 것과 이기적인 마음이 없었다"(子絶四. 毋意毋必毋固毋我)라는 말이 나온다.

것에서 나올 수는 없을지라도 일에 임해서 자주 살피고 지나간 전철을 거울삼아 멀리 가지 않아서 다시 돌아온다면 또한 그 다음(次善: 聖賢의 다음 이라는 말)이다. 혹자黑子를 저버리지 않은 것은 곧 그로써 임금을 저버리지 않은 것이다. 주자가 이 단락을 삭제하지 않은 것은 아마도 그 의미(의도) 가 있는 것이다. 유씨는 "사신史臣이 의리에 밝지 않아서 가벼이 보태고 빼서 고윤의 마음이 명백하지 않게 했다"(史臣不明義理, 輕爲增損, 使允心不白)고 하였다. 대저 역사전기에서 이미 그 사실을 기록한 것이 이와 같은데,[57] 유씨劉氏가 무엇을 근거로 그 보태고 뺀 것을 알았겠는가? 고윤을 지나치 게 미화한 것이 또 알지 못하는 사이에 결국 치우치고 왜곡된 사사로움으 로 돌아가고 만 것이다. 만약 이와 같은 말로 오로지 떠받들어 꾸밀 생각 으로 한 순선지정純善至正한 사람을 조작한다면, 믿을 수 있는 사필史筆이 되겠는가?

○ 人臣之義, 事君不欺也, 臨死無苟也. 以此勉人, 以此自道而已矣. 今曰 "庶或見原", "恐負黑子", 則劉氏之譏, 固是正大, 然不知允之心跡矣. 法語 之言, 如黑子者, 其能悅繹乎? 與衆人言者, 委曲導以生路, 則有時乎不害其 涉於功利, 孟子之語 齊·梁諸君, 可以見矣. 允亦非聖賢地位, 毋意毋必, 允 也, 何敢焉? 當死生之際, 其處心行事, 雖不能一出於天理之正, 其臨事屢省, 前車爲鑑, 不遠而復, 抑其次也. 不負黑子, 乃所以不負君也. 朱子之不刪此 段, 恐有其意在也. 劉氏則以爲"史臣不明義理, 輕爲增損, 使允心不白." 夫 史傳, 旣記其實如此, 劉氏何從而知其增損哉? 是媢允之甚, 而又不覺其卒歸 (故)偏曲之私矣. 若如此說, 一意扶飾, 作一純善, 至正之人, 方爲信筆耶?

【6-21-③】 살피건대, 최호崔浩가 일찍이 기주冀州 대중정大中正이 되어 주州의 선비 수십 명을 천거하였는데 각각 발탁되어 군수가 되었다. 위나 라 목황제穆皇帝(恭宗, 拓跋晃 428~451)가 말하길, "먼저 불러들인 사람들은 재

---

57) 역사전기에서…… 이와 같은데: 여기서 역사전기는 『魏書』 卷48 「高允列傳」을 두고 하는 말인 듯하다.

직한 지 이미 오래되었는데도 근로로 보답하지 않고 있다. 먼저 그들을
군과 현에 보임하고, 새로이 징소徵召한 사람들은 낭리郎吏에 임명하라. 또
백성을 다스리는 수령은 일을 해 본 경력자에게 하도록 하는 것이 옳다"
라고 하였다. 최호는 굳게 다투고 (새로 징소한) 그들을 (군현으로) 파견
하였다. 고윤高允이 말하길, "최공은 (죽음을) 면치 못하겠구나! 진실로 그
잘못된 것을 좇아서 윗사람을 이기려고 하니 어떻게 이것을 감당하겠는
가?"라고 하였다.58) 이것으로 미루어 보건대, 최호의 죽음은 하루아침에
이루어진 것이 아니며, 고윤이 이미 예측하고 있었던 것이다. 그 지혜가
또한 죽음을 면하기에 충분하였도다!

○ 按, 崔浩嘗爲冀州大中正, 薦州士數十人, 各起家爲郡守. 帝謂浩曰: "先
召之人, 在職已久, 勤勞未答. 先補郡縣, 以新召者代爲郎吏. 又守宰人, 宜
使更事者." 浩固爭而遣之. 高允曰: "崔公其不免乎! 苟遂其非, 而較勝於上,
何以能濟?" 以此推之, 浩之死, 非一朝之故, 而允已早見之也. 其智亦足以
免也夫!

【6-22】 선행 22장

李君行先生, 名潛, 虔州人. 入京師, 至泗州, 留止, 其子弟請先往, 君行, 問

---

58) 崔浩가…… 하였다: 『魏書』 권48 「高允列傳」에 "당초 최호는 冀州·定州·相州·幽
州·幷州 5개주의 선비 수십 명을 천거하여 각자 기가하여 군수가 되었다. 恭宗이
崔浩에게 묻기를, '먼저 징소한 사람은 역시 주와 군에서 선발하였고, 관직에 재임한
지 이미 오래되었는데, 부지런히 노력해도 답이 없습니다. 지금 먼저 군과 현에 보
임하고 새로이 징소한 사람들을 대신 郎吏로 삼으십시오. 또한 수령이 백성을 다스
리는 데에는 일을 해 본 사람을 임용하십시오'라고 하였다. 최호는 굳게 다투고 그
들을 파견하였다. 고윤이 이를 듣고 동궁박사 관념에게 말하였다. '최공은 면치 못
하겠구나. 진실로 그릇된 것을 끝까지 하면서 윗사람을 이기려 하니 어찌 이를 감당
하겠는가?'라고 하였다"(初, 崔浩薦 冀·定·相·幽·幷五州之士數十人, 各起家郡守. 恭
宗謂浩曰, '先召之人, 亦州郡選也, 在職已久, 勤勞未答. 今可先補前召外任郡縣, 以新召者代
爲郎吏. 又守令宰民, 宜使更事者', 浩固爭而遣之. 允聞之, 謂東宮博士管恬曰, '崔公其不免乎!
苟逞其非, 而校勝於上, 何以勝濟')라고 한 내용이 보인다.

其故, 曰科場近, 欲先至京師, 貫開封戶籍, 取應. ②**君行, 不許**曰: 汝虔州
人, 而貫開封戶籍, 欲求事君, 而先欺君, 可乎? 寧①**遲緩數年**, 不可行也.

【6-22-①】 "몇 년 지체된다"(遲緩數年)고 하는 것은 수년 후에 바야흐
로 개봉부의 호적에 올릴 수 있다는 말이다.

○ "遲緩數年", 謂數年後, 方可貫開封戶籍.

【6-22-②】 군자는 자리가 바르지 않으면 앉지 않고 자른 것이 바르
지 않으면 먹지 않는다는 것[59]은 부정한 것이 앉고 먹는 것에 해로움이
있어서가 아니다. 마음이 한 번 바르지 않음을 용인하면 점차 자신도 모
르는 사이에 일을 해치게 되니, 그러므로 반드시 처음을 삼가고 기미를
살펴 방지하려는 것이다. 하물며 범법을 하면서까지 호적에 올리는 것은
이미 윗사람을 섬김에 위배되는 것임에랴? 그 행함이 곧 바르지 않은 길
에 있으니, 이후에 형편없는 불충한 사람이 되지 않으리라는 것을 어떻게
알겠는가? 무릇 미미한 잘못과 지극한 악함은 진실로 서로 거리가 멀다.
천하에 선함이 한 가지가 아니며 악 또한 한 가지가 아니니 일마다 한
건을 교감하고 한 건을 중히 여겨 마침내 먼 곳에 이른다. 그 경중의 사이
는 처음에는 매우 작은 것에 불과하다. 만약 이미 한 건의 일을 직접 행했
으면 그 다음 단계의 악을 행할 때 무방하다고 여기지 않는 자가 있지
않다. 그렇다면 이군행李君行 선생이 자식을 경계한 것은 요점을 알았다고
할 만하다.

○ 君子席不正, 不坐; 割不正, 不食, 非爲不正有害於坐與食也. 心一容其不
正, 駸駸然不覺害於事, 故必謹始而防微也. 況冒貫戶籍, 已於事上違背了?
其行便在不正之蹊路, 從此以往, 安知不爲不忠無狀之歸耶? 夫微過與至惡,
固相去遠矣. 天下之善, 非一科, 惡亦非一科, 事事較勘一件, 重於一件, 遂

---

59) 군자는…… 않는다는 것: 『論語』「鄕黨」편에 나오는 내용이다.

至於遠. 其輕重之間, 始不過60)毫釐也. 若旣躬蹈一件事, 則其差等之際, 未有不以爲無妨者也. 然則<u>李君行先生</u>所以戒子者, 可謂知要矣.

【6-23】 선행 23장

> 崔玄暐母盧氏, 嘗誡玄暐曰: 吾見姨兄屯田郎中辛玄馭, 曰兒子從宦者, 有人, 來云, 貧乏不能存, 此是好消息, 若聞貲貨充足, 衣馬輕肥, 此惡消息, 吾嘗以爲確論. 比見親表中, 仕宦者, 將錢物, 上其父母, 父母但知喜悅, 竟不問此物, 從可而來, 必是祿俸餘資, 誠亦善事, ①**如其非理所得, 此如盜賊何別? 縱無大咎, 獨不內愧於心?** 玄暐遵奉教誡, 以淸謹, 見稱.

【6-23-①】 인군은 자신의 재물을 잃을지언정 차마 백성의 힘을 상하게 하지 않는다. 그러므로 "취렴하는 신하를 두기보다는 차라리 도둑질하는 신하를 둘 것이다"라고 말한다.61) 그(신하)가 창고를 털면 참으로 도둑질하는 신하를 가졌다는 말을 듣게 되지만 백성에게서 취렴을 하는 것은 더욱더 부끄러운 것임을 알 수 있다.

○ 人君寧亡己之財, 不忍傷民之力. 故曰: "與其有聚斂之臣, 寧有盜臣." 其偸竊庫藏, 固有盜臣之定名, 而聚斂于民者, 益可以知愧矣.

---

60) 過: 화경당본에는 '覺'으로 되어 있다.

61) 그러므로…… 말한다: 『大學章句』 전10장 「釋治國平天下」에 "孟獻子가 말하기를, '수레를 끄는 네 필의 말을 기르는 大夫의 집안에서는 닭과 돼지를 살피지 않고, 여름에 얼음을 쓰는 卿大夫 이상의 집안에서는 소와 양을 기르지 않으며, 食邑을 소유한 百乘의 집안에서는 가혹하게 세금을 거두어들이는 신하를 기르지 않으니, 가혹하게 세금을 거두어들이는 신하를 두기보다는 차라리 도둑질하는 신하를 두는 것이 더 낫다' 하였으니, 이를 일러 '나라는 利를 이로움으로 여기지 않고, 義를 이로움으로 여긴다'는 것이다"(孟獻子曰, 畜馬乘, 不察於鷄豚, 伐冰之家, 不畜牛羊, 百乘之家, 不畜聚斂之臣, 與其有聚斂之臣, 寧有盜臣, 此謂, 國不以利爲利, 以義爲利也)라고 하였다.

【6-24】 선행 24장

> 劉器之待制初登科, 與二同年, 謁張觀參政, 三人同起身, 請敎, 張曰: 某自守官以來, 常持四字, 勤謹和緩. 中間一後生, 應聲曰: 勤謹和, 旣聞命矣, ①**緩之一字, 某所未聞**. 張正色作氣曰: 何嘗敎賢緩不及事? 且道世間甚事不因忙後錯了?

【6-24-①】 대저 사람이 조급함이 많으면 일을 망치기가 쉬우니, 서두르면 살피는 것이 정미하지 못하고 대처함이 세밀하지 못하다. 사물이 오면 반드시 편안하게 서서히 응대하여 실정을 보고 리理를 체득하여야 후회가 없을 수 있다. 정자가 말하기를 "일을 급하게 하다가 낭패를 보는 것이 항상 열에 여덟아홉이다"라고 하였는데,[62] 또한 이 뜻이다.

○ 大抵人多忙急, 所以易敗, 忙則察之不精, 處之不詳. 事物之來, 必須安徐以應之, 情見理得, 而可無悔矣. 程子曰: "事以急而敗者, 十常八九." 亦此意.

【6-25】 선행 25장

> 伊川先生曰: 安定之門人, 往往, 知①**稽古**愛民矣, 則於爲政也, 何有?

【6-25-①】 옛날을 돌아보지 않으면 백성을 사랑하는 마음을 가졌다고 하더라도 그 행동이 혹 사사로운 뜻에 따라 망령된 행동을 하게 되어 백성이 은택을 입지 못한다.

○ 不稽古, 則雖有愛民之心, 所行或出於私意妄作, 而民不被澤.

---

62) 정자가 …… 하였는데: 『二程粹言』 卷上 「論事」편에 나오는 내용이다.

【6-26】 선행 26장

呂①榮公, 自少, 官守處, 未嘗干人擧薦, 其子①舜從, 守官會稽, 人或譏
其不求知者, 舜從對曰: 勤於職事, 其他, 不敢不愼, 乃所以求知也.

【6-26-①】 형공榮公의 마음이 순종舜從에 이르러서 비로소 드러났으
니, 순종舜從은 부친의 뜻을 이어받아 부친이 이루지 못한 일을 이루는
아들(能子)이라고 할 수 있고, 신하의 도리를 능히 다할 수 있는 신하(能臣)
라고 할 수 있다. "종從"은 『좌편左編』에는 "도徒"로 되어 있다.[63]

○ 榮公之心, 至舜從而始見, 舜從, 可謂能子矣, 可謂能臣矣. "從", 『左編』
作"徒".

【6-28】 선행 28장

漢鮑宣妻桓氏, 字少君. 宣嘗就少君父學. 父奇其淸苦. 故以女妻之. 將送
資賄甚盛. 宣不①悅, 謂妻曰: 少君, 生富①驕, 習美飾, 而吾實貧賤. 不敢
當禮. 妻曰: 大人, 以先生修德守約, 故使賤妾, 侍執巾櫛, 旣奉承君子, 惟
命是從. 宣笑曰: 能如是, 是吾志也. 妻乃悉歸侍御服飾, 更著短布裳, 與
宣, 共挽鹿車, 歸鄕里, 拜姑禮畢, 提甕出汲, 修行婦道, 鄕邦稱之.

【6-28-①】 지아비에게 있어서 부인은 곤도坤道이며 신도臣道이다. 지
아비는 높고 처는 낮으며, 지아비는 강하고 처는 유순하다. 그러므로 지

---

63) "從"은…… 있다: 『童蒙訓』이나 『宋名臣言行錄』 등에 이와 동일한 내용이 나온다. 여
기에서는 모두 "舜從"으로 되어 있다. 『左編』이라는 책은 어떤 책인지 알 수가 없다.
『唐氏左編』이란 책이 있었던 것으로 보이나, 이 책에 대해서도 명확한 정보가 없다.
다만 국립중앙도서관과 규장각, 그리고 성균관대학교 존경각 등에 소장된 『歷代史纂
左編』이 唐順之의 撰임을 볼 때 이것이 『左編』임을 추측할 수 있다.

아비는 제어하고 명령할 수 있고 처는 곧 앙망하는 것이다. 대저 귀한 자는 천한 자에게 교만하고 부자는 가난한 자에게 교만한 것이 사람의 일반적인 마음이다. 만일 처가 부귀를 끼고 잘난 체하면서 지아비를 향해 열모함에 반대로 하면 인륜이 어그러지고 집안의 법도가 무너지게 된다. 천하에 빈천으로써 즐거움을 삼는 사람이 없지만 그것을 얻음에 그 도로써 하지 아니하면 군자는 구차하게 취하지 않는다.[64] 예를 들어, 포자도鮑子都[65]가 (아내가) 아름답게 꾸민 것을 좋아하지 않았던 것은 곧 그 자신의 것이 아니었기 때문이다. 그러므로 이 글을 읽는 사람은 모름지기 "열悅"자와 "교驕"자를 보고 요체로 삼아야 된다. 만약 '이 사람은 부를 싫어하고 가난함을 즐긴 것이다'라고 말한다면, 어찌 사람의 보편적인 마음이겠는가?

○ 婦人之於夫, 坤道也, 臣道也. 夫尊, 而妻卑; 夫剛, 而妻柔, 故夫能制命, 而妻乃仰望者也. 夫貴者驕賤, 富者驕貧, 人之常情. 苟或妻挾富貴之餘驕, 而向夫反悅慕焉, 人倫乖, 而家道敗矣. 天下未有以貧賤爲樂者也, 然得之不以其道, 君子不苟取, 如鮑子都之不悅美飾, 卽非其有故也. 故讀此者, 須看 "悅"字・"驕"字爲要, 方得如曰斯人也, 厭富而樂貧, 則豈常情也哉?

---

64) 천하에······ 않는다: 『論語』 「里仁」에 "富와 貴는 사람들이 하고자 하는 것이나 정상적인 방법으로 얻지 않았으면 차지하지 않아야 하며, 貧과 賤은 사람들이 싫어하는 것이나 정상적인 방법으로 얻지 않았다 하더라도 버리지 않아야 한다"(富與貴是人之所欲也, 不以其道得之, 不處也, 貧與賤是人之所惡也, 不以其道得之, 不去也)라고 한 말을 가리킨다.

65) 鮑子都: ?~3. 子都는 한나라 鮑宣의 字이다. 전한 渤海 高城 사람으로 학문을 좋아했고 경전에 밝았다. 孝廉으로 천거되어 哀帝 때 두 차례 諫大夫를 지냈다. 당시 외척 戚丁과 傅氏가 총애를 받고 董賢이 신임을 받자 글을 올려 절실하게 간언하는 한편 時政을 비판했다. 나중에 司隸에 임명되었다. 승상 孔光에게 죄를 져 사형에서 한 등급 감형을 받고 삭발된 채 형구에 묶여 上黨으로 옮겨졌다. 平帝 때 王莽이 정권을 잡자 모함을 받아 투옥되자 자살했다. 平當에게 尚書歐陽氏學을 배웠고, 아들 鮑永과 손자 鮑昱이 계승하여 가학으로 이어졌다.

【6-32】 선행 32장

①**繆肜**少孤, 兄弟四人, 皆同財業, 及各取妻, 諸婦遂求分異, 又數有鬪爭
之言, 肜深懷②**忿嘆**, 乃掩戶自撾曰: 繆肜! 汝修身謹行, 學聖人之法, 將
以②**齊整風俗**, 奈何, 不能正其家乎? 弟及諸婦聞之, 悉叩頭謝罪, 遂更爲
敦睦之行.

【6-32-①】 목융繆肜이 고을의 주부主簿로 있을 때 현령縣令이 탄핵을
입어 심문을 당하게 되자, 목융도 잡혀가 채찍을 맞아 몸에 구더기가 생
겼다. 4년 뒤에 현령은 마침내 죄에서 모면되었다. 태수太守 양담梁湛이 목
융을 불러 결조사決曹史를 삼았는데 양담이 병으로 관아에서 죽자, 목융이
행상行喪하여 농서隴西로 갔다. 마침 그때 서강西羌이 반란을 일으키자 양
담의 처자는 모두 피난을 가고, 목융이 혼자 남아서 떠나지 않고 낮에는
옆에 있는 굴속에 숨고 밤에는 나와 흙을 운반하였다. 오랑캐가 평정될
무렵에 이르러 무덤을 완성하였다. 양담의 처자들은 목융이 이미 죽은
줄로만 알고 있었다가 돌아와 보고 크게 놀랐다. 관서關西지방의 사람들
이 모두 그를 칭송하고 함께 거마車馬와 의복과 재물을 보내 주었으나 목
융은 받지 않고 돌아왔다.66) 그 지조가 누가 이와 같겠는가?

○ 繆肜仕爲縣主簿時, 縣令被章見考, 拷掠肜, 至體生蛆. 四年, 令卒以免.
太守梁湛召爲決曹史¹, 湛病卒官, 送喪隴西. 會西羌叛, 湛妻子悉避亂, 肜獨
留不去, 晝隱旁窟, 夜負土. 賊平, 而墳乃立. 其妻子謂肜已死, 還見大驚. 關
西咸稱之, 共給車馬衣資, 不受而歸. 其操孰²有如此者?

1. 曹史:『小學疾書』에는 '曾事'로 되어 있다.『後漢書』원문에 의거하여 수정하여
   번역하였다.
2. 孰: 정본에는 '執'으로 되어 있으나, 원문은 '孰'자인 듯하고, 또 물음의 뜻으로
   볼 때 '孰'으로 보는 것이 타당한 듯하여, 수정하여 번역하였다.

---

66) 繆肜이⋯⋯ 돌아왔다:『後漢書』권111「繆肜傳」에 나온다.

【6-32-②】 "분탄忿歎"은 자신이 가정을 바르게 다스리지 못한 것을 스스로 분하게 여겨 한탄한 것이다. "풍속을 정돈하다"(齊整風俗)라는 것은 나라 사람들을 교육하는 것을 말한다.

○ "忿歎", 自忿己之不能正家而歎之也. "齊整風俗", 謂教成於國也.

【6-33】 선행 33장

> 蘇瓊除南淸河太守, 有百姓①乙普明兄弟, 爭田, 積年不斷, 各相援據, 乃至百人, 瓊召普明兄弟, 諭之曰: 天下難得者, 兄弟요, 易求者, 田地, 假令得田地, 失兄弟心, 如何? 因而下淚, 諸證人, 莫不灑泣, 普明兄弟叩頭, 乞外更思, 分異十年, 遂還同住.

【6-33-①】 『맹자』에서는 "문왕文王을 기다리지 않고 일어난 자는 호걸이다"라고 하였다.[67] 호걸 이하의 사람은 대체로 풍속에 물들어 마침내 천하고 악한 데로 돌아감을 면치 못하니 이것은 그 사람의 죄가 아니라 위에서 그 가르침을 잃었기에 백성이 도道로 향해 갈 수 없었던 때문이다. 공자께서 말하길, "삼군이 크게 패하여도 참해서는 안 되며, 옥사가 제대로 다스려지지 못한다면 형벌을 가해서는 안 된다"라고 하였다.[68]

---

67) 『맹자』에서는 …… 하였다: 『孟子』「盡心上」에 "문왕 같은 성군이 나와서 인도하기를 기다린 뒤에 분발하는 자는 평범한 백성이고, 만약 호걸스러운 사람이라면 비록 문왕이 없어도 분발한다"(待文王而後興者, 凡民也, 若夫豪傑之士, 雖無文王猶興)라고 하였다.

68) 공자께서 …… 하였다: 『荀子』제28「宥坐」편에서, "공자께서 노나라 사구가 되었을 때, 어느 부자가 소송을 하였다. 공자는 그들을 석 달 동안 잡아두고 판결을 하지 않다가 그 중 아버지가 소송을 취하하자 이들을 석방하였다. 계손씨가 그것을 듣고서 기뻐하지 않으면서 말하길, '이 늙은이가 나를 속였구나. 나에게 나라를 다스리는 데 반드시 효도를 중시해야 한다고 하고서는, 지금에 와서 한 사람을 죽이되 불효한 아들을 죽여야 하는데도 또한 그들을 놓아 주었구나'라고 하였다. 염자가 이 사실을 아뢰자 공자는 크게 탄식하며, '아! 윗사람이 잘못하는데도 아랫사람을 죽이면 되겠는가? 그의 백성들을 가르치지도 않고 그들에게 유죄판결을 내리는 것은 죄 없는

그러므로 부자간에 송사가 있어도 성인이 그들을 용서하심이 참으로 이유가 있어서 그렇게 한 것이다. 만약 인도함에 기술이 있어서 백성을 미혹되지 않게 하면 궁벽한 곳에 사는 서민들 가운데서라도 어찌 발연히 흥기하는 자가 없겠는가? 을보명 형제가 감화되어 행동을 고치게 된 것 같은 경우는 소경의 말이 눈물을 흘리게 하기에 충분했을 뿐만 아니라 을씨 자신의 패연한 선의 실마리를 또한 속일 수 없었기 때문이다. 그렇지 않았다면 나누인 지 10여 년 만에 혁신해서 재산을 공유할 수 있었겠는가? 하찮은 흠이 광채(본연의 선함)를 가릴 수가 없었음이니 군자가 취할 것이 있었음이랴.

○『孟子』曰: "不待文王而興者, 豪傑也." 下此率未免漸染風俗, 卒歸于賤惡, 是非其人之罪也, 上失其教, 民不向道故也. 子曰: "三軍大敗, 不可斬也; 獄犴不治, 不可刑也." 是以父子有訟, 聖人赦之, 良有由然也. 苟導之有術, 俾民不迷, 則側陋之中, 豈無勃然興者哉? 若乙普明之感化改行, 不但蘇瓊之言有足惻怛, 乙氏之沛然善端, 亦不可誣矣. 不然, 十年之餘, 其能革新而同財乎? 瑕不掩瑜, 君子有取乎!

【6-35】 선행 35장

晉右僕射③鄧攸, 永嘉末, 沒于石勒, 過泗水, 攸以牛馬, 負妻子而逃, 又遇賊, 掠其牛馬, 步走, 擔其兒及其弟子綏, 度不能全, 乃謂其妻曰: 吾弟早亡, 唯有一息, 理不可絶. 止應自棄我兒耳. 幸而得存, 我後當有子. 妻泣

백성을 죽이는 것이다. 대군이 전쟁에서 크게 패하더라도 병사들을 참해서는 안 되며, 옥사를 제대로 다스리지 못한다면 사람들에게 형벌을 가해서는 안 된다. 그 죄가 백성들에게 있는 것이 아니기 때문이다'라고 하였다"(孔子爲魯司寇, 有父子訟者, 孔子拘之, 三月不別. 其父請止, 孔子舍之. 季孫聞之, 不說, 曰: '是老也欺予. 語予曰: 爲國家必以孝. 今殺一人以戮不孝! 又舍之.' 冉子以告. 孔子慨然歎曰: '嗚呼! 上失之, 下殺之, 其可乎? 不教其民, 而聽其獄, 殺不辜也. 三軍大敗, 不可斬也; 獄犴不治, 不可刑也, 罪不在民故也') 하였다.

而從之, 乃棄其子而去之, 卒以無嗣. 時人, 義而哀之, 爲之語曰: 天道無
知, 使①鄧伯道, 無兒. ②弟子綏 服攸喪三年.

【6-35-①】 등백도鄧伯道가 조카에 대해서는 후하게 하고 자식에게는
박하게 하였다. 설령 사람들이 이와 같은 일을 만났을 경우에, 부자간의
의와 숙질간의 의 가운데 하나도 버릴 수 없다고 여겨 (둘 다) 부둥켜안고
가다가 불행하게도 전몰해서 함께 죽었다고 해도 누가 감히 "의롭게 처
신함에 밝지 못했다"고 하겠는가? 이것으로써 등백도가 지극한 당연함을
얻지는 못했다는 것을 알 수 있다. 본전本傳을 살펴보면, 그 아들이 다음
날에 쫓아오자 (나무에) 매어 놓고 떠났다고 하였는데, 다음 날에 쫓아왔
다면 아이가 아주 어린 것이 아니었으며, 작은 아이가 다음 날에 쫓아올
수 있었다면 또한 곤박하기가 아주 다급한 상황은 아니었다. 혹 내 힘으
로 모두 구할 수 없었다면 그가 따라오도록 맡겨 두면 될 것인데, 굳이
움직이지 못하게 결박하여 반드시 죽게 만든 것은 등백도가 직접 아들을
죽인 것이니, 어떻게 그것을 차마 했단 말인가?[69]

○ 鄧伯道於姪則厚, 而於子則薄. 設人遇如此事, 以爲父子叔姪義不可一舍.
扶抱而行, 不幸全沒共死, 則誰敢曰"處義不明"? 以此知伯道之不得爲至當
也. 今按本傳, 其子次日猶追及, 乃繫而去, 次日追及, 則兒非孩提之稚也.
以小兒能追及於次日, 則又非困迫之急也. 吾力或不能竝濟, 則任其跟隨, 足
矣. 而必繫縛不動, 使之必死, 是伯道躬殺之也, 何其忍也?

【6-35-②】 수綏가 삼년상을 입는 것은 지극한 법도가 아니다. "선왕

---

69) 本傳을…… 했단 말인가?: 本傳은 『晉書』권90 「鄧攸列傳」을 말한다. 여기에 보면, "……
妻泣而從之, 乃棄之. 其子朝棄而暮及, 明日攸繫之於樹而去……"라고 하였다. 이에 대해 朱
熹는 『朱子大全』권35 「與劉子澄書」에서 이 일에 대해 "자식을 나무에 매어 놓고 간 일은
너무 심한 일인 듯하니, 이런 일은 마땅히 제거하는 것이 좋겠다. 만약 그 일을 다 제거
할 생각이 없다면, 자식을 버린 앞부분의 이야기만 제거해도 좋겠다"라고 하였다.

이 제정한 예법은 지나치게 해서는 안 된다"고 했다.[70] 기분에 따라 성급하게 행하는 것은 군자가 부끄러워하는 것이다.[71] 그러므로 스승은 낳아 주신 것과 똑같아[72] 아버지를 잃은 것과 같은데도 복服을 입지 않고, 어머니는 아버지와 동일하지만 혹 (아버지가 계실 때에는) 압축하여 일 년 복服에 그쳐 제도에서는 한계를 두지만 오히려 그 심상心喪을 펴는 것은 허락한다.[73] 심상心喪이라는 것은 펼 만한 데에 펴는 것이니, 뛰면서 통곡하고 훼손될 정도로 슬퍼하는 절도가 비록 상복을 입지는 않아도 입은 것과 같이 한다. 수綏에게 있어서 작은아버지는 그 은혜가 과연 스승과 어머니보다 나음이 있었는가? 친소親疎 관계로 본다면 기년복을 입고 은혜로 본다면 심상心喪을 하면 되는데, 인정(情)을 어디에서 펼 수 없어서 꼭 복을 더하고자 하였는가? 만약 더할 수 있는 것이라면, 사람이 스승과 어머니에 대해 대체로 너무 박한 것이다. 무엇으로써 그것을 증명할 것인가? 등백도는 수綏에게 있어서는 아버지의 길을 갔으니, 비록 아버지와 같은 복服을 입는다고 할지라도 아마 크게 놀라지 않을 것이다. 그런데 만약 유攸가 형이고 수綏가 아우였거나, 유攸가 조카이고 수綏가 작은아버지였다면 (攸가 綏에 대해 父道를 행했다고 해서) 수綏가 유攸를 위하여 복服을 입는

---

70) 선왕이…… 했다:『詩集傳』表冠 序에, "子夏三年之喪畢……先王制禮不敢不及. 夫子曰, 君子也. 閔子騫三年之喪畢……先王之禮, 不敢過也. 夫子曰君子也."라고 하였다.

71) 기분에…… 것이다:『歟冠子』「著希」편에 "夫義, 節欲而治, 禮, 反情而辨者也. 故君子弗徑情而行也."라고 하였다.『歟冠子』는 현재 국립중앙도서관을 비롯하여 서울대학교 규장각, 그리고 각 대학 도서관에 다수 소장되어 있다.

72) 스승은 낳아 주신 것과 똑같아:『國語』「晉語」에, "사람은 세 분 덕에 사니, 이들을 섬기기를 한결같이 하여야 한다. 아버지는 나를 낳아 주시고, 스승은 나를 가르쳐 주시고, 임금은 나를 먹여 주셨으니, 아버지가 아니면 태어나지 못하고, 임금이 먹여 주지 않으면 자라지 못하고, 스승이 가르쳐 주지 않으면 알지 못하니 낳아 주신 것과 똑같다"(民生於三, 事之如一. 父生之, 師敎之, 君食之, 非父不生, 非食不長, 非敎不知, 生之族也)라고 한 데서 온 것이다.

73) 스승은…… 허락한다:『家禮』「喪禮」 '成服'章의 註에서 楊復이 "心喪은 삼 년이다.『의례』를 살펴보면 '아버지가 살아 있는 상태에서 어머니를 위해 기년복을 입는다'라고 하였는데, 그 주에서 '자식이 어머니에 대해서는 비록 아버지에게 壓屈되어 기년복을 입지만 심상은 삼 년으로 같다'고 하였다"라고 하였다.

것을 또한 아버지와 같게 할 수 있었겠는가? 다른 경우에는 모두 그렇게 하지 않으면서 오직 작은아버지에게만 그렇게 행하는 것이라면, 수緩가 복服을 입은 것은 (攸가) 작은아버지이기 때문이지 단지 은혜 때문만이 아님을 알 수 있다. 무릇 형제와 숙질 사이에 자식을 키우듯 노심초사하여(恩勤)[74] 온전히 일으켜 세운 것을 부자관계와 마찬가지로 보는 것이 무슨 한계가 있겠는가마는, 아마도 한결같이 3년 복服을 입어서는 안 될 것 같다. 다만 등백도가 자식을 죽이고 조카를 보전한 것은 일반적인 정서와는 차이가 있고 어려운 일이라 하지 않을 수 없다. 그러므로 수緩 또한 상식적이지 않은(非常한) 복服으로 그것을 갚은 것이다. (옛일을) 논한 자들은 그것을 당연하다고 여기며, 비난하는 자는 아직 보지 못하였다. 그러나 수緩가 온전하게 된 것은 지극한 은혜이지만 다만 그 온전함을 얻게 된 것에 대해서만 보답하면 된다. 유攸가 아들을 죽였는지의 여부와 같은 것은 마땅히 논할 바가 아니다. 어째서인가? 여기서 두 사람이 있는데, 모두 숙질 사이로서 난을 피하다가 한 사람은 등백도(攸)와 수緩가 한 바와 같이 하고, 한 사람은 자식이 없어 조카에게 오로지 하여, 모두 삶을 보전할 수 있었는데, 만약 한쪽은 상복을 입고 한쪽은 상복을 입지 않았다면, 이것은 그 아들을 죽인 것에 복을 입는 것이고, 자신을 온전하게 보전해 준 것에 복을 입는 것이 아닌 것이 되니, 의리상 이미 해침이 있는 것이다. 또 혹 모두 3년이 옳다면 무릇 어려서 부모(怙恃)[75]를 잃어 숙질형제간에 길러지고 온전함을 입은 자는 그에게 있어서 그 은혜가 어찌 난에서 도망치는 상태의 아래에 있는 것이겠는가? 그렇다면 무릇 세상에 힘을 빌려 온전함을 얻은 자는 도도하게 (모두) 3년의 상복을 입게 될 것이니

---

74) 자식을 키우듯…… (恩勤): 어버이가 노심초사하며 자식을 키우는 것을 형용하는 말이다. 『시경』 「鴟鴞」에 "사랑하고 애쓰면서 자식들을 키우느라 노심초사했느니라"(恩斯勤斯, 鬻子之閔斯)라는 말이 나온다.

75) 부모(怙恃): '怙恃'는 '부모'를 가리킨다. 『詩經』 「蓼莪」에 "아버지 아니시면 누구를 의지하며, 어머니 아니시면 누굴 믿을까"(無父何怙, 無母何恃)라는 말에서 근거한 것이다.

옳겠는가? 또 살펴보건대 주석에 "삼년상의 복을 입는 것은 아버지의 상
喪과 동일하게 한 것이다"라고 하였는데,[76] 내가 생각건대 비록 3년이어
도 다만 자최를 편 것이다.[77] 마치 조무趙武가 정영程嬰에 대해서 자최를
넘어서지 않은 것과 같다.[78] 만약 참최복을 두 번 입은 것이라면 더욱
불가하다.[79]

○ 綏之服喪三年, 非其至也. 先王制禮, 不敢過也. 徑情直行, 君子恥之, 故
師者生之族也, 而若喪父而無服; 母者同於父也, 而或壓而止於期, 限於制而

---

76) 주석에…… 하였는데: 『晉書』「良吏列傳」에 대한 주석에, "僕射, 官名. 攸, 字伯道, 平陽
人. 永嘉, 懷帝年號. 石勒, 胡人, 僭據自立, 爲後趙. 泗水, 在淮北. 熊氏曰: 旣不能兩全, 則寧
棄己之兒, 毋絶亡弟之後, 卒以無子, 命也. 時人, 義而哀之, 爲之語曰: 天道無知, 使鄧伯道,
無兒! 弟子綏服攸喪三年. 義者, 義其能存姪也. 服喪三年, 如喪父也."라고 하였다.

77) 비록…… 것이다: 아버지의 상에는 斬衰三年복을 입는 것이 원칙이다. 그러나 綏는
여기에서 斬衰가 아닌 齊衰 3년복을 입었다는 것이 성호의 생각이다. 참고로 고대의
喪服은 친인척과의 촌수에 따라 5등급으로 구분된다. 斬衰, 齊衰, 大功, 小功, 緦麻의
五服이다. 예를 들어 아버지가 돌아가셨을 때는 참최를 입고 삼년상을 치르며, 어머
니 등이 돌아가셨을 때는 바로 아래 등급인 자최를 입고 삼년상을 치르며, 高祖父母
등이 돌아가셨을 때는 시마를 입고 3월상을 치른다. 자최는 五服의 하나로 거친 베
로 만들되 아랫단을 좁게 접어서 꿰맨 喪服이다. 아들이 繼母나 慈母의 喪에는 3년을
입고, 조부모상과 아내상에는 1년을 입는데, 이를 자최기년복이라 한다.

78) 마치…… 것과 같다: 『史記』 권43 「趙世家」에 보이는데, 春秋시대 晉나라 趙朔이 屠岸
賈에게 滅門의 화를 당하였는데, 이때 조삭의 부인이 임신한 몸으로 궁중에 숨어서
유복자를 낳았다. 조삭의 문객 公孫杵臼라는 사람이 조삭의 친구인 程嬰과 더불어
조삭의 아이를 보전할 것을 의논하여, 정영에게는 조삭의 진짜 아들을 안고 산중에
도피하여 화를 면하게 하고, 공손저구 자신은 다른 사람의 嬰兒를 데리고 거짓 조삭
의 아이라고 위장하여 산중에 숨어 있으면서 정영에게 자신을 도안가에게 밀고하게
하였다. 그리하여 공손저구 자신은 다른 사람의 아이와 함께 도안가에게 잡혀 살해
당하고, 조삭의 진짜 아이는 정영에 의해 무난히 목숨을 보전하게 되었다. 경공 15
년 韓厥의 주선으로 그 아이를 趙氏의 후계자로 삼으니 바로 趙武이다. 정영은 조무
가 관례식을 올리던 날 공손저구의 죽음에 보답하기 위하여 자살하였다. 정영이 죽
으매 조무가 자최 3년의 복을 입어 그 은공을 보답하였다.

79) 참최복을…… 불가하다: 『儀禮』「喪服」의 '不杖期'條에 이르기를, "남의 後嗣가 된 사
람이 소생 부모를 위하여 보답하는 것이다" 하였는데, 이에 대한 子夏의 傳에 이르기
를, "어찌하여 期服을 입는가? 斬衰를 두 번 입을 수 없기 때문이다. 어찌하여 참최를
두 번 입을 수 없는가? 大宗을 받드는 사람은 小宗을 降殺해야 되기 때문이다"(爲人後
者爲其父母報. 子夏傳曰: 何以期也? 不貳斬也. 何以不貳斬也? 持重大宗者, 降其小宗也)라고
하였다.

猶許伸其心喪. 心喪者, 可伸而伸之, 哭踊哀毀之節, 雖不服, 如服也. 綏之
於叔, 其恩果有愈於師與母乎? 以親, 則服期; 以恩, 則心喪, 情何所不伸, 而
必欲加其服乎? 使其可加, 則人之於師與母, 槪已薄矣. 何以明之? 攸之於綏,
父道也. 雖或服之如父, 疑若不甚駭. 設或攸兄而綏弟·攸姪而綏叔, 綏之服
攸, 亦可得如父乎? 他皆不然, 而惟於叔行之, 則可見綏之服以叔故也, 非直
爲恩也. 凡兄弟叔侄, 恩勤扶全, 視同父子者, 何限? 恐不可一是服三年也. 但
攸之殺子全姪, 逈異凡情, 莫不以爲難. 故綏亦以非常之服報之. 尙論者以爲
當然, 未見有譏議之至. 然綏之得全者, 至恩也, 只報其得全, 可矣. 若攸之殺
子與否, 則非所宜[80]論也. 何也? 此有二人, 皆叔姪, 逃亂, 其一人則如攸與
綏之所爲, 其一人則無子而專於姪, 均至保活, 苟若一服, 而一不服, 則是服
其殺子, 非服其全[81]已也, 於義不已害乎? 又或皆可三年也, 則凡幼失怙恃,
叔姪兄弟之間, 鞠育而賴全者, 彼其恩, 豈盡在逃亂之下哉? 然則凡世之藉力
得全者, 滔滔可服三年矣, 而可乎? 又按, 註云: "喪三年, 如喪父也." 愚謂,
雖三年, 而只伸齊衰焉耳. 如趙武之於程嬰, 不過齊衰. 若貳斬, 則尤不可.

【6-35-③】 살피건대, 『원경元經』[82)]에 "영가永嘉 때에 유攸가 하동태수
가 되었는데, 석륵石勒의 모함을 받아 도망하여 고향으로 돌아갔다"[83)]고
한다. 등유鄧攸가 신하가 되어 강역疆域을 위해 목숨을 바칠 수 없고 구차
하게 도망하여 죽음을 면했으니, 이는 그 자신이 선한 도道를 죽음으로
지키지 못한 것이다. 어찌 자식에게만은 그것을 차마하여 여기에 이르렀
던가?

---

80) 宜: 성호기념관본·화경당본에는 '異'로 되어 있다.
81) 全: 화경당본에는 '專'으로 되어 있다.
82) 『元經』: 隋나라 王通(584~617)이 공자의 『春秋』를 모방하여 지은 책이다. 총 10권으
로 『춘추』의 체제에 따라 애공 14년(B.C.481) 獲麟 이후 北魏에 이르기까지 연도별로
사건을 기록하였고 이 책은 『사고전서』 史部 編年類에 실려 있다. 이 책은 당나라
薛收가 「傳」을 붙이고, 宋나라 阮逸이 注를 하였는데, 우리나라에는 국립중앙도서관
등에 『元經薛氏傳』이라는 제목으로 소장되어 있다. 郭璞이 지은 『元經』과는 구분된
다. 이 책도 국립중앙도서관 등에 소장되어 있다.
83) 永嘉 때에…… 돌아갔다: "鄧攸字伯道, 襄陽人, 永嘉時, 爲河東太守, 陷於石勒, 逃歸. 元帝
時, 爲吳郡太守, 入拜侍中, 久之遷尙書右僕射,……."라는 글이 『元經』 권4에 실려 있다.

○ 按『元經』, "永嘉時, 攸爲河東太守, 陷于石勒, 逃歸." 攸爲臣不能死封疆, 苟焉逃免, 是於其身不得爲守死善道者也. 何獨忍於子至此?

【6-36】 선행 36장

晉咸寧中, 大疫, ①庾袞二兄, 俱亡, 次兄毗, 復危殆, 癘氣方熾, 父母諸弟, 皆出次于外, 袞獨留不去, 諸父兄, 强之. 乃曰: 袞性不畏病. 遂親自扶持, 晝夜不眠, 其間, 復無柩, 哀臨不輟, 如此十有餘旬, 疫勢旣歇, 家人乃反, 毗病得差, 袞亦無恙. 父老咸曰: 異哉! 此子. 守人所不能守, 行人所不能行, 歲寒 然後, 知松柏之後凋, ②始知疫癘之不能相染也.

【6-36-①】 살피건대, 『자치통감강목資治通鑑綱目』에 "영천처사 유곤庾袞[84]이 제왕齊王 경冏이 기년期年이 되도록 조회하지 않았다는 것을 듣고 탄식하기를 '진나라 왕실이 비루해졌도다. 장차 화란이 일어나리라' 하고 처자를 거느리고 임려산林慮山 속으로 도망하였다"고 하였다.[85] 그런즉 골육지간에 은혜를 생각함이 지극했을 뿐만 아니라 그는 난세에 살면서 기미에 밝고 몸을 보존하는 지혜도 또한 충분했다.

○ 按,『綱目』云: "穎川處士庾袞, 聞齊王冏期年不朝, 歎曰: '晉室卑矣, 禍亂將興.' 帥妻子, 逃於林慮山中." 然則不但骨肉之間, 恩義之至, 其居亂世, 炳幾存身之智, 亦足多也.

【6-36-②】 유곤庾袞이 역병에 감염되지 않은 것은 곤의 행운이다. 곤은 자신이 전염되지 않을 것을 믿어서 그처럼 행동한 것이 아니었다. 그

---

84) 庾袞: 晉나라 鄢陵人. 자는 叔褒로 明穆王后의 伯父이다. 검근하고 학문이 도타우며 성품은 매우 효성스러웠다. 『晉書』, 권88.

85) 『資治通鑑綱目』에…… 하였다: 『자치통감』 권84에 이와 같은 내용이 나온다. 다만 '齊王'이란 부분은 빠져 있다.

마음속으로 '형제로서 서로 구원하는 것은 마땅히 해야 할 일'이라고 여겨 오직 의義만 따라 행하고 그 감염되고 감염되지 않고는 생각하지 않았다. 만약 평상시에 소원한 관계의 사람이었다면 곤袞은 분명 피해서 도망하였을 것이다. 부로父老들의 말은 다만 곤의 특별한 행동을 보고 감격하여 칭찬하여 말한 것일 뿐이다.

○ 庾袞之不染疫癘, 袞之幸也. 袞者非信其不染而行之如此也. 其心曰: '兄弟而相救, 義也.' 惟義而行, 不計其染不染也. 若尋常疏遠之人, 則袞必避以逃之矣. 父老之言, 特以袞有異行, 而感激稱歎云爾.

【6-36-③】 『주자대전』「우독만기偶讀謾記」를 살펴보면, 이러한 이야기가 있는데,[86] 참고할 만하다. 다만 유빈지劉賓之가 군郡 안을 두루 다니며 진맥을 한 것 같은 것들은 실로 지나친 면이 있다. 다시 상고해 봐야 한다.

○ 按『朱子大全』「偶讀謾記」, 有此說, 可考. 但如劉賓[87]之遍走郡中診脈之類, 實有過, 當更詳之.

【6-37】 선행 37장

①楊播, 家世純厚, 並敦義讓, 昆季相事, 有如父子, ①椿津恭謙, 兄弟旦則聚於廳堂, 終日相對, 未嘗入內, 有一美味, 不集不食. 廳堂間, 往往幃幔隔障, 爲寢息之所, 時就休偃, 還共談笑. ③椿年老, 曾他處醉歸, 津扶

---

86) 『朱子大全』…… 있는데: 『朱子大全』권71「偶讀謾記」에 "劉賓之(劉夙)가 永嘉에서 벼슬하고 있을 때, 郡 가운데 역질이 크게 돌았다. 빈지는 날마다 두루 돌아다니면서 보고, 직접 진맥을 하면서 체온이 높은지 낮은지를 살폈다. 사람들에게 약과 음식을 주고서 일이 끝난 다음에야 떠나면서도 다시 손을 씻지도 않아서 사람들이 어려운 일이라고 생각했다. 후에 모두 아무런 병이 없었다고 한다"(劉賓之官永嘉時, 郡中大疫. 賓之日徧走視, 親爲診脈, 候其寒溫. 人與藥餌, 訖事而去, 不復盥手, 人以爲難. 後皆無恙云)라는 기록이 있다.
87) 賓: 규장각본(가)에는 글자가 탈락되어 있다. 규장각본(나)·성호기념관본·화경당본·국중본에는 비어 있다. 『晦庵集』에 따라 보충한다.

持還室, 假寢閤前, 承候安否. ①**椿津**, 年過六十, 並登台鼎, 而津常旦莫
(暮)參問, ②**子姪, 羅列階下**, 椿不命坐, 津不敢坐. 椿每近出, 或日斜不
至, 津不先飯, 椿還然後, 共食, 食則津親授匙箸, 味皆先嘗, 椿命食然後
食. 津爲肆州, 椿在京宅, 每有四時嘉味, 輒因使次, 附之, 若或未寄, 不先
入口. 一家之內, 男女百口, 緦服同爨, 庭無間言.

【6-37-①】 살피건대, 『자치통감강목』에, 양파楊播[88])는 강직하고 굳세
고[89]) 동생 양춘楊椿[90])과 양진楊津[91])은 겸손하고 공손하였다. 한 가문에서
일곱 태수太守와 32자사刺史를 배출하였다. 뒤에 양춘과 양진은 이주세륭爾
朱世隆[92])에게 피살되어 온 집안에 남은 사람이 없었고, 양진의 아들 양음楊
愔만이 도망할 수 있었다.[93]) 위魏나라 말기는 혼란이 매우 극심했지만, 양
씨는 오히려 사랑과 총애가 쉬지 않았는데, 종족이 멸문당하는 지경에 이
르렀으니,[94]) 그 지혜가 많다고 할 수는 없다.

---

88) 楊播: ?~513. 字는 延慶, 또는 元休이다. 弘農華陰人이다. 楊懿의 아들이다. 北魏 孝文
帝에게 '元休'라는 字를 받았다. 두 차례 柔然國을 토벌하였는데, 모두 크게 이겼다.
『魏書』에 「楊播傳」이 있다.

89) 강직하고 굳세고: 發强剛毅의 준말로, 임금의 성덕을 형용한 말이다. 『中庸章句』 제31
장에 "오직 천하에서 지극히 성스러운 사람만이……강하고 꿋꿋하게 붙잡아 줄 수
가 있다"(唯天下至聖,……發强剛毅, 足以有執也)라고 하였다. 또 『論語』 「子路」에서는
"강하고 굳세고 질박하고 어눌한 것이 인에 가깝다"(剛毅木訥, 近仁)라고 하였다.

90) 楊椿: 자는 延壽이고, 楊播의 동생이다. 豫州·濟州·梁州의 자사 등을 두루 지냈는데,
갑자기 병에 걸려 고향인 華陰으로 돌아갔다가 이듬해 爾朱天光에게 화를 당하였다.
『北史』, 권41, 「楊椿列傳」.

91) 楊津: 자는 羅漢, 시호는 孝穆이다. 벼슬은 岐州·華州·定州 등의 자사를 거쳐 中軍大
都督·司空에 이르렀다. 『魏書』, 권58; 『北史』, 권41.

92) 爾朱世隆: 500~532. 字는 榮宗이고 爾朱榮의 堂弟이다. 爾朱榮이 北魏 孝莊帝에게 피살
되자, 이주세륭 형제와 爾朱兆 등은 사면에서 나란히 도성을 공격하고, 후에 爾朱度律
등과 함께 長廣王 元曄를 황제로 추대하였다. 세륭은 開府儀同三司·尙書令·樂平郡王
에 제수되었고, 太傅·行司州牧이 더해졌으며, 邑 5천 호를 더해 주었다. 河陽에 이르
러 이주조와 함께 회합하였다. 張歡이 기마병을 이끌고 와서 세륭을 잡아서 목을
베었는데, 나이가 겨우 33세였다.

93) 『자치통감강목』에…… 있었다: 『자치통감』 권155 「梁紀」 11에 이와 같은 기사가 보
인다.

○ 按, 『綱目』, 播剛毅, 弟椿·津謙恭. 一門, 七太守, 三十二刺史. 後椿·津爲爾朱世隆所殺, 闔門無遺, 惟津子惇得漏. 蓋魏之末, 殽[95]亂之極矣, 楊氏猶戀寵不休, 至於丹宗, 其智不足多也.

【6-37-②】 정자가 말하기를 "군신君臣은 의리로 합하며, 귀천이 있기 때문에 당 아래에서 절을 한다. 부자는 은혜를 위주로 하며, 높고 낮음은 있으나 귀천이 없기 때문에 당 위에서 절을 한다. 며느리와 시부모 역시 의리로 합하며 귀천이 있으므로 당 아래에서 절함이 예이다"라고 하였다.[96] 그렇다면 당부인唐夫人이 섬돌 아래에서 절한 것[97]은 곧 예에 합당하지만 양씨 가문의 아들과 조카들이 계단 아래에서 참렬參列한 것은 지나침에 해당되는 것이다. 그러나 『의례』「사혼례士昏禮」에 "며느리가 시부모님을 뵐 적에 조계阼階[98]에 자리를 깔면 시아버지가 자리에 나아가고 방 바깥에 남쪽을 보도록 자리를 깔면 시어머니가 자리에 나아가는데, 며느리는 서쪽 계단으로 올라가 절을 올린다"라고 하였다.[99] 그렇다면 며

---

94) 종족이…… 이르렀으니: 원문은 '至於丹宗'인데, 그 뜻이 명확하지 않다. 문맥 상 이렇게 해석했다. 丹宗을 정본에서는 인명으로 처리하였지만 역시 명확하지 않다.

95) 殽: 규장각본(가)에는 '殺'로 되어 있다. 규장각본(나)·화경당본에 따라 바로잡는다.

96) 정자가…… 하였다: 『二程遺書』 권18-246에 동일한 내용이 보인다.

97) 唐夫人이 섬돌 아래에서 절한 것: 『小學』「善行」편 17에, "柳玭曰, 崔山南, 昆弟子孫之盛, 鄕族罕比, 山南曾祖王母長孫夫人, 年高無齒, 祖母唐夫人, 事姑孝, 每旦櫛縱笄, 拜於階下, 卽升堂, 乳其姑, 長孫夫人, 不粒食數年而康寧."라고 한 구절이 있는데, 성호가 본문의 "子姪, 羅列階下"를 말하기 위해 인용한 것이다.

98) 阼階: 동쪽 섬돌을 말한다. 남향의 집에서 주인이 오르내리면서 손님을 맞고 전송하는 동쪽 섬돌이다. 서쪽 섬돌은 賓階라 하여 손님이 오르내린다.

99) 『儀禮』「士昏禮」에…… 하였다: 『儀禮』「士昏禮」에, "일찍(夙) 일어나 신부는 목욕하고, 머리카락을 싸매고, 비녀를 꽂고, 宵衣를 입고, 뵙기(見)를 기다린다. 날이 밝으면(質明), 찬자가 신부를 인도하여 시부모를 뵙게 한다. 조계에 자리를 깔면, 시아버지는 자리에 나아간다. 방 밖에 자리를 깔아 남향하게 하면, 시어머니는 자리에 나아간다. 신부가 대추와 밤이 담긴 상자(笲)를 들고 문으로 들어가 서계로 올라가 앞에 나아가 절을 하고, 자리에 놓는다"(夙興, 婦沐浴纚笄, 宵衣以竢見. 質明, 贊見婦于舅姑, 席于阼, 舅卽席. 席于房外, 南面, 姑卽席. 婦執笲棗栗, 自門入, 升自西階, 進拜奠于席)라는 내용이 있다.

느리가 시부모에 대해서 또한 당 아래에서 절하는 전례가 없다. 정자의 말이 무엇을 참고한 것인지 알지 못하겠다.

○ 程子曰: "君臣以義合, 有貴賤, 故拜於堂下; 父子主恩, 有尊卑, 無貴賤, 故拜於堂上; 若婦於舅姑, 亦是義合, 有貴賤, 故拜於堂下, 禮也." 然則唐夫人拜於堦下, 卽合禮, 而楊家子姪參於堦下者, 涉乎過矣. 然「士昏禮」: "婦見于舅姑, 席于阼; 舅卽席, 席于房外南面; 姑卽席, 婦升自西階進拜." 然則婦於舅姑, 亦無堂下拜之例矣. 程子之說, 未知何考.

【6-37-③】 양춘楊椿은 태보太保로서 치사하였다. 금주今註에서 "사도司徒"라고 하였는데[100] 옳지 않다.

○ 椿以太保致仕. 今註謂"司徒", 非是.

【6-38】 선행 38장

> 隋吏部尙書①牛弘弟弼, 好酒而酗, 嘗醉, 射殺弘駕車牛, 弘還宅, 其妻迎謂弘曰: 叔射殺牛. 弘聞, 無所怪問, 直答曰: 作脯. 坐定, 其妻又曰: 叔射殺牛, 大是異事. 弘曰: 已知. 顔色自若, 讀書不輟.

【6-38-①】 우홍牛弘은 형제에게 잘 하였을 뿐 아니라 그 사람들을 진

---

100) 今註에서…… 하였는데: 『小學集說』의 진호의 주에 "台鼎은 三公의 칭호이니, 별에 삼태성이 있고 솥에 세 발이 있는 것과 같아서이다. 양춘은 司徒가 되었고, 양진은 司空이 되었으므로 함께 태정에 올랐다고 한 것이다"(台鼎, 三公之稱, 如星之有三台, 鼎之有三足也. 椿爲司徒, 津爲司空, 故曰並登台鼎)라고 하였다. 『소학제가집주』「增註」에서도 이를 그대로 인용하고 있다. 또 三公은 周에서는 太師·太傅·太保를 말하고, 漢에서는 太尉·司徒·司空을 지칭하는 것인 만큼, 원래의 의미에서는 크게 벗어난 것으로는 볼 수 없다. 그러나 『北史』 권41 「열전 29·양파열전」을 살펴보면, 양춘은 建義 元年(北魏 528)에 司徒가 되었고, 永安(중국 남북조시대 북위의 효장제 때 사용한 연호, 528~530) 초기에 太保가 되었다. 이것으로 보면 성호의 설명은 「열전」에 근거한 것으로 보인다.

정시키는 도량이 이와 같이 컸으니, 소리와 안색을 변동시키지 않아도 모든 괴이한 것이 모두 사라져서 저절로 안정되게 된 것이다. 일반 사람들은 혹 이러한 일을 만나면 비록 집안사람들을 꾸짖고 형제의 편을 들어서 일시의 이목을 즐겁게 하였을 것이지만, 그럴지라도 이러한 사람은 또한 머물러 있기를 참지 못하고 마침내 나쁜 말을 해서 틈이 벌어지고 행동을 바꾸어 은혜로운 뜻을 지키지 못하게 된다. 우홍牛弘과 같은 사람은 본보기로 삼을 만하다.

○ 牛弘不但善兄弟, 蓋其鎭物雅量如此, 則聲色不動, 百怪都滅, 自底於謐寧之地. 凡人或遇此等事, 雖詆喝家人, 加意兄弟, 以快一時之耳目, 這樣人又不耐住, 畢竟讒隙易行, 恩義不終. 若弘者, 可以爲法.

【6-40】 선행 40장

司馬①溫公, 與其兄①伯康, 友愛尤篤, 伯康, 年將八十. 公奉之如嚴父, 保之如嬰兒, 每食少頃, 則問曰: 得無饑乎, 天少冷, 則拊其背曰: 衣得無薄乎.

【6-40-①】 살피건대, 본전에는 "온공溫公의 형의 이름은 단旦이고 나이가 80세" 운운 하였다.[101] 「온공신도비溫公神道碑」에는 "아들의 이름이 강康"이라고 되어 있고,[102] 『명신록名臣錄』에는 "사마강司馬康의 자는 공휴公休이고, 문정공文正公(司馬光)의 아들이다"라고 하였다.[103] 『소학』에 실려 있는 내용은 『범태사집范太史集』에 나오는 것인데, "그 형 백강伯康과 함께"

---

101) 본전에는…… 하였다: 『宋史』권336 「司馬光列傳」에는 "其兄旦, 旦年將八十."이라고 하였다.
102) 「溫公神道碑」에는…… 되어 있고: 『唐宋八家文』권24에 실려 있는 蘇軾이 지은 「사마온공신도비」에는 "子三人, 童·唐皆早亡, 康, 今爲秘書省校書郞."이라고 되어 있다.
103) 『名臣錄』에는…… 하였다: 『宋名臣言行錄』후집 권7 「司馬康」조에 동일한 내용이 보인다.

라고 하였다.104) 그렇다면 이름이 '단旦'이고 자가 '백강伯康'인 것일까? 주에서 "이름이 강康"이라고 한 것은 잘못이다.105) 혹자는 "단旦의 자는 소원昭遠이다"라고 했다.106)

○ 按, 本傳: "溫公兄名旦, 年八十云云." 「溫公神道碑」: "子名康." 『名臣錄』云: "司馬康, 字公休, 文正公之子." 『小學』所載, 卽出『范太史集』, 而云 "與其兄伯康", 然則名旦而字伯康者耶? 註云"名康", 誤矣. 或云, 旦字昭遠.

【6-41】 선행 41장

> 惟晁氏, 因以道申戒子弟, 皆有法度, 群居相呼, 外姓尊長, 必曰: 某姓第幾叔若兄, 諸姑尊姑之夫, 必曰: 某姓姑夫, 某姓尊姑夫, 未嘗敢①呼字也, 其言父黨交游, 必曰: 某姓幾丈, 亦未嘗敢呼字也, 當時故家舊族, 皆不能若是.

【6-41-①】 이름으로써 몸을 바르게 하고, 자字로써 덕을 표출한다.107) 자를 부르는 것은 그 이름을 높이려는 것이다. 옛날에 손자가 조부와 부친의 사당에서 으레 자字를 칭했는데, 예를 들자면 『의례』에 실려 있는 것이 그것이다.108) 제자가 스승에 대해서도 또한 자字를 칭하였는데,

---

104) 『范太史集』에…… 하였다: 范曄의 『范太史集』 권36에 「和樂庵記」에 이와 동일한 내용이 보인다.

105) 주에서…… 잘못이다: 『小學集說』의 註에서 "吳氏曰: 公兄, 名康, 字伯康."이라고 하였다. 이 주석에 따르면, 형이 이름이 '康'이지만 '康'은 사마광의 아들의 이름이다.

106) 혹자는…… 한다: 宋나라 때 魏了翁이 撰한 『經外雜鈔』에 "溫公之子, 名康, 其兄太常少卿, 字昭遠."이라고 하였다.

107) 이름으로써…… 표출한다: 『顔氏家訓』 권2 「風操」에 "옛날에는 이름은 그 사람의 몸을 바로 지칭하는 것이고, 자는 그 사람의 덕을 드러내는 것으로, 이름은 그 사람이 죽고 나면 휘하였으나, 자는 이에 그 자손의 성씨로도 쓸 수 있었다"(古者, 名以正體, 字以表德, 名終則諱之, 字乃可以爲孫氏)라고 하였다.

108) 『儀禮』에…… 그것이다: 『의례』 권44 「特牲饋食禮」에 "주인이 筮者에게 점칠 내용을

맹자가 중니仲尼라고 칭한 것이 이것이다.109) 중세에 이르러 원종袁種은 그 숙부의 자를 '사絲'라고 하였고, 왕단王丹은 후패侯霸의 아들과 이야기를 하면서 후패를 자로 불러서 군방君房이라 하였으며,110) 이천伊川은 또한 일찍이 명도明道라는 자로 (그 형의) 덕德을 표출하였으니, 이는 이름을 휘하고 자字는 휘하지 않은 것이다. (그런데) 『안씨가훈顔氏家訓』에 말하기를, "강남에서는 지금까지도 자字를 휘하지 않는데, 하북河北에서는 하나같이 이름과 자를 모두 휘한다"라고 하였다.111) 그렇다면 자字를 휘諱하는 풍습은 또한 유래가 있는 것이다. 주자가 말하기를 "(『의례소』에서 '어릴 때는 편하게 伯某甫라고 부르나) 오십이 되어서는 모보某甫라는 말을 떼고 오로지 백伯이나 중仲으로 부른다'고 했는데, 마치 지금 사람들이 존경해야 할 사람에 대해 감히 자字를 부르지 않고, '몇 번째 어른'(幾丈) 하고 말하는 것과 같다"라고 하였다.112) 곧 옛날에 휘를 하고 휘를 하지 않고를 막론

명하는 말은, '효손 모가 점을 쳐서 오는 모일에 이 某事를 여쭈려고 皇祖 某子에게 가서 某의 某를 尸로 하려고 점치오니, 흠향하시기 바랍니다"(命筮曰, 孝孫某, 筮來曰 某, 諏此某事, 適其皇祖某子, 筮某之某爲尸。尙饗)라고 하였고, 이에 대한 註에서 "某의 某란 尸의 아버지의 字와 尸의 이름(名)이다"(某之某者, 字尸父而名尸)라고 하였다.

109) 맹자가…… 이것이다:『孟子』「滕文公上」에 "陳良은 楚나라에서 태어났지만, 周公과 仲尼의 도를 좋아한 나머지, 북쪽으로 중국에 와서 학문을 배웠다"(陳良, 楚産也, 悅 周公仲尼之道, 北學於中國)라는 말에서 맹자가 공자의 字를 칭했다는 것을 볼 수 있다. 『顔氏家訓』 권2「風操」에도 "공자의 제자들이 기록을 한 것에 모두가 공자는 중니라고 썼으며"(孔子弟子記事者, 皆稱仲尼)라고 하였다.

110) 중세에…… 하였으며:『顔氏家訓』 권2「風操」에 "한나라 원종은 그 숙부의 자를 '絲'라 불렀고, 왕단은 후패의 아들과 이야기를 나눌 때면 후패를 군방이라는 자로 불렀다"(至漢爰種, 字其叔父曰絲; 王丹與侯霸子語, 字霸爲君房)라고 하였다. 또『漢書』권49「袁盎傳」에 원종에 그의 숙부의 자를 부른 기사가 보인다.

111) 『顔氏家訓』에…… 하였다:『顔氏家訓』 권2「風操」에 "강남에는 지금에 이르도록 자를 휘하지 않는다. 그러나 하북의 사인들은 완전히 이를 변별하지 않고 모두 휘한다"(江南至今不諱字也。河北士人全不辨之, 名亦呼爲字)라고 하였다.

112) 주자가…… 하였다:『朱子語類』 권87에 주자는 "『의례』 가공언의 소에 '젊었을 적에는 곧 伯某甫라고 칭하다가 50세가 되어서는 비로소 某甫를 버리고 오로지 伯氏・仲氏로 칭한다'고 하였으니, 이 설이 옳다. 예컨대 지금 사람들이 높은 분에 대하여 감히 字를 부르지 못하고 '몇 째 어른'이라고 말하는 따위와 같다"(朱曰: "『儀禮』賈公彦疏云: '少時便稱伯某甫, 至五十乃去某甫而專稱伯仲.' 此說爲是。如今人於尊者, 不敢字

하고 풍속은 이미 크게 하나가 되어 끝내 바꿀 수 없지만 존경하는 의미
에 있어서는 문제가 되지 않는다. 그러므로 주자는 조씨晁氏의 유풍에 대
해서 특별이 채록하여 기록하였으니 그 뜻이 지극하다. 후인들은 반드시
그것을 절절히 비난하고 옛것만 구하려 하여 서로 이끌어 그 존장의 자를
부른 연후에야 흔쾌하게 생각하는데, 그것이 참으로 온당한지는 나는 알
지 못하겠다.

○ 名以正體, 字以表德. 字之者, 所以尊其名也. 古者, 孫於祖禰, 例稱字,
如『儀禮』所載, 是也. 弟子於師, 亦稱字, 如孟子稱仲尼, 是也. 至於中世, 如
袁種字其叔父曰絲, 王丹與侯覇子語, 字覇爲君房, 伊川亦嘗擧明道表德, 是
諱名而不諱字也.『顏訓』云: "江南至今不諱字, 河北則一皆諱之." 然則諱字
之俗, 亦有由來矣. 朱子曰: "'五十乃去某甫, 而專稱伯仲'. 如今人於尊者,
不敢字之, 而曰幾丈之類." 卽毋論古之諱·不諱, 俗已大同, 不可卒革, 而於
尊之之義, 未爲妨礙. 故朱子於晁氏遺風, 特爲採著, 其意至矣. 後人必欲切
切然非之, 惟古是求, 相率而字其尊丈, 然後爲快者, 吾未見其要當.

【6-42】 선행 42장

包孝肅公, 尹京時, 民有自言, 以白金百兩, 寄我者死矣, 予其子, 不肯受,
願召其子, 予之. 尹召其子, 辭曰: 亡父未嘗以白金委人也. 兩人, 相讓久
之. 呂滎公聞之曰: 世人, ①喜言無好人三字者 可謂自賊者矣. 古人, 言①
人皆可以爲堯舜, 蓋觀於此而知之.

之, 而曰幾丈之類)라고 하였다. 참고로『儀禮』「士冠禮」의 "字辭曰: '禮儀旣備, 令月吉日,
昭告爾字. 爰字孔嘉, 髦士攸宜. 宜之于假, 永受保之, 曰伯某甫.' 仲叔季, 唯其所當."에 대한
주에 이르기를, "伯, 仲, 叔, 季는 長幼의 칭호이다. 甫라는 것은 丈夫의 美稱이다.
孔子를 尼甫라고 하고, 周나라 大夫 가운데 嘉甫가 있고, 宋나라 대부 가운데 孔甫가
있는 것이 이러한 따위이다. 甫는 혹 父라고도 하는데, 음은 甫이다" 하였으며, 이에
대한 소에 이르기를, "백, 중, 숙, 계는 형제가 네 사람이 있을 경우에는 이에 의거하
여 칭한다" 하였다.

【6-42-①】 "'좋은 사람이 없다'는 말을 즐겨하는 것은 '스스로 해치고 있다'고 말할 수 있다"(喜言無好人, 而謂之自賊)라고 하는 것은 무엇 때문인가? 천리天理가 부여됨이 남과 내가 균등해서 선의 실마리(善端)[113]가 일어나는 것은 속일 수 없다. 좋은 사람이 없다는 말을 즐겨 한다면 이것은 이 선의 실마리가 없다는 것이니, 이 때문에 남을 속이면 다른 사람이 반드시 그러한 것이 아니라도 자신에게는 질곡이 된다. 그러므로 자신을 해치기에 딱 충분한 것이다. 만약 스스로 자신의 성품이 선하다는 것을 알고 그것으로써 확충시키는 자는 반드시 이 세 글자를 말하는 것을 좋아하지 않을 것이다. 그러므로 그것이 스스로를 해치게 된다는 것을 아는 것이다. 두 사람이 양보하는 것에 대하여 "사람이 모두 요순이 될 만하다"라고 하는 것은 어째서인가? 저 여항의 필부가 반드시 태어나면서부터 알거나 배우기를 잘한 것이 아니지만, 그 일이 여기에 이르렀으니 성품이 선하다는 증거가 될 만하다. 그러므로 그것이 그와 같은 것을 아는 것이다.

○ "喜言'無好人', 而謂之'自賊'", 何也? 天理賦與, 人與己均, 善端之作, 不可誣也. 喜言無好人, 則是無此善端. 以此誣人, 人未必然, 而於己則牿矣. 故適足爲自賊也. 若自知性善, 有以擴之者, 必不喜言此三字也. 故知其爲自賊者也. 兩人之讓, 而謂之"人皆可爲堯・舜", 何也? 彼閭巷匹夫, 未必有生知善學, 而其事至此, 足可爲性善之證. 故知其如此也.

【6-43】 선행 43장

> 萬石君石奮, 歸老于家, 過宮門闕, 必下車趨, 見路馬, 必軾焉. 子孫, 爲小吏, 來歸謁, 萬石君, 必朝服見之, 不名. 子孫, 有過失, 不誚讓, ①爲便坐, 對案不食, 然後, 諸子相責, 因長老, 肉袒, ②固謝罪改之, 乃許. 子孫勝冠

---

113) 선의 실마리(善端): 善端은 四端을 가리킨다. 『孟子』「公孫丑上」에서 맹자는 "사람에게는 善한 本性에서 우러나오는 惻隱・羞惡・辭讓・是非의 마음이 있으니 이 사단을 잘 확충하여야 한다"라고 하였다.

者在側, 雖燕, 必冠, 申申如也, 僮僕, 訢訢如也, 唯謹. 上, 時賜食於家,
必稽首俯伏而食, 如在上前. 其執喪, 哀戚甚, 子孫遵敎, 亦如之. 萬石君
家以孝謹, 聞乎郡國. 雖齊魯諸儒, ③質行, 皆自以爲不及也. 長子建, 爲
郎中令, 少子慶, 爲内史, 建, 老白首, 萬石君, 尙無恙. 每五日洗沐, 歸謁,
親入子舍, 竊問侍者, 取親中裙④厠牏, 身自浣滌, 每與侍者言, 不敢令萬
石君知之, 以爲常. 内史慶, 醉歸, 入外門, 不下車, 萬石君, 聞之不食, 慶
恐, 肉袒謝罪, 不許. 擧宗及兄建, 肉袒, 萬石君讓曰: 内史貴人. 入閭里,
里中長老皆走匿, 而内史坐車中自如, ⑤固當. 乃⑥謝罷慶, 慶及諸子入里
門, 趨至家.

【6-43-①】 "편좌便坐"는 편방便房이나 편전便殿과 같은 것이다. 임금은
정전正殿을 피해서 편전에 거한다. "편좌를 한다"(爲便坐)라고 하는 것은 정
좌正坐를 피한다는 것이다.

○ "便坐", 如便房・便殿. 人君避正殿, 則居便殿. "爲便坐"者, 避正坐也.

【6-43-②】 다시 청하는 것을 '고청固請'이라고 하고 다시 사양하는 것
을 '고사固辭'라고 한다. '고사固辭'라고 하는 것은 처음 사죄를 드렸는데 받
아들여지지 않아서 거듭 사죄를 하는 것이다.

○ 再請曰固請, 再辭曰固辭. "固謝"者, 謂初謝不許, 而至於重謝也.

【6-43-③】 본전에는 "석분石奮은 문장과 학식은 없으나 공손함과 근
신함은 그에 견줄 자가 없었다"라고 하였다.114) 그러므로 "질박한 행실"
(質行)이라고 말한 것이다.

○ 本傳云: "奮無文學, 恭謹無與比." 故曰"質行".

---

114) 본전에는…… 하였다: 『史記』 권103 「萬石君列傳」에 보인다.

【6-43-④】 『자휘字彙』를 살펴보면, "측厠은 청圊이다", "투廁는 행청行圊이니 변을 받는 상자이다"라고 하였으니, 청圊은 곧 뒷간(溷)이다. 그것이 매우 더럽기 때문에 항상 닦고 씻고 닦아 청결하게 해야 하므로 그렇게 이름 하였다.115) 여정呂靜116)의 주註에 "위유槻窬는 설기褻器이다"라고 하였고,117) 가규賈逵는 "위槻는 호자虎子이고, 유窬는 행청호자行淸虎子이다"라고 하였으니, 요강이다. 그러나 '행청行圊'은 아마도 오늘날의 '변기'(馬廁)118)로서, 마음대로 옮기는 것(이동식)이다. 맹강孟康119)은 "나무를 뚫어 안을 비게 하여 구유처럼 만든 것을 '유窬'라고 한다"고 하였다.120) 그렇다면 '투廁'와 '유窬'는 아마도 다른 글자가 아니고 곧 청결하게 닦아야 하는 것이다.

○ 按, 『字彙』: "厠, 圊也", "廁, 行圊, 受糞函也". 圊, 卽溷也. 以其至穢, 而宜常修治, 使潔淸, 故名也. 呂靜註: "槻窬, 褻器也." 賈逵¹曰: "槻, 虎子也. 窬, 行淸虎子." 溲盃也. 然行圊者, 疑是今所謂馬廁, 而隨意移轉者也. 孟康云: "鑿空中如槽者, 謂窬." 然則槻與廁, 恐非別字而建, 卽修治潔淸乎.

> 1. 逵: 정본에 陸으로 되어 있다. 『字書』와 『소학질서』의 내용에 따라 수정하여 번역하였다.

【6-43-⑤】 "고당固當"이라는 것은 반의적으로 말한 것이다. "이것이 어찌 진실로 당연하겠는가?"라는 말이다. 예를 들어, (『시경』) 「소아小雅」

---

115) 『字彙』를…… 이름 하였다: 『자휘』를 살펴보면, '厠'에 대해서는 "厠, 圊也.……說文曰: 淸也. 徐曰此溷厠也. 古謂之淸者 以其不潔, 常當淸除之也.……"라 하였고, '廁'에 대해서는 "廁, 行圊, 受糞函也."라고 하였다. 『자휘』 한국학중앙연구원 소장본(K1-182) 참조.

116) 呂靜: 中國晉代의 音韻學者로 『字林』을 지은 呂忱의 동생이다. 『韻集』을 편찬하였다.

117) 呂靜의…… 하였고: 『사고전서』 子部 『古今事文類聚』 續集 권10의 「厠」에 "呂靜曰: 槻窬, 褻器也. 槻, 虎子也. 孟康曰: 厠, 行淸窬, 行中受糞者也."라 하였다.

118) 변기(馬廁): 馬要機라고도 한다. 매화틀(궁중에서 가지고 다닐 수 있게 만든 便器를 이르던 말).

119) 孟康: 魏나라 사람이고, 자는 公休이다. 저서에는 『漢書註』가 있다.

120) 賈逵는…… 하였다: 『사고전서』 子部 『通雅』 권34에 "賈逵解周官槻虎子也. 智以槻與穢通. 窬行淸受糞函.……孟康曰, 行圊中受糞者東南人謂鑿木空中如槽者爲窬."라고 한 것이 있다.

에서 "큰 푸줏간에 가득 차지 아니하도다"라고 하였는데[121] 정씨(鄭玄)[122]
는 말하기를 "반의적인 말이다"라고 하였고,[123] 주자는 "'불영不盈'은 가득
찬 것이다"라고 하였으니,[124] 이것은 또한 '어찌 차지 않았을까?'라는 뜻
이다.[125]

○ "固當"者, 反辭也. 言"此豈固當耶". 如「小雅」"大庖不盈", 鄭氏曰 "反
辭", 朱子謂"不盈, 盈也", 是亦'豈不盈'之義.

【6-43-⑥】 "사파謝罷"는 그 관직을 사직하도록 하는 것이다.

○ "謝罷", 使之謝免其官也.

【6-44】 선행 44장

> 疏廣, 爲太子太傅, 上疏乞骸骨, 加賜黃金二十斤, 太子贈五十斤, 歸鄕里,
> 日令家, 供具設酒食, 請族人故舊賓客, 相與娛樂, 數問其家, 金餘尚有①
> **幾斤**? 趣賣以供具.
> 居歲餘, 廣子孫, 竊謂其昆弟老人廣所信愛者, 曰子孫, 冀及君時, 頗立産

---

121) (『詩經』)「小雅」에서…… 하였는데:『시경』「소아·車攻」에 나오는 말이다. 「거공」은
周宣王이 중흥한 후에 군기와 거마를 확장하여 東都에서 사냥하면서 지은 시로, 그
중 7장에 "보졸과 기병이 조용히 움직이며, 임금님의 푸줏간은 가득 차지 않았도
다"(徒御不驚 大庖不盈) 하였다. 이것은 『시경집전』의 주석에 따른 해석이다.

122) 정씨(鄭玄):『十三經注疏』에 보면, '鄭元箋'으로 되어 있는데, 여기에서 말하는 '鄭元'
은 곧 後漢의 학자 鄭玄이다. '玄'자를 '元'자로 바꿔 써 鄭元이라고 한 것은 청나라
康熙帝 玄燁의 이름을 避諱한 것이다.

123) 정씨(鄭玄)는…… 하였고:『十三經注疏』에서 정현은 이 부분에 대해 "不驚. 驚也, 不盈,
盈也. 反其言, 美之也."라고 하였다.

124) 주자는…… 하였으니:『詩經集傳』에서 주자는 『시경』의 이 부분에 대해서 "不盈, 言
取之有度, 不極欲也."라는 말과 함께 "舊說, 不驚, 驚也, 不盈, 盈也. 亦通."라고 하였다.
여기에서 주자는 '가득 차지 않았다'와 '어찌 가득 차지 않을까'가 모두 통한다고
말하고 있는데, 이는 다소 모순이 있어 보인다.

125) 이것은…… 뜻이다: 앞의 주에서 언급했듯이 성호는 주자의 '舊說'에 대한 주석만으
로 말하고 있다.

業基址, 今日, 飮食費且盡, 宜從丈人所, 勸說君, 置田宅. 老人, 卽以閒暇時, 爲廣言此計, 廣曰: 吾豈老悖, 不念子孫哉. 顧自有舊田廬, 令子孫勤力其中, 足以共衣食, 與凡人齊, 今復增益之, 以爲嬴餘, 但敎子孫怠惰耳. 賢而多財, 則損其志, 愚而多財, 則益其過. 且夫富者, ②**衆之怨也**, 吾旣無以敎化子孫. 不欲益其過而生怨. 又此金者, 聖主所以惠養老臣也. 故③ **樂與鄕黨宗族**, 共享其賜, 以盡吾餘日, 不亦可乎?

【6-44-①】 "기근幾斤"은 본전에는 "기소幾所"로 되어 있다.126) 주註에 "무릇 이름이 정해지지 않은 것을 '기소幾所'라고 하는데, '기허幾許'라고 하는 말과 같다"라고 하였다.127)

○ "幾斤", 本傳作"幾所". 註云: "凡不定名曰'幾所', 猶云'幾許'也."

【6-44-②】 부유하면 교만하고 교만하기 때문에 뜻을 손상시키는 것이다. 뜻을 손상시키면 또 반드시 잘못에 이르니 이를 일러 "많은 사람들의 원망의 대상"(衆之怨也)이라고 한 것이다. 그러므로 그 예禮를 좋아함을 귀하게 여긴다. 예를 좋아하면 겸손하여 사양하고, 은덕을 베풀어 사람들이 사랑할 만하니 어찌 원망함이 있겠는가? 부유함이 많은 사람들의 원망함이 되는 것이 아니고 다만 부유하면서 교만하고 잘못하는 자가 그렇게 될 뿐이다. 그렇지 않다면, 성인聖人께서도 참으로 "채찍을 잡아서라도 구하겠다"고 말씀을 하셨으니,128) 또 어찌 그것을 얻기를 피하겠는가? 소광疏廣129)의 말은 아마도 부유하면서 예의가 없는 자를 매우 싫어하여 말한

---

126) '幾斤'은…… 있다: 본전인 『漢書』 권71 「疏廣傳」에 동일한 내용이 보인다.
127) 주에…… 하였다: 『漢書』 권71 「疏廣傳」의 註에 "師古曰: 幾所, 猶言幾許也."이라 하였다. "凡不定名"의 출처는 찾지 못하였다.
128) 聖人께서도…… 하셨으니: 『論語』 「述而」에 "부가 만약 인위적으로 구할 수 있는 것이라면 말채찍을 잡는 천한 일이라도 내가 또한 하겠다마는, 만약 인위적으로 구할 수 없는 것이라면 나는 내가 좋아하는 일에 종사하겠다"(富而可求也, 雖執鞭之士, 吾亦爲之, 如不可求, 從吾所好)라는 공자의 말이 나온다.

것인 듯하다.

○ 富則驕, 驕故損志. 損志, 則又必至於過, 是謂"衆之怨也". 是以貴其好
禮. 好禮, 則謙卑退讓, 施舍可愛, 何有於怨? 非富之爲衆怨, 特富而驕且過
者爲然耳. 不然, 聖人固有"執鞭以求"之說, 又何得以避之? 疏廣之言, 殆其
甚惡於富而無禮者而發乎.

【6-44-③】 "향당의 종족과 함께 즐긴다"는 것은 함께 누려서 임금의
은혜를 확장시키고자 한 것이다.

○ "樂與鄕黨宗族", 共享所以廣君惠也.

【6-45】 선행 45장

> 龐公, 未嘗入城府, 夫妻相敬如賓, 劉表候之, 龐公, 釋耕於壟上, 而妻子耘
> 於前, 表指而問曰: 先生, 苦居畎畝而不肯官祿, 後世, 何以遺子孫乎? 龐
> 公曰: 世人, 皆①遺之以危, 今獨遺之以①安, 雖所遺不同, 未爲無所遺也.
> 表嘆息而去.

【6-45-①】 "유지이위遺之以危"는 두 가지 의미를 갖고 있다. 버려져도
숨지 않아 도道가 아닌데도 멋대로 나아가다가 장차 형륙에 빠지는 것이
하나이고, 위태로운 나라를 떠나지 않고 한때의 쾌락과 욕심을 부리다가
반드시 어지럽고 망하는 데로 돌아가는 것이 둘째이다. 방공이 이것이
없었기 때문에 편안함을 말한 것이다. 만약 다만 부귀에는 위기가 많다고
해서 일절 멀리 피한다면 이것은 독선獨善과 과망果忘[130])을 갖고 있는 사람

---

129) 疏廣: ?~B.C.45. 泰山郡 鉅平 사람으로, 자는 仲翁이다. 漢나라 宣帝 때 황태자의 太傅
를 지냈다. 그가 사직하니, 천자와 태자가 황금 70근을 하사하였는데, 그 황금을 다
팔아서 賓客들과 함께 술 마시며 즐기는 데 모두 사용하고 자식에게는 재물을 물려
주지 않았다. 위에 언급한 말은 그의 傳에 나온다. 『漢書』, 권71, 「疏廣傳」.

이 하는 것이니 어찌 족히 군자의 마음을 알 수 있겠는가?

○ "遺之以危", 有二義: 舍之不藏, 非道冒進, 將陷刑戮, 一也; 危邦不去, 快欲一時, 必歸亂亡, 二也. 龐公無此, 故曰"安". 若但謂富貴多危機, 一切 遠避, 則是獨善果忘者之所爲, 豈足以知君子之心哉?

【6-46】 선행 46장

> 陶淵明, 爲彭澤令, 不以家累自隨, 送一①力, 給其子, 書曰: 汝旦夕之費,
> 自給, 爲難, 今遺此①力, 助汝薪水之勞, ②此亦人子也, 可善遇之.

【6-46-①】 남을 위해서 일을 하는 사람을 "역力"이라고 한다.

○ 爲人役者曰"力".

【6-46-②】 자식을 사랑하지 않는 사람은 없다. 도연명陶淵明이 노비를 자식에게 보내 준 것은 곧 아버지 된 사람의 정이다. 연명 자신에게는 아들이 있다고 한다면 노비에게는 또한 자신의 아버지가 있다. 그러므로 연명은 사람의 아버지 된 마음을 미루어서 노비에게도 아버지가 있다는 것에 미치고, 연명의 아들이 사람의 자식 된 것을 미루어서 노비가 사람의 자식 된 것에 미친다면 '서恕'라고 말할 수 있다. (그런데 연명은 실로 그렇게 하였다.) 만약 연명의 아들이 연명의 마음을 체득하였다면 그가 노비에게 선하게 대우하는 것을 저절로 그만둘 수가 없었을 것이다.

---

130) 果忘: 과망은 세상을 잊는 데 과감하여 무턱대고 세상을 떠나는 것이다. 孔子가 衛나라에서 磬을 쳤는데, 삼태기를 메고 문 앞을 지나던 隱者가 그 소리를 듣고는 비루하다고 탄식하였다. 이것은 공자에게 세상을 잊지 못하는 마음이 있음을 알아차렸기 때문이었다. 공자는 이 말을 듣고 "과감하구나! 그렇게 쉽게 세상을 버린다면 어려울 것이 없겠구나!"라며 탄식하였다. 『論語』 「憲問」 참조.

○ 人未有不慈其子者也. 淵明之送奴給子, 卽爲父之情也. 淵明自有子, 而奴
亦自有父, 故淵明推爲人父, 及於奴之有父, 淵明之子推爲人子, 及於奴之爲
人子, 則可謂恕矣. 苟使淵明之子, 體淵明之心, 則其遇奴之善, 自不能已矣.

【6-48】 선행 48장

> 王凝常居, ②慄如也, 子弟非公服, 不見, 閨門之內, 若朝廷焉. 御家以四
> 敎, ②勤儉恭恕, 正家以四禮, 冠婚喪祭. ①聖人之書, 及公服禮器, 不假,
> 垣屋什物, 必堅朴曰: 無苟費也. 門巷果木, 必方列曰: 無苟亂也.

【6-48-①】 사람이 받들어야 하는 것이 셋 있는데, 아버지와 스승과
임금이다. 성인의 글은 스승의 교훈을 체득하는 바탕이 되고, 공복公服은
임금의 명을 공경하는 바탕이 되며, 예식에 쓰는 기물은 선조께 제사 드
리는 바탕이 된다. 이 세 가지를 빌리지 않는다는 것은 (기물 자체가 아니
라) 그 사람을 존숭하기 때문이다.

○ 人有所尊者三, 父也, 師也, 君也. 聖書, 所以體師訓也; 公服, 所以敬君
命也; 禮器, 所以享祖先也. 其不假此三者, 所以尊其人也.

【6-48-②】 부지런히 일을 하고, 검소하게 사물을 아끼고, 공경스럽게
남을 대접하고, 헤아려 타인에 미친다. 이 네 가지[131]를 이미 갖추었다면
두려운 마음(곧 禮)으로 가지런히 하여야 비로소 일을 이룰 수 있다.

○ 勤以作事, 儉以節物, 恭以接人, 恕以及物. 四者旣具, 濟之以慄如, 始得.

---

131) 부지런히…… 이 네 가지: 王凝은 隋나라의 大儒인 문중자 王通의 아우이다. 그가
"네 가지 가르침을 가지고 집을 다스렸는데, 그것은 근면·검소·공손·포용이었고,
네 가지 예절로 집을 바르게 하였는데, 그것은 관례·혼례·상례·제례였다"(御家以
四敎, 勤儉恭恕, 正家以四禮, 冠婚喪祭)라는 말이 『文中子』「關朗篇」에 나온다.

【6-49】 선행 49장

> 張公藝, ①九世同居, 北齊隋唐, 皆旌表其門. 麟德中, 高宗, 封泰山, 幸其
> 宅, 召見公藝, 問其所以能睦族之道, 公藝請紙筆以對, ①乃書忍字百餘,
> 以進, 其意以爲宗族所以不協, 由尊長衣食, 或有不均, 卑幼禮節, 或有不
> 備, 更相責望, 遂爲乖爭, 苟能相與忍之, 則家道雍睦矣.

【6-49-①】 9세대가 함께 사는 것이 백 번을 참는 것이 아니라면 가능
하겠는가? 만약 어그러져서 다투는 것의 단서가 있다면 한 사람을 참게
하는 것은 가능하지만 백 사람을 그렇게 하는 것이 가능하겠는가? 한 세
대는 참을 수 있다고 하더라도 9세대가 그렇게 하는 것이 가능하겠는가?
집안 어른이 옷과 밥을 나누어 줄 때 반드시 법도가 있어서 고르게 나누
어 주고, 낮은 사람과 어린아이들과의 예절에도 반드시 법도가 있어서 그
것을 갖추게 하여 엄중하게 그들을 대하고 너그러이 용서하는 것으로 자
제시키는 것, 그것이 바로 그 요체이다. 그러나 간혹 고르지 않은 것이나
갖추어지지 않은 것이 없을 수 없을 것이니, 현자는 그것을 관대하게 대
하고, 불초자는 참아야 된다. 어그러져서 다투는 것은 반드시 불초한 사
람에게서 시작되므로 참는 것(忍)으로써 가르침을 삼은 것이다. 참는 것
(忍)은 너그러움의 교화를 받은 것이다.

> ○ 九世同居, 非百忍, 可能? 苟使有乖爭之端, 一人可忍, 百人能之乎; 一世
> 可忍, 九世能之乎? 尊丈衣食, 必有道而均之, 卑幼禮節, 必有道而備之, 嚴
> 重以臨之, 寬恕以鎭之, 此其要也. 然其間或不能無不均・不備者, 賢者寬之,
> 不肖者忍之. 乖爭必由不肖起, 故以忍爲敎. 忍者, 寬之化也.

【6-50】 선행 50장

> 韓文公, 作①董生行曰: ①淮水出桐栢山, 東馳遙遙, 千里不能休, ①淝水

出其側, ①**不能千里, 百里入淮**流. ①**壽州屬縣有安豊**, 唐貞元年時, 縣人
董生召南, 隱居行義於其中. 刺史不能薦, 天子不聞名聲. ①**爵祿不及門**,
門外, 惟有吏, 日來①**徵租更索錢**.
嗟哉董生! 朝出耕, ②**夜歸讀古人書**. 盡日不得息, 或山而樵, 或水而漁.
入廚具甘旨, 上堂問起居, 父母不慼慼, 妻子不咨咨.
嗟哉董生! 孝且③**慈**, 人不識, 唯有天翁知, 生祥下瑞無時期. 家有③**狗乳**
出求食, ③**雞來哺**其兒, 啄啄庭中拾蟲蟻, 哺之不食鳴聲悲, 彷徨躑躅久不
去, 以翼來覆待狗歸.
嗟哉董生, 誰將與儔? 時之人, 夫妻相虐, 兄弟爲讎, ④**食君之祿, 而令父
母愁**, 亦獨何心? 嗟哉董生! 無與儔.

【6-50-①】 「동생행董生行」 제1절은 육의六義[132)]에 있어서 홍興에 속하
니, "회수淮水는 동백산桐柏山에서 나오고 비수㴤水는 그 곁에서 나온다"라
는 말로써 "수주壽州의 속현에 안풍安豊이 있다"를 홍기시켰고, "천리를 못
가서 백리에서 회수淮水로 들어가다"라는 말로써 "작록(봉급)이 집안에 미
치지 못하고"를 홍기시켰다. "세금을 징수하고 돈을 요구했다" 아래의 3
편의 시는 모두 부賦이다.

　○「董生行」第一節, 於六義, 屬興, 以"淮水出桐柏, 㴤水出其側", 興"壽州
　屬縣有安豊", 以"不能千里, 百里入淮", 興"爵祿不入門". "徵租索錢"下三
　節, 皆賦也.

【6-50-②】 '밤에 돌아가 독서를 하는 것'은 "여력학문餘力學文"의
뜻[133)]에 부합되는 것이 있는데, 더욱 훌륭하게 여겨지는 까닭이다.

　○"夜歸讀書", 有符於"餘力學文"之義, 所以爲尤賢.

---

132) 六義: 詩의 六義를 말하는데, 風·雅·頌·興·賦·比를 가리킨다.
133) "餘力學文"의 뜻: 『論語』「學而」편의 "行有餘力, 則以學文"을 가리킨다.

【6-50-③】 "구유狗乳"와 "계포鷄哺"는 "자慈"에 상응한다.

○ "狗乳"·"鷄哺", "慈"之應也.

【6-50-④】 "임금의 녹을 먹는다"는 것은 제1절에 응하고, "부모를 근심하게 한다"는 것은 제2절에 응한다.

○ "食君之祿", 應第一節; "令父母愁", 應第二節.

【6-51】 선행 51장

唐河東節度使柳公綽, 在公卿間, 最名有家法. ①中門東, 有小齋, 自非朝謁之日, 每平旦, 輒出至小齋, 諸子仲郢, 皆束帶, ①晨省於中門之北. 公綽, 決私事, 接賓客, 與弟公權及群從弟, 再會食, 自朝至莫(暮), 不離小齋, 燭至則命一人子弟, 執史, 躬讀一過訖, 乃講議居官治家之法, 或論文, 或聽琴, 至人定鍾, 然後歸寢, 諸子復①昏定於中門之北, 凡二十餘年, 未嘗一日變易. 其②遇饑歲, 則諸子皆②蔬食, 曰昔吾兄弟侍先君爲丹州刺史, 以學業未成, ③不聽食肉 吾不敢忘也. 姑姊妹姪, 有孤榮者, 雖疎遠, 必爲擇壻嫁之, 皆用刻木粧奩, 纈文絹, 爲資裝, 常言必待資裝豐備, 何如嫁不失時. 及公綽卒, 仲郢, 一遵其法, 事公權, 如事公綽, 非甚病, 見公權, 未嘗不束帶. 爲京兆尹鹽鐵使, 出遇公權於通衢, 必下馬端笏立, 候公權過, 乃上馬, 公權莫(暮)歸, 必束帶迎候於馬首, 公權, 屢以爲言, 仲郢, 終不以官達, 有小改. 公綽妻韓氏, 相國休之曾孫, 家法, 嚴肅儉約, 爲搢紳家楷範, 歸柳氏三年, 無少長, 未嘗見其啓齒, 常衣絹素, 不用綾羅錦繡, 每歸覲, 不乘金碧輿, 祇乘竹兜子, 二靑衣 步屜以隨. 常命粉苦蔘黃連熊膽, 和爲丸, 賜諸子, 每永夜③習學, 含之, 以資勤苦.

【6-51-①】 "중문 동쪽에 작은방이 있었다"는 것은 중문 안 소동小東에 재齋가 있는 것이며, 서쪽으로 향해 있다. 그러므로 "중문 북쪽에서

혼정신성昏定晨省한다"는 것은 곧 문 안이 되고 재齋 앞이 된다.

○ "中門東有小齋"者, 中門內小東有齋, 西面. 故"定省於中門北"者, 卽門
內齋前也.

【6-51-②】 흉년이 되면 임금도 그 때문에 찬을 줄이는데, 신하된 자
가 혼자 안연할 수 있겠는가? 또 재물이라는 것은 내는 것에 한계가 있어
서 만약 스스로 풍족한 이후에 남에게 나눌 수 있다고 한다면 남에게 나
누어 줄 수 있는 것이 없을 것이다. 그러므로 종족과 더불어 재산을 나누
는 자는 마땅히 그보다 먼저 스스로를 돌아볼 줄(스스로 절약할 줄) 알아야
한다. 흉년을 만나 거친 밥을 먹는 것에 그칠 수 있겠는가?

○ 歲饑, 則君爲之減饌, 人臣其獨晏然而已乎? 且財者, 出之有數, 若自足而
後及人, 則未有能及人者也. 故與宗族共財者, 宜知其先自省也. 遇饑疏食,
其可已諸!

【6-51-③】 "평상시에 고기를 먹지 않고, 배운 것을 익힐 때 쓴 맛이
나는 것을 머금는 것"은 모두 본성을 인내케 하여 마음을 움직이려는 것
이다.

○ "平居不許食肉, 習學含之苦味", 皆所以忍性而動心也.

【6-52】 선행 52장

> 江州陳氏, 宗族七百口, 每食, 設廣席, ①長幼以次坐, 而共食之. 有畜①
> 犬百餘, ①共一牢食, 一犬不至, 諸犬, 爲之不食.

【6-52-①】 "중화를 이루면 천지가 제자리를 잡고 만물이 잘 길러진
다"(致中和, 天地位焉, 萬物育焉)라고 하였다.[134] 한 나라로써 말하면 한 나라가

제자리를 잡고 길러지고, 한 집안으로써 말하면 한 집안이 제자를 잡고 길러지게 된다. "장유長幼가 차례대로 (앉아서 먹는다)"(長幼以次)는 것은 곧 천지가 제자리를 잡는 것이고, "백여 마리의 개가 한 우리에서 먹는다"(百犬共牢)는 것은 곧 만물이 길러지는 것이다.

○ "致中和, 天地位焉, 萬物育焉." 以一國, 則有一國之位育; 以一家, 則有一家之位育. "長幼以次", 便是天地位; "百犬共牢", 便是萬物育.

■ 해설: 중화中和를 이루면 천지가 제자리를 잡고 만물이 잘 길러진다는 『중용』의 설을 이 강주진씨江州陳氏(陳褒)[135]의 이야기에 적용하여 풀이하고 있다.

【6-53】 선행 53장

> 溫公曰: 國朝公卿, 能守先法, ①久而不衰者, 唯故李相家, 子孫數世, 至二百餘口, 猶同居共爨, 田園邸舍所收, 及有官者俸祿, 皆聚之一庫, 計口日給餉, 婚姻喪葬所費, 皆有常數, 分命子弟, 掌其事, 其規模大抵出於翰林學士宗諤所制也. 右, 實明倫.

【6-53-①】 백성들의 풍속에 있어서 정교政敎의 역할이 크다. 주나라의 제도에 백성들은 각기 밭을 받고[136] 명사命士 이상은 (아버지와 아들이

---

134) 중화를 …… 하였다: 『중용장구』 제1장에서 "중화를 이루면 천지가 제자리를 잡고 만물이 잘 길러질 것이다"(致中和, 天地位焉, 萬物育焉)라고 하였다.

135) 陳氏(陳褒): 원래 진씨는 송나라 때 江州 사람 陳兢이다. 그의 집안에는 九世의 종족 700여 명이 함께 살면서 넓은 집에서 차례에 따라 앉아서 함께 식사하였다. 그 집에서는 개 100여 마리를 한 우리에서 키웠는데, 한 마리가 오지 않으면 개들이 먹이를 먹지 않고 그 개가 올 때까지 기다렸다고 한다. 宋 太宗이 淳化 원년에 강주의 義門인 진긍의 집에 곡식을 주도록 조칙을 내렸다고 한다. 『宋史』 권456 「孝義列傳」 참조. 『소학』에서는 이 陳兢의 고사가 그의 선조인 진포의 것으로 기록되어 있다.

136) 주나라의 …… 밭을 받고: 『論語』 「顔淵」 편에 魯哀公이 有若에게 농사가 흉년들어서 재용이 부족하니 어떻게 하면 좋겠냐고 묻자, 유약이 "어찌하여 徹法을 쓰지 않습니까?"(盍徹乎)라고 하였는데, 집주에 "周나라 제도에 한 家長은 토지 100畝를 받아서 도랑을 함께하고 井을 함께한 사람과 더불어 노동력을 통하여 함께 농사지은 다음

모두) 궁宮(집)을 달리하였으며,137) 진秦나라에 이르면 백성에게 아들이 둘 이상 있으면서 (戸를) 따로 나누지 않는 것을 금하였는데,138) 이것으로 인하여 풍속을 이루었다. 한漢나라 · 진晉나라 이전에는 여러 세대가 함께 사는 자가 있었다는 것을 들은 적이 없다. 남북조 이래로 이것으로 정려문을 세우고 숭상하고 장려했다는 것이 조금 들리다가, 송나라에 이르러 마침내 융성하여졌다. 『소학』에 실려 있는 것이 또한 여러 가문인데, 이것은 모두 위에서 인도하기 때문에 그러했던 것이다. 『정씨유서程氏遺書』에 형제를 정표旌表한 설이 있었으니139) 당시에 숭상하고 장려했다는 것을 볼 수 있다. 그러나 송나라가 인후한 덕으로 나라를 세우고 평소에 그것을 배양하지 않았다면, 또한 어떻게 여기에 이를 수 있었겠는가? (따라서) 마땅히 유현儒賢을 배출함이 후세가 미칠 수 있는 것은 아닌 것이다. 『주자어류』에 "진북계陳北溪(陳淳)가 묻기를, '『소학』「실명륜實明倫」에는 어찌하여 붕우朋友에 관한 것은 한 조목도 없는가?'라고 하자, 주자가 답하였다. '당시에 여러 편을 분류하느라 그것이 우연히 빠졌을 뿐이다'"라고 했다.140) 그러나 '포효숙包孝肅(包拯) 공이 경조윤京兆尹을 지낼 때 (두 사람이 백금을 양보한 일)'141) 한 장은 곧 붕우에 관한 것이다. 이 문답에서 무슨

이랑을 계산하여 균등하게 수확하는데, 대체로 백성들은 그 10분의 9를 얻고 국가는 그 10분의 1을 취한다. 그러므로 이것을 '徹'이라 이른 것이다. 노나라는 宣公 때부터 묘에 대한 세금을 거두고 또 묘마다 10분의 1을 취하였으니, 그렇다면 이것은 10분의 2를 취함이 된다"(周制, 一夫受田百畝, 而與同溝共井之人, 通力合作, 計畝均收, 大率民得其九, 公取其一. 故謂之徹. 魯自宣公, 稅畝, 又逐畝什取什一, 則爲什而取二矣)라고 한 데서 보인다. 또 『通志』권61 「食貨略」제1에서도 주나라의 수전법에 대해 자세히 말하고 있다.

137) 명사 이상은…… 달리하였으며: 『禮記』「內則」에 "작위와 관직을 부여받은 士(命士) 이상이 되면 父子가 서로 居所를 달리한다"(命士以上, 父子異宮)고 하였다.

138) 진나라에 이르면…… 하였으며: 商鞅變法에 따르면 "백성에게 아들이 둘 이상 있으면서 戸를 따로 가르지 않은 자는 그 부세를 갑절로 한다"(民有二男以上, 不分異者, 倍其賦)고 하였다. 다산 정약용의 『여유당전서』의 『經世遺表』卷十三 「地官修制戸籍法」에도 이 부세제도에 대해 언급되어 있다.

139) 『程氏遺書』에…… 있었으니: 『程氏遺書』에서 이러한 설을 찾지 못하였다.

140) 『주자어류』에…… 했다: 『주자어류』권105에 나오는 내용이다.

까닭으로 그렇게 말했는지는 모르겠으나, 아마도 경황이 없는 중에 놓친 것 같다. 혹 주자의 취지는 추가하여 보충하려 하였지만 미치지 못했다는 것이다.

○ 政敎之於民俗, 大矣. 周制, 人各受田, 而命士異宮; 至秦, 則二男以上, 不分異者有禁, 因而成風. 自漢·晉以上, 未聞有累世同居者; 自南北朝以來, 稍聞有以此旌閭崇獎; 至宋而遂盛. 其載於『小學』者亦數家, 此莫不由上之所導者然也. 『程氏遺書』有同産旌表之說, 可見當時之崇獎矣. 然非宋之仁厚立國養之有素, 亦安能以致此哉? 宜儒賢之輩出, 非後世所能及也. 按『語類』: "陳北溪問: '『小學』「實明倫」篇, 何以無朋友一條?' 曰: '當時是衆篇類來, 偶無此爾.'" 然"包孝肅尹京"一章, 卽朋友事. 此問答未知何故然. 恐欠草草, 或朱子意欲添補而未及也.

　■ 해설: 앞부분에서는 정려문을 세워 장려하는 풍습이 고대에는 없었다가 남북조시기에 조금씩 장려되었고 송대에 이르러 융성하게 되었는데 이는 송나라의 인후한 덕치에 바탕 하였음을 말하고 있다.

이상은 명륜明倫의 실증을 확장한 것이다.

右廣實明倫.

141) 포효숙 공이…… 양보한 일: 앞의 『소학』 「善行」 42장 【6-42】에 나온 내용이다. "包孝肅公, 尹京時, 民有自言, 以白金百兩, 寄我者死矣, 予其子, 不肯受, 願召其子, 予之, 尹召其子, 辭曰: 亡父未嘗以白金委人也. 兩人, 相讓久之. 呂滎公聞之曰: 世人, 喜言無好人三字者 可謂自賊者矣. 古人, 言人皆可以爲堯舜, 蓋觀於此而知之."

3) (광)실경신(廣)實敬身

【6-54】 선행 54장

> 或問①<u>第五倫</u>曰: 公有私乎? 對曰: 昔, 人有與吾千里馬者, 吾雖不受, 每
> 三公, 有所選擧, 必不能忘, 而亦終不用也, 吾兄子嘗病, 一夜十往, 退而安
> 寢, 吾子有疾, 雖不省視, 而竟夕不眠, 若是者 豈可謂無私乎?

【6-54-①】 제오륜第五倫[142]이 잘하는 세 가지가 있는데, 자신을 아는
것이 그 첫째이고, 힘써 실천하는 것이 그 둘째이고, 숨기지 않는 것이
그 셋째이다.

○ <u>第五倫</u>有三善, 自知一也, 勉行二也, 不諱三也.

【6-55】 선행 55장

> ①<u>劉寬</u>, 雖居倉卒, 未嘗疾言遽色, 夫人, 欲試寬令恚, 伺當朝會, 裝嚴已
> 訖, 使侍婢, 奉肉羹, 翻汚朝服, 婢遽收之, 寬神色不異, 乃徐言曰: 羹爛汝
> 手乎! 其性度如此.

---

142) 第五倫: 생몰년 미상. 後漢 京兆 長陵 사람으로, 성이 第五이고 이름이 倫이며, 자는
伯魚이다. 젊어서부터 성격이 분명해 義行이 있었고, 光武 建武 29년 孝廉으로 천거되
어 나중에 會稽太守가 되었는데, 받은 녹봉이 2천 석이었으나 자신은 몸소 꼴을 베어
말을 사육하고 아내는 부엌일을 하였으며 받은 녹봉은 1개월 양식분만 남겨 두고
나머지는 모두 가난한 백성에게 나누어 주었다. 재직하면서 巫祝을 검사해 금지하
고 밭갈이 하는 소를 도살하는 것을 막아 백성들이 편안하게 생업에 종사할 수 있었
다. 章帝가 즉위하자 司空에 발탁되었는데, 글을 올려 외척들의 발호를 억제할 것을
건의했다. 공무를 받들고 절조를 지켜 관료로서 貞白하다는 칭송을 들었다. 나중에
늙고 병들었다는 이유로 사직하고 귀향했다. 『後漢書』卷41「第五倫列傳」참고.

【6-55-①】 마구간이 불에 탔을 때, 성인(孔子)은 사람이 상해를 입었는지에 대해서만 물으셨다.143) 유관劉寬144)의 말은 그것과 비슷하다.

○ 廐焚, 而聖人問傷人. 劉寬之言, 似之.

【6-56】 선행 56장

> 張湛, 矜嚴好禮, 動止有則. 居處幽室, 必自修整, 雖遇妻子, ①若嚴君焉.
> 及在鄕黨, 祥言正色, 三輔以爲儀表. 建武初, 爲左馮翊, 告歸平陵, 望寺
> 門而步, 主薄進曰: 明府, 位尊德重, 不宜自輕. 湛曰: 禮下公門, 軾路馬,
> ②孔子於鄕黨, 恂恂如也, 父母之國, 所宜盡禮, 何謂輕哉.

【6-56-①】 "엄한 군주같이 하였다"라고 하는 것은 (아내와 자식을) 대할 때에 임금이 신하를 대하는 것같이 하였다는 말이다.

○ "若嚴君"者, 謂臨之若君之臨臣.

【6-56-②】 "공자가 향당에 있을 때에는 신실하여 마치 말을 잘하지 못하는 것처럼 하였다"(孔子於鄕黨, 恂恂如也, 似不能言者)라고 하였는데,145) (여기에서 말하는) "순순恂恂"은 "미덥고 착실하다"는 뜻이지만, 결국은 마치

---

143) 마구간이…… 물으셨다:『論語』「鄕黨」에 "마구간에 불이 났었는데, 공자께서 조정에서 물러 나와서 '사람이 상했느냐?'라고 하시고, 말에 대해서는 묻지 않으셨다"(廐焚, 子退朝曰: 傷人乎? 不問馬)라고 한 것을 말한다.

144) 劉寬: 120~185. 後漢 弘農 華陰 사람으로 자는 文饒이고, 시호는 昭烈이다. 젊어서 今文經을 공부해 通儒로 불렀다. 桓帝 때 東海相을 지냈고, 延熹 8년 尙書令에 오른 뒤 南陽太守로 옮겼다. 관용과 인의를 우선으로 정치를 하여 백성이나 관리에게 과오가 있으면 부들 채찍(蒲鞭)으로 처벌했다. 靈帝 초에 太中大夫侍講華光殿에 임명되었다. 황건적 반란의 음모를 미리 알고 상부에 보고했다. 太尉까지 지냈고, 逯鄕侯에 봉해졌다. 젊어서 尙書歐陽氏學과 京氏易學을 배웠으며, 특히『韓詩外傳』에 뛰어났다.

145) 공자가…… 하였는데:『論語』「鄕黨」편에 나오는 내용이다.

말을 잘하지 못하는 사람과 같은 모양을 형용한 것이다. 그 자신을 겸손하게 낮추어 순종하는 것이 현자賢者나 지자知者로 자처하지 않는 것이니, 선인先人의 뜻이 저절로 그 가운데 있다.

○ "孔子於鄕黨, 恂恂如也, 似不能言者." "恂恂", 雖訓以"信實", 畢竟是形容似不能言者之貌也. 其謙卑遜順, 不敢以賢知, 而先人之意, 自在其中.

【6-58】 선행 58장

①茅容, 與等輩, 避雨樹下, 衆皆夷踞相對, 容獨危坐愈恭, 郭林宗, 行見之, 而奇其異, 遂與共言, 因請寓宿, 旦日, 容殺鷄爲饌, 林宗, 謂爲己設, 旣而供其母, 自以草蔬, 與客同飯, 林宗起拜之曰: 卿賢乎哉. 因勸令學, 卒以成德.

【6-58-①】 모용茅容146)이 들어가서는 효도하고 나와서는 공경하며 유속流俗에 동화되지 않고 거칠고 맛없는 음식을 먹는 것을 부끄러워하지 않았으며 겉모습을 치장하려고 애쓰지 않아서, 바탕은 아름답고 뜻은 높으며 행실은 독실하였다. 그러나 배우지 않았기에 덕을 이룰 수는 없었다. 그러므로 "성현의 자취를 밟지 않으면 또한 심오한 경지에는 들어가지 못한다"라고 한 것이다.147) 군자는 그 때문에 배움에 힘쓸 바를 안다.

---

146) 茅容: 생몰년 미상, 후한 陳留 사람으로 자는 季偉이다. 40여 살 때, 들에서 밭을 갈다가 비가 내리자 나무 아래서 동료들과 비를 피하였는데, 모두 느긋하게 앉아 있었는데 그만 홀로 꼿꼿한 자세로 앉아 더욱 공손했다. 郭泰가 보고 남다르다 여겨 집으로 데려와 살게 했다. 날마다 닭을 잡아 어머님을 봉양하고 자신은 채소로 객들과 함께 밥을 먹었다. 곽태가 현명하다고 여겨 배우기를 권하였고, 마침내 덕을 이루었다고 한다.

147) 그러므로…… 것이다:『論語』「先進」편에 보면, "子張이 善人의 道에 대해서 여쭈자, 공자께서 말씀하셨다. '성인의 자취를 밟아가지 않으면 역시 성인의 경지에는 들어가지 못한다.'"(子張問善人之道, 子曰: 不踐迹, 亦不入於室) 하였다. 이에 부분에 대한 주석에 伊川은 "착한 사람이란 반드시 옛 자취를 따르지 않더라도 스스로 악을 행하

○ 茅容入則孝, 出則敬, 不化於流俗, 不恥於惡食, 不務於外飾, 質則美矣, 志則高矣, 行則篤矣. 然不學, 無以成德. 故曰: "不踐迹, 亦不入於室." 君子知所以勉學.

【6-59】 선행 59장

①陶侃, 爲廣州刺史, 在州無事, 輒朝運百甓於齋外, 莫(暮)運於齋內, 人問其故, 答曰: 吾方致力中原, 過爾優逸, 恐不堪事. 其勵志勤力, 皆此類也. 後爲荊州刺史, 侃性聰敏, 勤於吏職, 恭而近禮, 愛好人倫. 終日斂膝危坐, 閫外多事, 千緒萬端, 罔有遺漏, 遠近書疏, 莫不手答, 筆翰如流, 未嘗壅滯, 引接疏遠, 門無停客. 常語人曰: ①大禹聖人, 乃惜寸陰, 至於衆人, 當惜①分陰, 豈可逸遊荒醉, 生無益於時, 死無聞於後? 是自棄也. 諸參佐或以談戲廢事者, 乃命取其酒器捕博之具, 悉投之于江, 吏將則加鞭扑曰: 樗捕者, 牧猪奴戲耳, 老莊浮華, 非先王之法言, 不可行也. 君子, 當正其衣冠, 攝其威儀, 何有亂頭養望, 自謂弘達耶.

【6-59-①】 위魏나라 왕수王修가 아들을 경계한 글에 "우임금은 크고 아름다운 보석을 귀하게 여기지 않고 짧은 시간을 아꼈다"라고 하였다.[148] 도간陶侃의 말은 아마도 이것을 조술한 것이다. 그러나 "촌음寸陰"이라고 하는 것은 지극히 미미한 것을 말하는 것이니, "촌寸"이라고 하는 것은 분分·호毫가 모두 거기에 해당한다. 그러므로 『회남자』에서 "성인은 분촌의 시간을 아낀다"라고 한 것[149]이 증거가 될 수 있다. 도간의 뜻은

지는 않지만, 또한 성인의 심오한 경지에는 들어갈 수 없다"고 하였다.

148) 위나라…… 하였다: 『御定淵鑑類函』권243에 "魏王修誡子書曰: 人之居世忽去便過日月可愛也. 故禹不愛尺璧, 而愛寸陰, 時過不可還."이라고 한 내용이 보인다.

149) 『淮南子』에서…… 한 것: 『淮南子』「原道訓」에서 "그러므로 성인은 한 자 길이의 보옥보다 일 초의 시간을 더 귀하게 여긴다. 때를 얻기는 어렵고 잃기는 쉽기 때문이다"(故聖人不貴尺之璧, 而重寸之陰, 時難得而易失也)라고 하였다.

우임금의 촌음은 헐후어歇後語150)로 볼 수 있지만 장차 더욱 힘을 쓰게 하고자 하였기에 "분음分陰"이라고 말한 것이다.

○ 魏王修誡子書曰: "禹不寶尺璧而愛寸陰." 侃之言, 蓋祖此. 然"寸陰"者, 言其至微也, 言"寸", 則分·毫皆擧之矣. 故『淮南子』曰"聖人惜分寸之陰", 可以證矣. 侃之意, 則以禹之寸陰爲歇, 而將欲用力之尤篤, 故曰"分陰".

■ 해설: 분分은 척尺의 100분의 1, 치(寸)의 10분의 1이라는 기준을 바탕으로, 성호는 도간陶侃이 우임금은 성인이므로 촌음을 아꼈다면, 일반 대중은 더욱더 힘써야 하기 때문에 '분음'이라는 말을 사용하였다고 설명하고 있다. 그리고 성호는 원칙적으로는 '촌寸'이라는 말에 분分과 호毫가 모두 해당되는 것으로 이해하고 있다.

【6-60】 선행 60장

①王勃楊炯①盧照鄰駱①②賓王, 皆有文名. 謂之四傑, ①裴行儉曰: 士之致遠, 先器識 而後文藝, 勃等, 雖有文才, 而浮躁淺露, 豈享爵祿之器耶. 楊子, 沈靜, 應得令長, 餘得令終, 爲幸. 其後, 勃溺南海, 照鄰投潁水, ①②賓王被誅, 炯終盈川令, 皆如行儉之言.

【6-60-①】 배행검裴行儉151)의 선견先見은 생각해 봐야 할 것이 있다.

---

150) 歇後語: 말의 뒷부분을 생략하고 앞부분만으로 전체의 뜻을 암시하는 말을 일컫는다.
151) 裴行儉: 619~682. 당나라 초기 絳州 聞喜 사람으로 자는 守約이고, 裴仁基의 아들이다. 父蔭으로 弘文生이 되었다. 음양과 曆術에 정통했고, 초서와 예서에도 능했다. 貞觀 연간에 明經科에 급제하여 長安令에 올랐다. 高宗이 武則天을 왕후로 삼으려고 하자 長孫無忌, 褚遂良 등과 비밀스럽게 논의했는데, 일이 새나가 徐州 都督府長史로 좌천되었다. 麟德 2년(665) 安西都護에 발탁되고, 나중에 吏部侍郎으로 옮겼다. 인재를 뽑을 때 사람을 잘 알아보는 능력이 있었다. 儀鳳 2년(677) 安撫大食使가 되어 波斯王子를 귀국시킨다는 명분 아래 西突厥을 습격하여 十姓可汗 阿史那都支를 사로잡았다. 禮部尙書에 오르고, 檢校右衛大將軍을 겸했다. 調露 원년(679) 定襄道行軍大總管이 되어 돌궐 阿史德溫傅를 토벌했다. 반간계를 써서 阿史那伏念으로 하여금 아사덕온부를 사로잡아 투항하게 했다. 侍中 裴炎이 그 공을 시기하여 저자에서 복념과 온부의 목을 베었다. 이에 병을 핑계로 나오지 않았다. 시호는 獻이다. 초서와 예서

왕발王勃[152])과 노조린盧照隣[153])이 물에 빠져 죽은 것은 혹은 불행에서 나온 것이고, 낙빈왕駱賓王[154])이 격문[155])을 써서 죽임을 당한 것은 반드시 죄가 되는 것은 아닌 것 같다. 또한 후세에 작록을 누리는 것이 기량과 식견으로 이루게 되는 것이 아니니, 행검이 적중한 것은 참으로 요행(우연)일 뿐 다른 사람을 깨우치기에는 부족하다. 그러나 행검이 논한 것은 다만 대개만을 말한 것이다. 맹자가 "분성괄盆成括이 죽겠다"(盆成括死矣)고 말하였는데 분성괄이 과연 죽었다.[156]) 대저 작은 재주가 있고 도는 듣지 못한 자라

에 정통했다. 저서에 『裵行儉集』과 『選譜』, 『草字雜體』 등이 있었지만 없어졌다. 『新唐書』 권108 「裵行儉列傳」이 있다.

152) 王勃: 650~676. 자가 子安이며 絳州 龍門 사람이다. 6세 때부터 문장을 쓸 만큼 뛰어난 재주가 있었으나, 交趾令으로 좌천해 간 아버지를 찾아 배를 타고 가다가 26세 때에 강물에 빠져 요절하였다. 왕발은 수의 유명한 학자 王通의 손자이며, 시인 王績의 조카로 시문에 뛰어났다. 특히 그의 「滕王閣序」는 駢體 산문으로, 당대 변문의 대표일 뿐만 아니라 백세에 전해질 불후의 가작이다. 전해 오는 그의 시가 많지 않으나, 5언시 30여 수는 나름대로의 시의 높은 경지를 개척하고 있다.

153) 盧照隣: 635(혹은 636)~689(혹은 695). 唐나라 幽州 范陽 사람으로, 자는 昇之이고, 호는 幽憂子이다. 어려서부터 재질이 뛰어나 일찍부터 문명을 떨쳤지만, 高宗 乾封 초인 20대 중반에 악질에 걸려 益州 新都尉로 있다가 임기가 찬 뒤 물러나 각지를 전전하며 투병생활을 하다가 병세가 악화되자 陽翟縣 茨山으로 옮겨 땅 수십 畝를 사 미리 분묘를 만들고 그곳에 누워 지내면서 「釋疾文」과 「五悲文」을 지어 스스로 애통해했다. 그러나 끝내 병고를 견디지 못하고 물에 빠져 자살했다. '初唐四傑'의 한 사람으로 꼽히는 시인으로, 『唐詩選』에 있는 장대한 七言歌行 「長安古意」가 유명하다. 저서에 『幽憂子集』 7권이 있다.

154) 駱賓王: 640(?)~684(?). 義烏 출생으로, 조숙한 천재 소리를 들었으나 출신이 낮아 불우하였고, 長安의 主簿였을 때 측천무후의 노여움을 사 저장성 臨海의 丞으로 좌천되었다. 그래서 駱臨海 또는 駱丞으로도 불렸다. 처지에 대한 불만 때문에 사임하였다가, 徐敬業이 揚州에서 武后에 대한 반란을 일으키자 이에 가담하여 격문을 기초하였다. 그러나 반란이 실패하자 처형되었다는 설이 있는가 하면, 자취를 감추었다는 설도 있다. 王勃·楊炯·盧照鄰 등과 함께 시문이 뛰어난 '初唐四傑'로 일컬어지고, '王楊盧駱'으로 병칭되기도 한다. 六朝의 시풍을 계승하면서도 격조가 淸麗하였고, 특히 노조린과 함께 七言歌行에 뛰어났다. 대표작으로는 「帝京篇」이 『唐詩選』에 수록되어 있고, 시문집으로는 『駱賓王文集』, 『駱臨海集』 등 10권이 있다.

155) 檄文: 이 격문의 제목은 「爲徐敬業討武曌檄」이다.

156) 맹자가 …… 죽었다: 『孟子』 「盡心下」에 "분성괄이 齊나라에 벼슬할 때 맹자가 '죽겠구나, 분성괄이여!'(死矣盆成括)라고 하였는데, 뒤에 정말로 분성괄이 죽임을 당하자, 문인이 어떻게 그가 죽임을 당할 줄을 알았느냐고 물었다. 그러자 맹자가 말하였다.

고 해서 사람마다 반드시 죽는 것은 아니다. 그러나 분성괄은 당연히 죽어야 할 이유가 있었기에 맹자가 말한 것이다. 그 가운데 혹 면하게 되는 경우는 논할 바가 아니다. 왕발王勃 등은 경솔하고 천박하여 본래 복록을 받을 그릇이 아니어서 물에 빠져 죽은 것은, 생각건대 삼가지 않은 데서 나온 것이어서 불행이 아닌 것이 마땅하다. 그 죽임을 당하여서 요행히 이름이 알려진 것이니 의義로 나아가 목숨을 버린 것과는 같지 않다. 가령 세 사람이 제명대로 다 살고 죽었다고 해도, 행검의 말이 이치가 없는 것은 아니다. 후세 사람들은 많이 (드러나) 행적을 두고 논하므로, 그 사실에서 검증하여 모든 면에서 합치되지 않는다면 마침내 고훈古訓과 함께 폐기하고 마니 거의 완고한 데 가깝다. 그렇기는 하나 낙빈왕駱賓王의 죽음은 적賊을 토벌하다가 죽은 것이니, 붓을 잡은 자가 형벌을 받아 죽은 사례로 쓴 것은 합당하지 않다. 생각건대, 행검은 당나라 사람으로서 나라를 위해서 꺼린 것이 있었으므로 그렇게 말한 것이다.

○ "裴行儉先見, 有可商量者. 王·盧之溺, 或出於不幸, 賓王草檄遇殺, 似未必爲罪. 且後世爵祿之享, 未必因器識而致之, 則行儉之得中, 誠幸耳, 疑若不足以曉人也. 然行儉之論, 特大槪言之. 孟子曰"盆成括死矣", 括果死. 夫少有才而未聞道者, 未必人人而死矣. 然在括, 有當死之理, 故孟子爲言. 其或幸而免者, 非所論也. 勃等浮躁淺露, 素非福祿之器, 其溺也, 意其出於不愼, 非不幸也, 宜也. 其被殺, 特幸附以著名, 與就義捨命不同也. 假令三子考終焉, 行儉之言則未始爲無理, 後人多於迹上論. 故驗之於事, 不能悉合, 則遂並與古訓而廢之, 殆其固矣. 雖然, 賓王之死, 死於討賊, 秉筆者, 終不當以伏誅之例書之. 意者, 行儉, 唐人, 爲國有諱, 故云爾.

■ 해설: 성호는 주자가 인용하고 있는 『소학』의 본문에 대해 배행검裴行儉이 앞날을 내다보는 식견이 있는 것은 인정하지만, 불행히 물에 빠져 죽은 왕발王勃과 노조린盧照隣의 경우와 적賊을 토벌하다가 죽은 낙빈왕駱賓王을 동일 선상에 놓고 형벌을 받아 죽은 예로 기술하는 것은 잘못이라고 말하고 있다. 그래서 "행검의

'그의 사람됨이 조금 재주가 있고 군자의 대도는 듣지 못했으니 제 몸을 죽이기에 꼭 좋자'(其爲人也小有才, 未聞君子之大道也, 則足以殺其軀而已矣)"라고 한 구절이 있다.

말이 이치가 없는 것은 아니어서 후인들이 행적을 논한 것이 많다. 그래서 그 사실에 대해 검증하여 모든 면에서 합치되지 않는다면 고훈과 함께 폐기하는 것이 아마도 참될 것이다"라고 말하고 있다.

【6-60-②】 호응린胡應麟[157]이 말하였다. "낙빈왕駱賓王은 아버지가 일찍 죽고 어머니를 봉양함에 힘을 다하였다. 배행검裵行儉이 다시 등용되자 모두 엄중한 말을 올렸다. (낙빈왕은) 영휘永徽[158] 연간에 시어사侍御史를 역임하였는데, 당시에 후조后曌[159]가 나라를 마음대로 좌지우지하고 있었기에, 글을 올려 천하대계를 말하였다가 무후가 모함하여 법으로 옥에 가두었다. 오래 있다가 임해臨海의 승丞으로 좌천되었다. (則天)무후武后가 (중종인) 이현李顯을 폐하여 여릉왕廬陵王으로 강등하자, 주나라 곡식을 먹는 것이 부끄럽다고 하면서 관직을 버리고 고향으로 돌아가 '보검은 초나라에 있으니, 쇠망치로는 진나라에 보응하기를 허락한다'는 시[160]를 지었다. 마침 서경업徐敬業[161]이 군대를 일으키자 지팡이를 짚고 그를 따라가서 격문을 지어[162] 무후의 악행을 크게 알렸다. 행검이 구차하게 오탁汚濁

---

157) 胡應麟: 1551~1602. 明나라 때의 저명한 학자로, 자는 元瑞이고, 호는 少室山人이다. 文獻學, 史學, 詩學 등에 조예가 깊었으나 벼슬에 나가지 않고 布衣로 일생을 마쳤다. 저술로 『少室山房筆叢正集』, 『少室山房類稿』, 『詩藪』 등이 있다.

158) 永徽: 唐 高宗 李治의 첫 번째 연호로 650~655년의 6년간 사용되었다.

159) 后曌: 624~705, 唐나라 則天武后를 말하며, 이름이 武曌였다. 원래 太宗의 후궁이었는데, 태종이 죽자 머리를 깎고 보살이 되었다가 다시 高宗의 후궁으로 들어가 황후가 되었다. 뒤에 고종이 죽고 나서 아들 中宗을 폐하고 황위를 차지하였다. 『唐書』, 卷6, 「則天皇后本紀」.

160) 보검은…… 한다는 시: 원제는 「詠懷」로, 그 전문은 "少年識事淺, 不知交道難. 一言芬若桂, 四海臭如蘭. 寶劍思存楚, 金鎚許報韓. 虛心徒有託, 循迹諒無端. 太息關山險, 呼嗟歲月闌, 忘機殊會俗, 守拙異懷安. 阮籍空長嘯, 劉琨獨未懽. 十步庭芳斂, 三秋隴月團. 槐疎非盡意, 松晩復凌寒. 悲調弦中急, 窮愁醉裏寬. 莫將流水引, 空向俗人彈."이다.

161) 徐敬業: 미상~684. 원래 성은 李氏이다. 당나라 曹州 離狐 사람으로, 李勣의 손자이다. 젊어서 이적을 따라 정벌에 나서 용맹을 떨쳤다. 中宗 嗣聖 원년(684)에 뇌물에 연루되어 柳州司馬로 좌천되었다. 武則天이 황제를 폐위하고 당나라 종실 사람을 살육하자 사람들의 원망에 편승하여 唐之奇, 杜求仁, 駱賓王 등과 함께 武氏를 토벌한다는 명분으로 스스로 匡復府上將이라 부르면서 10만 여 명의 병사를 모아 州縣으로 격문을 돌렸다. 나중에 전쟁에서 패한 뒤 부하의 손에 살해당했다.

한 (가운데서 목숨을 보전한) 것과 비교해 본다면, 그 기량과 식견의 선후
가 어떠한가![163)"라고 하였다.164) 이 말을 살펴보니, 너무나 발명하는 바
가 있어 기록하지 않을 수 없다.

○ 胡應麟曰: "賓王, 父早亡, 奉母竭力. 裵行儉再辟, 皆陳啓峻辭. 永徽中
歷官侍御史, 時后壁擅國, 上書言'天下大計', 后誣以法繫獄. 久之, 謫臨海
丞. 后廢廬陵, 恥食周粟, 棄官歸, 賦'實劒思存楚, 金鎚許報秦'之句. 會徐敬
業起兵, 仗策從之, 爲檄文, 大聲其惡, 視行儉苟全汚濁者, 器識先後, 何如
哉!" 按此說, 極有發明, 不可沒.

【6-62】 선행 62장

> 柳公綽, ①居外藩, 其子每入境, ①郡邑未嘗知, 旣至, 每出入, 常於戟門
> 外, 下馬, 呼①幕賓爲丈, 皆許①納拜, 未嘗笑語款洽.

【6-62-①】 『이정전서二程全書』에서 이천이 말하길, "(절을 올리는) 납

---

162) 격문을 지어: 측천무후 光宅 원년(684)에 徐敬業이 揚州에서 군대를 일으켜서 무후에
게 반기를 들자, 낙빈왕이 서경업을 대신하여 격문을 지어 무후의 죄를 指斥하였는
데, 무후가 격문을 보고 묻기를 "누가 지었는가?" 하니, 혹자가 대답하기를 "낙빈왕
입니다" 하였다. 무후가 말하기를 "이는 재상의 잘못이다. 이 사람이 이와 같이 훌
륭한 재주가 있는데, 그로 하여금 초야에 묻혀 불우하게 지내게 하였단 말인가" 하
였다는 기사가 『資治通鑑』 권203 「唐紀」에 보인다.
163) 그 기량과…… 어떠하였던가!: 『通鑑節要』 권39에서 裵行儉이 "선비가 원대함을 이룩
하려면 마땅히 器局과 識見을 먼저 하고 才藝를 뒤에 해야 한다"(行儉曰: 士之致遠者,
當先器識, 而後才藝)라고 한 것에 근거하여, 駱賓王이 격문에서 말한 것을 볼 때 배행
검보다 기국과 식견이 뛰어났음을 말하고자 한 것으로 보인다.
164) 낙빈왕은…… 하였다: 胡應麟의 『少室山房集』 권89 「補唐書駱侍御傳」에, "永徽中, 歷官
侍御史, 時高宗孱不君, 后壁擅國, 賓王觀唐運且密移數, 上書言天下大計, 后壁怒誣以法逮係
獄中, 作螢火賦, 以自廣久之謫臨海丞. 高宗崩, 后壁廢廬陵, 改唐物, 賓王恥食周粟, 卽日棄官
歸, 賦實劒思存楚金鎚報韓之句. 會英公徐敬業起兵誅后壁, 賓王仗策之之,……爲檄文……
獨賓王仗義執言, 大聲其惡,……視行儉目擊榾滔, 苟全汚濁者, 器識先後何如哉……始賓王,
父早亡, 奉母竭力, 裵行儉再辟幕下, 皆陳啓峻辭."라고 한 내용을 요약해서 말하고 있다.

배納拜의 예는 쉽게 행해서는 안 되니, 자신이 존경하는바 덕의德義가 있어서 남을 감복시키는 자가 아니면 안 된다. 나는 평생 두 사람에게만 절을 했는데, 한 사람은 여신공呂申公[165])이고, 한 사람은 봉의대부奉議大夫 장경관張景觀이다. 옛날에 몇 사람이 함께 앉아서 한 사람의 단점을 이야기하는데, 그 사이에 있는 두 사람은 말을 하지 않았다. 그 까닭을 묻자, 한 사람이, '나는 일찍이 그에게 절을 했소'라고 했고, 다른 한 사람은 '나는 일찍이 그의 절을 받았소'라고 했다. 왕공진王拱辰[166]) 군황君貺이 처음 주무숙周茂叔, 곧 주돈이周敦頤를 만나보고는 무숙과 세계世契가 있다고 하여 곧장 절을 받았다. 자리에 오르자 큰 바람이 일어났다. (주돈이가) 대축궤大畜卦[167])를 설파하자 군황君貺이 일어나서 말하기를, '내가 마침 올 적에는 모르고서 공의 절을 받았으나, 이제 제가 도리어 납배納拜를 해야 하겠습니다'라고 하자, 무숙이 달아나 버렸다'라고 하였다.[168]) (또) 주자朱子는 「답황단명서答黃端明書」[169])에서 "청컨대 재배再拜의 예를 드리고자 합니다"(請納

---

165) 呂申公: 1018~1089. 呂公著를 가리킨다. 그는 壽州 사람으로 자는 晦叔이다. 北宋의 大臣으로 呂夷簡의 아들이다. 벼슬은 御史中丞, 尙書右僕射, 中書侍郞을 지냈다. 司馬光과 절친한 친구 사이로 서로 협력하여 정치를 했다. 申國公에 봉해졌는데, 부친 역시 申國公이라서 '呂申公'이라 불렀다. 시호는 正獻이다. 저서로『正獻公集』 20권이 있다.

166) 王拱辰: 1012~1085. 宋나라 開封 咸平 사람으로 자는 君貺이고, 원명은 拱壽이다. 慶曆 연간에 翰林學士가 되고 開封府知州를 거쳐 御史中丞으로 옮겼다. 至和 3년(1056) 三司使가 되어 契丹에 사신으로 갔다. 일에 연루되어 탄핵을 받아 외직으로 여러 해 떠돌다가 神宗 熙寧 원년(1068)에 소환되었지만 王安石이 그의 옛 허물을 언급하자 다시 應天府知州로 나갔다. 후에 관직은 彰德軍節度使까지 올랐다. 시호는 懿恪이다. 저서에『治平改鑒』과 문집이 있다.

167) 大畜卦: '山川大畜卦'로 공자는 「序卦傳」에서 "망녕됨이 없는 뒤에야 쌓을 수 있으므로 (무망괘 다음을) 대축괘로 받는다"(有无妄然後, 可畜, 故受之以大畜)라고 하였다. 흙이 크게 쌓여서 큰 언덕을 이루고, 학문과 경험을 많이 쌓아서 큰일을 행하는 것이 곧 大畜이다.

168) 이천이 말하길…… 하였다:『二程遺書』 권22에 이와 동일한 내용이 보인다.

169) 「答黃端明書」:『晦庵集』 卷37에는 「上黃端明」으로 되어 있다. 이 서찰은 송나라 朱熹가 端明殿 學士를 역임한 黃中에게 납배의 禮를 올리겠다고 청한 서찰이다. 납배는 尊丈이 단정히 앉아서 後進의 再拜를 받는 예이다. 이 예를 갖추면 스승으로 인정하는 것이 된다. 주희의 「上黃端明書」에서 상대방을 극도로 존경하여 맹자가 말한 三達尊을 갖추고도 겸양한다고 하였다. 그 원문에서는 "請納再拜之禮於致政尙書端明文丈

再拜之禮라고 하였으니, (『소학집설』에서) "수受"로써 "납納"을 훈석한 것은 매우 잘못된 것이다.170) 또 살피건대, 납배의 예禮가 이와 같이 중요한데, 막빈幕賓171)에게 임의로 행하였다면 당연히 지나친 것 같다. 생각건대, 당시에 번얼藩臬172)에 임명된 자의 자제가 교만함이 심했다는 것은 (본문의) "군읍郡邑에서 일찍이 이것을 알지 못하였다"(郡邑未嘗知)는 말을 미루어서 알 수 있다. 오직 유공작柳公綽이 자신의 아들을 금하고 막아서 구부려 공손하게 하기를 이와 같이 하지 않았다면 그 문제를 해결하기 어려웠던 것이다. 이것이 주자가 이 내용을 취한 까닭이다.

○『二程全書』, 伊川云: "納拜之禮, 不可容易, 非己所尊敬有德義服人者, 不可. 余平生只拜二人, 其一呂申公, 其一張景觀奉議也. 昔有數人同坐, 說一人短, 其間有二人不說. 問其故, 其一曰'某曾拜他', 其一曰'某曾受他拜'. 王拱辰君貺, 初見茂叔, 爲與茂叔世契, 便受拜. 及坐上, 大風起, 說大畜卦, 君貺乃起曰: '某適來, 不知却受公拜, 今某却當納拜.', 茂叔走避." 朱子「答黃端明書」云"請納再拜之禮", 則以"受"訓"納", 甚錯. 又按, 納拜之禮, 若是其重, 混施於幕賓, 宜若過矣. 意者, 當時居藩臬之任者, 其子弟之驕溢甚矣, 以"郡邑未嘗知"之語, 推之可見也. 惟公綽禁抑之, 曲爲恭謹, 不如是, 不足以救其患也. 此朱子所以有取也乎!

　■ 해설: 성호는 『이정유서』에 나오는 '납배納拜'에 대한 내용을 인용하여 납배는 幕賓과 같은 사람들에게 함부로 행하는 것이 아님을 말하고 있다. 이것은 『소학집설』에서 정유가 인용한, 진씨陳氏가 '수受' 곧 '받다'의 의미로 해석한 것을 논박하고 있는 것이다. 따라서 『소학』 본문의 '막하에 있는 손님들을 어른이라 불러

　　台座, 喜聞之, 孟子有言天下有達尊三爵一齒一德一, 此言, 三者之尊達于天下人所當敬, 而不可以慢焉者也."라고 되어 있다.

170) '受'로써…… 것이다:『小學集說』에서 程愈가 陳氏의 설을 수용하고 있다. 그 내용을 보면, "진씨가 말하였다. 외번은 절도사를 말하는데 병풍처럼 가리우는 뜻을 취한 것이다. 그 문에 창을 늘어놓기 때문에 戟門이라고 말한 것이다. 納은 받음이다"(陳氏曰: 外藩, 謂節度使, 取屛蔽之義也. 其門, 得列戟. 故曰戟門. 納, 受也)라고 하였다.

171) 幕賓: 監司・留守・兵使・水使 등을 따라다니는 裨將을 말한다. 幕客・幕僚・佐幕・賓佐라고도 한다.

172) 藩臬: 藩은 봉건시대의 제후의 나라를 지칭하며, 臬은 臬司라는 뜻으로 按察使의 官衙와 같으니 하나의 지방이라는 의미이다. 관찰사가 근무하는 감영을 뜻한다.

모두 절을 받도록 허락하고'라는 내용을, 성호는 '막하에 있는 손님들을 어른이라 부르고 모두에게 절을 올리도록 하였다'로 풀이하고 있다. 그러나 『집설』의 설과 성호의 설이 그 의미상에서는 차이가 없다. 다만 '납納'을 '받다'로 보느냐, 아니면 '드리다'로 보느냐의 차이가 있을 뿐이다. 아울러 주자가 이 문장을 『소학』의 문구에 넣은 뜻은 아이의 행동을 금하고 저지하는 어른의 가르침이 문제 해결의 방법이라고 생각하였기 때문이라고 성호는 말하고 있다.

【6-64】 선행 64장

> 柳玭曰: 王相國涯, 方居相位, 掌利權, 竇氏女歸, 請曰: 玉工, 貨一釵, 奇巧. 須七十萬錢. 王曰: 七十萬錢, 我一月俸金耳, 豈於女惜. 但一釵七十萬, 此妖物也, 必與禍相隨. 女子不復敢言. 數月, 女自婚姻會歸, 告王曰: 前時釵 爲馮外郎妻首飾矣. 乃馮球也. 王嘆曰: 馮爲郎吏, 妻之首飾, 有七十萬錢, 其可久乎. 馮爲賈相餗門人. 最密, 賈有蒼頭頗張威福, 馮召而勗之, 未浹旬, 馮晨謁賈, 有二靑衣捧地黃酒, 出飮之, 食頃而終, 賈爲出涕, 竟不知其由. 又明年, 王賈皆遘禍, 噫! 王以珍玩奇貨, 爲物之妖, 信知言矣, 徒知物之妖, 而不知恩權隆赫之妖, 甚於物耶. 馮以卑位, 貪寶貨, 已不能正其家, ①盡忠所事 而不能保其身, 斯亦不足言矣. 賈之臧獲, 害門客于牆廡之間 而不知, 欲終始富貴, 其可得乎. 此雖一事, 戒臧數端.

【6-64-①】 "섬기는 바에 충성을 다한다"(盡忠所事)는 것은 권신의 사인私人이 되었다는 말이다. 만약 군자의 문하에서 마음을 다하다가 불행하게도 해를 만났다면 어떻게 이것을 나무랄 수 있었겠는가?

○ "盡忠所事", 謂作權臣之私人也. 若盡心於君子之門, 不幸遇害, 則何刺焉?

【6-65】 선행 65장

> ①王文正公, 發解南省廷試, 皆爲首冠, ①或戲之曰: 狀元試三場, 一生喫

著, 不盡. 公正色曰: 曾平生之志, 不在溫飽.

【6-65-①】 "어떤 사람이 왕문정공王文正公[173]을 희롱하였다"고 하였는데, (吳訥의) 주註에서 이 사람을 "유자의劉子儀 학사"라고 하였다.[174] 살피건대 『문헌통고文獻通考』[175]에서 조씨晁氏가 말하길, 『동헌필록東軒筆錄』은 "양양襄陽 사람 위태魏泰[176]가 편찬한 것이다. 위태는 증포曾布의 처남으로 사람됨이 행동은 없고 말만 많아서 자못 향리의 근심거리가 되었다. 원우元祐(1086~1094) 연간에 그가 어릴 때 공경들 사이에서 들은 것을 기록하였는데, 그 시비한 바가 믿을 수 없는 것들이 많고, 또 허망하고 허탄한 것들이 많다. 그 한 예를 들어 보면, '유자의가 학사가 되어 일찍이 왕기공王沂公[177]을 희롱한 적이 있었다'고 하였는데, 기공沂公이 과거에 합격한 것은 유자의보다 4년 뒤였지만, 한림翰林에 들어간 것은 기공이 오히려 유자의보다 7년이 앞섰다. 기공은 함평咸平 5년(1002)에 등과했고, 자의子儀는 천희天禧 3년(1019)에야 비로소 학사에 제수되었으니, 대개 두 사람의 거리가

---

173) 王文正公: 송나라의 재상 王旦(957~1017)을 가리킨다. 자는 子明, 호는 愓齋이며, 莘縣 사람이고, 문정은 시호이다. 그는 사람을 보는 눈이 있어 인재를 잘 발탁했으나, 人事와 관련된 청탁은 들어주지 않기로 유명했다. 『宋名臣言行錄』 前集, 권2, 「王旦」.

174) 註에서…… 하였다: 『小學集說』의 註에 "吳氏曰:……劉子儀學士戲之, 公正色答之以此, 其志蓋有在矣."라고 하였다. 『小學諸家集註』에서도 이 吳訥의 註를 취하고 있다.

175) 『文獻通考』: 元나라 馬端臨이 편찬한 책으로 3백 48권이다. 杜佑의 『通典』에 기초하여 『通典』 8門을 19門으로 나누고, 다시 經籍·帝系·封建·象緯·物異의 5門을 더 넣어 모두 24문으로 되었는데, 南宋 寧宗 시대까지 다루고 있으며, 宋朝의 제도가 가장 상세하게 기록되어 있다.

176) 魏泰: 생몰연대 미상. 북송의 士人이다. 일찍이 試院에서 考官을 죽도록 때려 이 때문에 錄取되지 못하였다. 해학을 좋아하고 말주변이 뛰어나 사람들과 이야기할 때 그의 말을 당해 내는 사람이 없었다고 한다. 다른 사람의 이름으로 책 쓰는 것을 좋아하여, 武人 張師正의 이름을 빌려 『志怪集』·『括異志』·『倦遊錄』을 지었고, 梅堯臣의 이름을 빌려 『碧雲騢』를 지었다. 자기 이름으로 지은 것에는 『臨漢隱集』 20권, 『臨漢隱居詩話』 1권, 『東軒筆錄』 15권 등이 있다.

177) 王沂公: 宋나라 益都 사람 王曾(978~1038)을 가리킨다. 자는 孝先이고 기공은 그의 봉호이며 시호는 文正이다. 저서로 『王文正筆錄』이 있다. 『宋史』, 권310, 「王曾列傳」.

20년 정도나 된다. 그 잘못됨이 이러하다"고 하였다.[178] 그렇다면 이 (오늘의) 주에서 인용한 것은 당연히 위태의 글(『동헌필록』)에서 나온 것이니 근거가 되기에 부족하다. 주자가 단지 혹자或者의 말로 기록한 것[179]은 아마도 이러한 까닭일 것이다.

○ "或戱王文正", 註謂"劉子儀學士." 按『文獻通考』, 晁氏曰:『東軒筆錄』者, "襄陽人魏泰撰. 泰, 曾布之婦弟, 爲人無行而有口, 頗爲鄕里患苦. 元祐中, 記其少時公卿間所聞, 其所是非多不可信, 又多妄誕. 姑擧其一, 如謂劉子儀爲學士, 嘗戱王沂公.' 沂公登科, 雖在子儀後四年, 其入翰林, 沂公反在子儀前七年. 沂公, 咸平五年登科, 子儀, 天禧三年始除學士, 蓋相去二十年. 其謬至此." 然則此註所引, 當出於泰書, 不足據也. 朱子以爲或者之言, 蓋亦及此.

【6-72】 선행 72장

> ①劉忠定公, 見溫公, 問盡心行己之要, 可以終身行之者, 公曰: 其誠乎. 劉公, 問行之何先? 公曰: 自不忘語始. 劉公, 初甚易之, 及退而自檃栝日之所行, 與凡所言, 自相②掣肘矛盾者多矣, 力行七年以後成, 自此言行一致. 表裏相應, 遇事坦然, 常有餘裕.

【6-72-①】 유충정공劉忠定公의 문답은 부자夫子(孔子)가 사마우司馬牛에

---

178) 『文獻通考』에서…… 하였다:『문헌통고』제216 「東軒筆錄十五卷」조에, "晁氏曰: 右皇朝魏泰撰. 襄陽人曾布之婦弟, 爲人無行而有口, 頗爲鄕里患苦. 元祐中, 記其少時公卿間所聞, 成此編. 其所是非多不可信, 心喜章惇, 數稱其長則大槪已可見. 又多妄誕. 姑擧其一, 如謂王沂公登甲科, 劉子儀爲翰林學士, 嘗戱之. 按沂公登科, 雖在子儀後四年, 其入翰林, 沂公反在子儀前七年. 沂公, 咸平五年登科, 子儀, 天禧三年始除學士, 蓋相去二十年. 其謬至此"라고 하였다.

179) 주자가…… 기록한 것: 본문에서 "或戱之曰"의 "或"을 가리킨다. 그 "或"이 劉子儀였다면 주자는 『小學』에서 그 이름을 지목하여 기록하였을 것인데, 불분명하여 "或"으로 기록했다고 성호는 『東軒筆錄』의 부정확성을 근거로 들어 설명하고 있다.

게 말한 것180)과 같이, 반드시 그 병에 따라서 약을 처방하는 것으로, 따라서 정문일침頂門一鍼181)의 효과가 있다는 것이다.

○ 劉忠定問答, 如夫子告司馬牛者, 必因其病而救藥之, 所以有頂門一鍼之效也.

【6-72-②】 "철주掣肘"는 『공자가어孔子家語』의 복자천宓子賤의 고사182)이다. "모순矛盾"은 『한비자』에 나오는데, "창과 방패를 파는 초나라 사람이 있었는데, '나의 방패는 견고하여 뚫을 수가 없다'고 자랑하고, 또 창에 대해서 '나의 창은 날카로워서 뚫지 못하는 물건이 없다'라고 자랑하였다. 어떤 사람이 '당신의 창으로 당신의 방패를 뚫으면 어떻게 됩니까?'라고 묻자 그 사람이 대답하지 못했다"고 하였다.183) 대체로 두 가지가 서로 부합하지 않음을 말한다. 오눌의 설184)은 명확하지 않다.

---

180) 夫子(孔子)가 …… 말한 것: 『論語』「顔淵」편을 보면, 공자는 '仁'에 대해 묻는 顔淵과 仲弓, 司馬牛에게 각각 다른 말로 대답을 하였다. 顔淵에게는 "사심을 극복하고 예를 실천함이 仁이다"(克己復禮爲仁)라고 하였고, 仲弓에게는 "문밖을 나서면 큰손님을 맞이하듯 하고, 백성을 부리면 큰제사를 받들듯 하라. 나에게 싫은 일은 남에게 강요하지 마라. 그러면 나라에서도 원망이 없고, 집안에서도 원망이 없다"(出門如見大賓, 使民如承大祭. 己所不欲, 勿施於人. 在邦無怨, 在家無怨)라고 대답하였고, 司馬牛에게는 "어진 사람은 그 말을 신중히 한다"(仁者, 其言也訒)라고 하였다. 곧 그 자질과 학문의 淺深에 따라 대답한 것이다.

181) 頂門一鍼: 정수리에 침을 놓는다는 말로 따끔한 충고나 가르침을 뜻한다.

182) 宓子賤의 고사: 『孔子家語』「屈節解」제37에 다음과 같은 고사가 나온다. 孔子弟子有宓子賤者, 仕於魯爲單父宰, 恐魯君聽讒言, 使己不得行其政, 於是辭行, 故請君之近史二人與之俱至官, 宓子戒其邑吏, 令二史書, 方書輒掣其肘, 書不善, 則從而怒之, 二史患之, 辭請歸魯. 宓子曰: "子之書甚不善, 子勉而歸矣." 二史歸報於君曰: "宓子使臣書而掣肘, 書惡而又怒臣, 邑吏皆笑之, 此臣所以去之而來也." 魯君以問孔子. 子曰: "宓不齊, 君子也, 其才任霸王之佐, 屈節治單父, 將以自試也, 意者以此爲諫乎?" 公寤, 太息而歎曰: "此寡人之不肖, 寡人亂宓子之政, 而責其善者, 非矣, 微二史, 寡人無以知其過, 微夫子, 寡人無以自寤."

183) "矛盾"은 …… 하였다: 『韓非子』「難勢」제40에 다음과 같은 내용이 나온다. 客曰: "人有鬻矛與楯者, 譽其楯之堅, '物莫能陷也', 俄而又譽其矛曰: '吾矛之利, 物無不陷也.' 人應曰: '以子之矛, 陷子之楯, 何如?' 其人弗能應也." 以爲不可陷之楯, 與無不陷之矛, 爲名不可兩立也.

184) 吳訥의 설: 『小學集說』의 吳訥의 註에, "掣은 당김이요, 肘는 팔의 관절이니, 掣肘는

○ "掣肘", 『家語』<u>宓子賤</u>事. "矛盾", 出『韓非子』: "楚人有鬻矛與盾者, 譽之曰'吾盾之堅莫能陷也', 又譽其矛曰'吾矛之利, 於物無不陷也'. 或曰: '以子之矛, 陷子之盾, 何如?' 其人不能應也." 蓋謂兩不相副也. 吳說未明.

■ 해설: 오눌吳訥의 주석에서는 "철掣은 당김이요, 주肘는 팔의 관절이니, 철주掣肘는 팔꿈치를 움직이려고 하되 남이 잡아당겨 움직일 수 없음을 이른다. 모矛는 갈고리가 있는 병기이고, 순盾은 바로 지금의 방패이니, 모순矛盾은 창으로 사람을 상하고자 하나 방패가 막아서 상할 수 없음을 이른다"(掣挽也, 肘臂節也, 掣肘, 謂肘欲運動而人挽之, 不能運也. 矛有鉤之兵, 盾卽今傍牌也, 矛盾, 謂矛欲傷人而盾蔽之, 不能傷也)라고 하였다. 이러한 오눌의 주석이 완전히 잘못된 것은 아니지만 주장이 명확하지 않은 점을 성호는 지적하면서, 그 근거로 철주掣肘와 모순矛盾의 고사의 출처를 제시하고 있다.

【6-76】 선행 76장

柳玭曰: ②<u>高侍郎</u>兄弟三人, 俱居淸列, ①<u>非速客</u>, ②<u>不二羹胾</u>, 夕食, 齕蔔匏而已.

【6-76-①】 "손님을 초청한 경우가 아니면 국과 썰어 놓은 고기를 두 가지 이상 놓지 않는다"[185]는 것은 손님을 맞이하였을 때가 아니면 (해당) 반찬을 두 가지 이상 차리지 않는다는 말이다.

○ "非速客, 不二羹胾", 謂非邀客之時, 自不重味也.

【6-76-②】 「곡례」를 살펴보면, 국에는 꿩·닭·개·토끼 등이 있다.[186] "이二"와 "이貳"는 통용되니, "불이不貳"는 국과 썰어 놓은 고기를

팔꿈치를 움직이려고 하되 남이 잡아당겨 움직일 수 없음을 이른다. 矛는 갈고리가 있는 병기이고, 盾은 바로 지금의 방패이니, 矛盾은 창으로 사람을 상하고자 하나 방패가 막아서 상할 수 없음을 이른다"(掣挽也, 肘臂節也, 掣肘, 謂肘欲運動而人挽之, 不能運也. 矛有鉤之兵, 盾卽今傍牌也, 矛盾, 謂矛欲傷人而盾蔽之, 不能傷也)라고 하였다.
185) 손님을…… 않는다: 『新唐書』 권108 「柳玭傳」에 "余舊府高公先君兄三人, 俱居淸列, 非速客不二羹胾, 夕食齕蔔瓠而已, 皆保重名於世."라는 내용이 나온다.

각각 하나씩 놓고 중첩해서 차리지 않는다는 것이다. 『예기』(「내칙」)에 "서인庶人은 연식燕食에 국과 썰어 놓은 고기를 중첩하지 않는다"(庶人燕食不貳羹胾)라고 하였으니,[187] (본문에서 말한) "중첩하지 않는 것"은 대부의 예禮가 아니다. 그러나 "예禮는 사치하기보다는 차라리 검속하는 것이 낫다"고 하였으니,[188] 당연히 (고)시랑(高)侍郎[189]이 한 것을 따르는 것이 옳다.

○ 按「曲禮」, 羹有雉·鷄·犬·兎之類. "二"與"貳"通, "不貳"者, 謂羹胾各一而不重設也. 『禮』云: "庶人燕食不貳羹胾", 則"不二", 非大夫之禮也. 然"禮與其奢也寧儉", 當從侍郎爲是.

■ 해설: 『예기』에 따르면, 서인은 평상시의 식사에서 국과 썰어 놓은 고기를 중첩시키지 않는 것이 예이지만, 시랑侍郎 정도의 벼슬에 있는 사람은 포나 회 중에서 한 가지만 먹는 것이 예이다. 그런데도 유빈柳玭은 고시랑高侍郎이 서인庶人과 같은 식사를 한 것으로 자식들에게 훈계를 한 것이다. 성호는 고시랑이 한 것이 자신의 계급에 비해 더 낮춘 것이지만, "예禮는 사치하기보다는 차라리 검속하는 것이 낫다"는 공자의 말을 빌려 문제될 것이 없다고 보고 있다.

---

186) 「곡례」를 …… 있다: 『禮記』 「曲禮」에서는 羹의 종류에 대한 언급을 찾을 수 없다. 다만 『禮記』 「內則」에 "蝸醢(고둥으로 만든 젓)와 苽食(줄풀 열매로 지은 밥)에는 雉羹이며, 麥食(보리로 지은 밥)에는 脯羹(포를 찢어 넣어 끓인 국)과 鷄羹(닭고깃국)이며, 折稌(잘게 부순 찰벼로 지은 밥)에는 犬羹(개고깃국)과 兎羹인데, 쌀가루(糝)를 섞어 넣고 여뀌(蓼)는 넣지 않는다"(蝸醢而苽食雉羹, 麥食脯羹鷄羹, 折稌犬羹兎羹, 和糝不蓼)라고 하였다.

187) 『예기』(「내칙」)에…… 하였으니: 『禮記』 「內則」의 "대부의 평상시 식사에는 회가 있으면 포가 없고 포가 있으면 회가 없다. 사는 국과 고깃점을 동시에 차리지 않는다. 서인 가운데 노인은 맨밥만 먹지 않는다"(大夫燕食, 有膾無脯, 有脯無膾; 士不貳羹胾; 庶人耆老不徒食)에 대한 孔穎達의 疏에 "此一經接上人君燕食, 因明大夫·士·庶人燕食不同."이라 한 내용이 보인다. 성호는 이 부분의 문장을 "士"를 "庶人"으로 바꾸고 "燕食"이란 말을 넣어 "庶人燕食不貳羹胾"라고 말했다.

188) 예는…… 하였으니: 『논어』 「八佾」에 나오는 공자의 말로 "예를 행할 때에는 사치스럽게 하기보다는 차라리 검소하게 해야 하고, 상을 당했을 때에는 형식적으로 잘 치르기보다는 차라리 마음속으로 애통해하는 심정을 가져야 한다"(禮與其奢也寧儉, 喪與其易也寧戚)라고 하였다.

189) 侍郎: 中國의 官名. 秦·漢 때는 郎中令의 屬官으로 宮門을 지키는 일을 담당하던 관리를 지칭하였으나, 唐나라 때는 中書·門下 두 省의 長官을 말한다. 후세에는 六部의 次官을 말한다.

②③李文靖公, 治居第於封丘門外, 廳事前, 僅容旋馬, 或言, 其太隘, 公
笑曰: 居第, 當傳子孫, 此爲宰輔廳事, 誠隘, 爲①太祝·奉禮廳事, 則已
寬矣.

【6-77-①】 『문헌통고』에 "부한공富韓公[190])의 아버지는 매우 가난하여
여문목공呂文穆公[191])의 문하에서 빈객으로 있었다. 하루는 부한공의 아버
지가 여문목공에게 이르기를, '저의 아들이 10살 정도 되었는데, 서원에
들어가게 해서 정평廷評과 대축大祝을 섬기게 하고 싶습니다' 하였다. (그
리고) 이문정李文靖이 운운하였는데, 대개 세 관직(廷評·大祝·奉禮)은 모두
초음의 관직이라고 하였다"라고 하였다.[192]) 『사문유취事文類聚』에는 "대축
과 봉례는 모두 9품관이다"라고 하였다.[193])

---

190) 富韓公: 宋나라의 名臣 富弼(1004~1083)을 가리킨다. 韓國公에 봉해졌으므로 韓公이
라 한다. 부필은 河南 사람으로, 자가 彦國이며, 학문에 독실하였고, 도량이 컸다.
거란에 사신으로 가서 의기를 드높였으며, 文彦博과 나란히 재상이 되어 세상에서는
'富文'이라고 칭하였다. 鄭國公에 봉해졌다가 다시 한국공에 봉해졌으며, 시호는 文
忠이다. 『宋史』, 권313, 「富弼列傳」.

191) 呂文穆公: 宋나라 呂蒙正으로, 文穆은 그의 시호이다. 河南 사람으로 자가 聖功이며,
당시에 賢相이라고 칭해졌다. 사람을 알아보는 눈이 있어서 일찍이 富弼이 10여 세
되었을 적에 한 번 보고는 명재상감임을 알아보았다. 『宋史』, 卷265, 「呂蒙正列傳」.

192) 『文獻通考』에…… 하였다: 『文獻通考』 권55 「職官考」 '太常卿'조에 "宋大祝奉禮郞掌奏祭
祀, 厥則承奏蔭京官十六以上, 未掌事者, 充郊社掌坐齋郞無員數."라 하였고, 그 아래 주에
"富韓公之父貧甚, 客呂文穆門下. 一日白公曰: '某兒子十許歲, 欲令入書院, 事廷評·大祝.'
李文靖爲相, 治居第於封丘門外, 廳事前, 僅容旋馬, 或言, 其太隘, 公笑曰: 居第, 當傳子孫,
此爲宰輔廳事, 誠隘, 爲太祝·奉禮廳事, 則已寬矣. 蓋三官, 皆宰相子弟初蔭之官也."라고
작은 글씨로 적혀 있다. 또 宋나라 邵伯溫이 撰한 『見聞錄』 권8 「宋名臣言行錄」 권1에
이와 동일한 내용이 있다. 또 『古今事文類聚』 권24에서는 "富鄭公之父貧甚, 客公門下.
一日白公曰: '有子十許歲, 欲令入書院, 事廷評·大祝.' 公許之. 子鄭公也."라고 한 것이 보
인다.

193) 『事文類聚』에는…… 하였다: 『古今事文類聚新集』 권26 「郊社署」조에 元祐 연간에 大祝
이 正九品이었다는 기록이 있는 것을 제외하고는 奉禮가 9품관이었다는 기사는 찾지
못하였다.

○『文獻通考』云: "富韓公之父貧甚, 客呂文穆門下. 一日白公曰: '某兒子十許歲, 欲令入書院, 事廷評·大祝.' 李文靖云云, 蓋三官, 皆初蔭之官也." 『事文類聚』: "'大祝'·'奉禮', 皆九品官."

【6-77-②】 덕업德業은 자신보다 앞선 사람을 보아야 하고, 명위名位는 자신보다 못한 사람을 보아야 한다.

○ 德業, 當觀前面人; 名位, 當觀後面人.

【6-77-③】 대개 나의 몸의 덕업을 쌓는 것에 있어서는 반드시 자기보다 나은 경우를 이끌어 와서 비교한다면 노력하지 않을 수 없다. 자신을 받드는 외물에 대해서는 반드시 자신보다 못한 사람의 경우를 가져와서 비교한다면 너그럽지 않을 수 없다. 이문정李文靖은 그 요체를 얻었다고 할 수 있다.

○ 凡吾身之德業處, 必以勝己者來況, 則無所不勉. 凡外物之奉己者, 必以不若己者來況, 則無所不寬. 李文靖可謂得其要矣.[194]

이상은 경신敬身의 실증을 확장한 것이다.

右廣實敬身.

---

194) 규장각본(나)·성호기념관본·화경당본·국중본에는 이 단락이 위 단락과 이어져 있다.

소학질서발小學疾書跋

『소학』이라는 책이 세상에 전해지고 있는 것은 정유程愈가 주석한 것이다. 내가 그 책을 읽어 보니, 그 본문의 뜻을 주석한 것이 의심되고 애매하여 통하지 않은 것이 있었기에 드디어 이 책을 지어서 스스로 기억하려고 하였다. 후에 또 이율곡이 여러 학자들의 주석을 모아 놓은 것을 얻어 보니 이전의 주석서들의 잘못이 상당 부분 수정되어 있어서 이전의 해석과 비교하면 상당히 이해하기에 좋으므로 이 책은 파기해 버려야 마땅하겠다. 그러나 그것에서도 완전히 파악하지 못한 곳이 여전히 많고 새로 추가한 것 또한 혹 소략하고 빠져 있음을 말하지 않을 수 없었다. 이 때문에 이 책을 일단 그대로 두었다가 시간이 날 때 고치려고 하였으나, 아직 그렇게 하지 못하였다. 갑인년[1] 맹동(10월)에 기록함.

『小學』之書, 世所傳, 程氏愈所註也. 余讀之, 其於箋釋之間, 疑晦不通, 遂著此編, 以自識焉. 後又得見李栗谷取集諸家註, 向之錯謬者, 間多訂正, 比諸舊解, 煞覺開敏, 則此書宜毁而棄之. 然其未及勘破處尙多, 而新增者, 又或疎脫, 不可不言也. 是以姑留此, 將待暇而當校之, 顧未及焉耳. 甲寅孟冬識.[2]

星湖先生小學疾書終[3]

---

1) 갑인년: 성호의 나이 54세인 1734년(영조 10)이다.
2) 규장각본(나)·성호기념관본·화경당본·국중본에는 이 단락이 없다.
3) 星湖先生小學疾書終: 성호기념관본·화경당본·국중본에는 小學疾書終으로 되어 있고, 규장각본(가)에는 終으로만 되어 있다. 규장각본(나)에 따라 보충한다. 성호기념관본에는 뒤에 '書寫吏白仟基'가 있다.

참고문헌

원전류

金長生, 『經書辨疑』, 「小學集注攷訂」, 국립중앙도서관 소장본[古朝01-6].

王鏊, 『小學集註大全』, 국립중앙도서관 웹정보자료, 武村市兵衛 소장본.

李珥, 『小學諸家集註』, 西南師範大學出版社·人民出版社, 域外漢籍珍本文庫編纂出版委員會.

李瀷, 『星湖全書』, 권2·4, 여강출판사 영인본, 1984.

____, 『小學疾書』, 서울대학교 규장각 소장본[1344-16].

____, 『小學疾書』, 서울대학교 규장각 소장본[1344-17].

____, 『小學疾書』, 국립중앙도서관 소장본[B2古朝41-32].

____, 『小學疾書』, 국립중앙도서관 소장본[BA1256-27].

程愈, 『小學集說』, 「立敎」편, 국립중앙도서관 소장본[M古 3231-1].

____, 『小學集說』, 「明倫」편, 국립중앙도서관 소장본[古1256-41].

____, 『小學集說』, 「敬身」·「稽古」편, 국립중앙도서관 소장본[古1256-60].

____, 『小學集說』, 「嘉言」편, 국립중앙도서관 소장본[일산貴1256-6].

____, 『小學集說』, 「善行」편, 국립중앙도서관 소장본[일산貴1256-7].

陳澔, 『禮記集說大全』, 국립중앙도서관 소장본[한古朝06-14].

何士信, 『諸儒標題註疏小學集成』, 한국학중앙연구원 장서각 소장본 v1-v4[C2·250].

『小學疾書』, 『孟子疾書』, 『家禮疾書』, 『近思錄疾書』, 『心經附註疾書』, 『論語疾書』, 『大學疾書』, 『中庸疾書』, 『書經疾書』 정본, 한국학진흥사업성과포털.

『家禮』, 국립중앙도서관 소장본, [古5213-3].

『家禮疾書』, 국립중앙도서관 소장본, 필사본[古朝29].

『鶡冠子』, 商務印書館, 1981.

『見聞錄』, 文淵閣 四庫全書.

『經外雜鈔』, 文淵閣 四庫全書.

『經濟類編』, 文淵閣 四庫全書.

『古今事文類聚』, 文淵閣 四庫全書.

『古樂府』, 文淵閣 四庫全書.

『孔子家語』, 商務印書館, 1981.

『近思錄』, 『漢文大系』, 권2, 新文豊出版公司印行, 1912.

『論語』, 학민문화사 영인본, 2002.

『大戴禮注補』, 국립중앙도서관 소장본[古1234-9].

『東觀漢記』, 文淵閣 四庫全書.

『童蒙訓』, 文淵閣 四庫全書.

『東軒筆錄』, 文淵閣 四庫全書.

『孟子』, 학민문화사 영인본, 2002.

『孟子疾書』, 국립중앙도서관 소장본, 필사본[1250].

『文子』, 『四部備要. 112』, 中華書局, 1965.

『文章辨體彙選』, 文淵閣 四庫全書.

『文獻通考』, 文淵閣 四庫全書.

『毛詩正義』, 文淵閣 四庫全書.

『白虎通義』, 文淵閣 四庫全書.

『范太史集』, 文淵閣 四庫全書.

『北史』, 文淵閣 四庫全書.

『埤雅』, 文淵閣 四庫全書.

『史記』, 中華書局, 1999.

『史記索隱』, 文淵閣 四庫全書.

『史記集解』, 文淵閣 四庫全書.

『司馬法』, 文淵閣 四庫全書.

『事文類聚新集』, 文淵閣 四庫全書.

『四書或問』, 보경문화사 영인본, 1986.

『尙書大傳』, 文淵閣 四庫全書.

『尙書正義』文淵閣 四庫全書.

『說文解字』, 中華書局, 1989.

『說文解字註疏』, 文淵閣 四庫全書.

『說郛』, 文淵閣 四庫全書.

『星湖先生僿說』 상·하, 경인문화사 영인본, 1970.

『少室山房集』, 文淵閣 四庫全書.

『小學纂註』, 『漢文大系』 권5, 新文豊出版公司印行, 1912.

『宋名臣言行錄』, 文淵閣 四庫全書.

『宋史』, 文淵閣 四庫全書.

『宋子大全』, 보경문화사 영인본, 1985

『荀子柬釋』, 臺灣商務印書館, 1993.

『詩傳』, 중화당 영인본.

『新唐書』, 文淵閣 四庫全書.

『新譯古文觀止』, 三民書局印行, 1988.

『樂律管見』, 文淵閣 四庫全書.

『顔氏家訓』, 文淵閣 四庫全書.

『野客叢書』, 文淵閣 四庫全書.

『梁紀』, 文淵閣 四庫全書.

『梁書』, 文淵閣 四庫全書.

『御定淵鑑類函』, 文淵閣 四庫全書.

『御注孝經』, 『漢文大系』 권5, 新文豊出版公司印行, 1912.

『呂氏春秋』, 商務印書館, 1971 및 文淵閣 四庫全書.

『與猶堂全書』, 정본 여유당전서 24책, 다산학술문화재단, 2012.

『歷代史纂左編』, 서울대학교 규장각.

『列女傳補注』, 商務印書館, 발행년도 미상, 국립중앙도서관 소장본[6-67-115].

『禮記大文諺讀』, 국립중앙도서관 소장본[한古朝06-1].

『禮記義疏』, 文淵閣 四庫全書.

『禮記注疏』, 『十三經注疏』 권5, 도서출판 학고방 영인본.

『元經』, 文淵閣 四庫全書.

『六書故』, 文淵閣 四庫全書.

『魏略』, 文淵閣 四庫全書.

『魏書』, 文淵閣 四庫全書.

『儀禮經傳通解』, 국립중앙도서관 소장본[한古朝29-47].

『儀禮注疏』, 『十三經注疏』 권4, 도서출판 학고방 영인본.

『爾雅注』, 文淵閣 四庫全書.

『二程粹言』, 文淵閣 四庫全書.

『二程遺書』, 文淵閣 四庫全書.

『伊川易傳』, 文淵閣 四庫全書.

『自警編』, 文淵閣 四庫全書.

『資治通鑑』, 文淵閣 四庫全書.

『字彙』, 文淵閣 四庫全書.

『莊子集釋』, 中華書局, 1961.

『戰國策』, 文淵閣 四庫全書.

『程氏遺書』, 文淵閣 四庫全書.

『正字通』, 文淵閣 四庫全書.

『弟子職』, 『漢文大系』 권5, 新文豊出版公司印行, 1912.

『左傳注疏』, 『十三經注疏』 권6, 도서출판 학고방 영인본.

『周禮鄭注』, 新興書局有限公司, 1976.

『周禮注疏』, 『十三經注疏』 권3, 도서출판 학고방 영인본.

『朱子大全』, 학민문화사.

『朱子語類』, 文淵閣 四庫全書.

『朱子全書』, 上海古籍出版社·安徽教育出版社.

『朱熹集』(『晦庵集』), 文淵閣 四庫全書.

『塵史』, 文淵閣 四庫全書.
『晉書』, 文淵閣 四庫全書.
『天中記』, 文淵閣 四庫全書.
『初學記』, 文淵閣 四庫全書.
『春秋穀梁傳·公羊傳注疏』, 『十三經注疏』 권7, 도서출판 학고방 영인본.
『春秋左氏傳』, 학민문화사 영인본, 2002.
『春秋左傳注疏』, 文淵閣 四庫全書.
『太平御覽』, 文淵閣 四庫全書.
『通鑑節要』, 文淵閣 四庫全書.
『通雅』, 文淵閣 四庫全書.
『通典』, 文淵閣 四庫全書.
『退溪集』, 한국문집총간.
『抱朴子』, 中華書局, 1966.
『河濱先生全集』, 愼後聃, 아세아문화사, 2006.
『漢武故事』, 文淵閣 四庫全書.
『漢書』, 文淵閣 四庫全書.
『韓非子』, 文淵閣 四庫全書.
『弘齋全書』, 한국문집총간.
『孝經』, 국립중앙도서관 소장본[古1236-30].
『孝經大義』, 국립중앙도서관 소장본[古朝08-5].
『淮南子』, 商務印書館, 1971.
『後漢書』, 文淵閣 四庫全書.
羅竹風 主編, 『漢語大詞典』, 漢語大詞典出版社, 1994.
楊伯峻, 『春秋左傳注』 四, 中華書局, 2000.
이가원·임창순 감수, 『漢韓中辭典』, 동아출판사, 1987.

단행본 및 번역서

금장태, 『한국실학사상연구』, 집문당, 1987.
_____, 『퇴계학파의 사상 II』, 집문당, 2001.
김동주 역주, 『역주 尙書正義』1·2, 전통문화연구회, 2014.
김용천 역주, 『의례역주 6』, 세창출판사, 2013.
김용천·박례경 역주, 『의례역주 1』, 세창출판사, 2012.
민족문화추진회, 『국역성호사설』(고전국역총서 107), 1978.
박례경·이봉규·김용천 역주, 『의례역주 8』, 세창출판사, 2015.
박례경·이원택 역주, 『의례역주 2』, 세창출판사, 2013.

박소동 역주, 『역주 毛詩正義』 1 · 2, 전통문화연구회, 2018.

성동호 역해, 『한비자』, 홍신문화사, 2008.

성백효 역주, 『대학 · 중용집주』, 전통문화연구회, 1995.

_____, 『周易傳義』 上 · 下, 전통문화연구회, 2006.

_____, 『心經附註』, 전통문화연구회, 2008.

_____, 『小學集註』, 전통문화연구회, 2017.

신동준 역주, 『좌구명의 국어』, 인간사랑, 2005.

신승운 역주, 『禮記集說大全』, 전통문화연구회, 2004.

신정근 역주, 『백호통의』, 소명출판, 2005.

심경호, 『한학연구입문』, 이회, 2003.

_____, 『한국한문기초학사 1』, 태학사, 2012.

안병학 외, 『국역 성호질서』, 한림대학교 태동고전연구소, 1998.

원재린, 『조선후기 星湖學派의 학풍연구』, 도서출판 혜안, 2003.

이광호 역주, 『근사록집해』, 아카넷, 2011.

이기동 역해, 『장자』내편, 동인서원, 2008.

이동환, 『실학시대의 사상과 문학』, 지식산업사, 2006.

이민수 역주, 『공자가어』, 을유문화사, 2003.

이봉규 외, 『한국실학사상연구』, 도서출판 혜안, 2006.

이석명 역주, 『문자』, 홍익출판사, 2002.

_____, 『회남자』 1 · 2, 소명출판, 2010.

이채우 역주, 『주역 왕필주』, 도서출판 길, 2007.

임동석 역주, 『안씨가훈』, 동서문화사, 2009.

_____, 『열녀전』, 동서문화사, 2009.

장동우 역주, 『의례역주 7』, 세창출판사, 2014.

장세후 역주, 『춘추좌전』 상 · 중 · 하, 을유문화사, 2013.

정경일, 『한국운서의 이해』, 아카넷, 2003.

정해렴 역주, 『아언각비 · 이담속찬』, 현대실학사, 2005.

정호완 역주, 『역주 소학언해』 권1~6, 세종대왕기념사업회, 2011.

정호훈, 『조선의 「소학」』, 소명출판, 2014.

지재희 · 이준녕 해역, 『周禮』, 자유문고, 2002.

최석기 외, 『성호 이익 연구』, 사람과무늬, 2012.

최형주 외 역주, 『이아주소』, 자유문고, 2001.

한장경 역, 『번역 반계수록』 2집, 충남대학교, 1962.

허탁 · 이요성 · 이승준 역주, 『주자어류』 1~4, 청계출판사, 2001.

허호구 역주, 『설원』 1 · 2, 전통문화연구회, 2012.

논문

권문봉, 「星朝의 『孟子疾書』考察」, 『원광대학교 대학원 논문집』, 1996.

_____, 「성호의 경서해석 방법과 그 관점」, 『한자한문교육』 8, 2002.

금장태, 「성호의 퇴계학 인식과 계승」, 『국학연구』 21집, 2012.

김동인, 「아동교재로서의 『효경』과 『소학』」, 『교육사학연구』, 1990.

김새미오, 「星湖 李瀷의 『小學疾書』 판본에 대한 소고」, 『태동고전연구』 38집, 2015.

김정민, 「성호 이익의 사서질서 연구」, 한국학중앙연구원 박사논문, 2006.

金鍾秀, 「尤菴 宋時烈의 『纂定小學諺解』 編纂 · 刊行 경위」, 『韓國系譜研究』 6, 2016.

김주원, 「小學集註(滿文)와 飜譯小學(滿文) 硏究」, 『알타이학보』 제12호, 2002.

김지은, 「朝鮮後期 星湖 李瀷의 女性觀」, 경북대학교 석사학위논문, 2007.

김차균, 「중고한음 성조와 소학언해에 나타난 우리말한자 형태소 성조의 비교」, 『한글』 297, 한글학회, 2012.

문대인, 「星湖 李瀷의 『小學疾書』 연구」, 성균관대학교 석사학위논문, 2018.

朴文烈, 「尙州牧 刊行의 高麗版 『禮記集說』에 관한 硏究」, 『서지학연구』 제75집, 2018.

박순남, 「신후담의 『小學箚疑』연구—분절체계를 중심으로」, 『한국문학논총』 제78집, 2018.

손문호, 「宋時烈의 政治思想 硏究」, 『호서문화논총』 4, 1987.

서경요, 「조선조 후기 학술의 고증학적 성격」, 『유교사상연구』 제7집, 1994.

서원남, 「중국 字書 편찬에 대한 고찰」, 『동양학』 제34, 2003.

성창훈, 「進菴 李逡浩의 『小學集註增解』 연구」, 성균관대학교 석사논문, 2015.

신상현, 「조선후기 文字言語學 연구 흐름과 字書編纂」, 『한자한문연구』 5, 2009.

신정엽, 「朝鮮時代 小學의 刊行과 版本」, 경북대학교 석사학위논문, 2008.

_____, 「朝鮮時代 간행된 小學 諺解本 연구」, 『서지학연구』 44, 2009.

심경호, 「조선후기 경학과 문헌학적 연구방법」, 『한국한문학연구』 19, 1996.

양원석, 「조선후기 文字訓詁學 연구」, 고려대학원 박사학위논문, 2006.

염정삼, 「小學의 형성과 변천」, 『中國文學』 제63輯, 2010.

윤인숙, 「16세기 『小學』 諺解의 사회 정치적 의미와 대중화: 『飜譯小學』과 『小學諺解』를 중심으로」, 『한국어문학연구』 제58집, 2012.

이기원, 「『소학』을 통한 주체의 형성」, 『한국동양정치사상사연구』 16(1), 2017.

이동욱, 「星湖의 필사본 疾書 11종 異本研究」, 『泰東古典研究』, 제30집, 2013.

이동인, 「아동용 교재로서의 〈孝經〉과 〈小學〉」, 『교육사학연구』 2(3), 1990.

이봉규, 「유교질서의 재생산으로서의 실학」, 한국철학회, 『철학』 65, 2000.

_____, 「(심경질서) 해제」, 실시학사경학연구회 옮김, 『성호 이익의 심경질서』, 사람의무늬, 2016.

이소영, 「중세국어 성조에 관한 고찰」, 『한성어문학』 1, 1981.

이숭연, 「『소학』과 성리학」, 『동양예학』 4집.

정일균, 「다산 정약용의 '소학론'」, 『다산학』 제7호, 2005.
정출헌, 「『소학』을 통해 읽는 유교문명의 완성과 해체」, 『율곡학연구』 제33집, 2016.
정호훈, 「조선 후기 『小學』 간행의 추이와 그 성격」, 『韓國史學報』 제31호, 2008.
_____, 「16 · 7세기 『소학집주』의 성립과 간행」, 『韓國文化』 제47집, 2009.
_____, 「규장각 소장 『小學』의 系統과 특징」, 『한국문화』 74, 2016.
_____, 「조선전기 『小學』 이해와 그 학습서」, 『한국계보연구』 제6호, 2016.
_____, 「조선후기 『소학』의 磁場과 變容」, 『東方學志』 제174집, 2016.
_____, 「16세기 『소학』의 번역과 변화」, 『코기토』 제81호, 2017.
陳媛, 「朱子의 小學論과 한국 · 중국에서의 변용」, 인하대학교 박사학위논문, 2012.
_____, 「『소학』 저술 이전 시기 주자의 소학론」, 『退溪學報』 第131輯, 2012.
최경훈, 「朝鮮時代 刊行의 朱子著述과 註釋書의 編纂」, 경북대학교 석사학위논문, 2008.
함영대, 「성호 이익의 『맹자질서』에 대한 일고찰」, 『한문고전연구』 제15집, 2007.
_____, 「조선 맹자학의 두 경로, 맹자석의와 맹자질서」, 『국학연구』 23, 2013.

웹 사이트 및 전산자료

고려대학교 도서관 https://library.korea.ac.kr/
국사편찬위원회 한국사데이터베이스 https://db.history.go.kr/
서울대학교 규장각 http://e-kyujanggak.snu.ac.kr/
학술연구정보서비스 https://www.riss.kr/
한국고전번역원 한국고전종합DB https://db.itkc.or.kr/
한국고전적종합목록시스템 https://www.nl.go.kr/korcis/
한국학중앙연구원 장서각 https://jsg.aks.ac.kr/
文淵閣 四庫全書 電子版.
百度 https://www.baidu.com/

지은이 이익李瀷

1681~1763. 조선 영조 때 실학자로 자는 自新이며, 호는 星湖, 본관은 驪州이다. 아버지는 李夏鎭이다. 가학을 이어 경전과 程朱學을 섭렵하고, 李滉의 성리학적 입장을 받아들이는 한편, 유형원의 실학정신을 계승하였다. 중농사상에 입각한 한전론의 실시를 주장하였고, 서학사상에도 관심을 가져『天主實義』, 『七克』등을 연구하고 비판하였다. 학문에 있어서도 고증학적 태도를 갖고 있었는데, 그것은 그의『질서』에 잘 나타나 있다. 그의 실학사상은 이후 安鼎福, 愼後聃, 李秉休, 李重煥, 李家煥, 權哲身 등에게 전수되었고 丁若鏞에 이르러 집대성되었다. 실학사상의 토대를 마련한 인물이다. 저서로는『성호전서』,『성호사설』,『곽우록』,『성호질서』,『이선생예설』등이 있다.

역주자 김경남金曔男

안동대학교 한문학과를 졸업하고 태동고전연구소(지곡서당)를 수료하였다. 성균관대학교 대학원(한문학과)을 거쳐, 고려대학교 대학원에서 석사 및 박사학위(고전번역학)를 받았다.
주요 논문으로는「급암 민사평의『급암시집』역주」,「성호 이익의『소학질서』역주」,「조선시대『소학』주석사에서의『소학질서』의 위상」,「우곡 정자후에 대한 소고」등이 있다.